AF298933

HISTOIRE

DES PROGRÈS

DU DROIT DES GENS.

TOME PREMIER.

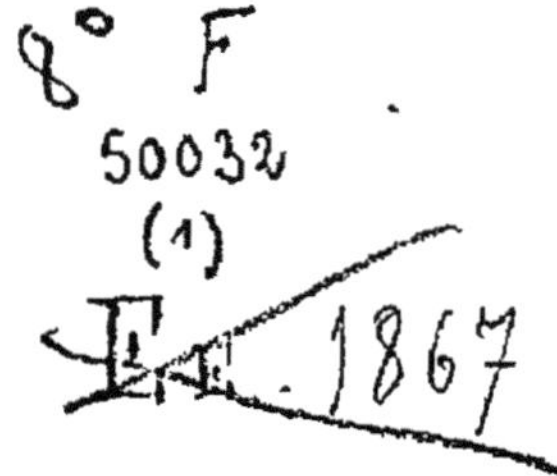

HISTOIRE

DES PROGRÈS

DU DROIT DES GENS

EN EUROPE ET EN AMÉRIQUE

DEPUIS LA PAIX DE WESTPHALIE JUSQU'A NOS JOURS

AVEC UNE INTRODUCTION SUR LES PROGRÈS DU DROIT DES GENS EN EUROPE
AVANT LA PAIX DE WESTPHALIE

PAR

HENRY WHEATON,

ENVOYÉ EXTRAORDINAIRE ET MINISTRE PLÉNIPOTENTIAIRE DES ÉTATS-UNIS D'AMÉRIQUE
PRÈS LA COUR DE PRUSSE, MEMBRE HONORAIRE DE L'ACADÉMIE ROYALE DES SCIENCES
A BERLIN, MEMBRE CORRESPONDANT DE L'ACADÉMIE DES SCIENCES MORALES ET
POLITIQUES DANS L'INSTITUT DE FRANCE.

QUATRIÈME ÉDITION.

TOME PREMIER.

LEIPZIG:

F. A. BROCKHAUS.

1865.

"

PREFACE.

L'Académie des Sciences morales et politiques de l'Institut de France avait mis au concours pour l'année 1839 la question suivante: «Quels sont les progrès qu'à faits le droit des gens en Europe depuis la paix de Westphalie?» L'auteur de cet ouvrage a présenté, sur cette question importante, un mémoire, qui a été jugé digne d'une mention honorable par la commission de l'Académie, présidée par M. Rossi. L'auteur a ensuite ajouté un précis historique des progrès que le droit des gens européen a faits avant la paix de Westphalie, et il a continué son travail jusqu'au congrès de Vienne, en y comprenant les modifications apportées depuis aux transactions de 1814 et de 1815, ainsi qu'une notice sur les interventions des grandes puissances dans les affaires intérieures des autres états. Il livre maintenant l'ouvrage entier à la publicité, en réclamant l'indulgence de ses lecteurs, et en les priant de lui appliquer les paroles de Grotius: « *Quam vero ego*

»*in aliorum sententiis ac scriptis dijudicandis mihi sumpsi*
»*libertatem, eandem sibi in me sumant, omnes eos oro*
»*atque obtestor quorum in manus ista veniunt. Non illi*
»*promptius me monebunt errantem, quam ego monentes*
»*sequar.*» (*De jure belli ac pacis, proleg.*, § 61.)

TABLE DES MATIÈRES.

INTRODUCTION.

PAIX DE WESTPHALIE.

PREMIÈRE PÉRIODE.

DEPUIS LA PAIX DE WESTPHALIE, 1648, JUSQU'A CELLE D'UTRECHT, 1713.

SECONDE PÉRIODE.

DEPUIS LA PAIX D'UTRECHT, 1713, JUSQU'A LA PAIX DE PARIS ET CELLE DE HUBERTSBOURG, 1763.

TROISIÈME PÉRIODE.

DEPUIS LA PAIX DE PARIS ET DE HUBERTSBOURG, 1763, JUSQU'A LA RÉVOLUTION FRANÇAISE, 1789.

INTRODUCTION.

———

Les lois et coutumes par lesquelles les rapports des nations européennes étaient réglés avant que le christianisme n'eût donné au monde de nouvelles lumières, étaient toutes fondées sur ce préjugé qui veut que les différentes races d'hommes soient considérées entre elles comme des ennemis naturels. Chez les Grecs et les Romains, on regardait les termes d'étranger, de barbare et d'ennemi, comme synonymes. Les étrangers étaient réduits à l'esclavage, du moment qu'ils passaient leurs frontières et qu'ils touchaient celles d'un autre peuple. Lorsqu'il y avait des exceptions à cette coutume antisociale, elles n'avaient lieu qu'en vertu d'un pacte positif entre deux ou plusieurs nations; et quoique, selon le droit romain, dans son dernier développement, les habitants d'un pays avec lequel il n'existait pas de relations d'amitié ou d'hospitalité, ne fussent pas précisément considérés comme ennemis — *hostes,* — ils pouvaient cependant, d'après les lois, être réduits à l'esclavage et leurs biens pouvaient être confisqués si on les trouvait sur le territoire romain[1]. Pendant les temps héroïques de la Grèce, la piraterie était généralement exercée, et au temps même de Solon, les Phocéens étaient

---

[1] Si cum gente aliqua, neque amicitiam, neque hospitium, neque fœdus amicitiæ causa factum habemus; hi hostes quidem non sunt; quod autem ex nostro ad eos pervenit, illorum fit; et *liber noster ab eis captus, servus fit et eorum.* Idemque est si ab illis ad nos aliquid perveniat. Hoc quoque igitur casu, postliminium datum est. (*Dig.*, l. 49, t. 15, l. 5.)

obligés, à cause de la stérilité de leur sol natal, d'errer sur
les mers en qualité de pirates; «ce qui, dit un historien
»ancien, était alors considéré comme une profession hono-
»rable[1].» Solon toléra, tout en leur imposant certains règlements, les associations de pirates qu'un antique usage avait
déjà établies. Les Étrusques, auxquels les Romains empruntèrent leurs arts et leurs institutions, étaient des pirates reconnus et commettaient dans la mer Méditerranée toute sorte
de déprédations[2]. Polybe, enfin, raconte que les Romains im-
posèrent aux Carthaginois comme condition de paix, dene pas
naviguer plus loin que le cap Pélore, soit pour le commerce,
soit pour la piraterie. L'extrême barbarie des mœurs des
Grecs de l'âge héroïque en temps de guerre est attestée
par Homère dans ses deux grands poëmes, qui, quelle que soit
l'opinion que l'on adopte au sujet de leur origine, doivent cependant être considérés comme présentant un tableau fidèle
des mœurs de ces temps reculés. Dans une bataille, on ne
faisait jamais de quartier, à moins que ce ne fût en vue de la
rançon que l'on pouvait obtenir pour les prisonniers. On ne
se contentait pas de priver un ennemi de la vie et de lui
enlever ses armes: son corps, dépouillé de tout vêtement,
devenait l'objet d'une lutte violente entre les combattants, et
s'il tombait au pouvoir du parti ennemi, on le privait de sépulture et on l'exposait aux oiseaux de proie; souvent même
on allait jusqu'à le dégrader par les plus affreuses mutilations.
Il est vrai que les chefs seuls étaient exposés à un traitement si cruel; on accordait ordinairement un armistice aux
vaincus, pour leur donner le temps d'enterrer leurs morts[3].
Cependant il ne faut pas considérer comme les suites d'une
vengeance particulière les insultes faites par Achille au corps
d'Hector, puisque Hector lui-même voulait en faire autant au

---

[1] JUST., *Hist.*, l. XLIII, cap. III, n. 2.
[2] NIEBUHR, *Römischer Geschichte* 1. Buch, 55, 129, 132.
[3] HOMÈRE, *Iliade*, ch. *VII.*

corps de Patrocle[1]; et l'on cite même comme une marque singulière de respect de la part d'Achille pour Aétion dont il avait détruit la capitale, qu'après l'avoir tué, il s'abstint de dépouiller ses restes et leur accorda même les honneurs de la sépulture. Quand une ville était prise, les temples des Dieux servaient souvent d'asile contre l'ennemi. Ainsi Maron, prêtre d'Apollon, fut sauvé avec toute sa famille au milieu de la ruine générale dans laquelle Ulysse avait plongé les Cyconiens d'Ismare; il demeurait dans l'enceinte consacrée à son dieu, et obtint par suite la permission de se racheter en payant une forte rançon. A cette exception près, tous les hommes en état de porter les armes furent exterminés, tandis que les femmes et les enfants furent emmenés en captivité pour être partagés entre les vainqueurs comme la plus riche partie du butin[2].

Chez les anciens peuples de la Grèce et de l'Italie, le droit, tant public que privé, était fondé, en tant qu'il regardait la pénalité, sur la religion seulement. On condamnait les coupables en vouant leurs têtes aux dieux infernaux. Cette sentence pouvait être prononcée contre tout un peuple comme contre un simple individu. La guerre était un jugement du ciel. Les hérauts chargés de la déclarer dévouaient l'ennemi à l'enfer et suppliaient ses dieux d'abandonner la ville qu'ils habitaient. Les vaincus étaient considérés comme délaissés des Dieux; c'est pourquoi on regardait comme un droit de les mettre à mort. Aussi la réduction à l'esclavage était-elle considérée comme une mitigation des droits de la guerre[3].

Pendant la première guerre médique, on mit à mort avec une cruelle ironie les hérauts envoyés par Darius pour demander à Athènes et à Sparte l'eau et la terre en signe de soumission au *grand roi*. Ceci fut cependant regardé

[1] HOMÈRE, *Iliade*, ch. XVIII.
[2] THIRLWALL'S *History of Greece*, vol. I, pp. 181, 182.
[3] VICO, *Scienza nuova*, l. IV, c. 4.

1*

comme une infraction au droit des gens tel que la religion l'avait établi entre les Grecs et les Barbares. Les Perses faisaient cette guerre en désolant le territoire grec. Les champs étaient ravagés; les villes avec leurs temples étaient pillées, incendiées et détruites de fond en comble, tandis que leurs habitants étaient entraînés en captivité. Pendant la guerre du Péloponnèse, les Spartiates et les Athéniens semblaient rivaliser de cruauté. Cette longue lutte pour la suprématie entre les deux principaux états de la Grèce eut ce caractère de férocité et de barbarie qui a été de tout temps commun aux guerres civiles. Pendant les suspensions d'hostilités même, les relations entre les différents pays de la Grèce étaient loin d'indiquer un état complet de paix, garanti par les lois. Le repos même de chaque état était sans cesse troublé par les dissensions de ses factions politiques. — «Nous avons peine »à nous rendre compte, dit Niebuhr, de cet esprit au moyen »duquel les oligarchies· ont pu conserver une puissance »dont elles ont cependant toujours abusé; l'existence de cet »esprit est pourtant suffisamment prouvée par le serment »que certains états exigeaient de ses membres, à savoir, qu'ils »haïraient les plébéiens et qu'ils leur feraient tout le mal pos- »sible [1].» Du temps d'Aristote, on prêtait encore ce serment dans quelques-unes des assemblées oligarchiques de la Grèce. Il faut dire, du reste, que les peuples leur rendaient bien cette haine, en commettant sans cesse des actes de vengeance contre ceux qu'ils regardaient avec raison comme leurs plus mortels ennemis. Le gouvernement lacédémonien était le protecteur armé de l'oligarchie dans tous les états, et comme le parti populaire considérait Athènes comme son protecteur, et qu'il n'y avait pas de pouvoir fédératif assez fort pour s'opposer aux rivalités de ces deux puissances, elles excitaient des désordres continuels dans les autres états, ce qui

---

[1] Καὶ τῷ δήμῳ κακόνοος ἔσομαι, καὶ βουλεύσω ὅ τι ἂν ἔχω κακόν. Arist., *Pol.*, v. 7, 10.

les réduisait à la misère et affaiblissait leur population par les proscriptions et les massacres qui en résultaient[1].

La supériorité de la race hellénique sur toutes les autres races, était devenue pour les Grecs un axiome incontestable. Le plus habile de leurs philosophes, Aristote, assure gravement «que les barbares étaient destinés par la nature à être »esclaves des Grecs, et qu'on pouvait employer avec droit »tous les moyens pour les réduire à cet état[2]. «La guerre éternelle contre les barbares» était le shiboleth de la nation la plus civilisée de l'antiquité[3]. Les Grecs appelaient les personnes qui leur étaient attachées par un pacte, ἔνσπονδοι, ce qui veut dire littéralement personnes avec lesquelles on offre des libations aux Dieux. Celles qui n'avaient pas le droit de réclamer le bénéfice de cette espèce d'alliance étaient appelées ἔκσπονδοι, c'est-à-dire des proscrits. — Il paraît avoir été généralement reconnu parmi les Grecs que les hommes n'étaient tenus à aucun devoir les uns envers les autres, à moins qu'il n'existât un pacte entre eux[4]. Thucydide cite cette maxime si répandue parmi ses compatriotes: «A un »roi ou à une république, rien de ce qui est utile n'est in-»juste[5].» La même idée est ouvertement exprimée par les Athéniens dans leur célèbre réponse aux habitants de Mélos. Aristide distinguait sous ce rapport la moralité publique d'avec la moralité privée, et prétendait qu'entre les individus les lois de la justice devaient être strictement observées, tandis que dans les affaires publiques, l'utile pouvait souvent tenir lieu de justice. Aussi n'hésitait-il point de prendre sur lui la

[1] Hume's *Essays*, XI. On the populousness of ancient nations.

[2] Arist., *Polit.*, lib. I, cap. VIII.

[3] Cum aliegenis, cum Barbaris æternum omnibus Græcis bellum est. Liv. *Hist.*, 31, 29.

[4] Mitford's *History of Greece*, vol. I, ch. 15, §. 7. Epic. par Diog. Apoth. XXXI.

[5] Thucydide, *Hist.*, lib. VI. Ἀνδρὶ καὶ τυράννῳ ἢ πόλι ἐχούσῃ οὐδὲν ἄλογον ὅ τι συμφέρον.

responsabilité d'une violation de foi qu'il conseilla au peuple d'Athènes pour faire triompher ses intérêts [1]. Il est vrai que Plutarque rapporte un fait un peu douteux d'un projet qu'aurait eu Thémistocle, d'incendier la flotte des Grecs, alliés d'Athènes, après la retraite de Xerxès, et que les Athéniens auraient refusé de le sanctionner parce qu'Aristide avait dit que quoique très-avantageux, ce projet était injuste. «Tant le »peuple avait de respect pour la justice, et tant sa confiance »en Aristide était grande [2]!» Cicéron raconte aussi ce fait, avec une légère variante cependant; car il prétend que le projet de Thémistocle n'était dirigé que contre les vaisseaux des Spartiates. Il fait, à cette occasion, un parallèle entre la conduite des Athéniens et celle de ses compatriotes. «Les »Athéniens pensèrent, dit-il, que ce qui est injuste ne peut »être utile, et repoussèrent ce projet, sur la seule autorité »d'Aristide, sans même en avoir pris connaissance. Ils ont agi »plus sagement que nous, Romains, qui accordons l'impunité »aux pirates et accablons nos alliés d'exactions [3].» Mais ce compliment que Cicéron fait aux Athéniens aux dépens de ses concitoyens, ne saurait se concilier avec la conduite constante des premiers en pareil cas, et avec le témoignage plus respectable de Théophraste, cité par Plutarque.

Conduite des Spartiates à la prise de Platée. Deux traits tirés de la guerre du Péloponnèse suffisent pour montrer la véritable nature des droits de la guerre, dans les luttes des Grecs entre eux. Le premier se rapporte à la conduite des Spartiates lors de la prise de Platée. Cette ville était assiégée par les Spartiates et les Thébains leurs alliés. Après une résistance opiniâtre, la garnison avait cependant été réduite à l'extrémité. Les assiégeants auraient pu prendre la ville d'assaut, mais les Spartiates désiraient voir terminer autrement le siége: ils voulaient conclure une paix

----

[1] THÉOPHRASTE, cité par Plutarque, *vie d'Aristide.*
[2] PLUTARQUE, vie d'Aristide.
[3] CIC., *De officiis,* lib. III. 5. 11.

basée sur la restitution réciproque de conquêtes faites pendant la guerre. Dans ce cas, si Platée avait été prise d'assaut, ils auraient été obligés de la restituer à Athènes son allié, tandis que s'ils la forçaient à capituler, ils pourraient prétendre que ce n'était pas une conquête. Dans ce but, le général des assiégeants continua le blocus jusqu'à ce qu'il eut été convaincu que la garnison n'était plus en état de défendre la ville: alors il envoya un héraut pour leur proposer de se rendre, non pas aux Thébains, mais aux Spartiates, et sous la condition que des juges spartiates auraient seuls à prononcer sur leur sort. Cette proposition fut acceptée, la ville se rendit, et la garnison reçut des provisions. Peu de jours après, cinq commissaires arrivèrent de Sparte. Mais au lieu d'avoir recours aux formes de procédure usitées, ils se bornèrent à poser cette question aux prisonniers. «Pendant cette »guerre, avez-vous fait quelque chose pour le service de »Sparte ou de ses alliés?» L'esprit qui présidait à un pareil interrogatoire était assez évident; les prisonniers obtinrent pourtant la permission de plaider leur propre cause; leur défense fut confiée à deux d'entre eux, dont l'un, Lacon, fils d'Aimnecte, était *proxenus* de Sparte.

Les Platéens soutinrent avec force leur cause. Ils pouvaient montrer, disaient-ils, l'absurdité qu'il y avait à envoyer cinq commissaires de Sparte, pour demander à la garnison d'une ville assiégée si elle était amie des assiégeants. Ils en appelèrent à leurs services et à leurs souffrances pendant les guerres médiques, lorsque seuls de tous les Béotiens ils étaient restés fidèles à la cause de la Grèce, tandis que les Thébains s'étaient rangés du côté des Barbares et avaient combattu pour eux, dans ce pays même dont ils espéraient maintenant s'emparer, avec le consentement de Sparte. Ils pouvaient démontrer, ajoutaient-ils, que l'alliance qu'ils avaient faite avec Athènes avait eu lieu avec l'approbation et même d'après le conseil des Spartiates; que la justice et l'honneur leur défendait éga-

lement de renoncer à une alliance dont les plus grands biens
avaient résulté pour eux, et que tant que cela avait dépendu
d'eux ils n'avaient pas rompu la dernière paix, mais que les
Thébains les avaient· surpris par trahison, lorsqu'ils se
croyaient en sûreté, grâce aux traités conclus; que si leurs
services passés n'étaient pas assez considérables pour racheter ce qui pouvait leur être imputé à crime dans les derniers
temps, ils réclamaient les droits de la guerre, qui défendaient
de se porter aux dernières extrémités envers un ennemi qui
s'était volontairement soumis; et que, comme ils avaient
montré, par la patience avec laquelle ils avaient enduré les
horreurs de la famine, qu'ils aimeraient mieux mourir que de
tomber entre les mains des Thébains, ils demandaient comme
un droit de n'être pas placés dans une condition pire que
celle dans laquelle ils s'étaient trouvés, et que si leur capitulation ne devait produire pour eux aucun avantage, on les
replaçât dans la situation d'où ils étaient volontairement sortis.

Ce langage des Platéens était si juste et si touchant, que
malgré l'engagement secret des commissaires spartiates de
décider en faveur des Thébains, ces derniers demandèrent la
permission de répondre. Ils soutinrent donc avec raison que
c'était entre eux et les Platéens que devait se décider la question. Ils attribuèrent la conduite de leurs ancêtres pendant
les guerres médiques, à la nécessité où l'on avait été de se
conformer aux vœux d'une faction qui, quoique peu nombreuse,
avait eu le pouvoir entre les mains, et ils invoquèrent en leur
faveur les services qu'ils avaient depuis rendus à Sparte. Ils
ravalèrent les actes patriotiques des Platéens, en affirmant
qu'ils n'étaient que la conséquence de leur attachement à
Athènes, qu'ils n'avaient cessé de soutenir dans ses nombreuses entreprises contre la liberté de la Grèce. Ils justi-
fièrent leur attaque contre Platée en temps de paix, sous le
prétexte qu'ils y avaient été conviés par beaucoup de citoyens
parmi les plus riches et les plus illustres de cette ville, et ils

accusèrent les Platéens de mauvaise foi, parce qu'ils avaient répandu le sang de leurs prisonniers thébains. «Ce sang, »s'écrièrent-ils, demande vengeance avec autant de force que »vous, vous demandez grâce!»

Ces raisons expliquaient suffisamment leur haine contre Platée, mais la seule partie de leur discours qui eût vraiment trait à la question fut celle où ils rappelèrent aux Spartiates qu'ils étaient leurs plus puissants alliés. Les Spartiates le savaient bien et avaient depuis longtemps décidé qu'aucun scrupule de conscience, qu'aucune idée de justice ou d'humanité, ne viendraient troubler une alliance si importante pour eux. Cependant, pour sauver les apparences, ils déguisèrent leur désir secret de maintenir l'alliance avec les Thébains, en proposant de nouveau la question indiquée plus haut: «Avez-»vous, pendant cette guerre, fait quelque chose pour le ser-»vice de Sparte ou de ses alliés?» Et comme, selon la réponse affirmative ou négative des prisonniers, ils étaient mis à mort ou relâchés; deux cents Platéens et vingt-cinq Athéniens perdirent ainsi la vie. Les femmes furent réduites en esclavage. «S'il n'y avait eu que de la cruauté dans cette transaction» dit Thirlwall, à qui nous avons emprunté ce récit «elle eût »été si peu importante en comparaison de celle que les Spar-»tiates avaient montrée envers des prisonniers inoffensifs »pendant tout le cours de la guerre, qu'elle ne mériterait pas »d'être citée ici. Ce qu'il y a de particulier en cette occasion, »c'est la lâche habileté et peut-être même la grossièreté de »leur stratagème[1].»

Le second trait que nous voulons citer pour montrer le vrai caractère des droits de la guerre parmi les Grecs, est celui de la reddition de Mélos. L'habile historien moderne que nous venons de citer dit, en donnant le récit des négociations qui précédèrent la reddition de cette île, que «Thucydide

Conduite des Athéniens lors de la reddition de Mélos.

----

[1] THIRLWALL's *History of Greece*, vol. III, pp. 192, 196.

»a composé un dialogue qu'il suppose, d'après sa connais-
»sance des idées et des sentiments des deux partis, avoir
»pu être le véritable; car il semble qu'il n'y a pas de raison
»pour lui attribuer une vérité historique.» Il est pourtant
évident, par la conclusion si cruelle de cette scène, que le
langage que Thucydide fait tenir aux interlocuteurs, est un
tableau fidèle des maximes de moralité internationale reconnus par eux.

Les Athéniens commencèrent par montrer sur quels principes ils se proposaient de discuter la question. Ils soutinrent
qu'en politique il fallait substituer la seule utilité aux règles
de la justice. Ils ne prétendirent point que les habitants de
Mélos avaient eu des torts, et ne niaient pas que, quoique
colonie lacédémonienne, ils n'avaient pas pris part aux expéditions de la métropole. Mais ils montrèrent que la puissance
d'Athènes dépendait du maintien d'un système incompatible
avec l'indépendance de Mélos. La puissance d'Athènes est
fondée, dirent-ils, sur l'opinion publique, et cette puissance
serait ébranlée si l'on voyait qu'une seule île pouvait lui résister impunément, car le monde ne lui rendrait pas la justice
de croire qu'elle s'était volontairement abstenue d'une conquête, et attribuerait une pareille action à de la faiblesse. Ils
ajoutèrent que leur seul but était de fortifier la puissance
athénienne, et que, dans cette entreprise, ils espéraient que
les Dieux leur seraient favorables. Ce fut en vain que les habitants de Mélos essayèrent de montrer que l'intérêt même
d'Athènes exigeait que leur neutralité fût respectée, puisque
les autres états indépendants seraient alarmés et excités par
une pareille agression; argument qui aurait pu être apprécié
si Athènes avait eu une réputation d'équité et de modération
à conserver. La question se trouva donc réduite à savoir si
les habitants de l'île pouvaient gagner quelque chose à la résistance. Ils avouaient eux-mêmes qu'indépendamment des chances de la guerre, et de la faveur des Dieux toujours acquise

à la bonne cause, ils n'avaient d'autre espoir que les secours qui leur viendraient infailliblement de Sparte. — Les envoyés athéniens leur firent remarquer, et ils ne le nièrent point, que de tous les états de la Grèce, Sparte était celui qui avait le mieux montré que dans les affaires politiques l'honneur est subordonné à l'inclination, et la justice à l'utilité; et que l'on pouvait, par suite, s'attendre à ce qu'au lieu de se laisser entraîner pas des sentiments de générosité, elle pourrait bien calculer les dangers auxquels elle serait exposée en venant au secours d'une île si faible et de si peu d'importance; et ils leur rappelèrent, en même temps, qu'Athènes avait suffisamment montré que ni des menaces ni des attaques dirigées contre elle ne pouvaient la détourner du but qu'elle se proposait. — Ainsi se termina cette entrevue. Les envoyés d'Athènes se retirèrent pour attendre la réponse définitive des habitants de l'île, et quand ils revinrent, il leur fut répondu que les Méléens ne désespéreraient pas au point de ne plus mettre de confiance en leurs alliés naturels et de renoncer ainsi tout d'un coup à une indépendance qui durait depuis sept siècles. Les Athéniens, en se retirant, exprimèrent leur étonnement de ce que les Méléens se précipitaient ainsi dans une ruine inévitable. On commença aussitôt le siége de la ville. Comme les Athéniens l'avaient prédit, aucun secours ne vint de Sparte, et les Méléens furent réduits à se défendre seuls. Ils le firent courageusement, mais l'arrivée de nouvelles troupes dans le camp des assiégeants et les nombreuses dissensions qui éclataient dans l'intérieur de la ville, hâtèrent sa ruine. Les malheureux habitants furent obligés de se rendre. Tous les citoyens en âge de porter les armes furent mis à mort et les femmes et les enfants réduits à l'esclavage.

«La conduite des Athéniens en cette occasion, dit l'histo-
»rien que nous avons déjà cité, doit paraître moins révoltante
»que leur bonne foi, en avouant les principes féroces d'après
»lesquels ils agissaient. Mais quelque injuste et cruelle que fût

»leur conduite, elle ne doit pas être regardée comme étant plus
»répréhensible, n'étant pas sanctionnée par le prétexte que
»les habitants de Mélos étaient des rebelles, prétexte dont on
»a voulu couvrir des actes d'une iniquité bien plus révoltante
»encore dans des siècles où l'on s'est fait gloire de professer
»une loi morale toute divine. Le traitement des vaincus, à cette
»occasion, quel qu'en fût le motif, était indigne d'une nation
»civilisée. Mais pour juger la conduite des Athéniens avec
»impartialité, il faut faire la part des usages barbares à cette
»époque. La satisfaction que nous donnent les progrès de la
»civilisation ne doit pas nous rendre injustes. — Les mœurs
»plus douces de quelques nations modernes n'ont point empê-
»ché de punir, comme coupables de crime de révolte, ceux qui
»n'ont pas commis d'autre crime que de défendre l'indépen-
»dance de leur patrie contre l'usurpation étrangère, en les
»arrachant de leurs familles, pour les renfermer dans des for-
»teresses ou les reléguer dans les déserts de la Scythie[1].»

Éléments du droit public chez les Grecs. Un savant auteur a énuméré les règles suivantes comme constituant les rudes éléments du droit public chez les anciens Grecs, et servant à régler les rapports des différents peuples de la Grèce entre eux:

1° On ne devait pas priver de sépulture ceux qui perdaient la vie dans les combats.

2° On ne pouvait élever de trophée durable après une victoire.

3° On ne pouvait légalement mettre à mort ceux qui lors de la prise d'une ville se réfugiaient dans les temples[2].

4° On pouvait priver de sépulture ceux qui avaient commis des sacriléges.

5° Il était permis à tous les Grecs de fréquenter les jeux

[1] THIRLWALL's *History of Greece*, vol. III, p. 361.

[2] Cependant les Orchoméniens, qui s'étaient réfugiés dans un temple après la prise de leur capitale par Cassandre, furent tous massacrés. — Παρὰ τὰ κοινὰ Ἑλλήνων νόμιμα, dit Diodore, l. XIX. 63.

publics et les temples, et d'offrir des sacrifices, même en temps de guerre[1].

Ces règles furent sanctionnées par le conseil des Amphictyons, appelé à prononcer sur les infractions faites aux lois et aux coutumes consacrées par la religion commune à tous les peuples grecs. Il est évident, d'après cette simple énumération, que la ligue amphictyonique était une institution plutôt religieuse que politique. Aussi l'histoire démontre-t-elle qu'elle n'a jamais formé une véritable confédération des états grecs. Eschine cite un serment par lequel il était défendu aux membres de la ligue de détruire une ville amphictyonique, ou d'obstruer les sources d'eau, même en temps de guerre, et il leur était enjoint de défendre le sanctuaire et le trésor de Delphes contre tout sacrilége. Cette forme de serment montre sous son vrai jour le caractère de cette ligue; ses principales fonctions étaient de défendre le temple et d'empêcher des actes d'hostilité contre les villes qui faisaient partie de la ligue. Il n'est pas question dans ce serment d'une ligue contre l'étranger, excepté pour la protection du temple, ni d'aucun droit d'intervenir entre ses différents membres, à moins que ce ne fût pour défendre l'un des confédérés contre l'autre. Cependant ce serment ne les a jamais empêchés d'infliger les peines les plus cruelles à leurs frères en temps de guerre; il pouvait donc encore bien moins contribuer à rendre la nation plus humaine[2].

On a beaucoup discuté la question de savoir si les anciens avaient quelque notion d'un arrangement systématique, tel qu'il en a été fait dans les temps modernes, pour assurer aux états dont l'activité se déploie dans la même sphère, la tranquille possession de leur indépendance ainsi que de leur territoire. Hume a essayé de montrer que si même les anciens n'avaient pas une théorie exacte de l'équilibre des puissances,

---

[1] Sainte-Croix; sur les anciens gouvernements fédératifs.
[2] Thirlwall's *History of Greece*, vol. III, p. 380, 381.

ils en avaient cependant la pratique[1]. Pour appuyer cette assertion, il rapporte que Thémistocle représente la ligue formée contre les Athéniens avant la guerre du Péloponnèse comme une application de ce principe. Après la chute d'Athènes et lorsque la suprématie de la Grèce fut devenue un objet de lutte entre les Lacédémoniens et les Thébains, nous voyons, dit-il, que les Athéniens essayèrent de maintenir l'équilibre en se rangeant du côté des plus faibles. Ils prirent le parti de Thèbes contre Sparte jusqu'à ce qu'Épaminondas eut été victorieux à Leuctres: ils passèrent alors dans le camp des vaincus, par générosité dirent-ils, mais en réalité par jalousie contre les vainqueurs[2].

Démosthènes, dans son discours pour les Mégalopolitains, pose en principe que les intérêts d'Athènes demandent que Sparte et Thèbes restent également faibles. Mais la position de Thèbes étant alors très-douteuse, on avait raison de craindre qu'elle ne succombât dans la lutte qu'elle avait engagée avec sa rivale. D'un autre côté, si Sparte triomphait de Mégalopolis, elle trouverait la réduction de Messine moins difficile; et cette augmentation de pouvoir, tandis que Thèbes était si affaibli, aurait pu détruire l'équilibre qu'Athènes tenait à conserver. Ce fut par ces motifs que Démosthènes soutint l'alliance avec Mégalopolis.

Les Athéniens ne suivirent point le conseil de leur grand orateur; et les efforts de Démosthènes, lorsque plus tard l'ambition de Philippe menaça tous les états de la Grèce, pour faire comprendre à ses concitoyens ainsi qu'aux autres états le danger de laisser grandir si visiblement la puissance macédonienne, restèrent sans effet. Tout ce qui résulta de ses efforts fut la ligue entre Athènes et Thèbes. — Tous les états doriens assistaient avec une honteuse indifférence à la perte des libertés de la Grèce dans les plaines de Chéronée.

---

[1] HUME's *Essays*, VII. On the balance of power.
[2] XÉNOPHON, *Hist.*, l. VI, VII.

Démosthènes aurait voulu que le roi de Perse lui-même prît part à la ligue contre Philippe de Macédoine. Car le *grand roi* n'était plus qu'un faible prince en comparaison des états de la Grèce, qui, par la discipline, le courage et la science, avaient sur les barbares une supériorité incontestable. Les rois de Perse avaient eu pour habitude de suivre le conseil donné à Tisapherne par Alcibiade, de soutenir toujours, dans les guerres civiles de la Grèce, le parti le plus faible. Ce fut en s'attachant à ce principe que l'empire des Perses prolongea sa durée pendant près d'un siècle, et ce ne fut que pour l'avoir négligé un instant, lorsque l'ambitieux Philippe apparut pour la première fois sur la scène du monde, que cet édifice, si élevé et si fragile, s'écroula avec une rapidité dont l'histoire donne peu d'exemples.

Les successeurs d'Alexandre suivirent la même politique que les Perses. Les dynasties grecques en Asie et en Afrique considéraient la Macédoine comme la seule puissance qui pût rivaliser avec elles sur les champs de bataille. Les Ptolémées, surtout, soutinrent tour à tour la ligue achéenne et Sparte, dans le seul but de contrebalancer la puissance des rois de Macédoine[1]. Mais bientôt une puissance plus formidable vint menacer tous les états des successeurs d'Alexandre; ce fut Rome. Si les trois royaumes, d'Égypte, de Syrie et de Macédoine, avaient été unis avec les petits états de la Grèce qui conservaient encore leur indépendance, ils auraient pu former une ligue assez puissante pour résister aux projets ambitieux des Romains. L'invasion de l'Italie par Annibal fut une crise si remarquable, qu'elle aurait dû fixer l'attention de toute nation civilisée. Il était alors manifeste que Rome et Carthage luttaient pour l'empire universel, et ce fait fut même relevé par Agelaus de Naupacte dans une des assemblées générales de la Grèce[2]. Cependant aucun des états qui avaient un

[1] Polyb., *Hist.*, l. II. c. 51.
[2] Ibid., *Hist.*, l. V. c. 104.

si vif intérêt à l'issue de la lutte, n'essaya d'intervenir.
Philippe II de Macédoine resta neutre jusqu'à ce qu'il eut vu
Annibal triomphant, et il eut alors l'imprudence de faire avec
le vainqueur une alliance dont les conditions étaient plus im-
prudentes encore. Il fut stipulé que le roi de Macédoine aiderait les Carthaginois à faire la conquête de l'Italie, à condition que les Carthaginois lui fourniraient des troupes pour
soumettre les républiques grecques[1]. A la fin de la seconde
guerre punique, Carthage fut assez réduite pour que Rome
pût tourner son attention vers la Grèce, où de nouvelles conquêtes s'offrirent à son ambition. Loin de former une ligue
défensive, les états secondaires aidèrent Rome à dompter les
états plus considérables, et peu à peu d'alliés qu'ils étaient,
ils tombèrent au rang de provinces soumises. L'île de Rhodes
même, et les états qui composaient la ligue achéenne et qui
jouissent auprès des anciens historiens d'une si grande réputation de sagesse, adoptèrent ce fatal système. Le seul prince
grec qui semble avoir compris, dans ses relations avec Rome
la nécessité de conserver l'équilibre des puissances, fût Hié-
ron II, roi de Syracuse. Quoique réputé allié de Rome, il
envoya des secours aux Carthaginois pendant la guerre des
esclaves; «regardant, dit Polybe, l'indépendance de Car-
»thage comme nécessaire, tant pour conserver sa domination
»en Sicile, que pour conserver l'amitié de Rome; car il crai-
»gnait, si Carthage succombait, que Rome, sans rival, ne
»trouvât plus de résistance pour l'exécution de ses desseins.
«Et en ceci, il agit avec sagesse et avec prudence; car c'est
»une chose qui ne doit jamais être négligée; la puissance ne
»doit jamais être laissée entre les mains d'un seul état, de
»manière à ce que les états voisins soient mis dans l'impos-
»sibilité de défendre leurs droits contre lui[2].»

Il est évident que l'historien pose ici très-nettement le

[1] POLYB., *Hist.*, l. XXIII, c. 33.
[2] IBID., l. I, c. 83.

principe d'intervention pour conserver l'équilibre des puissances. A ce propos, Hume arrive à la conclusion que voici: «Ce principe est tellement fondé sur le sens commun et sur un »raisonnement si simple, qu'il n'a pas complètement échappé »à la pénétration et au discernement des anciens politiques. »Mais quoique ce principe ne fût pas aussi généralement re- »connu que maintenant, il exerçait néanmoins une grande »influence sur la conduite des princes et des hommes d'état, »doués de quelques lumières et de quelque expérience. Et »même de nos jours, quoique très-connu des hommes qui »s'occupent de la théorie de la politique, ce principe n'a pas »une très-grande autorité auprès de ceux qui gouvernent »le monde[1].»

Il faut cependant restreindre un peu ce que cette conclusion a de trop général. Les deux grands faits historiques cités plus haut prouvent que, dans l'antiquité, le principe d'intervention pour maintenir l'équilibre des puissances, quoique admis par les hommes d'état et par les historiens, n'était cependant pas assez généralement pratiqué pour empêcher d'abord l'agrandissement de la Macédoine, et ensuite celui de Rome, aux dépens des autres nations civilisées. — Dans les temps modernes, au contraire, il n'a pas seulement été reconnu par des hommes théoriques, mais il a été incorporé dans le code international des peuples, et si même on en a souvent abusé pour justifier des guerres injustes et impolitiques, il a cependant souvent aussi été appliqué à sauver l'Europe des dangers d'une monarchie universelle.

La théorie de Cicéron sur le droit international paraît avoir été plus libérale que celle des hommes politiques et des philosophes de la Grèce. Selon lui, la méchanceté de l'homme l'oblige d'user de violence envers les autres hommes et d'opposer la force à la force. — C'est ainsi que quand nous avons affaire à des criminels, il nous faut avoir recours aux

Théorie de Cicéron sur le droit international.

[1] HUME's *Essays*, VIII.

lois pénales, mais quand c'est à des ennemis publics, nous sommes obligés de recourir à la guerre. Le premier remède doit être en rapport avec les crimes commis [1]; le second, pour être juste, doit être nécessaire [2]. Dans la vie privée nous pouvons nous contenter du repentir d'un ennemi, si toutefois il est exprimé de manière à empêcher de nouvelles hostilités de sa part et à intimider ceux qui seraient tentés de commettre de semblables offenses. Dans ce qui regarde la vie publique il faut observer rigoureusement les lois de la guerre. Il y a deux manières de régler les différends: la persuasion et la force. La première est le propre des hommes, la seconde le propre des bêtes. Il ne faut donc y avoir recours que lorsque la persuasion devient inutile. La guerre n'a qu'un but, c'est celui de nous permettre de vivre en paix après la victoire. Les vaincus doivent être épargnés, à moins que par leur propre violation des droits de la guerre, ils ne méritent plus de clémence. C'est ainsi que les anciens Romains accordaient le droit de cité aux Tuscules, aux Sabins, et à d'autres, tandis que les villes de Carthage et de Numance furent détruites de fond en comble. La destruction de Corinthe est certainement regrettable, mais la sévérité des Romains contre cette ville est facilement expliquée, quand on songe combien sa position était favorable à un renouvellement de la guerre. Cependant Cicéron lui-même soutient qu'une offre de paix doit être acceptée, s'il n'y a rien d'insidieux dans les termes proposés. Ce n'est pas seulement un devoir d'épargner les vaincus, mais encore de faire quartier à une ville assiégée qui offre de se rendre après même que la brèche a été ouverte. — Il affirme même que cette loi avait été si rigoureusement suivie par les Romains, que les généraux qui recevaient la soumission d'une ville ou d'une nation devenaient, selon les anciennes lois et coutumes, les patrons de cette ville

[1] Cic., *De leg.*, III, 20.
[2] Ibid., *De off.*, 1, 11.

ou de cette nation. Il dit ensuite que les principes de justice applicables en temps de paix, étaient expressément sanctionnés par la loi féciale des Romains. Pour qu'une guerre fût *juste*, il fallait qu'elle fût faite pour un juste motif et qu'elle fût préalablement déclarée avec toutes les formes usitées. Il cite alors comme preuve de la sévérité que l'on mettait à observer les dispositions de la loi féciale, l'exemple de M. Caton, qui conseilla à son fils, qui venait de servir dans une autre légion, de ne pas livrer bataille à l'ennemi, sans avoir prêté un nouveau serment militaire[1].

Cicéron remarque aussi que le mot *hostis* avait été mis à la place de *perduellis*, pour désigner un ennemi, afin d'adoucir le sens cruel de ce mot par une expression plus humaine. «Nos ancêtres, dit-il, appelaient *hostis* ce que nous appelons »*peregrinus*. Ceci est prouvé par le texte des XII Tables: »*Aut status dies cum hoste*, et: *Adversus hostem aeterna* »*auctoritas*. Quelle expression plus douce que celle-ci? »appeler celui auquel on fait la guerre, d'un nom si paci-»fique!» Il est vrai que le temps avait donné quelque chose de dur à cette expression: on avait fini par ne plus se servir de ce mot dans le sens d'étranger, et on ne l'appliquait plus qu'aux ennemis dans le vrai sens du mot.

Selon ce grand philosophe, « deux nations, quand même »elles luttent entre elles pour le souverain pouvoir et pour »la gloire, devraient toujours être gouvernées par les prin-»cipes qui constituent les justes causes de la guerre. L'ani-»mosité des deux partis devrait dans ce cas même être tem-»pérée par la dignité de leur cause. Les Romains firent la »guerre aux Cimbres pour défendre leur propre existence, »tandis qu'avec les Carthaginois, les Samnites, et Pyrrhus, »ils luttaient pour l'empire. Carthage était perfide, et Annibal »était cruel; mais avec leurs autres ennemis les Romains »eurent des relations plus douces.» Il cite alors des vers

---

[1] Cic., *De officiis*, I, 11.

du vieux poëte Ennius, pour montrer avec quelle générosité Pyrrhus rendait ses prisonniers sans rançon[1]. Il faut garder la foi même avec un ennemi. Pour montrer combien ce principe est sacré, il cite les exemples de Régulus retournant à Carthage, et du sénat romain livrant à Pyrrhus le traître qui avait offert de l'empoisonner[2]. L'observation de cette règle distinguait précisément une juste guerre d'avec les déprédations des voleurs et des pirates. Dans le cas de ces derniers, des promesses consacrées même par un serment n'engagent à rien: car un serment n'engage que lorsqu'il a été prêté avec la conviction sincère que l'on a le droit de l'exiger. Ainsi si l'on refuse de payer à des pirates une rançon stipulée même sous serment, il n'y a ni fraude ni parjure; car un pirate ne doit pas être considéré comme un ennemi particulier, mais comme un ennemi de l'humanité tout entière. Entre lui et une autre personne, il ne peut rien y avoir de commun, ni par contrat, ni par serment. Ce n'est point un parjure que de refuser de remplir un tel engagement; tandis que Régulus aurait été coupable de ce crime, s'il avait refusé de remplir un engagement fait avec un ennemi qui, comme les Romains, était soumis à la loi féciale[3].

L'oubli dans lequel étaient tombés ces principes de justice

[1] Cic., *De officiis*, I, 13.
> Nec mi aurum posco, nec mi pretium dederitis,
> Nec cauponantes bellum, sed belligerantes,
> Ferro, non auro, vitam cernamus utrique.
> Vosne velit, an me regnare hera, quidve ferat fors,
> Virtute experiamur; et hoc simul accipite dictum;
> Quorum virtuti belli fortuna pepercit,
> Eorumdem me libertati parcere certum est,
> Domo ducite, doque volentibu' cum magnis Diis.

[2] Ibid., *ibid.*, lib. I, 13. III, 22, 27, 32.

[3] Regulus vero non debuit conditiones pactionesque bellicas et hostiles perturbare perjurio. Cum justo enim et legitimo enim hoste res gerebatur, adversus quem et totum jus feciale, et multa sunt jura communia. Quod ni ita esset, nunquam claros viros senatus vinctos hostibus dedisset. (Lib. III, 29.)

et de clémence fut, si nous en croyons Cicéron, la principale cause de la décadence et de la chute de la république. «Tant »que le peuple romain, dit-il, conserva son empire par des »bienfaits et non par des injustices; tant qu'il fit la guerre »soit pour étendre son empire, soit pour défendre ses alliés, »ses guerres furent toujours terminées par des actes de clé-»mence ou d'une sévérité nécessaire. Le sénat devenait l'asile »des rois, des peuples et des nations. Nos magistrats et nos »généraux, dit-il, mettaient leur principale gloire à protéger »avec justice et bonne foi les provinces et les alliés. Ainsi »Rome mérita le nom de patronne plutôt que celui de maî-»tresse du monde. Mais depuis longtemps ces usages et cette »discipline sont insensiblement tombés en désuétude, et ont »complétement disparu lors du triomphe de Sylla. En effet »rien ne pouvait paraître injuste envers des alliés lorsque les »citoyens mêmes étaient traités avec tant de cruauté [1]!»

C'est avec une patriotique indignation que Cicéron trace d'une manière si énergique le contraste qu'il y avait entre la conduite des Romains envers les autres nations, dans les premiers temps de la république et à l'époque dégénérée où il vivait. Mais l'histoire montre que les usages de ses compatriotes s'étaient constamment éloignés de sa belle théorie, autant que leurs pratiques religieuses avaient différé de ses conceptions sublimes sur la nature de la divinité. Montesquieu a suffisamment fait voir par quelle politique astucieuse, et par quelles flagrantes injustices Rome avait acquis la souveraineté sur une si grande partie du monde[2]. Les rapports des Romains avec les peuples étrangers n'étaient que trop conformes à leurs institutions intérieures. Leur constitution politique conservait toujours le caractère qui lui avait été imposé par le fondateur d'un état dont le principe fondamental était la guerre perpétuelle, et dont l'asser-

---

[1] Cic., *De officiis*, lib. II, 8.
[2] Montesquieu, *Grandeur et décadence des Romains*, ch. 6.

vissement et la colonisation des pays conquis était le but principal. Pendant plus de sept siècles les Romains poursuivirent un système d'envahissement, conçu par une politique profonde et mis à exécution avec un orgueil inflexible et une infatigable persévérance qui ne tenait aucun compte des occupations utiles et du bien-être de la vie privée. Toute sollicitude pour la destinée de leurs concitoyens faits prisonniers, était étouffée par leur politique sévère et inexorable.

> Hoc caverat mens provida Reguli
> Dissentientibus conditionibus
> Fœdis, et exemplo trahenti
> Perniciem veniens in ævum,
> Si non periret immiserabilis
> Captiva pubes.

Loi féciale des Romains et *Jus gentium*. L'institution de la loi féciale, avec son collége de hérauts pour l'expliquer et pour la maintenir, institution que les Romains empruntèrent aux Étrusques, n'avait pour but que de donner une sanction aux usages de la guerre, et ne contribuait que peu à en adoucir les maux. Cette institution contrastait fortement avec la conduite oppressive dont ils usaient envers leurs alliés, et avec le traitement injuste et cruel qu'ils faisaient subir aux vaincus. Dans leur langage métaphorique et expressif, «la victoire rendait profane, même les choses »les plus sacrées de l'ennemi.» Elle prononçait la confiscation de tous les biens meubles et immeubles, soit publics, soit privés, et condamnait les prisonniers à l'esclavage perpétuel; traînant à la fois les rois et les généraux après le char triomphal du vainqueur, et dégradant ainsi l'ennemi dans sa liberté d'esprit et dans son orgueil national, seules choses qui lui restent quand sa force et sa puissance sont détruites[1]. S'il y a eu quelques exceptions à une pratique aussi rigoureuse, elles ne prouvent rien contre le caractère général des conquêtes des Romains, qui se terminaient souvent en livrant

---

[1] Voyez le tableau touchant que Plutarque a tracé de la manière dont Persée et sa famille furent traités au triomphe de Paul Émile.

au bourreau les souverains captifs, comme s'ils avaient commis quelque crime en défendant l'indépendance de leur pays.

Aucun traité du droit des gens de l'antiquité ne nous a été conservé, quoique Grotius prétende qu'Aristote ait fait un ouvrage sur les droits de la guerre et les institutions de la loi féciale[1]. Parce que les Romains appelèrent leur loi féciale du nom de droit des gens, *jus gentium*, il ne faut pas croire que ce fût un droit positif, établi par le consentement mutuel ou même par l'usage général des nations; ce n'était pour eux, à proprement parler, qu'une loi civile. On l'appela droit des gens, parce que son but était de diriger la conduite des Romains envers d'autres nations dans les relations de la guerre, et non pas parce que toutes les nations étaient obligées de l'observer[2]. Aussi les inductions qu'on peut tirer des définitions données par les jurisconsultes romains, de ce qu'ils appelaient *jus gentium*, s'accordent à démontrer que l'on n'entendait pas par cette expression une règle positive applicable aux rapports des états entre eux, mais uniquement ce que l'on a entendu depuis par le droit naturel, c'est-à-dire la règle de conduite existante ou qui devrait exister entre les hommes, indépendamment d'une institution ou d'un pacte positif. C'est ainsi que le droit des gens, *jus gentium*, a toujours été mis en opposition avec le droit municipal, *jus civile*, et même avec le droit constitutionnel, *jus publicum*, réglant le gouvernement de Rome[3].

Pour mieux faire comprendre cette distinction entre le droit

[1] V. GROTIUS *de J. B. ac P. Proleg.*, §. 36. Barbeyrac, dans une note sur ce passage, conteste le fait. Il paraît que Grotius, et sir James Mackintosh après lui *(Discourse on the study of the law of nature and of nations)*, ont été induits en erreur par un passage du grammairien Ammonius, et que dans le titre d'un ouvrage d'Aristote: Δικαιωματα των πολεων, le mot πολεμων aurait été mis à la place de ce dernier.

[2] RUTHERFORTH'S *Inst. Nat. Law*, B. II, ch. 9, § 10.

[3] OMPTEDA, *Litteratur des Vœlkerrechts*, I. Band, §§ 32—44.

naturel et le droit civil, Cicéron, en posant les règles de justice applicables aux défauts cachés que pouvait avoir un objet qui serait en vente, dit que le vendeur est tenu de faire connaître ces défauts. «Quand vous mettez une maison en vente, dit-il, »dont vous voulez vous débarrasser à cause de ses défauts, »vous tendez par là un piége à l'acheteur si vous ne faites pas »connaître ces défauts. Quoique les usages de la société ne »défendent pas une pareille conduite, et qu'aucun décret ni le »droit municipal ne s'y opposent, elle n'en est pas moins con- »traire au droit naturel. Il y a une société qui embrasse l'hu- »manité entière (je l'ai souvent dit, mais il faut encore le »répéter). Dans cette société générale il y en a une autre »composée des hommes de la même race, et dans celle-ci »une autre encore composée des citoyens d'un même état. »Ainsi nos ancêtres distinguaient le droit des gens d'avec le »droit municipal. Le droit municipal n'est pas toujours le »même que le droit des gens, mais le droit des gens devrait »toujours être le même que le droit municipal[1].»

Un des auteurs les plus célèbres qui aient écrit sur le droit romain explique ainsi qu'il suit l'origine de cette distinction. Quand Rome eut établi des relations avec les nations voisines, les tribunaux romains durent étendre leur juridiction aux étrangers, et par suite reconnaître les lois de ces nations. Plus Rome étendit sa domination, plus ces relations augmentèrent, et ce fut là l'origine de l'idée abstraite d'un droit commun aux Romains et à toutes les autres nations. Cette idée n'était pas tout à fait juste, et les Romains ne se trompaient pas eux-mêmes sur la valeur que pouvait avoir l'induction

---

[1] Societas enim est (quod etsi sæpe dictum est, dicendum tamen sæpius est), latissime quidem quæ pateat omnium inter omnes; interior eorum qui ejusdem gentis sunt; proprior eorum qui ejusdem civitatis. Itaque majores aliud jus gentium, aliud jus civile voluerunt; quod civile, non idem continuo gentium; quod autem gentium, idem civile esse debet. (*De officiis*, III, 17.)

qu'ils en tiraient. Et d'abord, ils ne connaissaient pas toutes
·les nations du monde, et puis ils ne s'inquiétaient pas de savoir si chaque principe du *jus gentium* était vraiment reconnu
par toutes les nations qu'ils connaissaient. L'on admettait
d'abord ce caractère de généralité, on en cherchait l'origine
dans la raison naturelle, c'est-à-dire dans les notions de
justice commune à tous les hommes, d'où résultait comme
une conséquence nécessaire l'immutabilité de cette loi.

«Si maintenant on compare le droit national des Romains
»avec ce droit plus général, on arrive aux conclusions sui-
»vantes: Certaines institutions et certaines règles étaient com-
»munes au *jus gentium* et au *jus civile*; telles sont les insti-
»tutions et règles applicables aux contrats les plus usuels, la
»vente, le louage, la société, etc. Un bien plus grand nombre
»d'institutions appartenaient exclusivement au droit civil.
»D'abord le mariage entre les citoyens romains est soumis à
»des conditions rigoureusement déterminées, puis l'autorité
»paternelle, qui servait de base à l'agnation; la plupart des
»moyens d'acquérir la propriété, et les plus importants, la
»mancipation, l'usucaption, etc. — Néanmoins, le plus grand
»nombre de ces institutions du droit positif étaient fondées
»sur la nature même de l'homme, et existaient aussi dans le
»droit étranger, mais sous une autre forme. Aussi quand
»Rome eut étendu ses relations avec les autres peuples, les
»tribunaux romains reconnurent dans la pratique les institu-
»tions du droit général correspondant aux institutions du
»droit civil. Ainsi ils admettaient un mariage selon le *jus*
»*gentium*, aussi valide que le mariage civil, quoique privé de
»quelques-uns de ses effets. D'après ce qui précède on voit
»qu'il n'y avait pas d'opposition complète entre le droit na-
»tional et le droit général (*jus civile et jus gentium*), car une
»grande partie du premier se retrouve dans le second. Et
»d'ailleurs, à mesure que le peuple romain s'assimilait les
»nations soumises, il perdait de son individualité, et par suite

»le *jus gentium* prenait sans cesse une plus grande impor-
»tance [1].» Le même savant auteur, dans un autre ouvrage,
exprime la même idée. «Quand les Romains, dit-il, eurent
»étendu leur domination sur toute l'Italie, et au delà de ses
»frontières, leur caractère national dut perdre quelque chose
»de sa couleur primitive; une teinte plus générale en effaça
»l'originalité. Le droit subit aussi cette tendance nécessaire.
»A côté de l'ancien droit national *(jus civile)*, on vit bientôt
»s'élever un droit universel *(jus gentium)*. Né du commerce
»avec les étrangers, il fut d'abord établi pour eux seuls, et
»placé à Rome même sous la direction d'un préteur spécial.
»Dans la suite, les gouverneurs romains l'appliquèrent dans
»leurs provinces. Mais d'après la modification que nous
»venons de remarquer dans le caractère des Romains, leur
»droit particulier devait de plus en plns se rapprocher du
»droit universel, en d'autres termes, le *jus civile* devait tous
»les jours emprunter davantage au *jus gentium* [2].»

Influence du droit romain sur la formation du droit des gens chez les modernes. Quoique les Romains eussent une connaissance très-imparfaite du droit des gens comme science, et qu'ils ne le consi-
dérassent guère comme devant régler positivement les rapports entre des états indépendants, leur jurisprudence civile
contribua beaucoup au développement des principes du droit
public dans l'Europe moderne. Les principes de la philosophie stoïcienne entrèrent bientôt dans ceux du droit romain,
et contribuèrent à former le caractère de l'aristocratie la plus
illustre que le monde ait jamais vue. Il y a dans les tableaux
que les auteurs classiques ont tracés de la vie privée des patriciens romains, une dignité et un calme qui, réunis à l'énergique précision de leur esprit, les rendaient merveilleusement
aptes à remplir les fonctions de jurisconsultes et de magistrats.

---

[1] SAVIGNY, *System des heutigen Römischen Rechts,* I. Bd. B. I,
Kap. III, § 22.

[2] IBID., *Geschichte des Romischen Rechts im Mittelalter,* I. Bd.
Kap. I, § 1.

Romæ dulce diu fuit et solemne, reclusa
Mane domo vigilare, clienti promere jura.

L'administration de la justice appartint longtemps exclusivement aux patriciens. C'est ainsi que certaines familles illustres s'adonnèrent spécialement à l'étude de la jurisprudence, comme le moyen le plus sûr de gagner de l'influence dans les affaires politiques. Cette circonstance contribua essentiellement au perfectionnement de la science des lois, dans un état où toute autre carrière, à l'exception de l'éloquence et de l'art de la guerre, était regardée comme indigne de cette classe de citoyens. Il est vrai que tant que la république subsista, l'éloquence pouvait être considérée comme l'art le plus mportant de la paix; mais avec la perte de la liberté, l'éloquence se corrompit, et en perdant sa vigueur primitive elle perdit aussi toute influence salutaire. Il n'y avait donc plus que le droit civil où le génie de l'ancienne Rome était encore resté debout. Ici au moins le patriote pouvait reconnaître sa patrie[1]. En remplissant les fonctions d'interprètes des lois auprès de leurs clients et de leurs concitoyens, les patriciens inventèrent une sorte de législation judiciaire qui fut perfectionnée d'âge en âge par une suite non interrompue de jurisconsultes, depuis la fondation de la république jusqu'à la chute de l'empire. Il en résulta que le droit civil, qui paraît n'avoir jamais existé à l'état de science dans aucune des républiques greecques, en devint bientôt une à Rome, et de là se répandit sur toutes les parties du monde civilisé[2]. Ce n'est pas sans admiration que l'on peut contempler, sous ce rapport, la renommée colossale du peuple romain ainsi que ses étonnantes destinées. Sa gloire militaire a depuis longtemps disparu, mais la ville éternelle continue encore à dominer par

---

[1] Artes honestas, et sive ad rem militarem, sive ad juris scientiam, sive ad eloquentiam inclinasset .... (TACITUS, *De causis corrupt. eloquentiæ*, c. 28.)

[2] SMITH's *Wealth of nations*, B. 5, ch. 1 et 3.

l'influence de ses lois sur le monde civilisé et le monde chrétien.

M. de Savigny, par des recherches assidues et une rare sagacité, a recueilli laborieusement et combiné avec un soin remarquable les nombreuses preuves que le droit romain, loin d'avoir été enfoui dans les décombres de l'empire, survécut pendant le moyen âge, et continua à former une partie intégrale de la législation européenne, longtemps avant l'époque de la découverte des Pandectes de Justinien à Amalfi au douzième siècle, époque à laquelle on attribue ordinairement la renaissance de ce système de jurisprudence. Les Romains des provinces subjuguées n'étaient ni bannis, ni privés de leur liberté personnelle, et leurs biens n'étaient pas tous confisqués par les Barbares, comme nous sommes ordinairement portés à le croire. Les peuples vaincus ne conservaient pas seulement une partie de leurs terres avec le privilége d'être gouvernés par les lois qui les avaient régis jusqu'alors. Les constitutions municipales des villes romaines étaient, pour la plupart, maintenues; de sorte que l'étude et la pratique du droit romain ne purent jamais être entièrement abandonnés, même à cette époque du moyen âge où la culture des lettres et des arts avait presque entièrement cessé. C'est un principe du droit des gens moderne, que la loi locale gouverne également, et sans distinction d'origine et de race, toutes les personnes et les choses qui se trouvent en un même lieu. Au moyen âge, il en était autrement: dans le même pays, dans la même ville, les Francs, les Bourguignons, les Goths, les Lombards, les Romains, vivaient ensemble, mais selon leurs propres lois, et chacun était gouverné par les magistrats de sa propre nation. Dans les villes surtout, le droit romain fut conservé, ainsi que les institutions judiciaires et les magistrats qui y avaient déjà existé, tandis que le clergé, de quelque race qu'il fût, suivait toujours les lois romaines[1]. Lorsque Charlemagne rétablit

---

[1] SAVIGNY, *Gesch. d. Römischen Rechts im Mittelalter*, I. Bd., Kap. 3.

l'empire d'Occident, presque toutes les nations de l'Europe se trouvèrent de nouveau unies par des lois communes, par la religion et les institutions ecclésiastiques, par l'usage de la langue latine dans les actes publics, et enfin par la majesté du nom impérial. A partir de cette époque, le droit romain ne fut plus considéré comme le droit particulier des Romains qui étaient soumis aux rois barbares établis dans les anciennes provinces de l'empire. Il devint le droit commun de tous les états qui avaient été jadis provinces romaines, et s'étendit bientôt jusqu'au delà du Danube et du Rhin, dans ces pays de l'Allemagne que Rome n'avait jamais pu dompter[1]. A la renaissance du droit civil, qui, comme nous l'avons déjà dit, s'était de plus en plus confondu avec le *jus gentium*, il finit par s'identifier complètement avec ce *jus gentium* dans le sens que les modernes ont attribué à cette expression, c'est-à-dire dans le sens de droit international. Les professeurs de la fameuse école de Bologne n'étaient pas seulement des jurisconsultes; ils étaient aussi employés comme officiers publics, et surtout comme diplomates ou arbitres pour régler les différends que pouvaient avoir entre eux les divers états de l'Italie. — Les républiques italiennes étaient nées de la constitution municipale des villes romaines, constitution qui avait été conservée sous la domination des Lombards, des Francs, des empereurs grecs et des papes. Dans la lutte entre les villes lombardes qui réclamaient leur indépendance et Frédéric Barberousse qui insistait sur ses droits régaliens, on en appela souvent aux jurisconsultes pour régler le différend. Frédéric, comme successeur d'Auguste et de Charlemagne, demandait le pouvoir entier et despotique que les empereurs romains avaient eu sur leurs sujets. — La ligue lombarde, au contraire, alléguait comme titre à l'indépendance une longue possession, et l'acquiescement des prédécesseurs de Frédéric. La diète de

---

[1] Savigny, *Geschichte*, etc., III. Bd., Kap. 16.

Roncaglia, en 1158, décida que les droits régaliens appartenaient exclusivement à l'empereur, excepté dans le cas où les villes pourraient produire des chartes impériales d'exemption. On croit que cette décision fut due à l'influence des *quatre docteurs* de Bologne, qu'on a par suite accusés d'avoir, par leur honteuse servilité, trahi les libertés de l'Italie. Nous n'avons pas à examiner cette question ; le fait que nous avons cité prouve que dans les graves questions on consultait les légistes, qui acquéraient ainsi une nouvelle importance, comme interprètes de la science du droit international.

Influence du droit canon et des écrits des casuistes.
A partir de ce moment, cette science a été considérée comme étant particulièrement du ressort des jurisconsultes dans l'Europe entière, et même 'dans les pays qui n'avaient adopté qu'en partie le droit romain pour base de leur propre droit municipal. Dans toutes les questions de droit international on en a sans cesse appelé à l'autorité des jurisconsultes romains, et souvent on en faisait une fausse application, en considérant leurs décisions comme des lois d'une obligation universelle [1]. L'esprit du droit romain avait pénétré jusque dans le code ecclésiastique, et l'on peut regarder comme une circonstance favorable pour la renaissance de la civilisation en Europe, que les intérêts du clergé l'engagèrent à maintenir un certain respect pour les principes immuables de la justice. La monarchie spirituelle des pontifes romains était fondée sur le besoin d'un pouvoir moral pour tempérer les désordres grossiers de la société pendant le moyen âge. On peut avec raison regarder l'influence immense de l'autorité papale à cette époque comme un bienfait pour l'humanité. Elle sauva l'Europe de la barbarie, et devint le seul refuge contre l'oppression féodale. La compilation du droit canon qui fut faite sous Grégoire IX a contribué à faire adopter les principes de la justice au clergé catholique, tandis que la science des casuistes,

---

[1] SAVIGNY, *Geschichte*, etc., III. Bd., Kap. 19.

conçue par eux pour leur servir à remplir les devoirs de la confession auriculaire, a ouvert un champ libre aux spéculations de la véritable science de la morale.

Pour résumer ce que nous venons de dire sur les progrès du droit des gens pendant le moyen âge, on peut remarquer qu'on a déjà vu quels étaient les maximes et les usages anti-sociaux observés par les anciens Grecs et Romains dans leurs relations mutuelles, ainsi qu'envers les autres races qu'ils appelaient des Barbares. La religion chrétienne devait abolir l'ancien précepte païen: *Tu haïras ton ennemi*, et y substituer l'injonction divine: *Aimez vos ennemis;* commandement qui ne pouvait se concilier avec la guerre perpétuelle. Cependant cette loi plus pure devait lutter péniblement contre l'inimitié séculaire des diverses races du monde ancien, et contre l'esprit d'intolérance des siècles de barbarie qui ont suivi la chute de l'empire romain. C'est pendant le moyen âge que les états chrétiens de l'Europe commencèrent à se rapprocher les uns des autres, et à reconnaître un droit commun entre eux. Ce droit était fondé principalement sur les circonstances suivantes:

1° La renaissance de l'étude du droit romain, et l'adoption de ce droit par presque tous les peuples de l'Europe chrétienne, soit comme base de la loi positive de chaque pays, soit comme raison écrite et droit subsidiaire.

2° L'union de l'église d'Occident sous un chef spirituel, dont l'autorité était souvent invoquée comme arbitre suprême entre les souverains et entre les nations [1].

De cette manière le droit des gens moderne de l'Europe a pris sa double origine dans le droit romain et dans le droit canonique. Les traces de cette double origine se trouvent distinctement dans les écrits des casuistes espagnols et des légistes italiens. Les conciles généraux de l'église catholique étaient

---

[1] HEFFTER, *Das Europäische Volkerrecht, Einleitung,* § 5.

souvent des congrès européens, qui s'occupaient, non seulement des affaires ecclésiastiques, mais qui réglaient en même temps les affaires contentieuses entre les divers états de la chrétienté. — Comme nous l'avons déjà dit, les jurisconsultes étaient à cette époque des publicistes et des diplomates. Tous les publicistes qui ont écrit avant Grotius ont invoqué principalement l'autorité des anciens jurisconsultes romains et des canonistes. La révolution religieuse du seizième siècle ébranla une des bases de cette jurisprudence universelle. Cependant, comme nous verrons plus tard, les publicistes de l'école protestante, en renonçant à l'autorité de l'église de Rome, ne cessèrent pas d'invoquer celle du droit romain, comme raison écrite et comme code universel.

Les universités de l'Italie et de l'Espagne ont produit dans le seizième siècle une foule d'hommes remarquables qui se sont occupés à cultiver cette partie de la science de la morale qui enseigne les règles de la justice. Parmi eux on peut citer Francisco Victoria, dominicain qui s'est rendu célèbre comme professeur à l'université de Salamanque; et Dominique Soto, élève et successeur de Victoria à la même école, qui publia en 1560 un traité de justice et de droit tiré de ses leçons publiques et dédié à l'infortuné et célèbre Don Carlos. Victoria ainsi que Soto condamnaient avec une indépendance qui leur fait honneur, les guerres cruelles que la rapacité de leurs compatriotes leur faisait entreprendre dans le Nouveau-Monde, sous prétexte de propager le christianisme. Soto fut nommé arbitre par Charles-Quint, dans la contestation qui s'était élevée entre Sepulveda, le défenseur des colons de l'Amérique espagnole, et Las Casas, le protecteur des naturels du pays, au sujet de l'esclavage de ces derniers. L'édit de réforme de 1543 avait été rendu d'après le jugement de Soto en faveur des Indiens. Il ne s'est pas arrêté là: il a condamné dans les termes les plus précis la traite des nègres en Afrique, qui commençait alors à être pratiquée par les Portugais, en attirant les naturels vers les côtes, sous de faux prétextes, et les transportant ensuite par force à bord de leurs vaisseaux négriers[1].

On peut encore ajouter à ces deux casuistes, Francisco Saurez, qui se faisait remarquer dans le même siècle, et duquel Grotius a dit qu'il n'avait pas son égal en subtilité parmi les philosophes et les théologiens. Quelques passages de sa théorie touchant la morale privée, sont justement condamnés par l'auteur des *Lettres provinciales;* mais ce jésuite espagnol a le mérite d'avoir conçu et exprimé clairement, dans son traité *De legibus ac Deo legislatore,* la distinction entre ce qu'on appelle le droit naturel et les principes conventionnels observés par les nations entre elles. «Il fut le premier à »s'apercevoir, dit Mackintosh, que le droit international était »composé, non-seulement de simples principes de justice »appliqués aux rapports des états entre eux, mais encore »d'usages longtemps observés par la race européenne dans »ses relations internationales, qui ont été depuis reconnus »comme la loi coutumière des nations chrétiennes de l'Europe »et de l'Amérique[2].»

L'ouvrage de Francisco de Victoria intitulé *Relectiones theologicæ,* quoiqu'il en ait paru six éditions, dont la première à Lyon en 1557, et la dernière à Venise en 1626, est devenu extrêmement rare. Cet ouvrage est composé de treize dissertations ou *relectiones,* selon le titre que l'auteur lui-même leur a donné, sur divers sujets. Deux de ces dissertations, la

---

[1] «Si l'opinion qui a prévalu, dit Soto, est vraie, que les marins »portugais attirent les malheureux indigènes d'Afrique près des »côtes, par des présents et toute espèce de séductions et de fraudes, »pour les engager à s'embarquer dans leurs vaisseaux, ceux qui les »prennent aussi bien que ceux qui les achètent ne peuvent avoir la »conscience nette, jusqu'à ce qu'ils aient affranchi ces mêmes »esclaves, n'importe qu'ils aient ou qu'ils n'aient pas les moyens de payer leur rançon.» (Soto, *De justitia et jure,* lib. IV, Quæst. II, art. 2.)

[2] Mackintosh, *Progress of Ethical Philosophy,* sect. 3, p. 51.

cinquième et la sixième, l'une intitulée *De Indis*, et l'autre *De jure belli*, ont rapport au droit international.

Dans la cinquième dissertation l'auteur discute les différents titres par lesquels la prise de possession du Nouveau-Monde par les Espagnols avait été justifiée. Il soutient le droit des Indiens à la domination exclusive sur leur propre pays. Il réfute l'assertion de Bartole et des autres jurisconsultes de l'école de Bologne, qui veulent que l'empereur soit souverain du monde entier, et que le pape ait le droit de conférer aux rois d'Espagne la domination sur les pays habités par des barbares païens. Il fait consister les droits des Espagnols dans ce qu'il appelle le droit de la société naturelle, qui, selon lui, permet aux Espagnols de demeurer et de trafiquer en cette partie du monde, sans toutefois faire de tort aux habitants. Il considère le refus de l'hospitalité et du droit de trafiquer comme une cause suffisante pour justifier une déclaration de guerre qui alors pourrait conduire à l'acquisition de la souveraineté au moyen d'une conquête confirmée par une concession volontaire. Il conteste le droit de faire la guerre aux païens, parce qu'ils refusent de recevoir les lumières de l'Évangile, mais il admet qu'il y a de leur part obligation de laisser prêcher l'Évangile à ceux qui veulent l'entendre, et à ne point faire de mal aux nouveaux convertis. Cependant il semble craindre que ses compatriotes n'abusent de cette permission; il s'efforce donc de modérer leur zèle, et de les prémunir contre toutes les violences qui, sous le nom de la religion, n'ont en réalité pour but que de satisfaire l'avarice ou quelque autre passion mondaine.

La sixième dissertation traite exclusivement des droits de la guerre; l'auteur y examine les questions suivantes:

1° Des chrétiens peuvent-ils en toute justice faire la guerre?

2° A qui appartient le droit de déclarer et de faire la guerre?

3° Quelles sont les causes qui peuvent justifier une guerre?

4° Dans une juste guerre quels sont les droits que l'on a sur l'ennemi?

Sur la première question, Victoria soutient que les chrétiens ont le droit de s'engager dans une guerre défensive, de résister à la force par la force, et de ressaisir les biens dont l'ennemi s'est emparé. Ils peuvent même s'engager dans une guerre offensive, si elle a pour objet la réparation d'une injustice. Il soutient ces propositions du droit naturel par des citations de l'Écriture sainte et par l'autorité des pères de l'Église.

Il répond à la seconde question en disant que le droit de faire la guerre appartient à chaque particulier pour défendre sa personne et ses biens. Mais qu'il y a entre un particulier et l'état cette différence, que le droit du premier se borne à celui de sa propre défense et ne s'étend nullement à la réparation des torts qui lui ont été faits, ou même au droit sur des choses qui lui ont été enlevées, si un certain laps de temps s'est déjà écoulé. Le recours à la force dans un cas de propre défense ne peut avoir lieu que quand le danger est présent, ou, comme disent les jurisconsultes, *in incontinenti*. L'état, au contraire, a le droit non-seulement de se défendre lui-même, mais aussi celui de demander réparation des torts qui lui ont été faits à lui-même ou à ses sujets; d'où résulte que dans ce dernier cas l'état ou le souverain a seul le droit de faire la guerre. Mais alors se présente la question de savoir au juste ce que c'est qu'un état? La réponse de l'auteur est que c'est une communauté parfaite, c'est-à-dire qui ne fait partie d'aucun autre état, et qui a ses lois particulières ainsi que sa propre législature et ses propres magistrats; tels sont, par exemple, les royaumes de Castille ou d'Aragon, la république de Venise, etc. Il peut même y avoir plusieurs communautés parfaites ou états régis par le même prince, qui alors a seul le droit de déclarer et de faire la guerre. C'est par cette raison que ce droit ne peut être exercé par des principautés qui sont vassales d'un empire.

3*

A la troisième question, il répond en faisant observer d'abord qu'une diversité de religion ne peut pas être considérée comme un juste motif de faire la guerre, pas plus que le refus d'une nation païenne d'embrasser le christianisme. — Le désir d'étendre sa puissance ou d'acquérir une plus grande gloire ne peut non plus autoriser un prince à faire la guerre. La différence entre un roi juste et un tyran, c'est que le premier règne pour le bien de son peuple, tandis que le second ne règne que dans son propre intérêt. C'est faire des esclaves de ses sujets que de les forcer de faire la guerre, non pas dans l'intérêt public, mais pour celui du prince seulement. La seule juste cause de guerre, c'est une injure qui a été faite par un état à un autre. Le droit naturel défend de tuer les innocents; il est donc injuste de faire la guerre à ceux qui ne nous ont fait aucun tort. Des injures même ne justifient pas toujours une déclaration de guerre. De même que dans la société civile chaque crime ne doit pas être puni de mort ou d'exil, de même dans la grande société des nations, il n'est pas permis de punir d'insignifiantes injures par les massacres et les dévastations qui sont la suite inévitable de toute guerre.

A la quatrième question, Victoria répond qu'en temps de guerre, il est juste de faire tout ce qui est nécessaire pour la défense et la conservation de l'état. Qu'il est juste de reprendre à l'ennemi ce qu'il vous a pris, ou de lui en demander la valeur; de lui enlever assez d'argent pour payer les frais de la guerre et pour compenser tous les maux qu'il vous a fait endurer. Dans une juste guerre, il est même permis d'aller plus loin, et d'occuper le territoire de l'ennemi ainsi que les forteresses, afin de le punir du tort qu'il vous a fait et d'obtenir la paix.

Tels sont les droits des puissances belligérantes entre elles en cas d'une guerre juste. Mais l'auteur examine alors la question de savoir s'il suffit pour qu'une guerre soit juste que la partie belligérante la considère comme telle. Il y répond que cela n'est pas toujours le cas. Il faut s'en référer alors au jugement d'hommes sages. Il faut mettre beaucoup de soin à cette enquête, et les raisons données même par la partie adverse doivent être considérées attentivement. Une guerre peut être juste pour les deux partis, si de chaque côté on se croit dans son droit. On peut même dire que les Turcs et les Sarrasins font une juste guerre contre les chrétiens, puisqu'ils croient par là servir leur Dieu. Des sujets ne sont pas tenus de servir leur souverain dans une guerre manifestement injuste, puisqu'aucune autorité temporelle ne peut nous justifier si nous immolons des innocents. Mais en même temps, le devoir d'examiner la question de la justice ou de l'injustice d'une guerre doit appartenir aux hommes les plus marquants d'une nation que le souverain doit consulter en pareille occasion. Les membres inférieurs d'un état, qui n'entrent pas dans le conseil public, peuvent en conscience se conformer à la décision de leurs supérieurs par rapport à la justice de la guerre. Dans un cas douteux les sujets sont tenus d'obéir aux ordres de leur souverain.

Revenant encore à la question de savoir quels sont les actes d'hostilité permis, Victoria demande s'il est juste de tuer des innocents? Il répond négativement, et dit qu'il ne faut mettre à mort ni les femmes ni les enfants, qui doivent être considérés comme innocents, même dans les guerres avec les Turcs. Parmi les chrétiens, cette supposition s'étend aussi aux laboureurs, et en général à toutes les personnes engagées dans la vie civile ou religieuse, ainsi qu'aux étrangers qui se trouvent dans le pays ennemi. Cependant ces personnes peuvent être privées de leurs biens, tels que des vaisseaux armés ou de l'argent, biens qui sont nécessaires pour faire la guerre; mais si la guerre peut être faite sans cela, il ne faut ni détruire ni enlever les biens des laboureurs et des autres personnes inoffensives. Les biens des innocents comme des coupables sont sujets aux représailles dans le cas où l'on refuse de rendre ce dont on s'est injustement emparé. Ainsi, si des sujets français font des incursions en Espagne et dépouillent les habitants, et si alors le roi de France refuse de réparer les torts qui ont été faits, les Espagnols peuvent, avec la permission de leur souverain, dépouiller de leurs biens des marchands et des laboureurs français qui sont pourtant complétement innocents. Les lettres de marque et les représailles qui sont accordées en pareil cas ne sont pas injustes, puisque sans la négligence du souverain ses sujets ne seraient pas ainsi dépouillés, mais elles sont dangereuses et donnent lieu à toutes sortes de déprédations.

Il n'est pas plus permis d'emmener en captivité les enfants, et les autres personnes inoffensives, que de les mettre à mort. On n'a pas le droit non plus de réduire à l'esclavage les prisonniers de guerre, mais on peut les retenir jusqu'à ce qu'ils aient été rançonnés; le prix de la rançon ne doit cependant pas excéder ce qui est absolument nécessaire pour défrayer la guerre. L'auteur examine ensuite la question de savoir si des otages peuvent avec droit être mis à mort en cas de violation de la convention d'après laquelle ils sont retenus; et, faisant une distinction pour les otages entre les personnes qui ont porté les armes, et celles qui sont inoffensives, comme les femmes et les enfants, il prononce qu'on peut mettre les premières à mort, mais non pas les secondes. Quant à la question de savoir si toutes personnes qui prennent les armes contre nous peuvent être mises à mort, il y répond en disant que dans l'ardeur du combat, ou dans l'attaque et la défense d'une ville assiégée pendant que la lutte est encore *in periculo,* toutes celles qui continuent à résister peuvent être mises à mort. Le seul doute qui peut se présenter est dans le cas où la victoire est déjà assurée, et où il n'y a plus rien à craindre de la part de l'ennemi. Victoria ne se laisse même pas arrêter par ce doute, et se fondant sur le commandement de Dieu aux Juifs (*Deuteronome,* Ch. 20), il déclare qu'il est permis de massacrer les ennemis qui ne résistent pas. Cependant il modifie un peu ce qu'il vient de dire, en déclarant que ceci n'a lieu que pour frapper de terreur ceux qui survivent encore, et d'obtenir ainsi une paix honorable. Il arrive donc à la conclusion, qu'il n'est pas toujours légitime de mettre ainsi à mort ses ennemis. Mais cet adoucissement des droits de la guerre ne peut avoir lieu pour des infidèles, avec lesquels il n'y a jamais d'espoir d'obtenir une paix basée sur de justes conditions. De sorte que finalement il arrive à la conclusion qu'entre des ennemis chrétiens, ceux qui ne résistent plus ne peuvent pas être massacrés avec justice, d'autant plus que des sujets qui prennent seulement les armes pour obéir à leur souverain peuvent être considérés comme des personnes innocentes. Et quoique, d'après le droit naturel, des militaires qui se rendent ou qui sont faits prisonniers puissent être mis à mort, cependant les usages de la guerre, qui étaient devenus une partie du droit des gens, en avaient décidé autrement. Mais Victoria affirme qu'il n'a jamais entendu dire que cet usage eût été étendu à la garnison d'une ville fortifiée qui s'est rendue à discrétion. Là où il n'y a pas de capitulation assurant la vie aux prisonniers, ils peuvent être légalement mis à mort.

Quant à la question de savoir si des choses enlevées dans une juste guerre deviennent la propriété des vainqueurs, Victoria la résout en disant que puisque l'objet d'une guerre est d'obtenir satisfaction pour des injustices qui vous ont été faites par l'ennemi, les choses qui lui ont été enlevées peuvent être confisquées dans ce but. Mais il est nécessaire de faire une distinction entre les différentes choses qui peuvent être enlevées en temps de guerre. Ces choses sont, soit de l'argent, de l'or ou des effets d'habillements, soit des immeubles, tels que des terres, des forteresses ou des villes. Quant aux meubles, ils deviennent la propriété des vainqueurs, quand même leur valeur excède les torts qui ont été faits par l'ennemi. Pour appuyer ce qu'il dit, il cite la loi *Si quid in bello* et

hostes, ff. *De capt.* et C. *Jus gentium*, et Inst. *De rer. divis.* §
Itemque ab hostibus, où il est expressément dit: « *Quod jure
gentium quæ ab hostibus capiuntur* STATIM *nostra fiunt.*» Il
ajoute à ce témoignage celui des saintes Écritures et celui
des casuistes. Il admet qu'une ville prise peut être livrée au
pillage, mais seulement dans le cas où cela est absolument
nécessaire. Quant aux immeubles, il soutient que les terres,
les villes et les forteresses de l'ennemi peuvent être gardées
jusqu'à ce qu'il ait donné satisfaction pour les torts qu'il a faits.
On peut aussi lever des contributions sur l'ennemi, non-seulement pour se dédommager des torts qui ont été faits, mais
aussi pour l'en punir. Dans des cas extrêmes, où les torts qui
ont été faits sont très-considérables, et où l'on n'en peut obtenir aucune autre réparation, on peut renverser le gouvernement du pays conquis et l'unir au territoire du conquérant.
Tous ces droits extrêmes de la guerre doivent être tempérés
dans la pratique par la considération que la guerre peut être
injuste, quoique le souverain ennemi puisse agir *bonâ fide*, en
la faisant d'après le conseil d'hommes prudents et vertueux.

Victoria termine cette dissertation en posant trois canons
ou règles de conscience relatifs au sujet qu'il vient de traiter.

1° Que le souverain qui a le droit de faire la guerre, non-
seulement ne devrait pas chercher des prétextes pour la faire,
mais encore qu'il devrait tâcher de vivre en paix avec tous
les hommes, selon le précepte de saint Paul aux Romains,
puisque les hommes sont des frères que nous devons aimer
comme nous-mêmes, et puisque nous devons tous comparaître
devant un même Dieu. La seule nécessité peut donc justifier
une déclaration de guerre.

2° Quand une guerre est déclarée pour une juste cause,
elle doit être faite non pas pour détruire complétement l'ennemi, mais pour que le mal qui lui sera fait puisse assurer
une paix durable.

3° Lorsque l'on est victorieux, on doit user de la victoire

avec modération et une humilité chrétienne. Le conquérant
est tenu, lorsqu'il peut décider quelle est la satisfaction due
à son pays, de se placer en juge impartial entre les deux nations belligérantes. Il est d'autant plus tenu à se conformer à
cette règle, que c'est ordinairement par la faute des rois que
la guerre s'allume entre des nations chrétiennes. Les sujets
s'arment pour leur souverain parce qu'ils ont confiance dans
la justice de sa cause, et ils souffrent injustement par la faute
de leurs chefs. Comme le dit Horace :

Quidquid delirant reges, plectuntur Achivi.

Indépendamment des ouvrages publiés par des théologiens
casuistes, un grand nombre de traités expliquant les lois de
la guerre ont été aussi écrits vers cette époque par des publicistes espagnols et italiens, dont plusieurs sont cités par
Grotius [1]. L'Espagne, sous Charles-Quint et Philippe II, étant
devenue la première puissance militaire et politique de l'Europe, entretenant de grandes armées, et faisant de longues
guerres, devait être la première à sentir le besoin de cette
partie essentielle du droit des gens, qui détermine systéma-
tiquement les principes de la guerre. Balthazar Ayala, grand
prévôt de l'armée espagnole dans les Pays-Bas, a écrit un
traité sur cette matière qu'il a dédié au prince de Parme, sous
lequel il servait. Cet ouvrage est partagé en trois livres, dont
le second a uniquement rapport aux droits de la guerre et le
troisième à ses devoirs. Dans le premier de ces livres, l'auteur traite des lois de la guerre comme faisant partie du droit
international, et cite sans cesse à l'appui des exemples tirés
de l'histoire romaine et du droit romain [2].

Dans le premier chapitre l'auteur explique les formes de
déclaration de guerre, qu'il tire du droit fécial des Romains,
et sans lesquelles aucune guerre n'était regardée comme juste

Publicistes
espagnols et
italiens.

Balthazar Ayala.

[1] Grotius, *De G. B. ac P. Proleg.* 37, 38.

[2] Balthazaris Ayalæ *J. C. et Exercitus regii apud Belgas su-
premi Juridici, de jure et officiis belli,* libri III, Antverpiæ, 1597.

par ce peuple. Dans le second chapitre Ayala traite des justes
causes de guerre. Il est d'accord avec Victoria pour reconnaître que le droit de déclarer et de faire la guerre appartient
à l'état, et qu'une guerre est juste lorsqu'elle est faite, soit
pour la défense de l'état, de ses sujets, de ses biens ou de
ses alliés, soit pour recouvrer ce qui a été enlevé par l'ennemi. Ni les rebelles, ni les pirates ne sont regardés comme
des ennemis publics; ils ne peuvent pas réclamer les droits
de prise ou de postliminie. Des choses enlevées par eux ne
sont pas regardées comme perdues par ceux à qui elles ont
été enlevées; mais les choses qu'on leur prend deviennent la
propriété de ceux qui les prennent, comme s'ils étaient des
ennemis publics. La guerre contre les infidèles pour le seul
prétexte de leur religion n'est pas justifiable; car leur infidélité ne leur enlève pas les droits de souveraineté et de domination qui leur sont assurés par le droit des gens, et cette
souveraineté n'a pas été donnée, dans le principe, aux seuls
fidèles, mais à toute créature douée de raison. L'autorité du
pape ou de l'empereur ne saurait non plus sanctionner une
telle guerre. L'autorité du pape ne peut la sanctionner, car il
n'a pas de pouvoir spirituel ou temporel sur des infidèles, et
il n'appartient pas à l'Église de punir des infidèles qui n'ont
jamais reconnu le christianisme. L'autorité de l'empereur ne
saurait la sanctionner non plus, car il n'est pas le maître du
monde. Mais si les infidèles ont déjà eu connaissance du christianisme, et qu'ils refusent ensuite de permettre que l'Évangile soit propagé, on peut leur faire la guerre comme à d'autres hérétiques. En tout cas cependant, un sujet est tenu de
soumettre son jugement à celui de son souverain, qui seul est
responsable pour la justice ou l'injustice de la guerre. Une
guerre peut être considérée comme juste, au point de vue du
droit, quand même la cause qui la fait naître est injuste, puisqu'il n'y a pas de souverain arbitre entre deux états. On
peut appeler juste, une guerre qui est faite par celui qui a

vraiment le droit de faire la guerre. Ainsi Ulpien dit: «Hostes
»sunt quibus publice populus romanus decrevit vel ipsi po-
»pulo romano: cæteri verò latrunculi vel prædones appel-
»lantur.» Une guerre ainsi déclarée accorde aux deux parties
belligérantes tous les droits de la guerre.

Le troisième chapitre contient des digressions sur les duels
et les combats particuliers, que l'auteur condamne comme
étant également contraires aux lois divines et humaines. Le
quatrième chapitre traite des représailles contre les biens de
la nation qui fait une guerre offensive, représailles qui ne
peuvent être permises que par l'autorité suprême de l'état
en qui réside le droit de faire la guerre.

Le cinquième chapitre traite des choses enlevées en temps
de guerre et du *jus postlimini*. Les choses enlevées à l'ennemi
dans une juste guerre deviennent la propriété des vainqueurs. Mais il faut distinguer entre les meubles et les immeubles, tels que des maisons ou des terres qui sont confisquées au profit de l'état. D'après les lois de l'Espagne, non-
seulement les terres et les maisons, mais aussi les vaisseaux
de guerre enlevés deviennent la propriété de la couronne.
Quant aux meubles, le droit qu'ont les vainqueurs de se les
approprier comme butin est encore restreint par l'état, qui
peut s'en réserver une certaine portion pour lui-même, et
distribuer le reste selon le rang des vainqueurs. Ayala cite
les textes du droit romain pour montrer que non-seulement
les choses, mais aussi les personnes, deviennent la propriété
des vainqueurs, et que c'est ainsi que l'esclavage, qui n'existait pas dans le droit naturel, fut introduit par le droit des
gens. Mais parmi les nations chrétiennes, un usage antique a
substitué la rançon des prisonniers à l'esclavage; cependant
du temps même où Ayala écrivait, l'esclavage était encore le
sort des prisonniers dans la guerre entre des nations chrétiennes et les Turcs. Des personnes ainsi réduites à l'esclavage recouvrent leur liberté en retournant dans leur propre

pays *jure postlimini*. Le possesseur primitif a aussi droit à la restitution de ses terres et autres immeubles, après l'expulsion de l'ennemi du pays. La même fiction légale est aussi applicable aux vaisseaux et autres meubles repris sur l'ennemi. Quant à ces meubles, l'auteur adopte la distinction faite par Labeo: «Si quid bello captum est, in præda est, nec postli- »minio redit.» Ainsi les meubles qui sont repris avant d'avoir été portés *intra præsidia hostium* doivent être rendus au possesseur primitif, parce qu'ils n'ont pas été distribués comme butin. Des choses enlevées par des pirates doivent être rendues au possesseur primitif, qu'elles aient été ou non portées *intra præsidia*, parce qu'une prise faite par eux n'est pas valide.

Le sixième chapitre traite de l'obligation de garder la foi envers les ennemis. Ce précepte est appuyé, selon l'usage d'Ayala, par des exemples empruntés à l'histoire romaine, ainsi que par des maximes des philosophes, tels que Cicéron, Sénèque et autres, qui ont enseigné qu'il ne faut pas éviter d'exécuter les traités faits avec un ennemi, sous le prétexte de contrainte ou par une interprétation subtile du texte des traités. Un exemple remarquable de cette manière de violer un traité est celui de Q. Fabius Labeo, qui ayant promis à Antiochus après la défaite de celui-ci, de lui laisser la moitié de sa flotte, fit scier tous les vaisseaux en deux et lui laissa la moitié de chacun, privant ainsi le roi de sa flotte entière, et restant cependant dans le sens littéral du traité. De même, les Romains détruisirent Carthage, qu'ils avaient promis d'épargner, en prétextant qu'ils s'étaient engagés à épargner les citoyens et non pas la ville [1]. L'auteur cite aussi l'exemple des dix Romains envoyés par Annibal après la victoire de Cannes pour négocier la paix à Rome, et qui avaient fait serment de revenir dans le camp des Carthaginois si les négociations ne réussissaient pas. L'un d'entre eux tâcha d'é-

____
[1] Per *Carthaginem* quam libera fere promiserant Romani, *Carthaginienses* intelligi, non urbem et solum.

chapper à ce serment en revenant au camp avant d'avoir été à Rome, sous le prétexte d'avoir oublié quelque chose — Selon Polybe, le sénat romain ordonna qu'il fût livré aux Carthaginois, car, comme dit fort bien Cicéron; «la fraude n'absout »pas le parjure, mais au contraire l'aggrave[1].»

Ce qui a été dit ne s'applique qu'aux ennemis publics engagés dans une guerre légitime, et non pas aux pirates et aux voleurs, avec lesquels il ne peut y avoir de contrat. Ceci mène Ayala à considérer le cas plus difficile de contrats avec des rebelles, qu'il regarde comme tout à fait nuls. Cela n'a rien d'étonnant, puisqu'il écrivait dans le camp même du prince de Parme. Il décide la même chose aussi pour les contrats avec les tyrans; il entend par ce mot des usurpateurs, puisque dans un autre passage de son livre, il recommande l'obéissance passive aux princes légitimes, quelle que soit la cruauté et l'oppression qu'ils exercent envers leurs sujets. Des promesses exigées par des tyrans ne lient pas, puisqu'elles sont privées d'un élément essentiel, le libre consentement. La même chose peut se dire des promesses qu'un peuple en révolte exige de son souverain. On n'est pas tenu non plus toujours de garder la foi envers des ennemis publics: il y a des cas cités par Cicéron où cela n'est pas nécessaire, parce que les circonstances sont tellement changées, que ce serait faire tort à l'ennemi que de lui garder la foi promise, ou bien parce que cela est contraire aux lois divines, ou bien parce que la promesse a été faite par une personne non autorisée, au préjudice de l'état, ou bien enfin parce que l'ennemi lui-même a rompu la foi. On n'a pas le droit de se venger de la fraude par la fraude; mais une convention de paix, d'alliance ou de trève qui est entachée de parjure, est nulle *ab initio.*

Le septième chapitre parle des traités et des conventions.

---

[1] Reditum enim in castra, liberatum re esse jurejurando interpretabatur: non recte. Fraus enim adstringit, non dissolvit perjuriam. (Cic., *De off.*, III, 32.)

Ici l'auteur rapporte ce que les ambassadeurs romains dirent à Antiochus [1]; qu'il y a trois sortes de traités ou conventions. 1° Des traités dans lesquels le parti vainqueur fait la loi au parti vaincu. Des exemples de cette sorte de traités abondent dans l'histoire romaine. 2° Des traités de paix et d'alliance fondés sur les bases de réciprocité, tel que le traité entre les Romains et les Sabins. 3° Des traités d'alliance entre des nations qui ne se sont jamais fait la guerre. On peut encore subdiviser cette troisième sorte de traités, en traités d'alliance défensive et en traités d'alliance à la fois offensive et défensive. A cela on peut encore ajouter les traités de commerce. L'auteur explique ensuite la différence que le droit romain établit entre le *fædus* et le *sponsio*. Celui qui commande une armée a le droit de faire une trève de courte durée, mais non pas de conclure une paix définitive sans que son souverain ne l'ait préalablement investi d'une autorité spéciale.

Le chapitre huitième traite des stratagèmes et des ruses en temps de guerre. Il est permis d'attaquer un ennemi par la force ou par la fraude, et on peut user de toutes sortes de stratagèmes et de ruses contre lui, pourvu que dans l'accomplissement des promesses faites, la bonne foi soit observée. Les Grecs et les Carthaginois se vantaient de leur habileté à tromper leurs ennemis, mais les Romains, pendant les premiers temps de la république, se refusaient généreusement à l'emploi de pareils moyens. S'ils les adoptèrent dans la suite, ce ne fut pas sans une vive opposition de la part des sénateurs qui en appelèrent aux exemples meilleurs de leurs ancêtres.

Le neuvième chapitre se rapporte aux droits de légation. Notre auteur affirme que de tout temps et parmi toutes les nations, les ambassadeurs ont été regardés comme investis d'un caractère sacré et inviolable, et il cite quelques exemples qui montrent que le collége fécial a déterminé, en plusieurs circon-

---

[1] Liv., *Hist.*, lib. 44.

stances, les Romains à livrer à l'ennemi ceux qui sous ce rapport avaient violé le *jus gentium*. Il fait mention de la conduite du dictateur Posthumius, qui alla même jusqu'à rendre la liberté à quelques Volsques investis de la dignité de *legati* pour déguiser leur véritable caractère d'espions, venus pour examiner le camp romain. Ayala cependant doute si l'immunité des ambassadeurs peut s'étendre à un cas où ils se conduisent d'une manière si contraire à la dignité du caractère officiel dont ils sont revêtus[1].

Les droits de légation n'appartiennent qu'aux ennemis publics, et non pas aux pirates, aux brigands et aux rebelles. Des transfuges ne sauraient se prévaloir du caractère d'ambassadeurs. Ayala applique ceci au cas célèbre des ambassadeurs de François Ier, sujets de Charles-Quint, qui furent assassinés en passant par le Milanais, pour se rendre à Venise et de là en Turquie, et dont l'empereur refusa de livrer les assassins[2].

Grotius ne cite nulle part Conrad Brunus, jurisconsulte allemand, auteur d'un traité *De legationibus* publié à Mayence en 1548[3]. Les principes que pose cet auteur sont comme enfouis sous une masse énorme de citations, tant des auteurs qui avaient écrit sur le droit romain, des canonistes, de l'Écriture sainte et des pères de l'Église, que des poëtes, des philosophes et des historiens de l'antiquité. Cependant il distingue bien entre les pleins pouvoirs, les lettres de créance

Conrad Brunus.

---

[1] Quod tamen exemplo non putarem legatos violatos, contra jus gentium omnino jure tutos esse, cum legati nihil extra legationis munus agere possint. (Lib. I., cap. IX, § 2.)

[2] *Voyez* VATTEL, *Droit des gens*, liv. 4, chap. 7, § 84.

[3] Cet ouvrage forme un volume de 242 pages in fol., et se subdivise en 5 parties, dont les titres sont:

1° *De personis quæ legationes mittunt.*
2° *De personis eorum qui mittuntur.*
3° *De legatorum officiis.*
4° *De privilegiis, immunitatibus et salariis legatorum.*
5° *De personis eorum ad quos legati mittuntur.*

et les instructions d'un ministre public [1]. Il regarde le droit
fécial des Romains, qui exigeait une déclaration solennelle de
guerre ainsi que certaines formalités prescrites pour autoriser
des actes d'hostilité, comme l'origine de l'institution des ambassades chez les modernes. Ces formalités, dit-il, ne sont
plus nécessaires dans les rapports des états modernes entre
eux, puisque tout ce qui regarde la paix et la guerre est réglé
par les ministres publics qui représentent feurs souverains.
Une juste guerre est celle qui est faite par la nécessité de se
défendre soi-même, et pour la sécurité publique. La guerre
ne peut pas être faite dans le but d'acquérir de la renommée
et d'étendre sa domination, quoique, comme le dit Cicéron,
l'ambition militaire est le défaut des grandes âmes qui sont
tournées vers cette carrière [2]. Même pour une juste cause on
ne peut commencer la guerre, sans demander d'abord satisfaction des injures qui nous ont été faites, à moins que ce ne
soit dans un cas où tout délai serait préjudiciable. — Dans
de pareils cas on peut sur-le-champ repousser la force par
la force et poursuivre l'agresseur sur son propre territoire,
jusqu'à restitution de ce qui a été enlevé; car on peut avoir
recours au droit de propre défense non-seulement pour repousser des injures, mais aussi pour recouvrer, les armes à
la main, ce qui a été injustement enlevé. Toute guerre faite
par des chrétiens contre les ennemis de la religion chrétienne
est juste, comme étant entreprise pour la défense de la religion
et pour la gloire de Dieu, afin de recouvrer la possession des
biens que des infidèles possèdent injustement et comme étant
par suite d'une utilité générale pour toute la chrétienté. Il
renvoie à un autre traité, *De seditiosis*, pour ce qui regarde
son opinion touchant la justice des guerres contre les hérétiques. — Le pouvoir de faire la guerre réside dans l'autorité
suprême de l'état, auquel appartient exclusivement le droit

[1] Lib. I, cap. XI.
[2] Cic., *De officiis*, I, 22.

d'autoriser une guerre contre une autre nation, au moyen d'une déclaration solennelle [1].

Brunus dit que de son temps le respect dû au caractère sacré des ambassadeurs avait souvent été violé. Selon lui, il ne peut y avoir de doute sur leur exemption de toute poursuite devant les tribunaux, comme de tout droit et impôt levé dans le pays [2].

Alberico Gentili, appelé *Albericus Gentilis*, selon l'usage de latiniser les noms propres, naquit dans la marche d'Ancône dans le milieu du 16e siècle, d'une famille ancienne et illustre. Son père avait embrassé le protestantisme, et fut par suite obligé de quitter l'Italie et de se réfugier en Allemagne avec sa famille. . Il envoya son fils Alberico en Angleterre, où il trouva non-seulement une entière liberté de conscience, mais où il fut reçu avec faveur et nommé professeur de jurisprudence à l'université d'Oxford. Il ne s'occupa pas seulement du droit romain, regardé alors comme le seul système de jurisprudence digne d'être enseigné d'une manière scientifique, mais il s'adonna à l'étude du droit naturel et du droit international. Son attention fut surtout attirée vers le dernier sujet, parce qu'il fut nommé avocat pour les Espagnols devant les cours de prises de l'Angleterre. — Le résultat de ses travaux dans cette partie du droit public fut publié par lui, et cette collection peut être considérée comme le premier recueil des arrêts sur le droit des gens maritime qui ait paru en Europe [3]. Mais ses travaux plus scientifiques donnèrent naissance à un des premiers traités complets sur les droits de la guerre, *De jure belli*, publié en 1589, et dédié au comte d'Essex, qui l'avait aidé à obtenir la place de professeur à Oxford. Grotius reconnaît lui-même qu'il doit beaucoup à Gentili, et il est

Albericus
Gentilis.

---

[1] Cic., *De off.*, lib. III, cap. 8.

[2] Ibid., *ibid.*, lib IV, cap. 5.

[3] *De Advocatione Hispanica.* Hanov. 1613.

évident par les titres mêmes de ses chapitres, qui sont presque identiques avec le premier et le troisième livre de Grotius, qu'il a été d'une grande utilité à ce publiciste [1]. Lampredi, juge compétent en pareille matière, revendique pour son compatriote l'honneur d'être regardé comme le père de la science moderne du droit public. «Il fut le premier, dit-il, à expliquer les »lois de la paix et de la guerre, et par là suggéra probable-»ment à Grotius l'idée de son ouvrage sur ce sujet: il mérite »la reconnaissance publique pour avoir contribué à aug-»menter la gloire de l'Italie, sa patrie, qui lui fournit la »connaissance du droit romain, et pour avoir montré qu'elle »fut la première à enseigner le droit naturel comme elle »avait été la première à restaurer et à protéger les arts et »les lettres.»

Gentili publia aussi en 1583 un traité sur les ambassades, *De legationibus*, qu'il dédia à son ami et protecteur l'illustre sir Philippe Sydney. Le premier livre de cet ouvrage contient une déduction historique au sujet de l'origine des différentes sortes d'ambassades et les cérémonies que l'ancien droit fécial des Romains y rattachait. Le second livre traite plus spécialement des droits et des immunités des ministres publics. Il examine la question de savoir s'ils ont un caractère privilégié hors des états auprès desquels ils ne sont pas accrédités. Il décide que strictement ils n'en ont point; mais on doit considérer que des ambassadeurs sont des ministres de paix représentant les personnes de leurs souverains, chargés des affaires de l'état et considérés partout comme revêtus d'un caractère sacré et inviolable. — On ne doit donc pas leur refuser un libre passage, et encore moins leur opposer de la résistance lorsqu'ils passent sur le territoire d'un état autre que celui auprès duquel ils sont accrédités [2]. Les droits de léga-

---

[1] HALLAM'S *Introduction to the Literature of Europe,* vol. II, p. 154.
[2] GENTILIS, *De legationibus,* lib. II, cap. 3.

tion ne s'étendent pas aux pirates et aux rebelles. De telles associations ne sauraient constituer un état. Ce ne sont pas des ennemis publics[1]. Le cas d'une guerre civile est plus difficile, car alors chaque parti veut être considéré comme l'état, et chaque parti traite son adversaire comme s'il était coupable d'une résistance illicite. Aussi n'est-ce que dans le cas où les deux partis sont assez égaux en force pour qu'ils aient intérêt à se regarder mutuellement comme des ennemis publics, que la question peut se décider[2]. Mais quel que puisse être l'effet des dissensions politiques, les différences de religion ne peuvent priver des droits de légation. On peut se traiter de part et d'autre d'hérétiques et de schismatiques; on n'en est pas moins soumis aux lois publiques[3]. Les immunités de l'ambassadeur s'étendent aussi à sa suite, à ses biens, et à sa demeure[4]. Mais Gentili prétend, en revanche, que l'ambassadeur est soumis à la juridiction ordinaire des tribunaux civils de l'endroit qu'il habite pour ce qui regarde des contrats faits pendant la durée de sa mission[5]. Cette singulière opinion, qui n'est confirmée par aucun autre écrivain sur le droit public, est probablement fondée sur une fausse interprétation des lois romaines au sujet du *legatus*, qui représentait une province ou une ville à Rome même, ou bien du *legatus* envoyé de Rome dans les provinces, et qui était naturellement, comme sujet romain, soumis aux tribunaux du lieu qu'il habitait passagèrement, et où le contrat aurait été fait. — Cependant il soutient qu'un ambassadeur ne peut pas être puni d'un crime commis par lui dans le lieu qu'il habite, mais

---

[1] GENTILIS, *De legationibus*, lib. II, cap. 7, 8.
[2] IBID., *ibid.*, lib. II, cap. 9.
[3] IBID., *ibid.*, lib. II, cap. 11.
[4] IBID., *ibid.*, lib. II, cap. 15.
[5] IBID., *ibid.*, lib. II, cap. 16, 17.

qu'il doit être renvoyé du pays, dans le cas même où il aurait conspiré contre le gouvernement[1].

Le livre troisième s'occupe presque exclusivement des qualités d'un ambassadeur. Selon Gentili ces qualités sont aussi nombreuses que celles que Cicéron exige pour former un orateur parfait. Outre les dons de la nature, et une aptitude très-grande pour cette carrière, Gentili exige qu'un ambassadeur soit éloquent, qu'il ait une connaissance étendue de l'histoire et de la philosophie politique, qu'il ait de la dignité dans les manières, qu'il réunisse la prudence à la fermeté, et qu'il s'attache scrupuleusement à la vérité et à la justice, en un mot qu'il ait toutes les qualités et toutes les vertus que possédait, selon lui, son protecteur sir Philippe Sydney.

Machiavel. , Dans cette partie de son ouvrage, Gentili défend la tendance morale du *Prince* de Machiavel, que l'on considère ordinairement comme une sorte de *manuel* de tyrannie. — Selon lui cet ouvrage ne serait qu'une satire des vices des princes, et une exposition pleine et entière des artifices des tyrans; et Machiavel, admirateur presque fanatique des républicains et des régicides de l'antiquité, ne l'aurait écrit que comme avertissement au peuple, dont il avait toujours activement pris la défense[2]. Cependant le but de Machiavel en écrivant son livre peut être expliqué plus naturellement et d'une manière plus satisfaisante, si l'on considère que le système moderne de l'équilibre des puissances a été développé et mis en pratique par les états d'Italie à la fin du moyen âge, d'abord pour se maintenir les uns vis-à-vis des autres, et ensuite pour les unir contre les envahissements des *barbares* transalpins. Telle fut la politique de la république de Florence sous Cosme et Laurent de Médicis, et tel fut le but de Machiavel lorsqu'il dédia son ouvrage à l'instruction du jeune prince Laurent, fils de

---

[1] Gentilis, *De legationibus*, lib. II, cap. 18.
[2] Ibid., *ibid.*, lib. III, cap. 9.

Pierre de Médicis. Malheureusement ce publiciste, en séparant
la politique de la morale, a voulu se servir, pour délivrer sa
belle partie du joug étranger, de tous les moyens qui n'étaient
déjà que trop familiers aux tyrans domestiques de l'Italie.
Les remèdes violents qu'il a voulu appliquer à ces maux étaient
des poisons, et son livre est devenu ensuite le manuel du despotisme où Philippe II et Catherine de Médicis ont puisé leurs
détestables maximes politiques. Mais on ne saurait impunément séparer la politique de la morale. Il n'y a qu'une vérité,
et on ne peut lui en opposer une autre. Une saine politique
ne peut vouloir faire ce qui est prohibé par le droit des gens
fondé sur les principes de la justice éternelle: et d'un autre
côté, le droit des gens ne doit pas prohiber ce qu'une saine
politique juge nécessaire pour la sécurité d'une nation. On
peut citer à l'appui de cette maxime les paroles de Burke:
«La justice est la grande politique perpétuelle de la société
»humaine, et chaque dérogation notable à ses principes, dans
»quelque circonstance que ce soit, est fondée sur ce préjugé,
»qu'il n'existerait aucune politique au monde [1].»

Mais quel qu'ait été le but de Machiavel en écrivant ce
célèbre ouvrage, il est certain qu'il trace un sombre tableau
de la société et du droit public en Europe au seizième siècle;
ce n'était plus qu'un amas de corruption, de dissimulation et
de crimes, qui réclamaient hautement un réformateur capable
de parler aux rois et aux peuples le langage de la vérité et de
la justice, et de mettre ainsi un terme à ce fléau moral. Ce
réformateur parut: ce fut Hugo Grotius, qui naquit vers la fin
de ce siècle, et se fit surtout remarquer pendant le commencement du siècle suivant. Cette époque si fertile en grands
hommes n'en a pourtant pas produit de plus illustre par le
génie, par la variété de ses connaissances, et par l'influence de
ses travaux sur les opinions et la conduite de ses contempo-

Hugo Grotius.

____
[1] BURKE'S *Works*, vol. III, p. 207.

rains et de la postérité. Également distingué comme savant
et comme homme pratique, il fut en même temps avocat
éloquent, savant jurisconsulte, historien célèbre, homme d'état
dévoué à sa patrie et théologien versé dans toutes les parties
de cette science. Ses talents furent tous consacrés au service
de son pays et de l'humanité. Il défendit la liberté des mers,
comme la propriété commune de toutes les nations, contre
les prétentions exagérées du Portugal par rapport à la navigation et au commerce des Indes orientales, que le génie maritime de la Hollande revendiquait alors pour la première fois.
Son ingrate patrie récompensa ses vertus et ses services par
l'exil, et aurait poussé son injustice jusqu'à le condamner à une
prison perpétuelle, ou même à mort, si sa femme ne se fût courageusement dévouée pour lui. Persécuté avec Barnevelt et
les autres arminiens, Grotius fut enfermé dans la forteresse
de Louvestein en 1619, d'où il se sauva, et se réfugia en
France. Il se vengea de sa patrie en lui rendant comme par
le passé les services les plus importants. Dans un siècle particulièrement en proie à de violentes discussions sur les matières
religieuses, il sut se tenir au dessus de toute exagération, et
quoique activement engagé dans les discussions entre les
arminiens et les gomaristes, sa tolérance lui fit ménager toutes les opinions, catholiques et protestantes; tolérance rare
en ces temps de bigoterie et de persécution. Lorsqu'il ne put
plus se rendre utile dans la vie active, il exhorta les hommes
à l'amour de la paix et de la justice, en publiant son ouvrage
célèbre sur les droits de la guerre et de la paix, qui fit la plus
grande impression sur tous les princes et hommes d'état de
cette époque, et contribua singulièrement à régler leur conduite politique. Alexandre-le-Grand portait toujours avec lui
l'Iliade d'Homère pour enflammer son amour de la gloire militaire, tandis que Gustave-Adolphe dormait avec le traité de
Grotius sous son oreiller pendant la guerre qu'il fit en Allemagne pour défendre les libertés de l'Europe. Il serait difficile

de décider s'il y a plus de différence entre le poëte de la Grèce et le philosophe de la Hollande, qu'entre les deux héros qui puisaient des idées si opposées dans leurs ouvrages [1].

Le motif donné par Grotius pour expliquer son intention en publiant un pareil ouvrage fut le plus noble qu'un légiste chrétien puisse avoir: «Je voyais par toute la chrétienté, »dit-il, une facilité à faire la guerre qui ferait rougir les Bar-»bares mêmes; des guerres commencées sous les prétextes »les plus futiles, et faites sans égard pour aucune loi, soit »divine, soit humaine, comme si une simple déclaration de »guerre déchaînait tous les crimes.» La vue d'un si triste état de choses avait fait dire à quelques auteurs, et à ‹Érasme en particulier, que des chrétiens, dont le devoir est d'aimer tous les hommes, n'ont pas le droit de faire la guerre. Mais affirmer une doctrine si peu praticable, conduit néces-sairement à rejeter le moyen proposé par Grotius pour dimi-nuer les maux de la guerre. «Que les lois donc, ajoute-t-il, »se taisent au milieu des armes, mais seulement les lois qui »appartiennent à la paix, les lois de la vie civile et des cours »de justices, et non pas ces lois éternelles qui conviennent à »tous les temps, que la nature impose, et que le consentement »des nations établit comme applicables, selon l'ancienne for-»mule romaine, à une guerre sainte et pure = *puro pioque* »*duello* [2].»

Ce qui prouve, selon lui, la nécessité d'un tel ouvrage, c'est qu'on n'avait jamais entrepris de faire un traité complet sur les droits de la paix et de la guerre, et que ceux qui avaient ‹écrit en partie sur ce sujet avaient laissé encore beaucoup à

[1] Le traité *De jure belli ac pacis* fut publié à Paris en 1625. L'ouvrage intitulé *Mare liberum* parut en 1634, et l'année suivante (1635). Selden publia une réponse sous le nom de *Mare clau-sum*, dans laquelle il soutient le droit de souveraineté qu'aurait l'Angleterre sur toutes les mers qui entourent la Grande-Bretagne.
[2] *De J. B. ac P. Proleg.* 25, 26, 28, 29.

faire, dans un champ aussi vaste. Les casuistes, en traitant
des cas de conscience, avaient fréquemment parlé incidemment
de la guerre, des promesses, des serments, et des prises et
reprises. Grotius fait surtout l'éloge des ouvrages des casuistes
espagnols Covarruvias et Vasquez, également versés dans le
droit civil et dans le droit canon, et qui avaient quelquefois
traité des questions internationales, le premier avec une entière
liberté, le second avec plus de réserve, mais avec un sens
droit. Mais les auteurs qui avaient particulièrement traité des
droits de la guerre étaient, ou bien des théologiens comme
Francisco de Victoria, Henri de Gorcum, Guillaume Matthéus,
ou bien des docteurs de droit civil, tels que Lupus, Arius, Jean
de Lignano, et Martinus Laudensis. Cependant aucun de ces
auteurs n'avait épuisé ce sujet, et pour la plupart ils l'avaient
traité d'une manière fort peu méthodique, confondant ensemble
les conclusions du droit naturel, du droit canon, du droit
civil et du droit international. Grotius reconnaît qu'il devait
beaucoup à Ayala et à Albericus Gentilis, comme à de labo-
rieux compilateurs; mais il laisse à d'autres le soin de juger
de leurs imperfections sous le rapport de la méthode, du style,
et de leur manque de pénétration pour distinguer ces différentes sortes de questions, et les lois qui leur sont applicables.
«Albericus Gentilis, dit-il, a pour habitude, en discutant une
»question, de suivre des précédents qui ne sont pas bien éta-
»blis, ou bien l'autorité de quelques légistes qui donnent plu-
»tôt leurs opinions pour satisfaire à ceux qui les consultent
»que pour se conformer à la justice et à l'équité. Quant à
»Ayala, il n'a pas traité la question de la justice et de l'injus-
»tice en temps de guerre [1], tandis que Gentilis la discute,

---

[1] M. HALLAM, à propos de ce passage, fait la remarque suivante : «Grotius s'est mépris en disant qu'Ayala n'a pas touché
»aux causes de la justice ou de l'injustice de la guerre. Son se-
»cond chapitre traite de ce sujet en trente-quatre pages, et quoi-
»qu'il n'ait pas suffisamment approfondi la matière, et qu'il n'ait

»au moins dans certaines de ses divisions; cependant la plus
»grande partie de ce sujet a été complétement négligée, et
»par l'un et par l'autre [1].»

Grotius a été habilement défendu contre ses détracteurs
modernes par sir James Mackintosh dans le passage suivant
que nous extrayons de son admirable discours sur l'étude du
droit naturel et du droit des gens:

«Peu d'ouvrages ont été plus célébrés que celui de Grotius,
»non-seulement de son temps, mais encore pendant le siècle
»suivant. Cependant, dans la seconde partie du siècle dernier,
»ce fut, pour ainsi dire, une mode de déprécier cet ouvrage,
»et de le présenter comme une compilation informe, dans la-
»quelle la raison se trouvait ensevelie sous une masse d'au-
»torités et de citations. Cette mode doit son origine à quelques
»beaux esprits et à quelques déclamateurs français, et elle fut
»adoptée, je ne sais pourquoi, bien qu'avec plus de réserve et
»de convenance, par plusieurs écrivains respectables de l'An-
»gleterre. Quant à ceux qui les premiers ont tenu un pareil
»langage, ce que nous pouvons penser de mieux à leur égard,
»c'est qu'ils n'avaient jamais lu le livre de Grotius: car s'ils
»n'avaient pas été effrayés par ce formidable appareil de
»caractères grecs, ils auraient bientôt reconnu que l'auteur
»ne fait jamais de citations sans avoir posé des principes, et
»souvent, suivant moi, quoique ce ne soit pas sans exception,
»les principes les plus sains et les plus raisonnables.

»Mais on doit une autre sorte de réponse à quelques-uns
»de ceux qui ont critiqué Grotius, et cette réponse est faite
»d'avance par Grotius lui-même. (*Proleg.* 40.) Il n'avait pas
»un esprit servile et stupide au point de citer les opinions

»pas restreint autant que Grotius les droits de la guerre, il mérite
»cependant l'éloge d'avoir posé les principes généraux sans sub-
»tilité et sans subterfuge.» (*Introduction to the Literature of Europe*,
vol. II, p. 153.)

[1] *De J. B. ac P. Proleg.*, §§ 36—38.

»des poëtes et des orateurs, des historiens et des philoso-
»phes, comme des arrêts de juges sans appel. Il les cite, ainsi
»qu'il le dit lui-même, comme des témoins dont le concert
»unanime, fortifié d'ailleurs par leur dissentiment sur pres-
»que tous les autres points, est une preuve concluante de l'ac-
»cord universel du genre humain sur les grandes règles des
»devoirs et sur les principes fondamentaux de la morale. En
»pareille matière, les poëtes et les orateurs sont les moins re-
»prochable de tous les témoins ; car ils s'adressent aux senti-
»ments et aux sympathies de tous les hommes ; ils ne sont ni
»poussés par les systèmes, ni pervertis par les sophismes ;
»ils ne peuvent atteindre aucune de leurs fins, ils ne peuvent
»ni plaire, ni persuader, si les sentiments moraux qu'ils ex-
»priment ne sont pas en harmonie avec ceux de leurs lec-
»teurs. On ne peut pas concevoir un système de philosophie
»morale qui ne serait pas en harmonie avec la conscience
»générale des hommes et le jugement uniforme de tous les
»temps et de tous les lieux. Mais où trouvons-nous l'expres-
»sion de cette conscience et de ce jugement? Précisément
»dans ces écrits qu'on blâme Grotius d'avoir cités. Les usages
»et les lois des nations, les événements de l'histoire, les opi-
»nions des philosophes, les sentiments des orateurs et des
»poëtes, de même que l'observation de la vie commune, sont
»réellement les matériaux dont se compose la science de la
»morale, et ceux qui les négligent encourent les justes re-
»proches de viser follement à faire de la philosophie sans
»avoir aucun égard aux faits et à l'expérience, seuls fonde-
»ments de la vraie philosophie.

»S'il s'agissait d'examiner l'ouvrage de Grotius seulement
»sous le rapport du goût, j'avouerais facilement qu'il étale
»son érudition avec une profusion qui encombre beaucoup
»plus qu'elle ne sert d'ornements, et qui n'est pas toujours
»nécessaire au développement de son sujet. Cependant, même

»en faisant cette concession, je céderais plutôt à l'opinion des
»autres qu'à l'inspiration de mes propres sentiments. Je ne
»puis m'empêcher de trouver un bien grand charme dans
»cette richesse brillante de littérature. J'y puise une variété
»infinie de souvenirs et de rapprochements délicieux. En mar-
»chant péniblement dans la carrière de cette vaste science,
»l'esprit aime à se reposer au milieu des grands hommes et
»des grands événements. Ainsi les vérités de la morale sont
»revêtues, non de l'inutile éloquence d'un seul homme, mais
»de celle que peut produire le génie réuni du monde entier.
»La vertu et la sagesse elles-mêmes acquièrent une nouvelle
»majesté à mes yeux, lorsque je vois tous les grands maîtres
»dans l'art de penser et dans l'art d'écrire réunis, pour ainsi
»dire, de tous les âges et de toutes les contrées, pour leur
»rendre hommage et marcher à leur suite.

»Mais ce n'est pas ici le lieu de discuter en matière de
»goût, et je suis tout prêt à convenir que le mien peut n'être
»pas le plus sain. On peut faire à Grotius une objection beau-
»coup plus sérieuse, quoique je ne me souvienne pas de la lui
»avoir jamais vu faire. Sa méthode n'est ni convenable ni
»scientifique. L'ordre naturel indique évidemment que nous
»devons rechercher d'abord les premiers principes de la
»science dans la nature humaine: les appliquer ensuite au
»règlement de la conduite des individus, et enfin y recourir
»pour la décision des questions difficiles et compliquées qui
»s'élèvent dans les rapports entre les nations. Grotius a pris
»l'envers de cette méthode. Il s'arrête tout d'abord à l'état de
»guerre et à l'état de paix, et ce n'est qu'accidentellement qu'il
»examine les principes premiers, à mesure qu'ils ressortent
»des questions qu'il est appelé à résoudre. Par une consé-
»quence inévitable de cette méthode désordonnée, qui ne
»présente les éléments de la science que sous la forme de
»digressions éparses, il se trouve conduit à donner rarement
»assez de développement à ces vérités fondamentales, et il ne

»les place jamais au lieu où leur discussion serait la plus »instructive pour le lecteur [1].»

On peut ajouter à ces remarques que tous les raisonnements de Grotius reposent sur la base d'une distinction qu'il fait entre le droit des gens naturel, el le droit des gens positif ou volontaire. Il fait dériver le premier élément du *jus gentium*, de la supposition d'une société où les hommes vivent ensemble dans ce qu'on a appelé l'état de la nature; cette société naturelle n'a d'autre supérieur que Dieu, d'autre droit que la loi divine gravée dans le cœur de l'homme, et annoncée par la voix de la conscience. Les nations, vivant ensemble dans un pareil état d'indépendance mutuelle, doivent nécessairement être régies par cette même loi, que Grotius a définie: «*Jus natu-*»*rale est dictatum rectæ rationis indicans alicui, ex ejus* »*convenientiâ aut disconvenientiâ cum ipsâ naturâ rationali* »*et sociali, inesse morali turpitudinem, aut necessitatem mo-*»*ralem* [2].» Il a déployé une vaste érudition pour démontrer l'exactitude de cette définition un peu obscure, par les témoignages des saintes Écritures, des jurisconsultes romains, des philosophes, des poëtes, et même des orateurs; il cite des actes ou faits qui avaient été généralement approuvés ou désapprouvés dans la pratique variable des nations anciennes ou modernes, en présentant ces actes ou faits comme étant conformes à la nature rationnelle et sociale de l'homme. Il a ensuite basé le droit des gens positif ou volontaire sur le consentement de toutes les nations, ou de la plupart d'entre elles, à observer certaines règles de conduite dans leurs relations réciproques. Il s'attache à démontrer l'existence de ces règles en appuyant sur les mêmes autorités, et, entre autres, sur le droit romain. Ce grand publiciste a donc cherché à établir le droit international sur ces deux fictions ou deux sup-

[1] Discours de sir J. Mackintosh sur l'étude du droit naturel et du droit des gens, traduit par M. Royer-Collard, pp. 14—17.

[2] *De J. B. ac P.*, lib. I, cap. I, § 10.

ₒpositions. Mais il est évident que son prétendu état de nature n'a jamais existé; son consentement général des nations est tout au plus un consentement tacite, tel que le *jus non scriptum quod consensus fecit* des jurisconsultes romains. Ce consentement ne peut être démontré que par la disposition plus ou moins constante et générale des nations à observer, les unes envers les autres, ces règles de justice internationale reconnues par les publicistes. Grotius aurait mieux fait sans doute de chercher la base du droit naturel des gens dans le principe du bonheur général, vaguement indiqué par Leibnitz[1], plus clairement exprimé par Cumberland[2], et reconnu par la plupart des écrivains modernes comme la pierre de touche de la morale internationale[3]. Le principe fondamental que toutes les règles de la morale publique et privée ont pour objet le bonheur général des hommes, qu'elles soient ou justes ou erronées, suivant qu'elles contribuent ou qu'elles nuisent à ce bonheur, n'était pas reconnu du temps de Grotius. Ce principe a contribué à dissiper en grande partie les erreurs introduites dans la science du droit international par Grotius et ses successeurs immédiats. Pour connaître les principes et les règles de la morale internationale, qu'il fait distinguer du droit international, il ne suffit pas d'appliquer aux nations les maximes qui règlent la conduite morale des individus; on doit rechercher par quels moyens les nations peuvent, dans leurs rapports mutuels, contribuer de la manière la plus efficace au bonheur général des hommes. On est guidé dans cette recherche par l'observation et par la méditation; l'une nous fournit des faits; l'autre nous indique la connexion entre ces faits, considérés comme causes et comme effets, et révèle le

---

[1] *De actorum publicorum usu*, § 13.

[2] *Lex naturæ et propositio naturaliter cognita, actiones indicans effectrices communis boni.* Cap. V, § 1.

[3] BENTHAM's *Principles of International Law*, pl. 8, p. 537. Edit. BOWRING.

résultat qui doit suivre l'action des causes analogues dans les mêmes circonstances. C'est ainsi qu'en méditant sur l'expérience de tant de siècles passés, la portion la plus éclairée des nations civilisées a fini par se convaincre des calamités immenses qui sont les suites de la guerre. C'est ainsi qu'on est parvenu à modifier les usages de la guerre entre les nations, en s'abstenant de la saisie des personnes et des biens des non combattants sur terre, et on apprendra avec le temps, il faut l'espérer, l'utilité de s'abstenir également de la saisie et de la confiscation des bâtiments marchands en mer[1].

Diplomatie italienne du moyen âge

On a déjà vu que les publicistes italiens ont été les premiers à s'occuper de la théorie de cette partie du droit des gens qui traite des immunités des ministres publics. On peut également affirmer que c'est en Italie que la science de la diplomatie et l'art de négocier furent d'abord enseignés et pratiqués. Le génie fin et adroit de la nation italienne se développa dans les luttes, et les intrigues politiques des divers états de la péninsule. Florence, Venise, et Rome ont produit, aux quatorzième, quinzième et seizième siècles, une foule de diplomates consommés. La république de Florence employait dans ses fonctions les plus illustres et les plus instruits de ses citoyens. On peut nommer cinq des littérateurs les plus renommés de la Toscane, le Dante, Pétrarque, Boccace, Guicciardini et Machiavel (le plus grand de tous comme homme d'état), qui furent chargés par cette république des missions les plus importantes et les plus difficiles. Machiavel déploya un grand talent et un zèle infatigable dans ses diverses missions auprès de Louis XII de France, de l'empereur Maximilien, du pape Jules II, de César Borgia, et de plusieurs autres princes de l'Italie. Florence cherchait toujours à suppléer par l'habileté de ses hommes d'état à la faiblesse de ses ressources

[1] Voyez un article critique fort remarquable écrit par M. Senior, sur la première édition de cet ouvrage, dans la *Revue d'Edimbourg*, N°. CLVI, pp. 310—321.

militaires. Tant que ses conseils furent dirigés par Laurent
de Médicis, l'équilibre entre les états de l'Italie fut maintenue
par une main ferme, et son indépendance fut garantie contre
des nations plus puissantes au delà des Alpes. Cette indépendance fut détruite sous son faible successeur Pierre de Médicis,
qui provoqua par son imprudence et son ineptie l'invasion
de Charles VIII. Si les nations de l'Italie furent effrayées de
la férocité des armées françaises, les Français mêmes ne furent
pas moins étonnés de l'astuce et du manque de bonne foi qui
caractérisaient les négociateurs italiens. Les instructions données par la seigneurie de Florence pendant l'époque malheu-
reuse qui suivit l'irruption de Charles VIII en Italie, et les dépêches de Machiavel dans ses diverses missions, jettent une
grande lumière sur les mœurs politiques et les usages diplomatiques du temps. Ces documents sont marqués par une
grande simplicité de style, et par une sagacité rare en jugeant
les hommes et les événements, combinée avec une politique
astucieuse vraiment italienne. Lorsque Machiavel fut envoyé
en 1500, conjointement avec L. della Casa, auprès de Louis XII,
pour demander de ce monarque de nouveaux secours contre
Pise, et pour lui expliquer pourquoi les troupes françaises
avaient levé le siége de cette ville, les Florentins savaient
très-bien que le manque du succès devait être attribué à
l'insubordination de ces troupes et n'était nullement la faute
du commandant. Cependant le conseil des dix, dans ses instructions aux ambassadeurs, s'exprime ainsi: «Quoique dans
»nos plaintes nous n'ayons fait aucune mention du comman-
»dant, pour ne pas nous attirer son inimitié, si toutefois en
»parlant devant sa majesté, vous trouvez occasion de l'accu-
»ser, et que l'accusation puisse réussir, faites-le vivement, et
»ne craignez pas de le taxer de lâcheté et de corruption; dites
»qu'il avait continuellement dans sa tente l'un des ambassa-
»deurs lucquois, et que c'était par son entremise que les
»Pisans étaient instruits de tout ce qui se passait dans le con-

»seil de guerre: mais, jusque là, ne cessez d'en parler d'une
»manière honorable; rejetez toute. la faute sur d'autres.
»Évitez surtout d'en dire du mal en présence du cardinal
»d'Amboise; car nous ne voudrions pas perdre la faveur de
»son éminence sans en être dédommagés d'un autre côté.»
Cette même politique se montre dans les instructions données
à Machiavel pour sa mission auprès de César Borgia en 1502,
lorsque ce prince luttait contre les petits tyrans et les con-
dottieri de la Romagne, qui avaient formé une ligue pour l'empêcher d'établir sa souveraineté sur ce pays. Les dépêches
du jeune secrétaire, où il rend compte, jour par jour, de sa
mission et de la manière dont Borgia a fait périr ses ennemis
par la plus infâme des trahisons, et en foulant aux pieds les
serments et les traités les plus solennels, seront lus avec le
plus grand intérêt, comme complétant le tableau tracé par
l'histoire de ce siècle de perfidies et de crimes.

La diplomatie jouait aussi un grand rôle dans les affaires
de la république de Venise, qui, selon le génie de ses institutions, suivait une politique traditionnelle et invariable envers
les états étrangers. Les autres républiques de l'Italie furent
déchirées par des factions implacables, et souvent elles furent
bouleversées par des révolutions intérieures qui les empê-
chaient de suivre une politique extérieure aussi constante et
aussi ferme que celle du sénat vénitien. L'aristocratie de Venise
opprima la liberté du peuple en l'écartant de toute action
directe sur les affaires publiques, mais elle fonda la puissance
de la république sur des bases immuables, en dirigeant toutes
ses forces vers l'agrandissement extérieur. Une série d'ordonnances, depuis le commencement du treizième siècle, pour
régler le service diplomatique de la république, montre l'importance qu'on attachait à cette branche de l'administration.
Par une ordonnance du sénat de 1268, les ambassadeurs, en
revenant chez eux, devaient apporter au trésor tous les présents qu'ils avaient reçus en pays étrangers, et en même temps

ils devaient faire un rapport détaillé de leur mission. Pour être ambassadeur il fallait être noble et avoir trente-huit ans. La durée de chaque mission était limitée à trois ans par une ordonnance qui date seulement du seizième siècle, lorsque des missions permanentes étaient déjà presque généralement établies en Europe. Ce règlement était sans doute fondé sur cet esprit de méfiance et de jalousie qui caractérisait toute 'la politique vénitienne; mais souvent on obvia à ses inconvénients en renvoyant le même ambassadeur à la même cour, après qu'il avait fait son rapport général sur sa première mission. Ces rapports *(relazioni)* des ambassadeurs vénitiens contiennent des notices très-détaillées sur le pays où l'ambassadeur avait résidé, sur sa géographie et sa statistique, ses institutions politiques et religieuses, ses alliances et ses forces militaires, son peuple, ses mœurs et ses coutumes, la personne du souverain, sa famille, ses favoris et ses ministres, enfin sur tous les objets et toutes les circonstances qui pouvaient influer sur la politique et la morale de son gouvernement. Ceux qui les ont écrits étaient des observateurs froids et pénétrants, placés sous un point de vue plus favorable à l'impartialité que celui des auteurs du pays, dont les mémoires sont souvent dictés par l'esprit de parti ou les préjugés de secte. Ces rapports forment une riche collection de mémoires sur l'état politique des divers états de l'Europe depuis le commencement du seizième siècle jusqu'à la chute de la république, où les meilleurs historiens de nos jours ont puisé les matériaux de leurs ouvrages [1].

Les titres officiels des agents diplomatiques en Italie étaient d'abord *oratores, oratori;* au milieu du quatorzième siècle nous trouvons les dénominations de *ambiaxiatores, ambiasciatori.* Charles V n'accordait ce dernier titre qu'aux envoyés des

---

[1] REUMONT, *Italienische Diplomaten und Diplomat. Verhaltnisse,* 1260 — 1550. Apud: RAUMER, *Historisches Taschenbuch,* 1841, S. 422 — 437.

têtes couronnées et de la république de Venise, qui par son importance jouissait déjà des honneurs royaux, à l'exclusion des princes qui étaient soumis à la souveraineté de l'empereur. Le titre d'excellence était donné aux ministres du premier rang au commencement du seizième siècle. Dans les états monarchiques, le droit d'envoyer des ministres publics appartenait au prince; dans les républiques, aux autorités désignées par les lois fondamentales de l'état. Dans la république de Florence la commission et les instructions des ambassadeurs émanaient du « conseil des. dix de la liberté et de la paix; » et souvent même le choix des envoyés était fait et les instructions données par des autorités subordonnées pour les affaires spéciales concernant leur administration. De cette manière Machiavel fut envoyé à Venise en 1525 par les consuls de l'art de la laine *(arte della lana)*, pour traiter des affaires commerciales. A Venise les ambassadeurs étaient nommés par le conseil des *Pregadi*, et quelquefois même par d'autres conseils pour des affaires spéciales, puisque l'ordonnance de 1296 leur enjoint de faire leur rapport au conseil qui les a nommés [1].

La langue nationale remplaça la langue latine dans les négociations diplomatiques pendant la dernière moitié du quinzième siècle. Ce fut alors qu'on commença à écrire les lettres de créance, les instructions et les dépêches en langue toscane. Les commissions ou lettres de créance étaient courtes et souvent contenaient le plein pouvoir de négocier; on peut citer, pour la formule observée dans ces occasions, la commission donnée à Machiavel pour sa mission à Forli en 1499, «A son excellence la dame Catharina Sfortza Visconti et mon-»seigneur Ottaviano Riario, seigneurs de Forli et d'Imola. — »Très-chers et grands amis, nous vous envoyons Niccolò »Machiavelli, citoyen de notre république et secrétaire de

____
[1] REUMONT, p. 451.

notre conseil, qui vous dira bien des choses de notre part,
auxquelles nous vous prions d'ajouter une pleine et entière
foi comme si nous parlions nous-mêmes. *Vale.* Donné à
notre palais le 12 juillet, 1499. — Signé: Les prieurs de la
liberté et le gonfalonier du peuple florentin.» Les instructions
étaient très-minutieuses et rédigées avec une grande simplicité. Les dépêches étaient multipliées et remplies de détails
sur les affaires de la mission. Les envoyés auprès des cours de
l'Italie, écrivaient tous les deux ou trois jours; ceux qui étaient
accrédités auprès des souverains au delà des Alpes, au moins
tous les quinze jours. Ces dépêches étaient envoyées par des
courriers, ou par des occasions particulières, ou enfin par la
poste ordinaire après l'établissement des postes régulières au
seizième siècle. Les ambassadeurs florentins se servaient de
l'entremise des maisons de banque de leurs compatriotes établies en France pour faire passer leurs dépêches avec plus de
sûreté et moins de frais. Les dépêches étaient souvent écrites
en chiffres; il paraît cependant que l'art de chiffrer n'était
pas bien perfectionné, puisque l'ambassadeur de Florence à
Naples écrivait en 1507 au chancelier d'état dans les termes
suivants: «Messer Marcello, nous devons vous avertir que
votre secrétaire D. Luca est trop peu circonspect en écrivant
vos dépêches. Il ferait mieux d'écrire toute la dépêche sans
chiffres que de chiffrer seulement quelques passages. Quand
on réunit ce qui précède avec ce qui suit, il est facile de
deviner le reste du passage, et ainsi tout le secret du chiffre
est trahi. Nous vous prions donc de faire attention à cela.» Les
ambassadeurs voyageaient avec peu de luxe, ordinairement à
cheval, et ils devaient suivre la cour partout, en temps de paix
comme en temps de guerre. Suivant l'ordonnance du sénat
de Venise de 1293, les ambassadeurs ne devaient avoir qu'un
cheval de suite. En 1485 le nombre de chevaux était porté à
douze, avec deux palefreniers. Dante voyageait tout seul par les
forêts des Apennins lorsqu'il fut envoyé en mission auprès des

villes de la Toscane et de l'Umbrie; et Machiavel, deux siècles plus tard, ne voyageait pas avec plus de commodité. Les ambassadeurs étaient fort mal payés, et les missions, au lieu d'être recherchées comme aujourd'hui, étaient repoussées même des personnes les plus riches et du plus haut rang. En 1271 le sénat de Venise ordonna une amende pécuniaire pour le cas de refus d'une ambassade de la part des nobles. En 1280 on déclara qu'une maladie grave pouvait seule servir d'excuse en pareils cas. Enfin en 1360 il fut décrété que celui qui, après avoir accepté sa nomination comme ambassadeur, refuserait de se mettre en route pour se rendre à son poste, serait incapable de recevoir aucune charge ou bénéfice pendant l'année. Il paraît donc que l'honneur d'être ambassadeur n'a pas été brigué par les nobles vénitiens, et dans les archives de Florence nous trouvons des plaintes perpétuelles sur les grandes dépenses et le peu de profit de pareils emplois, même de la part de gens opulents, tels que Côsme de Médicis. Les dépêches de Machiavel sont remplies de réclamations les plus naïves et les plus amères contre la modicité de ses appointements, qui ne suffisaient pas à défrayer les dépenses les plus nécessaires. Il avait peu ou point de fortune et vivait seulement de ses appointements modiques comme secrétaire de la république; ses missions diplomatiques étaient toutes des missions spéciales, qui entraînaient de grandes dépenses pour les voyages fréquents qu'elles exigeaient, Dans une dépêche datée de Saint-Pierre-les-Moustier, le 5 août 1500, et adressée au conseil des dix, il dit: « Magnifiques seigneurs, vous savez quel traitement »me fut assigné à mon départ de Florence, et celui qui fut »accordé à Francesco della Casa, croyant sans doute que les »choses devaient aller de façon que mes dépenses seraient »moins considérables que les siennes. Il n'en est pas ainsi, car, »n'ayant pas trouvé le roi à notre arrivée à Lyon, nous avons »été également obligés l'un et l'autre de nous pourvoir de »chevaux, de domestiques et d'habillements; ce qui est la

»cause que je suis la cour aux mêmes frais que lui. Cependant
»il me paraît hors de toute justice divine ou humaine, de
»n'avoir pas les mêmes émoluments; et si la dépense que
»j'occasionne vous paraît trop forte, je vous ferai observer,
»ou que ma dépense est tout aussi utile que celle de Fran-
»cesco, ou que les vingt ducats que l'on me donne chaque
»mois sont jetés à l'eau. Si vous croyez que je sois dans ce
»dernier cas, je prie vos seigneuries de me rappeler; si elles
»pensent que je sois utile, je les supplie de prendre des
»mesures pour que je ne me ruine pas, et qu'elles me con-
»stituent du moins là-bas créancier des dettes que je pourrais
»avoir contractées ici; car je puis vous donner ma parole que
»j'ai dépensé jusqu'à présent au moins quarante ducats de
»ma bourse, et que j'ai donné l'ordre à mon frère, à Florence,
»de me faire l'avance de soixante-dix. Je me recommande
»à vous de nouveau, et je vous prie de ne pas permettre
»que, sans l'avoir mérité, un serviteur fidèle ne retire que
»honte et dommage d'un emploi qui est pour d'autres une
»source d'honneurs et de profit. » Les rapports des ambassadeurs vénitiens confirment le même fait: ils demandent toujours qu'on leur laisse les présents qu'ils avaient reçus des
princes étrangers, et qui, d'après le règlement, doivent être
apportés au trésor de la république. Francisco Justiniani, à
son retour d'une ambassade auprès de François Ier de France
en 1583, termine le rapport de sa mission en protestant de
sa pauvreté, et en demandant du sénat de lui laisser une
chaîne d'or dont le roi lui avait fait cadeau, ou autrement de
lui en accorder la valeur en argent [1].

La guerre maritime pendant le moyen âge fut confondue avec
la piraterie dans la pratique barbare qui ne faisait pas de distinction entre les amis et les ennemis. Le premier essai tenté
pour régler par un droit fixe les opérations de la guerre mari-

*Consulat
de la mer.*

----

[1] REUMONT, pp. 453 — 501.

time, se trouve dans ce monument antique et curieux de jurisprudence intitulé *le Consulat de la Mer*. Les recherches savantes de M. Pardessus ont démontré que cette compilation des décisions ou coutumes maritimes a été rédigée vers la fin du quatorzième siècle, à Barcelone, en langue romane, dialecte qui est encore, à quelques modifications près, la langue vivante de la province de Catalogne[1]. Suivant cet auteur, le *Consulat* ne doit pas être considéré comme un code de lois maritimes, rédigé et promulgué par l'autorité législative d'un ou de plusieurs états, mais seulement comme un résumé des usages et coutumes ayant force de lois dans les différentes villes riveraines de la Méditerranée pendant le moyen âge. Cette compilation doit être attribuée aux mêmes causes qui ont contribué à former cette collection des usages maritimes des nations habitant les bords des mers occidentales, connue sous le nom de *Rôles des jugements*. On peut même affirmer que les circonstances étaient plus favorables aux compilateurs du *Consulat,* parce que les villes maritimes de la *Langue d'Oc,* telles que Barcelone, Marseille et Valence, possédaient déjà au quatorzième siècle un grand corps de jurisprudence maritime sous le nom de *statuts* ou *coutumes.* Ces codes ou collections écrites contenaient un grand nombre d'ordonnances locales renfermant des règlements d'institution positive et plusieurs règles et principes généraux que le temps avait graduellement consacrés dans la pratique du commerce de la Méditerranée. Ces statuts étaient pour la plupart écrits en latin, langue qui était encore familière aux jurisconsultes et autres savants, mais qui était déjà devenue une langue morte pour la classe des négociants et navigateurs. Cette classe était par conséquent vivement intéressée à posséder un manuel concis de la jurisprudence maritime, tel que le *Consulat,* écrit en langue vulgaire et dans le style le plus

---

[1] Pardessus, *Collection des lois maritimes antérieures au XVIIIe siècle*, tome II, ch. XII.

simple. Néanmoins son auteur ou ses auteurs étaient assurément très-instruits des principes du droit romain, des Basiliques et de la législation des villes de France et d'Espagne
qui faisaient le commerce du Levant. Ces qualités eurent
bientôt assuré à cette collection une grande renommée, pendant que la sagesse et l'équité générale de ses principes l'ont
fait adopter par tous les états maritimes snr les côtes de la
Méditerranée, comme supplément à leurs propres lois et coutumes. Sous ce rapport le mérite en a été depuis généralement
reconnu par toutes les nations maritimes et commerçantes
de la chrétienté. Cette compilation a été considérée par toutes
ces nations comme étant d'une grande autorité, embrassant
la sagesse et l'expérience réunies des plus fameux états commerçants du moyen âge. Par quelques-uns elle a été adoptée
comme un système de jurisprudence ou code de lois; par
d'autres ces principes ont été incorporés dans leurs ordonnances ou codes écrits. Les compilateurs de l'ordonnance de
Louis XIV, de 1681, ont eu recours à cette source, entre
autres, pour trouver des matériaux propres à former ce célèbre code maritime[1].

Le *Consulat de la mer* renferme, non-seulement les règles
élémentaires applicables à la décision des litiges relatifs au
commerce et à la navigation en temps de paix et en temps de
guerre, mais, ce qui a plus de rapport avec notre sujet, il
expose les maximes et les principes les plus importants qui

---

[1] EMÉRIGON, dans son traité d'assurance, en parlant de la critique amère de Hubner sur le *Consulat* (de la saisie des bâtiments
neutres, discours prélim., p. XI), dit: «Cet auteur ayant trouvé
»dans le chapitre 273 des décisions contraires à son système, a été
»de mauvaise humeur contre l'ouvrage entier; mais s'il l'eût exa
»miné avec soin, il se serait convaincu que les décisions que le
»*Consulat* renferme sont fondées sur le droit des gens. Voilà pour
»quoi elles réunirent les suffrages des nations; elles ont fourni une
»ample matière aux rédacteurs de l'ordonnance de 1681, et malgré
»l'écorce gothique qui les enveloppe quelquefois, on y admire
l'esprit de justice et d'équité qui les a dictées.

furent reconnus à cette époque quant aux droits respectifs des nations belligérantes et des neutres, dans les termes suivants:

«Lorsqu'un navire armé, allant ou revenant, ou étant en »course, rencontrera un navire marchand, si ce dernier appar-»tient à des ennemis, ainsi que sa cargaison, il est inutile »d'en parler [1], puisque chacun est assez instruit pour savoir »ce qu'on doit faire, et, dans ce cas, il n'est pas nécessaire »de donner de règle.

»Mais si le navire qui sera pris appartient à des amis, »tandis que les marchandises qu'il porte appartiennent à des »ennemis, l'amiral du navire armé peut forcer et contraindre »le patron du navire qu'il aura pris, à lui apporter ce qui ap-»partiendra aux ennemis, et même il peut l'obliger à le garder »jusqu'à ce qu'il soit en lieu de sûreté; mais il faut pour cela »que l'amiral, ou un autre pour lui, ait amarré le navire pris »à sa poupe en lieu où il n'a pas crainte que des ennemis le »lui enlèvent; à la charge néanmoins par l'amiral de payer »au patron de ce navire tout le fret qu'il aurait dû recevoir »s'il avait porté la cargaison là où il devait la décharger, ou »de la manière qui sera écrite sur le registre. Si, par événe-»ment, on ne trouve point de registre, le patron doit être cru »à son serment sur le montant du fret.

»Encore plus, si, par événement, lorsque l'amiral, ou quel-»que autre pour lui, sera en lieu où il puisse mettre la prise »en sûreté, s'il veut que le navire porte la marchandise con-»fisquée, le patron ne peut s'y refuser. Mais ils doivent faire »une convention à cet égard; et, quelque convention ou ac-»cord qui intervienne entre eux, il faut que l'amiral, ou celui »qui le représente, la tienne.

»Si, par événement, il n'est fait entre eux aucune promesse

---

[1] On trouve en effet dans le chapitre CLXXXV [280] des règles sur la rançon dans le cas de prise, lorsque le navire et sa cargaison appartiennent à l'ennemi du capteur.

»ou convention relativement au fret, il faut que l'amiral, ou
»celui qui le représente, paye au patron du navire qui aura
»porté dans le lieu qu'ils lui auront prescrit les marchandises
»capturées, un fret égal à celui qu'un autre navire devrait
»avoir pour des marchandises pareilles, et même davantage,
»sans aucune contestation; bien entendu que ce payement ne
»doit être fait qu'après que le navire sera arrivé au lieu où
»l'amiral, ou celui qui tient sa place, aura mis sa prise en
»sûreté, et que ce lieu, jusqu'auquel il fera porter la prise,
»soit en pays d'amis.

»Lorsque le patron du navire capturé, ou quelques-uns des
»matelots qui sont avec lui, disent qu'ils ont des effets qui
»leur appartiennent, si ce sont des marchandises, ils ne doi-
»vent pas être crus à leur simple parole, mais on doit s'en
»rapporter au registre du navire, si l'on en trouve un. Si,
»par événement, on n'en trouve point, le patron ou les mate-
»lots doivent affirmer la vérité de leur assertion. S'ils font
»serment que ces marchandises leur appartiennent, l'amiral,
»ou celui qui le représente, doit les leur délivrer sans aucune
»contestation, en ayant égard cependant à la bonne réputa-
»tion et à l'estime dont jouissent ceux qui prêteront ce ser-
»ment et réclameront les marchandises.

»Si le patron capturé refuse de porter les marchandises
»ennemies qui seront sur son navire, jusqu'à ce que ceux qui
»les auront prises soient en lieu de sûreté, malgré l'ordre que
»l'amiral lui en donne, celui-ci peut le couler à fond ou l'y
»faire couler, s'il le veut, sauf qu'il doit sauver les personnes
»qui montent le navire; et aucune autorité ne peut lui en de-
»mander compte, quelles que soient les demandes et plaintes
»qu'on lui en fasse. Mais il faut entendre que toute la car-
»gaison de ce navire, ou la majeure partie, appartient à des
»ennemis.

»Si le navire appartient à des ennemis, et sa cargaison à

»des amis, les marchands qui s'y trouvent, et à qui la car-
»gaison appartiendra en tout ou en partie, doivent s'accorder
»avec l'amiral pour racheter, à un prix convenable, et comme
»ils pourront, ce navire qui est de bonne prise; et il doit leur
»offrir une composition ou un pacte raisonnable, sans leur
»faire supporter aucune injustice. Mais, si les marchands ne
»veulent pas faire un accord avec l'amiral, celui-ci a le droit
»d'amariner le navire, et de l'envoyer au lieu où lui-même
»aura armé, et les marchands sont obligés de payer le fret
»de ce navire de même que s'il avait porté leur cargaison au
»lieu pour lequel elle était destinée, et rien de plus.

»Si, par événement, les marchandises éprouvent quelque
»lésion en raison de la violence que l'amiral leur aura faite,
»celui-ci ne doit leur répondre de rien, puisqu'ils n'ont pas
»voulu faire d'accord avec lui pour le rachat de ce navire qui
»était de bonne prise; encore par une autre raison, parce que
»souvent le navire vaut plus que les marchandises qu'il porte.

»Mais cependant, si les marchands ont annoncé le désir
»de faire un accord, comme il est déjà dit ci-dessus, et que
»l'amiral s'y soit refusé par orgueil ou par esprit de jactance,
»et, comme il a été dit, emmène avec les marchands, la car-
»gaison sur laquelle il n'avait aucun droit, ceux-ci ne sont pas
»obligés de payer de fret, en tout ni en partie, à cet amiral:
»au contraire, il est obligé de leur rendre et restituer tout
»le dommage qu'ils éprouveront, ou qu'ils auront possibilité
»d'éprouver par l'effet de cette violence.

»Mais lorsque le navire armé se trouve avec le navire
»capturé en un lieu où les marchands ne pourraient pas réa-
»liser l'accord qu'ils ont fait, si ces marchands sont des hom-
»mes connus, et tels qu'il n'y ait point à craindre l'inexécu-
»tion de l'accord fait avec eux, l'amiral ne doit point leur faire
»violence; et s'il leur fait violence, il est obligé de payer le
»dommage qu'ils souffriront; mais si, par événement, les mar-

»chands ne sont pas des gens connus, ou ne peuvent pas
»payer le rachat, l'amiral peut agir comme il a été dit[1].»

Il résulte des articles que nous venons de citer, que,
d'après l'usage des peuples maritimes du midi de l'Europe à
l'époque où cette compilation a été rédigée, les maximes
suivantes furent établies comme lois pour régler la guerre
maritime:

1° Les marchandises appartenant à un ennemi, et chargées
sur un vaisseau ami, seront sujettes à être capturées, et confisquées comme prise de guerre.

2° Dans ce cas le capitaine du bâtiment neutre devra être
payé pour le fret des marchandises confisquées comme s'il
les avait transportées au port de leur destination primitive.

3° Que les marchandises appartenant à un ami, chargées
sur un vaisseau ennemi, n'encourront pas de confiscation.

4° Que les capteurs qui avaient saisi le vaisseau ennemi,
et qui l'avaient amené dans un port de leur pays, devaient être
payés pour le fret des marchandises neutres, comme s'ils les
avaient transportées au port de leur destination primitive[2].

---

[1] *Consulat de la mer*, chap. CCXXXI [277] *Du navire chargé
de marchandises pris par navire armé.* (PARDESSUS, tome II,
pp. 303—307.)

[2] «*Liber consulatus maris editus est lingua Italica*, in quem
»relatæ sunt constitutiones imperatorum Græciæ, Alemaniæ, regum
»Francorum, Hispaniæ, Syriæ, Cypri, Balearium, Venetorum, —
»Genuensium, cujus libri, titulo CCLXIV, tractantur hujus generis
»controversiæ: ac sic definitur, si et navis et mercium hostium
»sint, rem esse in aperto, fieri ea capientium; si vero navis sit
»pacem colentium, merces autem hostium, cogi posse ab his qui
»bellum gerant navem ut merces eas in aliquem portum deferat,
»qui sit suarum partium, ita tamen ut vecturæ pretium nautæ sol-
»vatur. Si contra, navis hostilis fuerit, merces vero aliorum, de
»nave transigendum: aut, si nolint vectores transigere, — cogen-
»dos ut cum navi eant in portum aliquem partium capientis, et
»ut capienti solvant pretium quod navis debebatur.» (GROTIUS, *de
J. B. ac P.*, lib. III, cap. I, § 5, in Not.)

Voyez aussi ZOUCH, *Juris et judic. fecialis*, P. II, § VIII, No. 5, 6.

Les chapitres du *Consulat de la mer* relatifs au droit de prises étaient destinés à régler ces associations de vaisseaux marchands armés qui naviguaient ensemble pour leur défense mutuelle contre des ennemis publics et des pirates, et étaient en même temps autorisés à capturer des vaisseaux et des marchandises ennemis. Mais il n'est nulle part question d'une commission spéciale du souverain des capteurs, ou d'une procédure quelconque pour déterminer la validité des prises faites par eux, afin de les autoriser à s'approprier le butin saisi de cette manière. Le plus ancien règlement qui exige une telle commission, et qui ordonne une procédure formelle pour l'adjudication des captures faites d'après son autorité, par les tribunaux maritimes du pays auquel appartiennent les armateurs, est celui qu'on trouve dans l'ordonnance de Charles VI, roi de France, en l'année 1400, et répété depuis dans plusieurs ordonnances du seizième siècle[1]. Les ordonnances et les traités maritimes de l'Angleterre, vers la même époque, supposent évidemment le nécessité d'une commission, ou des lettres de marque du souverain, accordées par

BYNKERSHOEK, 2 *J. Pub.*, lib. I, chap. XIII, XIV. HEINECCIUS, *De Nav. ob Vect. Merc. Comm.*, cap. II, §§ 8, 9. ROBINSON's *Collectanea Maritima*, pp. 25—35, Note n. pp. 149, 171, 176.

Grotius, dans ce passage, a adopté la tradition presque universellement reçue des légistes, et des archéologues avant lui, qui a attribué le *Consulat* à une origine italienne. Mais aucune tradition ni autorité des savants ne peut contrebalancer le poids du fait bien constaté que le *Consulat* existe dans des manuscrits et dans des éditions imprimées d'une date plus ancienne qu'aucune édition italienne, dans une langue qui n'est ni italienne ni latine, mais dans ce dialecte de langue romane qui a été parlé dans la Catalogne pendant les treizième et quatorzième siècles, et qui est encore parlé avec peu de modifications de sa structure primitive dans la province où les premières éditions furent publiées. (PARDESSUS, tome II, ch. XII, pp. 16—42.)

[1] VALIN, *Commentaire sur l'ordonnance de la marine*, liv. 3, tit. 9, *Des prises*, art. 1.

son amiral, comme essentielles pour valider les prises faites
en mer, et établissent des règles pour l'adjudication de ces
prises devant ses lieutenants ou députés, comme en France [1].
Un acte du parlement d'Angleterre de 1414 (2. Hen. V, ch. 6)
ordonne à tous les armateurs qui auront pris quelques vaisseaux ou marchandises de l'ennemi, d'amener leurs prises
dans un port du royaume, pour y être jugés par devant les tribunaux compétents, sous peine de confiscation. L'ordonnance
de l'amirauté des Pays-Bas de 1487, sous le règne de l'empereur Maximilien, exigeait une commission de l'amiral, comme
indispensablement nécessaire pour autoriser les captures en
mer, et obligeait les capitaines des corsaires à prêter serment
de ne pas commettre des déprédations contre les alliés ou
amis. Pendant la guerre d'indépendance de la Hollande contre
l'Espagne, le comte de Leicester, gouverneur des provinces
révoltées, a fait introduire en 1586 le règlement déjà établi
en France et en Angleterre, d'après lequel les vaisseaux capturés en mer devaient être amenés dans un port le plus voisin
pour y être jugés. Les États-Généraux ont confirmé cette ordonnance en 1597, en exigeant des armateurs une caution
contre les violences qu'ils auraient pu commettre contre les
nationaux ou les alliés.

D'après les règlements du *Consulat*, au contraire, le jugement des prises est prononcé en pleine mer, par la seule autorité de l'amiral commandant la flotte ou le vaisseau armé,
d'après les papiers de bord, et, s'il ne s'en trouve pas,
d'après le serment décisoire des réclamants. Il peut même
couler à fond le bâtiment neutre dont le capitaine aura refusé
de transporter dans un lieu de sûreté les marchandises ennemies chargées sur son navire. Quant aux autres incidents de
la prise, les rédacteurs du *Consulat* se contentent de poser
les règles d'après lesquelles ces incidents doivent être décidés,

---

[1] MARTENS, *Prises et reprises*, chap. I, § 5. ROBINSON, *Collectanea
maritima*, *Advertisement*, p. VII.

sans indiquer le tribunal devant lequel les réclamants doivent porter leurs plaintes, en cas d'abus de force ou d'actes de violence de la part des capteurs. Il est néanmoins probable que ces incidents étaient du ressort des tribunaux consulaires établis dans tous les ports de la Méditerranée pour juger les causes maritimes, ou bien qu'ils devaient être décidés par le jugement des prud'hommes des lieux où le navire devait être conduit, comme il est prescrit dans le chapitre 290 du *Consulat* concernant les reprises.

Pour mieux expliquer l'origine de cette législation destinée à régulariser les opérations de la guerre maritime, il faut se souvenir que l'indépendance personnelle de l'ancien Germain vivait encore parmi ses descendants au milieu de l'anarchie féodale du moyen âge. Chaque individu vengeait ses propres injures contre celui qui l'avait offensé, sans avoir recours à l'autorité des lois, car on ignorait alors le principe que la guerre est un droit appartenant au souverain seul. Les représailles étaient exercées par la seule volonté de l'individu lésé, même en temps de paix, non-seulement contre la personne et les biens de l'offenseur, mais aussi contre toutes les personnes et tous les biens de sa nation. L'anarchie qui pendant plusieurs siècles réduisit chacun à se faire justice, qui servit de prétexte aux guerres privées, et colora les brigandages de toute espèce, avait cessé assez généralement sur terre au douzième siècle. La nature des choses devait la laisser subsister plus longtemps sur mer. Il fallait de grands progrès dans la civilisation, et une sorte de convention entre tous les états, pour assurer la sécurité des navigateurs. Au douzième et au treizième siècle, et même longtemps après, un vaisseau richement chargé n'était jamais à l'abri des attaques des pirates. Rarement on pouvait obtenir justice des gouvernements, qui tantôt redoutaient ces coupables, tantôt étaient de connivence avec eux. L'absence d'une police régulière donnait à ces brigands la facilité de trouver des asiles; des portions entières de pays étaient quelquefois occupées par eux, comme l'étaient encore tout récemment les côtes barbaresques, et la nécessité de mettre fin à ces désordres avait décidé plusieurs villes de la Méditerranée à former des coalitions, comme il s'en forma dans la Baltique pour atteindre le même but[1]. Tant que les mers étaient couvertes de pirates, un navire marchand ne pouvait guère hasarder seul un long voyage, quelque armé qu'il fût. On s'associa pour naviguer de conserve; on choisit un chef appelé dans la suite amiral[2]; on convint du partage du butin qu'on ferait en se défendant contre les pirates et les ennemis. Ces associations ne se bornèrent pas toujours à la défensive; on s'associa de même dans le dessein principal de nuire à l'ennemi et aux pirates, sans s'embarrasser de donner une forme légale à ces expéditions[3]. Dans un temps où les gouvernements n'entretenaient pas des forces maritimes permanentes, où les vaisseaux employés à leurs expeditions navales étaient requis, loués ou achetés pour le besoin du moment, il était assez naturel que, dès que la guerre se manifestait, chaque état appelât ses sujets à son secours en les constituant auxiliaires de ses armées navales[4]. On en a vu plusieurs exemples dans l'histoire des guerres des républiques d'Italie entre elles ou contre l'empire d'Orient; les luttes longues et sanglantes qui subsistaient presque sans interruption entre la France et l'Angleterre, en fournissent de nombreux.

Lorsque les griefs d'un état contre un autre n'étaient pas de nature à faire éclater la guerre, on avait recours à un autre droit qui n'était encore qu'un genre de guerre privée. Celui

---

[1] RAUMER, *Geschichte der Hohenstauffen*, V. Bd., S. 416.

[2] Le mot *amiral* a été emprunté des Arabes qui appellent *Amir* ou *Emir* les chefs de leurs forces militaires et surtout maritimes. (DUCANGE, *Gloss.* voc. *Amiralius*.)

[3] MARTENS, *Prises et reprises*, ch. I, § 3.

[4] DUCANGE, voc. *Marcha*.

qui se prétendait lésé par un habitant d'un autre pays, obtenait des magistrats de son pays l'autorisation de saisir partout où il pourrait des propriétés appartenant à l'un des sujets de l'état auquel l'agresseur appartenait. La plupart des statuts municipaux des treizième et quatorzième siècles attestent cet usage. Cette loi de représailles n'était pas seulement établie dans les villes maritimes: elle existait dans les villes intérieures de l'Italie et de l'Allemagne. Si, par exemple, un citoyen de Modène était pillé par un Bolonais, il portait plainte aux magistrats de sa ville, qui demandaient justice des magistrats de Bologne. Si cette demande n'était pas accueillie, on donnait au plaignant des lettres de représailles pour ravager le territoire de Bologne jusqu'à ce qu'il eût obtenu par la vente du butin une pleine et entière indemnité [1]. Des traités fixaient souvent un délai pour faire droit aux réclamants, afin de prévenir de trop promptes représailles [2]. Déjà dans une multitude de traités de paix et de trêves du treizième siècle, on avait stipulé que les sujets des deux parties ne pourraient exercer des représailles qu'après s'être adressés aux conservateurs de paix établis à cet effet, et après avoir vainement attendu d'eux le redressement de leurs griefs dans un terme fixe. Au quatorzième siècle, on commença à les obliger d'obtenir préalablement des conservateurs une permission moyennant des lettres de *représailles* et de *marque.*

Lettres de marque et de représailles.

Les lettres de représailles donnaient le droit de s'emparer des biens étrangers dans l'enceinte de la juridiction du souverain qui les accordait. Les lettres de *marque* (du vieux mot *marche* qui signifie limite) autorisaient à les saisir hors des limites du territoire. On a cependant confondu dans la suite ces deux expressions, et on s'en sert aujourd'hui indistinctement pour désigner l'un et l'autre.

D'abord en France on commença à conférer aux gouver-

---

[1] MURATORI, *Dissert.* 53.
[2] PARDESSUS, tome II, *Introduction*, p. CXX—CXXI.

neurs des provinces et aux parlements le droit d'accorder les
lettres de marque et de représailles. Ensuite les États du
royaume assemblés à Tours, ayant fait des représentations
au roi sur la nécessité d'user de grandes précautions à cet
égard, Charles VIII, par un édit de 1485, réserva au roi seul
le droit d'accorder des lettres de représailles, «qui ne pou-
»vaient, disaient les États-Généraux, être baillées sans grand
»avis et cognoissance de cause, et sans les solennités de
»droit en tel cas requises.» En Angleterre, déjà la grande
charte de l'an 1215 assurait aux marchands étrangers la liberté de l'entrée, du séjour et de la sortie du royaume, en
n'exceptant que le seul cas d'une guerre déclarée. Un acte
du parlement de l'an 1353 porte que les biens d'un marchand
étranger ne seront pas saisis pour les crimes ou dettes d'un
autre, si ce n'est dans le cas où quelques seigneurs étrangers,
après avoir causé dommage aux sujets anglais, se refusent à
donner satisfaction après en avoir été duement requis; «le
»roi ayant le droit de marque et représailles, comme il a été
»usité par le passé.» Le même recours au souverain avant
d'exercer des représailles était stipulé dans un grand nombre
de traités de la même époque [1].

On trouve des diplômes déjà du douzième siècle, où il est
question du droit de *marche*[2]; mais là, ce droit ne signifie
que la faculté de saisir d'autorité privée les biens de ceux
contre lesquels on avait des griefs, et même leurs personnes.
On trouve d'autres exemples, à la fin du treizième siècle, de
sujets sollicitant auprès du souverain des lettres de marque[3].
Mais il semble que ce ne fut qu'au quatorzième siècle que se
forma l'usage de considérer comme nécessaire l'obligation
d'être muni de telles lettres de marque; aussi ne fut-ce qu'à

---

[1] MARTENS, *Prises et reprises*, ch. I, § 4.

[2] Voyez le diplôme de 1152, cf. DU CANGE, voc. MARCHA.

[3] C'est ainsi que le roi Édouard Ier d'Angleterre dit dans une lettre
de 1205: «Bernardus nobis supplicavit ut nos sibi licentiam *marcandi*

cette époque qu'on en fit mention dans les traités. C'est ainsi que dans une ordonnance de Philippe-le-Bel de 1313, qui se rapporte au traité avec le roi d'Aragon, il est dit qu'avant d'en venir au droit de marque, la réquisition à l'amiable devra précéder, et qu'il sera nécessaire: *ut de requisiti in reddenda justitia defecta constet illi qui marcham indicere voluerit per litteras regias vel alia publica instrumenta, antequam ad dictam marcham faciendam procedat* [1]. Dans un acte publié par Rymer, Édouard III d'Angleterre fait des remonstrances contre des lettres de marque accordées par le roi d'Aragon à un nommé Bérenger de la Tone, qui avait été pillé par un corsaire anglais, disant que puisque le roi d'Angleterre avait toujours été prêt à rendre justice au plaignant, il lui paraissait, ainsi qu'aux hommes sages et savants qu'il avait consultés, qu'il n'y avait pas lieu à accorder des lettres de marque ou de représailles contre ses biens ou contre ceux de ses sujets [2].

Le droit de représailles était un reste de l'ancien *Fehderecht*, et il pouvait être exercé non-seulement dans le cas d'injure faite à la personne ou à la propriété d'un sujet étranger, mais aussi pour obliger au payement d'une dette. Dans quelques pays. on avait poussé les conséquences de ce

»homines et subditos de regno Portugalliæ et bona eorum invenire »posset, concederemur, quousque de sibi abbatis integram habuisset »restitutionem.» (PRYMER, *Fœdera* tom. II, p. 692.) Dans le traité de trève entre la France et l'Angleterre du 7 mai 1360, il est question de faire cesser les *représailles, marques et contreprises.* (DUMONT, tom. II, P. I, p. 16.) Voyez aussi la lettre du roi de France au roi d'Aragon de 1396. (DU CANGE, l. c.)

[1] MARTENS, *Prises et reprises,* ch. I, § 4.

[2] «Videntur sapientibus et peritis, quod causa de jure, non sub- »fuit marcham seu reprisaliam in nostris, seu subditorum nostrorum »bonis concedendi.» M. HALLAM remarque que ce passage est curieux, puisqu'il reconnaît l'existence d'un droit des gens coutumier dont la connaissance était déjà devenue une sorte de science. *Middle ages,* vol. II, ch. IX, 61, 2, p. 247.)

principe jusqu'à rendre tous les commerçants d'un état solidaires des dettes de leurs compatriotes [1].

Une distance de plusieurs siècles sépare le temps où a été *Guidon de la mer*
rédigé le *Consulat de la mer* et celui de la rédaction du *Guidon de la mer*. A cette dernière époque, les principes du droit
maritime privé, tels qu'on l'observe maintenant, étaient fixes.
Le rédacteur du *Guidon de la mer* conçut et exécuta habilemen le projet de réunir en un corps de doctrines ce qu'il
avait appris par son expérience et ses études. Il s'occupa
principalement du contrat d'assurance, dont l'usage, beaucoup
plus moderne que celui des autres contrats maritimes, méritait effectivement une attention spéciale. Cependant ce contrat n'est pas le seul objet dont se soit occupé le rédacteur:
il parle de presque tous les contrats maritimes. Les chapitres
VI et XI traitent des prises et des rachats, et le chapitre X
des représailles et des lettres de marque.

M. Pardessus suppose que le *Guidon de la mer* a été rédigé
en France vers la fin du seizième siècle. Le nom du rédacteur
est inconnu; ce qui est incontestable, c'est qu'il a été composé
par un particulier. Il ne doit pas être considéré comme une
loi positive, ou même comme une coutume rédigée avec l'intervention ou l'approbation de l'autorité publique. Néanmoins
presque toutes les décisions du *Guidon* concernant les contrats maritimes, ont été adoptées et converties en loi par l'ordonnance de la marine de Louis XIV de 1681, et ensuite par
le Code du commerce actuel de la France [2].

Les dispositions de l'ordonnance de 1681 relatives aux
lettres de marque ou de représailles en temps de paix, ne
sont que la reproduction presque littérale de celles du *Guidon
de la mer* sur le même sujet. Cette ancienne collection des
us et coutumes de la mer s'exprime ainsi sur cette matière:

[1] PUTTER, *Beiträge zur Völkerrechts-Geschichte*, §§ 149—151. ·
HALLAM, *Middle Ages*, vol. II, part II, p. 247.

[2] PARDESSUS, tome II, pp. 371, 372.

»Lettres de marque ou de représailles se concedent par le
»roy, prince, potentats, ou seigneurs souverains, en leurs
»terres, quand, hors le fait de la guerre, les sujets de divers
»obéyssances ont pillé, ravagé les uns sur les autres, et que
»par voÿe de justice ordinaire droit n'est rendu aux interessez,
»ou que par temporisation ou delais justice leur est deniée.

»Car, comme le seigneur souverain, irrité contre autre
»prince son voisin, par son heraut ou ambassadeur, demande
»satisfaction de tout ce qu'il pretend luy avoir esté fait, si
»l'offense n'est amendée il procede par voie d'armes, aussi
»à leurs sujets plaintifs, si justice n'est pas administrée, font
»leurs griefs, mande leurs ambassadeurs qui resident en
»cour vers leurs majestez, leur donnent temps pour aviser
»leurs maistres. Si par après restitution et satisfaction n'est
»faite, par droit commun à toutes nations, de leur plein pou-
»voir et propre mouvement concedent lettres de marque,
»contenant permission d'apprehender, saisir, par force ou'
»autrement, les biens et marchandises des sujets de celuy
»qui a toléré ou passé sous silence le premier tort; et comme
»ce droit est de puissance absolue, aussi il ne se commu-
»nique ny delegue aux gouverneurs des provinces, villes et
»citez, amiraux, vice-amiraux, ou autres magistrats.

»Elles se concedent aux naturels, sujets et regnicoles,
»pour chose pillée, depredée, retenue ou arrestée par force
»à eux appartenant, mesme par benefice du prince, aux
»étrangers naturalisez, ou a ceux qui ont droit de bourgeosie
»pour pareilles causes que dessus.

»Le plus fréquent usage se pratique pour des marchands
»depredez sur mer, trafiquant en estrange pays, lesquels, en
»vertu d'icelle, trouvent par mer aucuns navires des sujets
»de celuy qui a toleré la première prise, l'abordant, s'ils sont
»les plus forts, mettent en effet leurs représailles.

»Et pour les grands abus qui se commettent esdites lettres,
»deux restrictions y seroient requises: la première, que vraye

»estimation fust faite en principal et interests de ce qui a
»esté pillé, tout ainsi comme si en jugement contradictoire
»l'impetrant eust obtenu effet en cause, et que la somme fust
»designée esdites lettres, ou à l'attache d'icelles, afin qu'ayant
»fait reprise, l'estimation fust faite au premier port de leur
»descente (appellé le substitut du procureur du roy) de la
»valeur de la prise, et les droits royaux ou d'admirauté
»levez, ce qui reste fust endossé ausdites lettres, et que cer-
»tain temps fust limité, hors lequel elles seront prescrites.

»Tout ainsi comme peut avoir esté fait tort en terre ferme
»par arrest ou saisissement par force, en cas pareil, sa ma-
»jesté concede lettres de marque, pour estre arrestez et saisis
»les biens et marchandises des autres, la part où elles seront
»trouvées.

»Ainsi si par faux donner entendre, les lettres estoient im-
»petrées, la chose connue, elles seront revoquées; et si l'im-
»petrant les a mis en effet, il doit estre condamné au qua-
»druple pour la temeraire poursuite: ce qui a été besoin de
»deduire pour estre l'usage desdites lettres de grande conse-
»quence entre les marchands, dont il sort de grands diffe-
»rents, tant pour leurs prises, arrests et frais de navires, que
»pour les assureurs[1].»

Il serait presque inutile de faire observer que l'effet d'une
déclaration de guerre pendant le moyen âge était de frapper
de confiscation tout ce que possédaient les sujets de la puissance ennemie, si ce n'était pour ajouter que la ville de Marseille donna le premier exemple de l'abolition de cette injustice. La grande charte de l'Angleterre aussi prescrivait qu'en
cas de guerre la personne des marchands étrangers devait
être gardée et traitée de la même manière que les marchands
anglais étaient traités dans le pays ennemi. La confédération
des villes anséatiques avait également stipulé avec plusieurs

---

[1] *Guidon de la mer*, ch. X, §§ 1—5.

princes du Nord, qu'en cas de guerre on devait accorder u:
certain temps à leurs citoyens, résidants et trafiquants dan
les territoires de ces princes, pour se retirer avec leur
effets [1].

Systeme du Consulat consacré par des traités.

De cette manière il s'introduisit une sorte de droit des gen:
maritimes qui tendait à supprimer les désordres et les irré
gularités qui avaient existé auparavant. On avait des en
nemis; on cherchait à leur nuire en s'emparant de leurs pro
priétés: des puissances étaient neutres; un acte d'hostilit(
pouvait les rendre ennemies; leurs navires devaient être respectés. Mais l'amour du gain portait quelquefois les neutres
et même les amis à se charger des marchandises que les sujets d'une des puissances belligérantes craignaient d'exposei
à la prise. Souvent aussi des sujets d'une puissance amie ou
neutre chargeaient leurs marchandises sur les navires d'une
puissance belligérante. Pour concilier le droit de la guerre
contre l'ennemi avec le respect dû aux amis et aux neutres,
on adopta assez généralement la règle que le navire ennemi
ne donnerait pas lieu à la prise des marchandises amies ou
neutres qui s'y trouvaient, et réciproquement; que la marchandise ennemie était de bonne prise quoiqu'elle fût trouvée
sur un navire ami. Nous avons déjà vu que telle fut la règle
du *Consulat de la mer*, et ces mêmes principes se trouvent
reconnus dans un traité entre la ville de Pise et celle d'Arles,
de 1221 [2]; dans deux traités d'Édouard III, roi d'Angleterre,
avec les villes maritimes de Biscaye et de Castille de 1351, et avec
les villes de Portugal de 1353 [3]; et dans le traité entre

[1] PÜTTER, SS. 151—153.

[2] MURATORI, *Antiquitates italicæ medii ævi*, tom. IV, col. 898.

[3] «Et si les gentz le dit roi d'Engleterre et de France preignent
»en la mer, ou en port, nuls niefs de ses adversairs ou enemys,
»etc., en les dites niefs soient trouez marchandises, ou autre bien,
»des ceux de la seignurie del roi de Castelle, ou del counte de
»Viscay, qu'ils soient renduz a les marchantz de Castelle, ou de
»Viscay, de qu'ils sont, a lour loial serement. En en cas que nul

Édouard IV, roi d'Angleterre et Maximilien et Marie, ducs de Bourgogne, de 1478 [1].

On ne voit pas que ce système, dont le droit de visite, objet de tant de discussions modernes, était une conséquence évidente, ait éprouvé de contradictions depuis le douzième jusqu'au quinzième siècle inclusivement, excepté dans les deux cas suivants:

1° Par le traité de 1468, entre Édouard IV, roi d'Angleterre, et François, duc de Bretagne, il fut réciproquem entstipulé que les marchandises appartenantes aux sujets des deux états et chargées à bord des vaisseaux ennemis, seraient de bonne prise [2].

»marchaunt de Castelle, ou de Viscay, soit troue en la nief, que »adonqes les dites biens soient amenez en Engleterre, et sauvement »gardez tantque les ditz marchants eient provez que les dites biens »soient leurs. Et autel feront, en semblable cas, ceux de la seignurie »de roi de Castelle et del counte de Viscay, et les gentz et subjetz »de la seignurie le dit roi d'Engleterre et de France.» (RYMER, *Fœdera*, tom. III, pars I, p. 17.)

«ITEM, Mercatores, nautæ, seu magistri navium marinarii et sub- »diti patriarium Brabantiæ, et aliorum patriarum dominorum du- »cum, non adducent aut adduci facient par mare, fraudulose vel »quocumque colore, aliqua bona seu mercandisas inimicorum Angliæ, »Hiberniæ, vel Calesiæ, et de hoc quotienscumque erunt super hoc »per subditos Angliæ, guerram operam dantes, fuerint interrogati, »tenebuntur facere justam et veram confessionem et declarationem.»

[1] «Et pari modo mercatores, nautæ, seu magistri navium, mari- »narii et subditi partium Angliæ, non ducunt vel duci facient, frau- »dulose vel quocumque colore, aliqua bona vel mercandisas aliorum »forensium hostium, et inimicorum Brabantiæ, et aliorum dominorum, »ducum prædictorum; et, quotienscumque erunt super hoc per sub- »ditos patriarum prædictarum, in guerra laborantes, interrogati, te- »nebuntur facere veram et justam confessionem et declarationem.» (RYMER, *Fœdera*, tom. V, pars II, p. 88.)

[2] «Et par ce qui est dit par ce present traicté, n'est pas entendu, »que si les gens du pays de Bretaigne mettaient leurs parsoues, »biens, ou marchandisez en navires de partie d'ennemiez de nous

2° La ligue anséatique, qui profitait de toutes les circonstances pour obtenir, soit par force, soit par de prudentes négociations, de la part des autres états maritimes, un droit de neutralité favorable à ses intérêts de commerce et de navigation, dont elle n'accordait, ou ne reconnaissait pas toujours la réciprocité à leur égard, s'assurait par des traités la libre navigation aux ports des puissances belligérantes avec lesquelles elle restait en paix; mais pendant qu'elle était engagée en guerre, elle prohibait tout commerce des neutres avec le pays ennemi, non-seulement celui des marchandises considérées comme de contrebande, telles que les armes et les munitions de bouche, mais souvent aussi elle étendait cette prohibition à toute sorte de marchandises.

Sauf ces deux exceptions, on peut affirmer que la liberté des bâtiments neutres, ainsi que les marchandises neutres chargées sur des bâtiments ennemis, était généralement reconnue pendant le moyen âge, tandis que les marchandises ennemies étaient de bonne prise, quels que fussent les bâtiments sur

»et de nos pays et royaume d'Angleterre, non aians sauf conduit »de nous, ne esteans en truez ou abstinants de guerre avesquez »nous, que les gens du dit partie d'Angleterre ne puissent pran- »dre et acquerir a eulx lez personnez et biens qu'ils prandro- »rcount dedans les navires ennemiez de party de nous et de »notre dit paiis et royaume d'Angleterre, et aussi pourront les »gens du party de Bretaigne prandre et acquerir a eulx les par- »sonnes et biens du party d'Angleterre, qu'ilz trouverount en na- »vires ennemiez du dit paiis et duchie de Bretaigne, non ayans »saulfconduit du dit duc, ne esteans en treus ou obstinant de »guerre avesquez lui, ainssi qu'il est dit de ceulx de party d'An- »gleterre; mais les gens de chescune party purrount mesner et »rammener par meer et par terre, rivers, et eaus doulces, les »nuez d'eulx en party de l'autre, et chascune d'eulx en son party, »les biens des gens qui ne serront ennemiez de l'autre partie, »sans ce qu'ilz en soient empêches, ne que les gens d'une party »leur y porte dammage en ascune maniere.» (RYMER, *Fœdera*, tom. V, pars II, p. 161.)

lesquels elles étaient chargées[1]. On peut également affirmer qu'avant le dix-septième siècle il n'y a point d'exemple de traité ou d'ordonnance qui rend libres les marchandises ennemies chargées à bord d'un bâtiment neutre, ou, en d'autres termes, qui consacre la maxime que le pavillon couvre la marchandise. Il n'y a même point avant le seizième siècle d'exemple d'ordonnance d'aucune puissance belligérante qui ait adopté la maxime que *la robe d'ennemi confisque celle d'ami*, et qui ait prononcé la confiscation des marchandises neutres chargées sur un vaisseau ennemi, ou même celle des bâtiments neutres chargés de marchandises ennemies[2].

Le même principe anti-social observé parmi les peuples de l'antiquité, qui regardaient les étrangers comme ennemis, et qui leur refusaient, à moins d'un pacte spécial, tout droit de protection sur le territoire d'un autre souverain, subsistait encore au moyen âge parmi les nations chrétiennes de l'Europe. D'après ce principe les étrangers étaient exclus de tout droit de succession aux biens situés dans le territoire d'un autre état; ils ne pouvaient pas léguer leurs propres biens situés dans un autre pays, et même ces biens étaient confisqués au profit du souverain du lieu lorsqu'ils mouraient dans son territoire. Le droit d'aubaine, qui existait alors dans toute sa rigueur, a été depuis graduellement aboli parmi les nations les plus civilisées. Droit d'aubaine.

Le droit qui s'était généralement introduit à l'époque dont nous parlons, de confisquer les débris des navires naufragés, les marchandises que la tempête portait sur le rivage, et quelquefois même de réduire les personnes des naufragés en captivité, a pris son origine dans le même principe barbare. Droit de naufrage.

---

[1] PARDESSUS, tome II. *Introd.* pp. CXXI, CXXII, p. 303. Note 4. PÜTTER, §§ 154—156.

[2] GROTIUS, *De J. B ac P.*, lib III, ch. VI, § 6. — *Life of sir Leoline Jenkins*, vol. II, pag. 720.

Les propriétaires étrangers étant regardés comme dénués de droit de protection de la part du souverain du pays, il s'ensuivait que leurs biens pouvaient être confisqués par lui, ou par le seigneur féodal auquel le souverain avait concédé ses droits[1].

La législation des empereurs romains sur cette matière, également conforme à la justice et à l'humanité, était partout tombée en désuétude; on voit par la multiplicité des lois faites au douzième siècle pour abroger cet usage barbare, combien il était général; et le grand nombre des priviléges particuliers que les souverains accordaient, prouvent encore que ces lois étaient mal observées.

Dès le sixième siècle le code des Visigoths avait prononcé des peines contre quiconque pillait les naufragés; cependant l'usage de confisquer leurs effets et les débris de leurs navires existait encore en 1068 en Catalogne, où le code visigothique était la loi commune; puisque la coutume nommée *Usatici*, donnée à la ville de Barcelone par Raimond Bérenger, tendait à abolir cette confiscation. Cette coutume ne paraît pas avoir été exécutée, puisque Jacques Ier en 1343, et Alphonse III en 1286, furent obligés d'en renouveler les dispositions[2].

A l'époque où le grand Théodoric régnait sur une partie de l'Allemagne et de l'Italie, il avait proclamé des principes conformes à ceux de la législation romaine. Le concile de Latran avait en 1079 frappé d'anathème ceux qui spoliaient les naufragés, et dès 1172 une constitution impériale de Frédéric II contenait la même règle. Sans doute ces lois ne furent point exécutées, puisqu'une nouvelle constitution impériale devint nécessaire en 1221[3]. Cette loi tomba encore en désuétude, et dans tous les pays où elle aurait dû étendre son influence,

---

[1] ROBERTSON, *Hist. de Charles V*, vol. Note XXIX.

[2] PARDESSUS, *Lois maritimes antérieures au XVII siècle*, tome II, *Introd.* p. CXV.

[3] *Constit. Frederici II*, § 9, *ad calc. corp. Juris.*

le fisc ou les habitants du rivage continuaient à s'approprier les effets naufragés [1].

Les constitutions du royaume de Sicile de 1213 avaient prononcé des peines contre ceux qui s'emparaient des effets jetés sur le rivage par la tempête, et ordonné que ces objets fussent rendus à leurs propriétaires [2]. On voit cependant qu'en 1270, Charles d'Anjou, se fondant sur des lois plus anciennes, exerça le droit de confiscation, même contre des navires croisés [3]. Son infortuné compétiteur, Couradin, le dernier des Hohenstauffen, avait en 1268 fait avec la république de Sienne un traité par lequel il renonçait au droit de naufrage [4].

Les mêmes contradictions se présentent dans les législations des républiques d'Italie. Un statut de Venise de 1232 défendait de s'emparer des biens des naufragés, à quelque nation qu'ils appartinssent, et punissait ceux qui les ayant recueillis, ne les rendaient pas dans les trois jours aux propriétaires. Cependant cette même république faisait avec Saint-Louis, roi de France, un traité pour l'abolition respective du droit de naufrage dans les deux états; et même en 1434 les magistrats de Barcelone étaient encore obligés de négocier avec ceux de Venise pour obtenir la même faveur [5].

En France, la voix de la religion et la sagesse de Saint-Louis avaient essayé de mettre un terme à cette effroyable injustice [6]. Cependant une ordonnance de 1277 prouve que le roi exerçait ce droit dans ses domaines, puisqu'il en affranchissait spécialement quelques étrangers. Il existait encore au commencement du douzième siècle dans le Ponthieu, sur les côtes septentrionales de la France, et il n'y fut aboli qu'en

---

[1] MURATORI, *Antiq. ital. medii ævi,* tom. II, col. 14—18, 103.

[2] *Const. regni siculi,* lib. I, tit. XVIII, ap. *Concioni,* tom. I. p. 313.

[3] MURATORI, *Rerum italic. script.,* tome VI, col. 551.

[4] ROUSSET, *Supplément au corps diplomatique,* tome II. Part. 1, p. 126.

[5] PARDESSUS, *Lois maritimes,* tome II, *Introd.* p. CXVI.

[6] IBID., Tome I. pp. 313—318.

1191. Cet abus subsistait encore dans cette province en 1315. Une ordonnance de cette date, monument fort curieux de législation en ce qu'il prescrivait la promulgation et l'exécution dans ce royaume de la constitution impériale de 1221, assura de nouveau aux naufragés la protection royale. Il y a quelque probabilité que la ville de Marseille ne tolérait point cette injustice dans le territoire soumis à ses magistrats, puisqu'en 1219 elle fit avec le comte d'Empurias un traité par lequel ce prince renonçait, en faveur des Marseillais, au droit de naufrage, moyennant quelques avantages qu'il recevait en retour. Si l'usage de confisquer les effets des naufragés eût été en vigueur à Marseille, la remise aurait été réciproque, et, dans le fait, on n'en trouve point de traces dans les status de cette ville [1].

En Angleterre, Édouard le Confesseur avait prononcé l'abolition du droit de naufrage dès le onzième siècle. Les rois anglo-normands Henri Ier, Henri II et Richard Ier renouvelèrent ces dispositions; mais on peut citer, comme preuve que ces lois ne furent pas exécutées, les traités par lesquels les souverains d'Angleterre accordaient aux commerçants étrangers qu'ils voulaient favoriser, l'exemption de la confiscation pour naufrage, connue sous le nom de *wreck*. Cependant la rigueur de l'ancien usage fut modifiée sous Henri Ier; il fut alors ordonné que s'il se sauvait quelque personne ou même quelque animal vivant du vaisseau naufragé, le droit de confiscation ne devait pas avoir lieu. Enfin par l'acte du parlement d'Édouard III, chapitre 13, il fut ordonné que si le vaisseau périssait, pendant que les marchandises de sa cargaison étaient jetées à terre, celles-ci devraient être rendues aux propriétaires, moyennant une indemnité raisonnable pour le sauvetage [2].

[1] Pardessus, Tome II, *Introd.*, pp. CXVI, CXVII.
[2] Blackstone, *Commentaries on the Laws of England*, vol. I, pp. 290—292.

Les constitutions impériales que nous avons déjà citées, et une loi spéciale pour l'Allemagne de 1195, n'empêchèrent pas que la confiscation des effets naufragés ne subsistât dans ce pays, puisqu'un grand nombre d'actes du treizième siècle en font remise à plusieurs villes.

La ligue anséatique fut la première parmi les états du nord de l'Europe qui réduisit l'ancien droit de confiscation en cas de naufrage à une simple perception pour le sauvetage des effets naufragés. Elle stipulait en même temps, par des traités en faveur de ses citoyens, le droit de réclamer la restitution, dans l'an et jour, de ces effets, quoique quelque personne ou quelque animal n'eût pas été sauvé du vaisseau naufragé. Cet exemple fut suivi par plusieurs états sur les côtes de la Basse Germanie, de la Frise, et des Pays-Bas. Cependant, ou ces mesures équitables n'étaient pas généralement établies, ou elles n'étaient pas appliquées à tous les peuples indifféremment, puisque des documents du quatorzième siècle attestent que des priviléges ou des traités étaient encore nécessaires pour obtenir l'abolition de la confiscation des effets naufragés. L'usage établi de s'en emparer, soit au profit des habitants du rivage, soit au profit du fisc, survécut à toutes ces sages et humaines dispositions. Il est même assez remarquable que sur les côtes de la Prusse on s'imaginait que ce droit barbare, étendu jusqu'au point de réduire les personnes en esclavage, était fondé sur la législation rhodienne. Dans quelques pays, on avait poussé l'abus jusqu'à feindre des naufrages sur terre, et à confisquer, par analogie, les objets qu'un accident atteignait en voyage, comme ceux que frappait la tempête. Les baillis de l'archevêché de Brême furent excommuniés par le pape Grégoire XI en 1375, jusqu'à ce qu'ils eussent renoncé à exercer le droit de naufrage sur cette partie des côtes de la mer du Nord. Au dix-septième siècle même, les ducs de Lauenberg se vantaient de leur modération en réduisant le droit de confiscation à un tiers des marchandises sauvées [1].

Le droit n'était pas plus fixé et l'équité mieux respectée en Orient. Les *Basiliques*, qui en formaient la législation générale, protégeaient les naufragés ; cependant les habitants du rivage étaient dans l'usage de s'emparer de leurs effets, et des sauve-gardes impériales étaient nécessaires pour se mettre à l'abri de ce pillage. Le chapitre XLVI de *l'Assise des bourgeois de Jérusalem*, n'apporta dans ce pays qu'un demi-remède à l'abus, en restreignant la confiscation à une partie du navire naufragé.

On doit être moins surpris de voir les musulmans user de ce droit envers les chrétiens, et réciproquement ceux-ci l'exercer contre les musulmans. C'était la conséquence de l'état d'hostilité entre ces peuples ; plusieurs traités du treizième siècle contiennent des stipulations dont l'objet est de s'en faire la remise respective [2].

Nous avons déjà vu que c'était la coutume de beaucoup de pays maritimes au moyen âge, que tout étranger jeté sur la côte par une tempête, au lieu d'être humainement secouru, était emprisonné et mis à rançon. On peut citer un mémorable exemple de cet usage dans le cas de Harold, fils de Godwin, qui allant en Normandie, en 1065, fut poussé par le vent vers l'embouchure de la Somme sur les terres de Guy comte de Ponthieu. Harold et les compagnons de son voyage subirent cette loi rigoureuse ; après avoir été dépouillés, ils furent enfermés par le seigneur du lieu dans une de ses forteresses. Guillaume, duc de Normandie, réclame de son voisin, le comte de Ponthieu, la liberté du captif d'abord avec de simples menaces, sans nullement parler de rançon. Le comte de Ponthieu fut sourd aux menaces, et ne céda qu'à l'offre d'une grande somme d'argent et d'une belle terre. De cette manière

---

[1] Pardessus, tome II, *Introd.* CXVII. Putter, pp. 123—126.
[2] Ibid., tome II, p. CXVIII.

le duc eut en sa puissance le fils de Godwin, et lui fit jurer sur les reliques de saints d'aider le duc à obtenir le royaume d'Angleterre après la mort d'Édouard. On se souviendra aussi de l'exemple de Richard Cœur-de-Lion, qui, en revenant des croisades pour retourner en son royaume, fut naufragé sur les côtes de l'Adriatique, et voulant ensuite passer par les territoires du duc d'Autriche, fut jeté en prison par ce dernier, vendu à l'empereur Henri VI, et racheté par ses vassaux moyennant une immense somme d'argent. En 1406, Robert, roi d'Écosse, envoyait son fils et héritier présomptif en France pour son éducation. Le jeune prince, voyageant le long des côtes d'Angleterre, eut l'imprudence de débarquer pour se reposer des fatigues de la mer. Il fut fait prisonnier en pleine paix et gardé pendant dix-huit ans par Henri IV d'Angleterre, et ne fut enfin libéré qu'en payant une rançon de quarante mille marcs, et en jurant d'observer la paix entre les deux royaumes. On pourrait citer d'autres exemples de pareilles actes de violence, mais ceux-ci suffiront pour prouver que le privilége d'exterritorialité, attribué par le droit des gens modernes à la personne d'un souverain passant par le territoire d'un autre souverain, était inconnu à cette époque. Il ne fallait rien moins qu'un sauf-conduit, ou un pacte spécial, pour garantir, même les simples individus voyageant en pays étranger, du pillage et de l'emprisonnement. Le commerce trouvait les entraves les plus décourageantes dans ces usages. Il fallait, comme en Orient, se réunir en caravane pour voyager en Europe. Les avanies n'étaient pas moins fréquentes chez les chrétiens que chez les infidèles. Des seigneurs, non contents d'établir arbitrairement des piéges sur leurs terres, couraient le pays pour rançonner et piller les voyageurs. Il fallait à chaque instant se racheter de la cupidité de celui dont le donjon dominait un défilé ou le passage d'un fleuve. La puissante ligue des villes anséatiques, qui s'étendit sur toutes les côtes et toutes les rivières de la mer du Nord et de la Baltique, depuis l'Escaut jusqu'en Livonie, contribua d'abord à faire abolir ces usages barbares, en obtenant des priviléges en faveur de ses propres citoyens, priviléges qui furent bientôt convertis en immunités générales[1]. Cette ligue n'était pas seulement un système d'états confédérés; c'était une véritable souveraineté internationale, qui traitait d'égal à égal avec les têtes couronnées, et obtenait en Russie, dans les trois royaumes de la Scandinavie, dans les Pays-Bas, et en Angleterre, pour ses comptoirs et ses commerçants, des priviléges au moyen desquels ils étaient presque indépendants de la juridiction du pays. Si l'institution de cette fameuse confédération fut dirigée dans un but de monopole et d'intérêt commercial, il faut avouer qu'elle contribua, même en cherchant ce but, aux progrès de la civilisation, par l'abolition de la piraterie, du droit de naufrage et d'aubaine, des avanies et d'autres actes de violence, tolérés ou exercés par les princes féodaux de cette époque. Des réformes dans les relations alors subsistantes entre les états du Nord, que ni la puissance religieuse des papes ni la puissance temporelle des empereurs n'avait pu obtenir, furent accordées à cette association disposant des ressources navales de cette partie de l'Europe. Si elle n'adopta pas le système du droit des gens maritime, favorable à la liberté du commerce et de la navigation des neutres, consacré par les usages des états de la Méditerranée, c'est qu'elle se trouvait dans la nécessité de maintenir sa prépondérance maritime en interdisant tout commerce avec ses ennemis, tandis que la position des états commerçants du Midi les engageait à ménager les intérêts de leurs voisins, qui pouvaient bien devenir des ennemis formidables. Le système du *Consulat de la mer* a été souvent modifié par des traités, et plus souvent par l'usage

---

[1] PARDESSUS, tom. II, p. CVIII. PUTTER, pp. 137- 141, 143.

et la force, suivant les fluctuations de la politique et de l'intérêt des divers états qui les portaient à étendre ou à limiter les droits de la guerre[1].

[1] Depuis la publication de la première édition de notre ouvrage, il a paru un traité sur l'histoire du droit des gens parmi les nations de l'antiquité et pendant le moyen âge, rempli de recherches savantes et de réflexions judicieuses. (Voyez *Beitrage zur Volkerrechts-Geschichte und Wissenschaft*, von Dr. K. Th. PÜTTER, ausserordentlicher Professor der Rechtswissenschaft an der königl. Universität zu Greifswald. Leipzig, 1843.)

PAIX DE WESTPHALIE.

On a eu raison de choisir l'époque de la paix de Westphalie comme celle dont on peut déduire l'histoire moderne du droit international. Cet événement marque comme ère importante dans le progrès de la civilisation européenne. Là finit cette longue suite de guerres, issues de la révolution religieuse accomplie par Luther et Calvin, et de la lutte politique commencée par Henri IV et Richelieu, et continué par Mazarin, contre la prépondérance politique de la maison d'Autriche.

Cette paix fonda en Allemagne l'égalité des trois croyances religieuses, catholique, luthérienne et calviniste, et eut pour objet d'opposer une barrière perpétuelle à d'autres innovations religieuses et aux sécularisations futures des biens ecclésiastiques.

Elle rendit les trois cent cinquante états souverains de l'Empire presque indépendants de l'empereur, Elle arrêta les progrès de l'Allemagne vers l'unité nationale sous la bannière catholique, et amena le développement ultérieur de la puissance de la Prusse, qui, fille de la réformation, fut ainsi naturellement placée à la tête du parti protestant et devint la rivale politique de la maison d'Autriche, qui, de son côté, maintenait encore son ancien rang de chef temporel du corps catholique. Cette paix introduisit deux éléments étrangers dans la constitution intérieure de l'empire. La France et la Suède comme garants de la paix, et la Suède comme membre du corps fédératif, obtinrent ainsi le droit d'intervenir perpétuellement dans les affaires intérieures de l'Allemagne. La paix de Westphalie réserva aussi à chaque état le droit de faire des alliances, aussi bien entre eux qu'avec des puissances étrangères, pourvu que ces alliances ne fussent dirigées ni contre l'empereur et l'Empire, ni contre la paix publique et celle de Westphalie. Cette liberté contribua à rendre le système fédératif de l'Allemagne une nouvelle garantie de l'équilibre de l'Europe. Le corps germanique, placé au centre de l'Europe, contribua par sa composition, dans laquelle entraient tant d'intérêts divers religieux et politiques, à maintenir l'indépendance et la tranquillité des états voisins [1].

La paix de Westphalie confirma ces révolutions politiques qui brisèrent les liens qui unissaient autrefois à l'Empire les cantons suisses et les provinces unies des Pays-Bas.

En reconnaissant ces républiques, dont l'indépendance, quoique vivement contestée par les deux branches de la maison d'Autriche, était depuis longtemps solidement établie, on consacrait le droit qu'a tout peuple opprimé de secouer le joug de ses tyrans, et de résister à une oppression devenue intolérable.

Ces nouvelles républiques, ainsi que les villes libres de l'Allemagne, confirmées par la paix dans leurs droits régaliens, servirent longtemps de lieux de refuge aux victimes de l'intolérance religieuse ou politique, qui y trouvaient un asile dont la sécurité était rarement violée, et où la liberté de la presse leur donnait la faculté d'en appeler à l'opinion publique de l'Europe contre leurs persécuteurs puissants.

La paix de Westphalie continua de former la base du droit public européen, et fut toujours renouvelée et confirmée dans

---

[1] HERTZBERG, *Dissertation sur la balance du commerce et celle du pouvoir*, lue devant l'académie des sciences et des belles lettres à Berlin, 1786, p. 15. SCHOELL, *Histoire abrégée des traités de paix*, vol. I, p. 182. HEGEL's *Werke*, 9. Band, S. 434, *Philosophie der Geschichte.*

chaque traité de paix entre les états du centre de l'Europe jusqu'à la révolution française.

La paix de Westphalie fut suivie de celle des Pyrénées, conclue entre la France et l'Espagne. Ce dernier traité (1659) décida de la longue lutte touchant la suprématie entre les deux monarchies, et prépara à la maison de Bourbon les voies au trône d'Espagne, en unissant l'infante Marie-Thérèse au roi Louis XIV.

La pacification du Midi fut ainsi accomplie, et les traités d'Oliva et de Copenhague (1660) garantissaient celle du Nord, en mettant un terme aux discussions entre les partisans des religions catholiques et protestantes dans les royaumes scandinaves; en ratifiant la succession de la maison de Vasa au trône de Suède, et en déterminant les limites de la puissance et du territoire de la Suède, du Danemark et de la Pologne.

La paix de Westphalie, où finit le siècle de Grotius, s'accorde avec la fondation de la nouvelle école de publicistes, ses disciples et ses successeurs en Hollande et en Allemagne. Elle compléta le code du droit public de l'Empire, qui devint ainsi une science cultivée avec beaucoup de soin dans les universités allemandes, et qui contribua puissamment à faire grandir la science générale du droit public européen. Elle marque aussi l'époque de l'établissement fixe des légations permanentes, par lesquelles les relations pacifiques des états de l'Europe ont été depuis maintenues, et qui, joint à l'usage admis d'une langue aussi généralement répandue que la langue française, et appliquée d'abord aux négociations diplomatiques, et plus tard aux discussions sur le droit international, contribua à donner un caractère plus pratique à la nouvelle science créée par Grotius et perfectionnée par ses successeurs.

La constitution de l'empire germanique, définitivement fixée par la paix de Westphalie, forma un édifice politique singulièrement compliqué. Cet empire était composé de trois cent cinquante-cinq états souverains, tant féodaux qu'ecclésiastiques et municipaux, et différant entre eux par leur étendue et leur importance relative. Il y avait en effet cent cinquante états séculiers, gouvernés par des électeurs, des ducs, des landgraves, des margraves, des comtes et des burgraves; cent vingt-trois états ecclésiastiques, gouvernés par des électeurs, des archevêques, des évêques, des abbés, des grands-maîtres des ordres de chevalerie, des prieurs, des abbesses, tous nommés à vie; et enfin soixante-deux villes impériales, gouvernées sous forme de république.

Outre ces différences qui résultaient des divers gouvernements de ces états, il y en avait une autre bien plus grande encore, celle qui provenait de la différence de religion. Le nord et l'ouest de l'Allemagne étaient occupés par les grandes puissances protestantes: la Saxe, le Brandebourg et la Hesse. Les états catholiques étaient surtout situés au midi et à l'est, occupés par l'Autriche et la Bavière, et sur les bords du Rhin où étaient placés les trois grands électorats ecclésiastiques, Mayence, Cologne et Trèves [1]. Il y avait en outre: l'archevêque de Salzbourg, qui avait une des plus vastes possessions de l'Allemagne, et qui était tenu de fournir autant de troupes à l'armée fédérale que les plus puissants électeurs; l'évêque de Munster, qui pouvait lever 20,000 hommes de troupes pour son propre compte, et enfin les évêques de Wurtzbourg, Bamberg, Liége, Paderborn et Hildesheim, qui pouvaient se mettre chacun à la tête de 8,000 à 10,000 hommes, étaient comptés parmi les plus importants états de l'Allemagne. Le grand-maître de l'ordre Teutonique et les quatre abbés de Fulda, Kempten, Murbach et Weissembourg, étaient remarquables aussi par leurs grandes richesses,

Parmi les maisons souveraines, celle d'Autriche s'élevait

---

[1] L'empereur Maximilien (au XVIᵉ siècle) appelait la vallée du Rhin, *die Pfaffengasse* (la rue aux prêtres).

de beaucoup au dessus de toutes les autres. Outre l'éclat et la puissance de la couronne impériale, la branche allemande de la maison de Habsbourg possédait l'Autriche, la Styrie, la Carniole, la Hongrie et la Bohême. Après la maison d'Autriche, la maison Palatine était incontestablement la plus importante; elle était partagée en deux branches, dont l'une possédait la Bavière, et avait acquis la dignité électorale pendant la guerre de trente ans, et l'autre possédait le Palatinat inférieur, c'est-à-dire celui du Rhin. Comme la maison électorale de Bavière était catholique, les états ecclésiastiques des bords du Rhin se trouvaient naturellement placés sous sa protection. L'archevêché de Cologne et les évêchés de Munster, Paderborn et Hildesheim, étaient ordinairement accordés à des princes bavarois.

Les maisons protestantes les plus importantes étaient celles de Saxe et de Brandebourg, qni jouissaient toutes deux de la dignité électorale. La maison de Saxe possédait la Saxe, la Misnie, la Thuringe, les deux Hesses, le comté de Henneberg et les duchés de Magdebourg et de Cobourg. La branche Albertine de cette maison forme maintenant la maison royale de Saxe; la branche Ernestine était partagée en deux autres, celles de Weimar et de Gotha, qui à son tour se subdivise en trois branches: Cobourg, Altenbourg et Meiningen. La maison de Brandebourg, moins puissante que celle de Saxe pendant le seizième siècle, acquit pendant le cours du siècle suivant cette importance qui en a fait finalement la plus grande puissance du nord de l'Allemagne. Elle possédait déjà le Brandebourg, le duché de Prusse, une partie de la Poméranie, les évêchés de Halberstadt, Minden et Camin, tous trois déjà sécularisés et convertis en principautés, le duché de Clèves, les comtés de la Marche et de Ravensberg, et enfin l'archevêché de Magdebourg en perspective.

Après les quatre maisons souveraines, d'Autriche, de Bavière, de Saxe et de Brandebourg, les plus importantes étaient celles de Brunswick, de Lunebourg, de Wurtemberg, de Hesse, de Holstein, de Bade et de Mecklenbourg.

La puissance législative de cette grande confédération appartenait à la diète de l'Empire, composée de trois colléges, celui des électeurs, celui des princes, et enfin celui des villes impériales. Pour qu'un *recès* ou décret de la diète fût promulgué, il fallait en théorie qu'il fût approuvé par ces trois colléges; leur consentement se déterminait par des votes. Mais dans la pratique, l'accord entre l'empereur et les colléges des électeurs et des princes l'emportait sur le dissentiment du collége des villes impériales.

Le premier collége était composé de huit membres, à savoir: les trois électeurs ecclésiastiques de Mayence, Cologne et Trèves, et les cinq électeurs séculiers: le roi de Bohême, le duc de Saxe, le marquis de Brandebourg, le duc de Bavière et le palatin du Rhin. L'électeur de Mayence, archichancelier du saint Empire romain, était le président de ce collége.

Le second collége, celui des princes, était bien plus nombreux et compliqué quant à son organisation. Les deux cent quarante-six membres de ce collége étaient subdivisés en trois classes. La première classe se composait des archevêques, des évêques, des abbés, des grands-maîtres des ordres de chevalerie et des abbesses. La seconde classe comprenait les ducs et landgraves. Les comtes, les barons et les margraves formaient la troisième classe. Les votes étaient partagés selon la nature, l'étendue et le nombre des souverainetés.

Quelques-uns des membres de la première classe votaient individuellement *(viriatim)*, d'autres votaient collectivement *(curiatim)*. Les archevêques, les abbés et les grands-maîtres des ordres de chevalerie votaient de la première manière quand à leur charge ils réunissaient la dignité de prince. Comme la même personne pouvait fort bien posséder plusieurs principautés ecclésiastiques, elle avait droit à autant de votes que les états qu'elle possédait avaient de voix selon l'organisation de l'Empire. Les prélats qui n'étaient point princes étaient divisés en deux sections dont chacune avait droit à une voix. La section de Souabe contenait quinze abbés et cinq abbesses, tandis que celle du Rhin était composée de huit abbés et onze abbesses.

La seconde classe de ce deuxième collége ne comprenait que les princes qui avaient le droit de voter individuellement. Quelques-uns d'entre eux avaient même plusieurs voix. Ainsi le roi de Suède avait droit à trois voix pour les duchés de Bremen, de Verden et de la Poméranie ultérieure *(Vorpommern)*; le marquis de Brandebourg avait droit à cinq pour l'électorat, les principautés de Halberstadt, Minden, Camin et de la Poméranie citérieure *(Hinterpommern)*; la maison de Hanovre en avait quatre, et ainsi les autres.

Les membres de la troisième classe, composée des comtes immédiats, au nombre de cent cinquante, ne pouvaient voter que collectivement et n'avaient en tout que quatre voix.

Le second collége était tantôt présidé par l'archevêque de Salzbourg et tantôt par l'archiduc d'Autriche.

Le troisième collége, celui des villes impériales était partagé en deux sections: celle du Rhin, qui comprenait vingt-cinq villes, et celle de Souabe, qui en comprenait trente-sept. Chaque section avait droit à un vote collectif.

Mais cette manière compliquée de délibérer n'était observée que dans les diètes générales où l'empereur présidait en personne. Dans les diètes ordinaires tout le corps germanique n'était représenté que par vingt-quatre députés, dont quatre électeurs, six évêques princes et un prélat, sept princes séculiers, deux comtes et quatre députés des villes. On formait ainsi cinq classes de représentants, dont chacune à tour de rôle était tenue d'être présente pendant six mois aux séances de la diète. Les princes étaient libres de s'y présenter en personne ou de s'y faire représenter par des députés; et dans la pratique, le plus souvent les vingt-quatre représentants étaient remplacés par des délégués envoyés à cet effet. Cette organisation fut complétée en 1654, et la diète, devenue permanente en 1663, siégea à Ratisbonne depuis ce moment jusqu'à la chute de l'empire germanique en 1806[1].

Les décrets de la diète avaient besoin de la sanction impériale. L'élection de l'empereur, qui avait commencé par être populaire, finit bientôt par appartenir à peu près exclusivement aux huit électeurs; mais par l'usage qui s'était insensiblement établi de nommer le fils aîné de la maison d'Autriche, roi des Romains, la couronne impériale était de fait devenue héréditaire.

L'empire était partagé en dix cercles, dont chacun était tenu de fournir un certain nombre d'hommes à l'armée fédérale et de faire exécuter les décrets de la diète.

Le pouvoir judiciaire appartenait à la chambre impériale et au conseil aulique. Le premier de ces tribunaux, fondé par Maximilien Ier, fut réorganisé après la paix de Westphalie, et composé de quatre présidents et de cinquante assesseurs. Les présidents, dont deux devaient être catholiques et deux protestants, étaient nommés par l'empereur. Vingt-six des assesseurs devaient être catholiques; deux d'entre eux étaient nommés par l'empereur et les vingt-quatre autres par les divers électeurs catholiques et par les états de l'Empire. Il fallait que les vingt-quatre autres assesseurs fussent protestants et nommés par les électeurs et les états protestants. Pour contrebalancer la prépondérance qu'avait le parti catholique dans le tribunal suprême de l'Empire, on décida, par une stipulation du traité d'Osnabruck, que toutes les disputes entre catholiques et protestants seraient terminées par des juges dont une moitié protestante et l'autre catholique. Pour des cas semblables on devait suivre le même sys-

---

[1] MIGNET, *Négociations relatives à la succession d'Espagne,* tome II, pp. 8—12.

tème dans la cour aulique. Le parti protestant contesta parfois, il est vrai, le droit de ce tribunal à juger les divers membres et sujets de l'Empire, mais il n'en continua pas moins à agir comme tribunal impérial jusqu'au moment de la dissolution complète de l'Empire [1].

Telle fut la constitution germanique arrangée et définitivement arrêtée par la paix de Westphalie (1648) et par le recès de la diète de Ratisbonne en 1662. C'est avec raison que l'on a observé « que quels qu'aient été les défauts de cette consti-»tution, elle n'en avait pas moins une qualité excellente: elle »protégea les droits du faible contre le plus fort. Le droit »des gens fut d'abord enseigné en Allemagne, et fut le fruit »du droit public de l'Empire. Borner autant que possible les »droits de la guerre et de la conquête était un principe bien »naturel chez ces petits états dont l'ambition n'avait rien à »gagner par là [2].»

Pour faciliter l'étude de l'histoire du droit des gens, nous avons cru utile de partager en quatre périodes distinctes le temps qui s'est écoulé depuis la paix de Westphalie jusqu'à nos jours.

La *première période* s'étendra depuis la paix de Westphalie en 1648 jusqu'à celle d'Utrecht en 1713.

La *seconde*, depuis la paix d'Utrecht 1713 jusqu'aux traités de Paris et de Hubertsbourg en 1763.

La *troisième*, depuis les paix de Paris et de Hubertsbourg 1763 jusqu'à la révolution française de 1789.

La *quatrième* enfin s'étendra depuis 1789 jusqu'à nos jours.

[1] SCHOELL, *Histoire abrégée des traités de paix*, tome I, chap. 1, 3, 4.

[2] HALLAM's *Middle Ages*, vol. I, ch. 5.

PREMIÈRE PÉRIODE.

DEPUIS LA PAIX DE WESTPHALIE, 1648, JUSQU'A CELLE
D'UTRECHT, 1713.

Le temps qui s'est écoulé entre la paix de Westphalie et celle d'Utrecht est rempli par la longue suite de guerres suscitées par la politique ambitieuse de Louis XIV, qui chercha à étendre les frontières de la France vers le Rhin; et à acquérir, pour sa dynastie, le riche héritage de l'Espagne et des Indes, lors de l'extinction des mâles de la branche espagnole de la maison d'Autriche. Pendant cette période, le progrès de ces guerres a été de temps en temps suspendu par les traités de paix d'Aix-la-Chapelle en 1668, de Nimègue en 1678, et de Ryswick en 1697. Chacun de ces traités n'était en effet qu'une trêve par laquelle les parties belligérantes ne cherchaient qu'à gagner du temps et à rassembler les moyens nécessaires pour renouveler la lutte. Pendant ce long combat, la république des Provinces-Unies fut alternativement l'alliée ou l'ennemie de la France et de l'Angleterre, suivant que les craintes inspirées par l'agrandissement territorial de l'une de ces puissances, ou la rivalité commerciale et la domination maritime de l'autre, prédominaient dans les conseils politiques de la Hollande.

L'histoire de cette longue suite de guerres et des négociations par lesquelles elles furent suspendues, fournit beaucoup d'exemples des progrès que le droit des gens continuait à faire malgré les violations de fait de ses préceptes qui n'arrivent

que trop souvent dans les relations qu'ont entre eux les divers
états de l'Europe. Les révolutions des Pays-Bas et de la Suisse
avaient été confirmées par la paix de Westphalie en 1648.
La guerre civile entre Charles Iᵉʳ et le peuple anglais, terminée
à la même époque par l'établissement de la république en
Angleterre sépara plus que jamais les îles britanniques du
système politique du continent. La diplomatie de Cromwell
ressemblait à celle de Napoléon quant à l'énergie, mais elle
visait à la conservation et non à la conquête. Du reste, la
position insulaire de l'Angleterre était différente, comme elle
l'est encore, de celle de la France, qui a toujours été entou-
rée de puissances rivales, pour lesquelles son agrandissement
par suite de mutations intérieures pourrait devenir le motif
ou le prétexte de se mêler de ses affaires domestiques. Le
cardinal Mazarin, qui n'avait en vue que les intérêts politiques
et commerciaux des deux pays, n'hésita pas à reconnaître le
gouvernement d'un usurpateur qui avait répandu le sang de
son souverain sur l'échafaud. Il consacra le principe que les
relations d'amitié et de commerce entre divers états n'ont aucune relation nécessaire avec les formes de leurs gouvernements respectifs, et il chercha à maintenir la bonne intelligence entre la France et l'Angleterre, en exécutant avec une
scrupuleuse exactitude les stipulations des traités subsistants,
qui avaient été conclus entre son souverain et la maison de
Stuart, alors détrônée et bannie du pays qu'elle avait gouverné.

M. de Neuville, l'envoyé de Mazarin au parlement d'Angleterre, dans son audience publique, posait ainsi les principes
de politique internationale d'après lesquels le gouvernement
français agissait dans cette circonstance. « L'union, disait-il,
»qui doit être entre les états voisins ne se règle pas suivant
»la forme de leurs gouvernements; c'est pourquoi s'il a plu
»à Dieu par sa providence de changer celle qui était ci-devant
»établie dans ce pays, il ne laisse pas d'y avoir une nécessité
»de commerce et d'intelligence entre la France et l'Angleterre.

»Ce royaume a pu changer de face, et de monarchie, devenir »république, mais la situation des lieux ne change point. Les »peuples demeurent toujours voisins et intéressés l'un avec »l'autre par le commerce. Par ces considérations importantes »au bonheur de deux états si puissants, il semble que ceux »qui en ont la conduite doivent employer tous leurs soins »pour prévenir les inconvénients capables d'altérer en quel-»que sorte les anciennes alliances [1].»

La révolution anglaise de 1688 venait de placer à la tête du gouvernement britannique Guillaume III, prince énergique et habile, qui par ses alliances continentales avait entravé l'accomplissement des projets ambitieux de Louis XIV.

Ce fut alors seulement que le monarque français embrassa la cause des Stuarts. Ses intérêts politiques s'accordaient alors avec le principe de la légitimité et du droit divin.

Pendant toute cette période, l'influence des écrits des publicistes, tels que Grotius et ses successeurs, apparaît visiblement dans les conseils et dans la conduite des nations. La diplomatie du dix-septième siècle était savante et laborieuse dans le maniement des affaires. Ses documents sont remplis d'appels faits non-seulement aux considérations de politique, mais aussi aux principes du droit, de la justice et de l'équité, et à l'autorité des oracles du droit public, à ces règles et à ces principes généraux, par lesquels les droits du faible sont protégés contre les envahissements de la force supérieure, par l'union de tous ceux qui sont intéressés dans le danger commun. Dans notre siècle, ces discussions laborieuses paraissent superflues et même pédantes. Ces principes généraux sont sous-entendus, et on ne se trouve pas dans la nécessité de les démontrer par des raisonnements ou par l'autorité des savants. Mais dans le temps dont nous parlons ils n'avaient pas encore acquis force d'axiomes, et demandaient

---

[1] CAPEFIGUE, *Richelieu, Mazarin, la Fronde et le règne de Louis XIV*, vol. VIII, ch. XCV.

d'être confirmés par des raisonnements et par un appel aux témoignages qui démontraient l'accord général des hommes éclairés sur ces règles de justice qui régissent ou doivent régir les relations mutuelles des états.

§ 2.
Principe
d'intervention
pour maintenir
l'équilibre
des puissances.

Parmi les principes constamment invoqués dans les discussions diplomatiques de cette période, était celui du droit d'intervention, afin de prévenir l'agrandissement démesuré d'un seul état de l'Europe menaçant la sécurité générale et l'indépendance des nations, en mettant en perturbation l'équilibre de leurs forces respectives. Quelles qu'aient été les disputes relatives à son application, le principe même était généralement reconnu. L'idée primitive d'un arrangement systématique pour garantir aux états renfermés dans la même sphère d'action politique, la possession intègre de leur territoire et autres droits souverains, est aussi ancienne que la science de la politique même. Le système d'équilibre des puissances, s'il n'était pas compris en théorie, était au moins adopté en pratique par les anciens états de la Grèce et les nations limitrophes[1]. Néanmoins, il faut avouer que le premier exemple de l'application effective du système d'équilibre à cette surveillance perpétuelle, qui a été depuis habituellement exercée sur les forces respectives des états européens, ne peut être distinctement assigné à une époque plus reculée que celle du développement que leur politique a reçu après l'envahissement de l'Italie par Charles VIII, à la fin du quinzième siècle. Les princes et les républiques de ce pays ont appliqué, dans cette occasion, aux affaires de l'Europe en général les mêmes maximes qu'ils avaient déjà appliquées à régler l'équilibre entre les états de l'Italie. Pendant le seizième siècle les longues et violentes luttes entre les différents partis religieux que la réformation avait fait naître en Allemagne, s'étendirent sur toute l'Europe, et la double complication de

---

[1] Voir *Introduction*, p. 13.

l'intérêt politique des peuples et de l'ambition des princes, leur communiqua un nouveau degré d'animosité. Les grandes puissances catholiques et protestantes protégèrent mutuellement les adhérents de leur propre croyance dans le sein des états rivaux. L'intervention de l'Autriche et de l'Espagne, plusieurs fois répétée en faveur du parti catholique en France, en Allemagne et en Angleterre, celle des puissances protestantes pour protéger leurs coréligionnaires persécutés en Allemagne, en France et dans les Pays-Bas, donnèrent une couleur particulière aux transactions politiques du dix-septième siècle. Une particularité plus étonnante encore se présente dans la conduite de la France catholique sous le ministère du cardinal de Richelieu, qui, par un singulier raffinement de politique, soutint les princes et les peuples protestants de l'Allemagne contre la maison d'Autriche, en même temps qu'il persécutait avec une inflexible sévérité les sujets français professant la religion réformée. Les libertés des Protestants allemands étaient reconnues par la paix de Westphalie et garanties par la France et la Suède, Mais le droit réservé par la paix aux états de l'Empire de former des alliances entre eux, ainsi qu'avec des puissances étrangères, a été exercé pour la première fois, en 1651, pour la formation de la ligue du Rhin, composée des électeurs ecclésiastiques et d'autres princes catholiques dont les états étaient situés sur les bords de ce fleuve. Les princes protestants de l'Allemagne, avec la Suède à leur tête, suivirent cet exemple en stipulant une semblable alliance à Hildesheim en 1651. Ces deux ligues furent confondues dans l'alliance du Rhin, conclue à Francfort en 1658, à laquelle Louis XIV accéda et dont l'objet était de garantir la neutralité de l'Empire dans la guerre qui se continuait encore entre la France et la branche espagnole de la maison d'Autriche.

Le principe d'intervention pour la conservation de l'équilibre des puissances est énoncé avec beaucoup d'exactitude, et en même temps avec beaucoup de modération, par Fénélon, dans son *Examen de la conscience sur les devoirs de la royauté*, écrit pour l'instruction de son élève, le duc de Bourgogne. Dans cet ouvrage il cite, comme exemple des cas auxquels le principe peut devenir applicable, l'agrandissement démesuré de la maison d'Autriche sous Charles V et son successeur Philippe II, qui, après avoir conquis le Portugal, voulait se rendre maître de l'Angleterre. En supposant que son droit à la couronne de ce dernier pays fût aussi incontestable qu'il était évidemment mal fondé, Fénélon soutient «que l'Europe entière aurait eu raison néanmoins de s'opposer à son établissement en Angleterre, car ce royaume si puissant, ajouté à ses états d'Espagne, d'Italie, de Flandre, des Indes orientales et occidentales, le mettait en état de faire la loi, surtout par ses forces maritimes, à toutes les autres puissances de la chrétienté. Alors *Summum jus, summa injuria*. Un droit particulier de succession ou de donation devait céder à la loi naturelle de la sûreté de tant de nations. En un mot tout ce qui renverse l'équilibre, et qui donne le coup décisif pour la monarchie universelle, ne peut être juste quand même il serait fondé sur des lois écrites dans un pays particulier. La raison en est que ces lois écrites chez un peuple ne peuvent prévaloir sur la loi naturelle de la liberté et de la sûreté commune, gravée dans les cœurs de tous les autres peuples du monde. Quand une puissance monte à un point que toutes les autres puissances voisines ensemble ne peuvent plus lui résister, toutes ces autres sont en droit de se liguer pour prévenir cet accroissement, après lequel il ne serait plus temps de défendre la liberté commune. Mais, pour faire légitimement ces sortes de ligues, qui tendent à prévenir un trop grand accroissement d'un état, il faut que le cas soit véritable et pressant: il faut se contenter d'une ligue défensive, ou du moins ne la faire offensive qu'autant que la juste et nécessaire défense se trouvera renfermée dans les desseins d'une agression; encore même faut-il toujours, dans les traités de ligues offensives, poser des bornes précises, pour ne détruire jamais une puissance sous prétexte de la modérer.

»Cette attention à maintenir une espèce d'égalité et d'équilibre entre les nations voisines, est ce qui en assure le repos commun. A cet égard, toutes les nations voisines et liées par le commerce font un grand corps et une espèce de communauté. Par exemple, la chrétienté fait une espèce de république générale, qui a ses intérêts, ses craintes, ses précautions à observer. Tous les membres qui composent ce grand corps se doivent les uns aux autres pour le bien commun, et se doivent encore à eux-mêmes, pour la sûreté de la patrie, de prévenir tout progrès de quelqu'un des membres qui renverserait l'équilibre, et qui se tournerait à la ruine inévitable de tous les autres membres du même corps. Tout ce qui change ou altère ce système général de l'Europe est trop dangereux, et traîne après soi des maux infinis.

»Toutes les nations voisines sont tellement liées par leurs intérêts les unes aux autres, et au gros de l'Europe, que les moindres progrès particuliers peuvent altérer ce système général qui fait l'équilibre, et qui peut seul faire la sûreté publique. Otez une pierre d'une voûte, tout l'édifice tombe, parce que toutes les pierres se soutiennent en se contre-poussant.

»L'humanité met donc un devoir mutuel de défense du salut commun entre les nations voisines contre un état voisin qui devient trop puissant, comme il y a des devoirs mutuels entre les concitoyens pour la liberté de la patrie. Si le citoyen doit beaucoup à sa patrie, dont il est membre, chaque nation doit à plus forte raison bien davantage au repos et au salut de la république universelle dont il est membre, et dans laquelle sont renfermées toutes les patries des particuliers.

»Les ligues défensives sont donc justes et nécessaires, quand il s'agit véritablement de prévenir une trop grande puissance qui serait en état de tout envahir. Cette puissance supérieure n'est donc pas en droit de rompre la paix avec les autres états inférieurs, précisément à cause de leur ligue défensive; car ils sont en droit et en obligation de la faire.

»Pour une ligue défensive, elle dépend des circonstances; il faut qu'elle soit fondée sur des infractions de paix, ou sur la détention de quelque pays des alliés, ou sur la certitude de quelque autre fondement semblable. Encore même faut-il toujours, comme je l'ai déjà dit, borner de tels traités à des conditions qui empêchent ce qu'on voit souvent, c'est qu'une nation se sert de la nécessité d'en rabattre une autre qui aspire à la tyrannie universelle, pour y aspirer elle-même à son tour [1].»

Après avoir posé ses principes généraux, il en fait l'application pour régler la politique de l'Europe, et enseigne le système que la France doit suivre dans ses relations avec les états voisins, système tout à fait différent de celui qu'adopta Louis XIV.

Il semblerait que la politique raisonnable et naturelle de ce roi aurait été de chercher seulement à conserver la prépondérance de la France sur les deux branches de la maison d'Autriche, comme elle avait été garantie par la paix de Westphalie et celle des Pyrénées, au lieu de vouloir troubler l'état de possession établi par ces traités. Ses projets ambitieux menaçaient l'indépendance de la Hollande, et en même temps la sécurité de l'Allemagne et des Pays-Bas espagnols. La coalition de l'Empire, de l'Espagne et des Provinces-Unies contre la France fut dissoute, en 1678, par la paix de Nimègue, qui garantissait à la dernière puissance une augmentation considérable de territoire, et jetait les semences d'une autre guerre qui éclata en 1689. La révocation de l'édit de Nantes, en 1685, produisit une réaction contre le principe catholique,

---

[1] *Oeuvres de* FÉNÉLON, vol. III, p. 361, édit. 1835.

représenté par Louis XIV. Son alliance avec Jaques II, ayant pour objet de rendre ce monarque absolu, et d'établir la religion catholique en Angleterre, hâta la révolution de 1688, qui plaça le stathouder de la Hollande sur le trône d'Angleterre par le choix de la nation. L'accession de l'Angleterre à la ligue d'Augsbourg, compléta la confédération des états protestants de l'Europe avec la maison catholique de l'Autriche, dans ses deux branches de l'Allemagne et de l'Espagne, contre le nouveau danger dont on croyait que l'Europe était menacée par cette même puissance qui, sous Henri IV et Richelieu, l'avait sauvée de la monarchie universelle de la même maison d'Autriche. Guillaume III se mit à la tête du principe qui l'avait porté au trône. Le sort des armes avait forcé Louis XIV de renoncer à toutes ses conquêtes, et de reconnaître l'usurpateur protestant comme souverain légitime, à la paix de Ryswick en 1697.

La ligne mâle de la branche espagnole de la maison d'Autriche était près de s'éteindre dans la personne de Charles II. La succession aux vastes états de la monarchie espagnole était réclamée par les maisons régnantes de France, d'Autriche et de Bavière, toutes tenant leurs titres du chef des femmes, qui, d'après les anciennes lois de l'Espagne, étaient aptes à succéder et à transmettre la succession. Les prétentions de la maison de Bourbon avaient été expressément abandonnées par le traité de mariage entre l'infante Marie-Thérèse et Louis XIV. Mais cette renonciation n'empêcha pas ce dernier de réclamer ce riche héritage pour les descendants de ce mariage. Pendant les négociations compliquées auxquelles donna lieu la question de la succession espagnole, son but était d'assurer à sa lignée une portion de cet héritage, et surtout d'empêcher que l'Autriche ne se l'appropriât entièrement. Le but des Espagnols était de s'opposer au partage de leur monarchie, et celui de l'Europe, d'empêcher que les deux couronnes de France et d'Espagne, ou d'Autriche et d'Espagne,

Guerre de la succession d'Espagne. 1701 — 1713.

ne fussent réunies sur la même tête, et ne donnassent
à la maison de Bourbon ou à celle d'Autriche une prépondérance fatale. On conseilla à Guillaume III, dans l'intérêt du
maintien de la paix et de l'équilibre du continent, de consentir
au traité de partage proposé par Louis XIV et signé à la Haye,
en 1698, entre la France et les deux puissances maritimes,
l'Angleterre et la Hollande, par lequel le royaume d'Espagne
et des Indes, la Belgique et la Sardaigne étaient assignés au
prince électeur de Bavière: les royaumes de Naples et de Sicile, les places et îles dépendantes de l'Espagne sur la côte
de la Toscane, le marquisat de Final, et la province de Gui-
puzcoa au dauphin de France, et le Milanais à l'archiduc
Charles. La cour d'Espagne protesta contre ce traité, comme
une violation des lois fondamentales de la monarchie et de
l'indépendance de la nation. On répondit à cette protestation
en invoquant le droit d'intervention, afin de prévenir la reconstruction de la monarchie de Charles V avec sa prépondérance de forces si manaçantes, pour les autres états de
l'Europe, et pour empêcher, d'un autre côté, le danger qui
pourrait résulter de l'union des deux couronnes de France
et d'Espagne [1].

Charles II, que cette tentative de disposer de ses états,
pendant qu'il vivait encore, fit sortir de sa léthargie, signa un
testament, par lequel il déclara le prince électeur de Bavière
son héritier universel, espérant encore par ce moyen conserver l'intégrité de la monarchie espagnole, pendant qu'il sacri-
fiait les prétentions de la branche allemande de sa propre
maison. La mort du prince de Bavière arriva peu de temps

---

[1] M. DE TORCY répondit «qu'il s'agissait d'un traité secret de
pure éventualité, et que le droit public européen n'empêchait pas
que les puissances intéressées ne prissent les précautions nécessaires pour empêcher que la monarchie de Charles-Quint ne fût
reconstituée avec toutes ses forces menaçantes pour l'indépendance
et la sûreté des autres états.» (CAPEFIGUE, *Louis XIV, son gouvernement et ses relations avec l'Europe*, vol. IV, chap. LIII.)

après, et en 1700, les mêmes parties conclurent un nouveau traité de partage par lequel le royaume d'Espagne et les Indes, la Belgique et la Sardaigne furent assignés à l'archiduc Charles, et le lot dans la succession assigné au dauphin par le premier traité fut augmenté des duchés de Lorraine et de Bar. Charles II, aussi mécontent de cet arrangement que du premier, fit un nouveau testament en faveur du duc d'Anjou, petit-fils de Louis XIV et de Marie-Thérèse. L'acceptation de ce testament par Louis XIV fut suivie de cette longue et sanglante guerre, que termina la paix d'Utrecht en 1713.

Il est démontré par M. Mignet, dans l'introduction à son édition des documents relatifs à la succession d'Espagne, que Louis XIV a non-seulement violé la foi des traités, mais qu'en même temps il s'est écarté de toutes les règles d'une saine politique, en acceptant la couronne d'Espagne pour son petit-fils, le duc d'Anjou, d'après le testament de Charles II. Le deuxième traité de partage des états de la monarchie espagnole de 1700, lui assurait les moyens d'atteindre pour la France les limites du Rhin et des Alpes, en échangeant une partie des possessions de l'Italie garanties au dauphin, contre les Flandres espagnoles, la Savoie et le comté de Nice. Il a néanmoins préféré, à cette extension des limites et de la puissance de son pays, la satisfaction tout égoïste de placer son petit-fils sur le trône d'Espagne. Comme le dit M. Mignet, cette succession «fut le pivot sur lequel tourna presque tout son règne. Elle occupa sa politique extérieure et ses armées pendant plus de cinquante ans; elle fit la grandeur de ses commencements et les misères de sa fin.

»Le traité des Pyrénées de 1659, cimenté par le mariage de Louis XIV avec l'infante Marie-Thérèse, devait servir, dans l'intention de ses négociateurs, à mettre fin à la longue lutte entre les deux monarchies. Ils avaient en même temps imposé aux deux parties contractantes une renonciation solennelle à l'héritage de la monarchie espagnole, afin d'empêcher la réunion d'états aussi vastes que ceux de la France et de l'Espagne sur la même tête. Louis XIV réputait cet acte nul en lui-même, comme dérogeant à la loi fondamentale de l'Espagne, qui permettait aux femmes de posséder la couronne. Il travailla néanmoins dès l'année 1661 à le faire révoquer, sous prétexte que Philippe IV n'avait pas payé la dot accordée à 'sa fille Marie-Thérèse, en échange de ses droits à la succession espagnole. En attendant l'ouverture de la succession totale, il suscita après la mort de Philippe IV une question relative à quelques provinces des Pays-Bas, en appliquant le droit civil de dévolution à la transmission de la souveraineté de ces provinces. Marie-Thérèse, sa femme, étant du premier lit, tandis que Charles II était du second, il revendiqua pour elle la partie des Pays-Bas qui admettait le droit de dévolution. Cette prétention donna lieu à la guerre qui fut terminée par la paix d'Aix-la-Chapelle, en 1668.

»L'attention de Louis XIV avait été longtemps détournée de la succession d'Espagne par ses guerres injustes et impolitiques contre la Hollande et contre l'Allemagne. Ce ne fut qu'après la paix de Ryswick qu'il s'occupa de nouveau de cette succession, sur le point de devenir vacante.

»N'espérant pas tout l'héritage, il travailla à se ménager l'acquisition d'une partie. Il s'adressa aux puissances mêmes qui avaient été les ennemis les plus persévérantes de sa grandeur, à la Hollande et à l'Angleterre, animées alors du même esprit et dirigées par le même homme. Guillaume III les avait placées à la tête des coalitions formées pour contenir Louis XIV, et pour empêcher la ruine de l'équilibre continental. Louis XIV ne se trompa pas en pensant que cet habile politique admettrait une partie de ses droits pour éviter qu'il les revendiquât en totalité les armes à la main, et qu'il lui marquerait son lot dans la succession espagnole, de peur qu'il ne s'en attribuât un trop grand, s'il le prenait lui-même. En effet, Guillaume III consentit, dans un intérêt de paix et d'équilibre, à diviser d'avance la monarchie espagnole entre les trois compétiteurs qui se la seraient disputée après la mort de Charles II.

»Le 11 octobre 1698, un traité de partage, signé à la Haye par les plénipotentiaires de la Grande-Bretagne, des Provinces-Unies et de Louis XIV, répartit, ainsi qu'il suit, les états de Charles II : Le prince électorial de Bavière dut avoir l'Espagne, les Indes, les Pays-Bas et la Sardaigne; le dauphin de France, le royaume de Naples, celui de Sicile, les ports qui appartenaient aux Espagnols sur la côte de Toscane, le marquisat de Final et le Guipuscoa; l'archiduc Charles, le Milanais. Ce traité de partage ne convint pas à la cour de Vienne, et mécontenta au dernier point celle d'Espagne, dont il blessait l'orgueil et démembrait les états. A peine Charles II en eut-il connaissance, qu'il revint à la résolution qui lui avait fait abandonner le parti autrichien. Il institua par un testament nouveau le prince électoral de Bavière pour son héritier universel. Il espéra conserver l'intégrité de la monarchie, en la confiant à un prince qui n'alarmerait personne, et qui réunirait le droit de la nature au droit testamentaire.

»Mais cet héritier, imposé par la prévoyance de l'Europe à la plus grande partie des états espagnols, et donné à leur totalité par la sollicitude de Charles II, n'en profita point. Il mourut le 8 février 1699. La promptitude et l'opportunité de sa mort la firent attribuer à la maison d'Autriche, à qui elle paraissait devoir être utile. Quoi qu'il en soit, il fallait un nouvel arrangement de la part de l'Europe, un testament nouveau de la part de Charles II.

»Louis XIV, Guillaume III et le grand pensionnaire Heinsius, qui avaient conclu le premier traité de partage, en négocièrent un second. Deux puissances seulement restaient intéressées dans la succession d'Espagne, la France et l'Autriche. Le second traité de partage, signé à Londres le 25 mars 1700, divisa cette succession entre elles, en donnant l'Espagne, les

Indes, les Pays-Bas, la Sardaigne, à l'archiduc Charles; et en ajoutant au lot précédemment accordé au dauphin, les duchés de Lorraine et de Bar. En échange de ses états héréditaires, le duc de Lorraine devait avoir le Milanais. Cet arrangement n'augmentait pas les dynasties françaises, mais il étendait les possessions de la France. Si les Pays-Bas n'étaient pas annexés à la couronne comme en 1668, et n'étaient point destinés à compléter vers le nord la frontière nationale, Louis XIV acquérait la Lorraine sur un autre point presque aussi ouvert, et qu'il était aussi nécessaire de fermer. Il avait été possible d'obtenir les Pays-Bas, en 1668, de l'empereur Léopold, qui pouvait être indifférent à l'extension de la France du côté de la Hollande; mais comment les demander à la Hollande et à l'Angleterre, qui avaient fait une longue guerre pour empêcher que la France ne s'agrandît vers leurs frontières ou sur l'Océan. Aussi Louis XIV n'y songea-t-il point. Mais le traité de 1700 rachetait cet incontestable désavantage sur celui de 1668, en plaçant un prince isolé dans le Milanais, et en donnant à deux princes différents de la même maison les monarchies d'Espagne et d'Autriche, que celui de 1668 accordait à un seul.

»Louis XIV négocia auprès de tous les états de l'Europe pour les faire accéder au second traité de partage. Le duc de Savoie s'attribuant des droits sur la succession espagnole, il lui offrit le royaume de Naples, en échange du comté de Nice et du duché de Savoie. Si cette négociation avait réussi, comme son début portait à le croire, et si le traité avait été religieusement exécuté par Louis XIV, la France eût dès lors obtenu sa frontière des Alpes et se fût avancée vers sa frontière du nord.

»Mais il s'agissait surtout de faire accepter à l'empereur son lot, et à Charles II le traité de partage. On ne devait pas l'espérer; et l'on ne put pas y parvenir.

»L'empereur, qui, depuis la dernière guerre, avait considéré la Hollande et l'Angleterre comme ses alliées, fut extrêmément irrité de leurs négociations secrètes avec Louis XIV, pour disposer souverainement d'une succession à laquelle il se croyait un droit exclusif, et que ces puissances lui avaient garantie par l'article secret du traité du 12 mai 1689. Ce procédé lui parut une sorte de trahison. Autant par dépit que dans l'espoir d'obtenir une meilleure part, il s'adressa à Louis XIV lui-même. Il lui fit proposer par le marquis de Villars, ambassadeur de ce prince à Vienne, et par le comte de Sinzendorff, son propre ambassadeur à Paris, de ratifier ostensiblement le traité de partage de mars 1700, à condition qu'ils en feraient un autre très-secret par lequel le Milanais serait assuré à la maison d'Autriche, qui, en retour, céderait à la France toutes les Indes et même les Pays-Bas. La cour de Vienne voulait absolument le Milanais, ainsi qu'il lui avait été accordé par le traité de 1668, et, pour l'obtenir, elle était disposée à faire les plus grandes concessions.

»Mais Louis XIV craignit que ces offres, dont la sincérité était très-probable, n'eussent pour but de le compromettre vis-à-vis de l'Angleterre et de la Hollande, dont la première n'entendait point qu'il possédât les Indes, et la seconde qu'il acquit les Pays-Bas. En les acceptant, il se fût exposé à une guerre certaine avec ces deux puissances, tandis qu'en s'en tenant religieusement au partage qu'elles voulaient, pour ainsi dire, imposer à la France et à l'Autriche, il s'assurait de leur concours pour forcer cette dernière à l'exécution du traité. Il croyait pouvoir compter d'autant plus sur leur bonne foi, que par cet acte elles s'étaient entièrement compromises vis-à-vis de l'empereur. Louis XIV refusa donc d'entrer en négociation secrète avec Léopold, et signifia que si ce prince voulait obtenir quelque changement au traité de partage, il fallait que les trois puissances signataires du traité y concourussent. Il espéra que son refus péremptoire de négocier directement et secrètement intimiderait la cour de Vienne et l'obligerait d'accepter le partage qu'elles avaient résolu. Cet espoir fut trompé.

Trois mois, avaient été accordés à l'empereur pour prendre une décision. Ce prince, voyant qu'il ne pouvait engager Louis XIV à traiter seul avec lui, déclara, à l'expiration de ce terme, qu'il refusait d'adhérer au traité qu'on lui proposait. Il aima mieux, et avec raison, courir les chances de l'avenir.

»Quant à Charles II, il avait appris ce nouvel attentat contre sa succession avec autant de douleur et d'indignation qu'il pouvait en entrer dans son âme sans force. Il espéra remédier à ce nouveau partage par un testament nouveau, et éviter le démembrement de sa monarchie en la transmettant à un successeur unique. Mais quel prince désigner pour être ce successeur? Le prendrait-il dans la maison d'Autriche comme l'y portait sa tendresse? Le choisirait-il dans la maison de France, comme le lui conseillait la politique? Il éprouvait une cruelle perplexité. S'il préférait un prince autrichien, il exposait la monarchie espagnole à être démembrée; s'il préférait un prince français, il déshéritait sa propre maison. Placé entre la voix du sang et l'intérêt de son pays, il était obligé de sacrifier son peuple à sa famille, ou sa famille à son peuple.

»Il hésita quelque temps, mais il se décida pour la résolution la plus nationale. Il y fut poussé par le parti espagnol, à la tête duquel était le cardinal Porto-Carrero. Ce parti ne voulait pas la division de la monarchie, qui l'aurait profondément humilié, et qui de plus l'aurait privé de ces vice-royautés considérables et de ces nombreux conseils de Flandre, des Indes, d'Italie, qui seuls entretenaient encore la grandeur et l'activité de la noblesse. Il détestait les Autrichiens, parce qu'ils étaient depuis longtemps en Espagne. Il aimait les Français, parce qu'ils n'y étaient pas encore. Les uns avaient eu le temps de lasser par leur domination, tandis que les autres avaient été servis par leur éloignement même.

»A ces sentiments de haine ou de sympathie, qui jouèrent plus tard un si grand rôle dans la guerre de la succession, se joignaient un attachement réel pour la loi fondamentale, et l'opinion arrêtée que la France seule serait en état de défendre l'intégrité de la monarchie. La France, en effet, était voisine de toutes ses possessions, tandis que l'Autriche en était éloignée; elle pouvait pénétrer, par sa frontière du nord, dans les Pays-Bas; par sa frontière du sud, dans la Péninsule; par sa frontière de l'est, dans le Milanais, et se rendre, par ses côtes, dans le royaume des Deux-Siciles et dans les Indes. Seule contre l'Europe entière pendant huit ans, elle l'avait vaincue, tandis que l'Autriche, réunie à toute l'Europe contre la France, n'était pas parvenue à l'entamer. Ce parti pensait dès lors que si la monarchie était donnée à l'Autriche, celle-ci ne pourrait pas empêcher la France de l'envahir et de s'en approprier une partie, et que l'unique moyen d'en sauver l'intégrité était de la placer sous la protection de la France. Mais, afin de pourvoir à la fois à l'indépendance de l'Espagne et à la sécurité du continent, il voulait que les deux couronnes, quoique portées dans la même maison, ne fussent jamais placées sur une seule tête. C'était conserver l'acte de renonciation dans son esprit, en le détruisant dans sa forme, puisque cet acte n'avait eu pour but réel que la séparation des deux états.

»Charles II sentant approcher sa fin, excité par le cardinal Porto-Carrero, ayant tour à tour consulté le conseil d'état, le conseil de Castille, les principaux membres du clergé et le pape, qui se prononcèrent tous dans le même sens, à l'insu de la cour de France, qui n'y contribua ni par ses démarches, ni par ses désirs, il signa, le 2 octobre 1700, cinq mois et demi après le second traité de partage, le fameux testament par lequel il instituait le duc d'Anjou, deuxième fils du dauphin, son héritier universel. A défaut du duc d'Anjou, il appelait au trône d'Espagne le duc de Berry; à défaut du duc de Berry, l'archiduc Charles, et à défaut de l'archiduc Charles, le duc de Savoie. Vingt-huit jours après il mourut.

»Le testament fut accueilli en Espagne par une approbation universelle; mais on n'y était pas sans inquiétude sur la décision que prendrait la cour de France. On ne savait pas si Louis XIV accepterait toute la monarchie pour son petit-fils, ou s'il s'en tiendrait aux provinces que le traité de partage en avait détachées pour lui-même. Ce prince avait eu connaissance du projet du testament par le Cardinal Janson qui en avait été instruit à Rome, et par les confidences soucieuses que les principaux Espagnols avaient adressées à M. de Blécourt, son chargé d'affaires à Madrid, en l'absence du marquis d'Harcourt. Celui-ci, redoutant l'effet du second traité de partage, s'était prudemment retiré de Madrid, et quelques mois après il avait été envoyé à Bayonne, où il attendait, à la tête d'un corps d'armée, l'ouverture de la succession d'Espagne. Quoique Louis XIV connût le fond du testament, dont il ignorait toutefois les substitutions, il était disposé à exécuter le traité de partage. Ses armées étaient préparées, et il avait demandé aux états de Hollande et au roi d'Angleterre le secours en vaisseaux et en soldats qui pouvait lui être nécessaire pour se mettre en possession de son lot. Les Hollandais lui avaient promis douze vaisseaux et les Anglais quinze. Ces deux puissances en effectuaient l'armement avec sincérité, mais en le réglant sur la santé lentement défaillante de Charles II, et elles assuraient Louis XIV que leurs troupes étaient prêtes.

»Telle était la situation des choses et des esprits lorsque le testament de Charles II arriva, le 9 novembre, à Fontainebleau, où se trouvait dans ce moment la cour de France. Louis XIV assembla un conseil pour discuter ce qu'il fallait faire. Quatre personnes seulement y assistèrent avec lui: le dauphin, comme père du duc d'Anjou, le duc de Beauvilliers, président du conseil des finances et gouverneur des enfants de France, le marquis de Torcy, ministre des affaires étrangères, et le chancelier Pontchartrain. Il s'agissait de prendre la plus grande résolution du siècle. Louis XIV avait à choisir entre une couronne pour son petit-fils, ou un agrandissement de ses états soutenu par l'Europe, entre l'extension de son système au delà des Pyrénées et des Alpes, par l'établissement d'une branche de sa maison en Espagne et en Italie, et une extension de sa propre puissance; entre l'honneur de la royauté et l'avantage de son royaume; entre sa famille et la France. Les deux résolutions pouvaient amener la guerre, mais, dans un cas, courte et d'un succès infaillible; dans l'autre, d'une durée et d'une issue également incertaines.

»Torcy, qui prit le premier la parole, se prononça pour l'acceptation du testament. Il ne dissimula point les inconvénients et les dangers de cette résolution. Il dit que le roi serait accusé de violer sa parole; qu'il s'exposait à *une guerre inévitable;* que les princes voisins ne souffriraient pas qu'il donnât tranquillement des lois, sous le nom de son petit-fils, aux vastes états soumis à la couronne d'Espagne dans l'ancien et le nouveau monde; que ses peuples respiraient à peine depuis la paix de Ryswick, et qu'ils n'avaient pas encore réparé l'épuisement des guerres précédentes. Mais il dit, d'un autre côté, qu'on n'avait pas à se décider entre la guerre et la paix, entre la royauté du duc d'Anjou et les provinces attribuées à la France, mais entre la guerre et la guerre, la totalité de la monarchie espagnole ou rien; que le testament substituait la maison d'Autriche à la maison de France, si celle-ci le rejetait; qu'on n'aurait aucun droit de revendiquer une partie de la succession qu'on aurait refusée dans sa totalité; qu'il faudrait la conquérir sur les Autrichiens, qui en deviendraient les possesseurs légitimes, aidés par les Espagnols qu'on blesserait profondément, qu'on aliénerait à jamais, et qui défendraient avec ardeur l'intégrité de leur monarchie; qu'on serait mollement secondé par les Anglais et les Hollandais, et peutêtre abandonné par eux; qu'on placerait de nouveau un prince autrichien sur les Pyrénées, et qu'à faire la guerre, il valait mieux l'entreprendre, et maintenir le duc d'Anjou sur le trône des Espagnes.

»Le duc de Beauvilliers émit un avis contraire: il fut pour le partage et contre le testament. L'acceptation du testament lui paraît être la guerre avec toute l'Europe, et la guerre avec toute l'Europe, la ruine de la France. Le chancelier Ponchartrain résuma les opinions différentes sans oser en embrasser aucune. Le dauphin, poussé par l'amour paternel et sensible à la gloire d'être fils et père de roi, parla sans hésitation en faveur du testament. Louis XIV, longtemps silencieux, décida. Sa décision, qui renferma tant de revers pour lui et de si longues agitations pour l'Europe, resta trois jours secrète. Il la prit avec cette grandeur calme qui lui était naturelle. Il l'annonça en ces termes au duc d'Anjou, en présence du marquis Castel des Rios, ambassadeur d'Espagne: ««Monsieur, le roi d'Espagne vous a fait roi. Les grands vous »»demandent, les peuples vous souhaitent, et moi j'y con-»»sens. Songez seulement que vous êtes prince de France.»» Il le présenta ensuite à sa cour, en disant: ««Messieurs, voilà »»le roi d'Espagne.»» — Tout était décidé[1].»

§ 3.
Paix d'Utrecht
1713.

La paix d'Utrecht fut pour la France ce que celle de Westphalie avait été pour la maison d'Autriche. L'empereur Joseph Ier étant mort sans héritiers mâles, et son frère l'archiduc Charles lui ayant succédé, la réunion de la monarchie espagnole avec la branche autrichienne devenait de nouveau un objet d'appréhension de la part des puissances intéressées au maintien de l'équilibre du continent, et qui avaient déjà tellement réduit la puissance de la France, qu'elles préféraient reconnaître les prétentions d'une branche cadette de la maison de Bourbon sur la couronne d'Espagne, sous la condition qu'elle ne devait jamais être unie à celle de la France. Le traité d'Utrecht établit cette séparation comme une des

[1] MIGNET, *Négociations relatives à la succession d'Espagne sous Louis XIV*, tome I. *Introd.*, pp. LXIX—LXXIX.

règles fondamentales du droit public européen, et en même temps il arracha la Belgique, le Milanais, et Naples à la monarchie espagnole, et en dota la maison d'Autriche. Les conditions de cette paix renfermaient une application pratique du système d'équilibre et du principe d'intervention, quoique les mêmes résultats eussent pu être obtenus en exécutant les traités de partage, sans l'énorme perte d'hommes et d'argent qu'a coûtée la guerre de la succession. Il a été objecté à ces traités qu'ils furent rédigés dans le seul but de la sécurité de l'Europe, et sans égard au consentement de la nation espagnole, ou au bien-être des états partagés de cette manière et assignés à de nouveaux maîtres. A cette objection, on a répondu que la guerre a été amenée par le même danger contre lequel on a voulu se garantir par les traités de partage, et un danger qui, suivant l'opinion du siècle, fut assez menaçant pour justifier la guerre, ne pourrait être regardé comme insuffisant pour justifier les mesures destinées à l'empêcher. La paix d'Utrecht sanctionna de nouveau la légitimité de la révolution anglaise de 1688, et garantit la succession protestante à la couronne britannique dans la maison d'Hanovre, comme elle avait été établie par acte du parlament. La cause des Stuarts et le principe du droit divin sur lequel elle reposait furent de cette manière définitivement abandonnés par la France. Les traités d'Utrecht ont été constamment renouvelés et confirmés depuis cette époque, dans chaque traité de paix successif entre les grandes puissances continentales et maritimes jusqu'à la révolution française. Cette confirmation a été pour la première fois omise dans la paix de Lunéville en 1800, et dans celle d'Amiens en 1803. Le seul changement important opéré pendant toute cette période dans les arrangements territoriaux stipulés par cette grande transaction, fut celui du traité de Vienne de 1738, qui a transporté la couronne des Deux-Siciles à une branche de la maison de Bourbon. Sous d'autres rapports le midi de l'Europe a reposé et repose encore sur les bases du traité d'Utrecht [1].

§ 4.
Publicistes de la dernière moitié du dix-septième siècle.

Les événements de la guerre de trente ans en Allemagne avaient amené sur la scène européenne une puissance qui n'avait joué auparavant qu'un rôle secondaire et subordonné. Un des éléments nouveaux et étrangers introduit dans le système fédératif de l'Allemagne par la paix de Westphalie, fut la Suède. Le génie militaire de Gustave-Adolphe et le génie politique d'Oxenstiern avaient donné au parti protestant et anti-autrichien les moyens de triompher du parti impérial et de dicter les conditions de cette paix, et le poids de la Suède pesait dès lors dans la balance de l'Europe comme une puissance médiatrice, dont les intérêts furent étroitement liés aux droits des neutres et au maintien de l'équilibre qu'elle avait contribué à établir. Ses diplomates furent publicistes, et ses publicistes furent diplomates. Grotius fut ambassadeur de la Suède à Paris, et le fils de Grotius fut ministre de la Suède en Hollande, lorsque cette république, dont l'existence même était menacée par la puissance envahissante de Louis XIV, excitait au plus haut point l'intérêt général de l'Europe en faveur d'un peuple qui avait conquis son pays sur l'Océan, pour le rendre un des boulevards de l'indépendance des nations.

§ 5.
Puffendorf, né en 1632, mort en 1680.

Puffendorf, né en Misnie, un des publicistes formés à l'école de Grotius, fut chargé, comme instituteur, de l'éducation des enfants de l'ambassadeur de Suède à la cour de Copenhague. En 1658, au commencement de la guerre entre le Danemark et la Suède, quand les îles danoises furent envahies par Charles IX, Puffendorf fut détenu comme prisonnier par les Danois avec les autres membres de la famille de l'ambassadeur. Cette infraction au droit des gens dans sa personne, dirigea l'attention du savant vers les bases sur lesquelles les

[1] MIGNET, *Négociations, etc.*, vol. I, *Introd.*, p. XCVII.

publicistes ont fondé l'obligation de ce droit, et, étant privé de livres, il chercha à dissiper l'ennui d'une détention de huit mois, en méditant sur ses lectures passées. De cette manière, il composa de ses souvenirs de Grotius et de Hobbes une compilation qu'il publia ensuite sous le titre d'éléments de jurisprudence universelle. Dans ce petit ouvrage, il prétend suivre la méthode des géomètres, en posant ses définitions et ses axiomes, et en démontrant ses inductions avec une exactitude mathématique, que l'on reconnaît généralement à présent que les raisonnements philosophiques n'admettent pas. Néanmoins ce traité le fit connaître du public et des protecteurs de la nouvelle science de la jurisprudence naturelle, qui alors était en vogue. L'électeur palatin Charles-Louis, auquel il fut dédié, appela l'auteur à la chaire du droit naturel et du droit des gens que ce prince éclairé avait fondée dans l'université de Heidelberg, encore célèbre parmi les grandes écoles de l'Allemagne. Dans ses leçons publiques, Puffendorf s'est servi comme manuel du traité de Grotius *De jure belli ac pacis*, qui l'a convaincu, d'après son propre aveu, qu'un ouvrage plus exact et plus complet sur la science de la jurisprudence naturelle manquait encore. En répondant aux conseils du ministre d'un prince allemand qui l'exhortait à entreprendre un tel ouvrage, Puffendorf disait que cette tâche «demandait un esprit pénétrant, un jugement libre de toute prévention, une immense bibliothèque, beaucoup de loisir et une correspondance suivie avec les savants, avantages dont il manquait; néanmoins qu'il l'entreprendrait.» En 1670, on lui offrit la chaire de professeur de jurisprudence à l'université de Lund, récemment établie par Charles XI. Deux ans après, il publia son grand ouvrage *De jure naturæ et gentium*, dont il fit plus tard un abrégé sous le titre *De officiis hominis et civis*. Ces ouvrages furent bientôt traduits dans les langues principales de l'Europe; ils furent répandus, étudiés et commentés partout. On attribuait alors une immense importance

à l'étude des ouvrages des publicistes; chose frappante, quand
on voit le peu d'usage qu'on en fait maintenant. Le judicieux
Locke lui-même dit, dans son traité sur l'éducation, que lorsque l'élève aura bien approfondi le *De officiis* de Cicéron, il
lui faudra faire lire l'ouvrage de Grotius sur les droits de la
guerre et de la paix, ou bien, ce qui vaudra peut-être mieux
encore, celui de Puffendorf sur le droit naturel et le droit des
gens, dans lequel il pourra s'instruire sur les droits naturels,
ainsi que sur l'origine et la formation de la société et les devoirs qui en résultent.

Ce livre de Puffendorf, inférieur au grand ouvrage de Grotius et par la forme et par le fond, est accompagné, comme
celui de son prédécesseur, d'une profusion de citations d'auteurs anciens, sacrés et profanes, qui très-souvent ne sont
pas applicables au sujet dont il est question, et quelquefois
sont mal comprises par l'écrivain. Grotius fait usage du témoignage des philosophes, des historiens, des poëtes et même
des orateurs, pour montrer l'accord d'un grand nombre
d'esprits de diverses époques et de divers pays dont il déduit
ce consentement général, qui, à son avis, constitue la force
obligatoire de ces règles de justice qui doivent régir les relations entre les états. Nous verrons plus tard que la théorie
de Puffendorf sur la nature et l'obligation du droit international, était tout à fait différente de celle de Grotius. Il est,
par conséquent, beaucoup moins excusable de s'être conformé
au goût dominant du siècle, sous ce rapport. Ce que dit La
Bruyère sur le compte de ceux qui sont affectés de cette
manie de citations peut être appliqué à Puffendorf. «Hérile,
soit qu'il parle, soit qu'il harangue ou qu'il écrive, veut citer:
il fait dire au prince des philosophes que le vin enivre, et à
l'orateur romain, que l'eau le tempère. S'il se jette dans la
morale, ce n'est pas lui, c'est le divin Platon qui assure que
la vertu est aimable, le vice odieux, ou que l'un ou l'autre se
tourne en habitude. Les choses les plus communes, les plus

triviales, et qu'il est même capable de penser, il veut les devoir aux anciens, aux Latins, aux Grecs[1]. »

Pour déterminer jusqu'à quel point la science du droit international fut avancée par les travaux de Puffendorf, il est nécessaire d'examiner dans quel état cette science a été laissée par Grotius. Cet écrivain célèbre a fait usage du terme du droit naturel, comme renfermant ces règles de justice qui doivent régir la conduite de l'homme, considéré comme être moral et responsable, et supposé vivre dans un état social indépendant des institutions positives, ou, comme on dit ordinairement, vivant dans l'état naturel. «Le droit naturel, dit-il, est dicté par la droite raison, qui nous fait connaître qu'il y a dans certaines actions une obligation morale, et dans d'autres actions une difformité morale selon la convenance ou la répugnance qu'elles ont avec la nature raisonnable ou sociable, et que par conséquent de telles actions sont ordonnées ou prohibées par Dieu, l'auteur de la nature. Les actions à l'égard desquelles la raison nous fournit de tels principes sont obligatoires ou immorales par elles-mêmes, et sont donc nécessairement ordonnées ou prohibées par Dieu[2]. »

Grotius distingua le droit des gens du droit naturel, par la nature diverse de leur origine, et l'obligation qu'il attribua au consentement général des nations, constaté par leurs usages et leur politique. Dans l'introduction de son traité des lois de la guerre et de la paix, il s'exprime ainsi: «Je me suis servi en faveur de ce droit des témoignages des philosophes, des historiens, des poëtes, et même des orateurs, non qu'il faille s'y fier aveuglément, car ils s'accommodent souvent aux préjugés de leur secte, à la nature de leur sujet, et à l'intérêt de leur cause; mais c'est que quand plusieurs esprits, en divers temps et en divers lieux, sont d'accord dans les sentiments, cela doit être rapporté à une cause générale. Or, dans les

---

[1] LA BRUYÈRE, *Caractères*, vol. II, chap. 12.
[2] GROTIUS, *De jure belli ac pacis*, lib. I, § X, 1, 2.

questions dont il s'agit, cette cause ne peut.être que l'une ou l'autre de ces deux, ou une juste conséquence tirée des principes de la justice naturelle, ou un consentement universel. La première nous découvre le droit naturel, la seconde le droit des gens. Pour distinguer ces deux branches de la même science, il faut considérer, non les termes mêmes dont les auteurs se servent pour les désigner (car ils confondent souvent les termes droit naturel et droit des gens), mais la nature du sujet dont il est question. Car si une maxime dont on ne peut déduire des principes certains, se trouve néanmoins observée partout, on a lieu d'en inférer qu'elle doit son origine à l'institution positive [1].»

Ensuite il remarque que le droit des gens tire sa force obligatoire du consentement de toutes les nations, ou au moins de plusieurs. « Je dis *de plusieurs*, car à la réserve du droit naturel, qui est aussi appelé droit des gens, on ne trouve guère d'autre droit qui soit commun à toutes les nations. Souvent même il arrive que ce qui est du droit des gens dans une partie du monde, ne l'est pas dans une autre, comme nous le montrerons en son lieu, à l'égard des prisonniers de guerre et du droit de postliminie [2]. »

Sans nous arrêter à détcrminer sous quels rapports la définition du droit naturel par Grotius manque de clarté et de précision, ou en quoi elle diffère des notions sur la même matière qui sont inculquées dans des termes assez vagues et inintelligibles par Puffendorf, nous pouvons observer que ce dernier publiciste ne partage pas l'opinion du premier, sur la nature et l'obligation du droit des gens. Pour se faire mieux comprendre, Puffendorf emprunte les expressions du plus clair et du plus précis des écrivains, Hobbes, qui partage le droit naturel entre «le droit naturel de l'homme et le droit naturel des états, ordinairement appelé le droit des gens. Les pré-

---

[1] Grotius, *De jure belli ac pacis*, proleg., § XLI.
[2] Ibid., *Ibid.*, lib. I, cap. I, § XIV, 110, 4.

ceptes de tous les deux sont les mêmes; mais comme les états, une fois établis, prennent les qualités personnelles des individus, ce droit, que nous appelons droit naturel quand il est appliqué à des individus, s'appelle droit des gens quand il est appliqué à des êtres entiers, ou à des nations ou peuples entiers [1]. A cette opinion Puffendorf souscrit implicitement, en avouant qu'il ne reconnaît « d'autre espèce de droit des gens, volontaire ou positif, qui ait la force de loi proprement dite, et qui soit imposée aux nations comme émanant d'un supérieur [2]. »

En ajoutant cette qualification au terme du droit des gens volontaire ou positif, comme étant le droit qui a la force de loi proprement dite, et imposée aux nations comme émanant d'un supérieur, Puffendorf semble montrer qu'il a entrevu dans cette question une lueur de la vérité. On peut certainement douter jusqu'à quel point les règles qui ont été adoptées pour régir la conduite de ces sociétés indépendantes des hommes qu'on appelle des états, peuvent être rigoureusement qualifiées de lois. Un habile publiciste de nos jours a très-bien

---

[1] HOBBES, *De cive*, cap. XIV, § 4. Quelques exemplaires de cet ouvrage furent imprimés à Paris, et distribués parmi les amis intimes de l'auteur en 1642; mais le livre même n'a été publié qu'en 1647. [STEWART, *Preliminary dissertation on the progress of metaphysical and ethical philosophy since the Revival of letters in Europe*, p. 90.]

«Comme écrivain sur le droit des gens, Hobbes ne mérite maintenant aucune attention. Je remarquerai donc seulement, sur cette partie de son système philosophique, que son but est précisément le contraire de celui de Grotius; le dernier cherchant partout dans son ouvrage à étendre, autant que possible, entre les états indépendants les mêmes lois de justice et d'humanité qui sont universellement reconnues entre les individus ; tandis que Hobbes, en transposant l'argument, exerce son génie pour montrer que la répulsion morale entre les sociétés indépendantes et avoisinantes, est un tableau vivant de ce qui devait avoir existé entre les individus avant l'institution du gouvernement.» [STEWART, *ibid.*]

[2] PUFFENDORF, *De jure nat. et gen.*, lib. II, cap. III, § 23.

observé que « des lois (proprement dites) sont des comman-
dements émanant d'un être moral, ou d'un corps déterminé
d'êtres moraux, auxquelles est jointe une pénalité comme
sanction. Telle est la loi de la nature, plus proprement dite
la loi de Dieu ou la loi divine; et telles sont les lois politiques
prescrites par des supérieurs politiques, à des personnes dans
un état d'assujettissement à leur autorité. Mais les lois qui
sont imposées par l'opinion générale sont qualifiées comme
lois par une extension analogue du terme. Telles sont les lois
qui règlent la conduite des sociétés politiques et indépendantes dans leurs relations mutuelles, et qu'on appelle la loi
des nations ou la loi internationale. Cette loi entre les nations
n'est pas une loi positive, toute loi positive étant prescrite
par un supérieur déterminé ou souverain, à un individu ou à
des individus dans un état d'assujettissement à son auteur.
La règle concernant la conduite des états souverains, considérés dans leurs relations mutuelles, est qualifiée comme loi
par son analogie à la loi positive, étant imposée à des nations
ou des souverains par des opinions généralement reçues entre
les peuples, et non point par le commandement positif d'une
autorité supérieure. Les devoirs qu'elle impose sont sanctionnés par des peines morales: par la crainte de la part des
souverains, de provoquer l'hostilité générale, et d'en encourir
les maux probables, s'ils se rendaient coupables de la violation
des maximes généralement reçues [1]. »

Après avoir nié l'existence d'un droit des gens positif ou
volontaire, fondé sur le consentement des nations, et distinct
du droit naturel ou de ces règles de justice par lesquelles
tous les êtres moraux sont liés, Puffendorf modifie cette opinion, en admettant que l'usage des nations civilisées a introduit certaines règles pour adoucir les pratiques de la guerre;
que ces règles sont fondées sur un consentement tacite, et

---

[1] Austin, *Province of Jurisprudence determined*, pp. 147, 148,
207 208. London, 1832.

que leur obligation cesse par la déclaration expresse d'un état engagé dans *une guerre juste*, qu'il ne se soumettra plus à ces règles. Il ne peut y avoir de doute qu'une nation belligérante, voulant se soustraire à l'obligation du droit des gens concernant la manière usitée de faire la guerre à une autre, peut le faire en courant le risque de souffrir les peines de rétorsion de la part de cette autre, ou de l'hostilité générale des peuples civilisés. Il a été très-bien observé par un célèbre magistrat et publiciste de nos temps «qu'une grande partie du droit des gens est basée sur l'usage et les pratiques des nations. Nul doute qu'il a été introduit par des principes généraux (du droit naturel); mais il ne marche avec ses principes que jusqu'à un certain point; et s'il s'arrête à ce point, nous ne pouvons pas prétendre aller plus loin, et de dire que la seule théorie générale pourra nous soutenir dans un progrès ultérieur. Par exemple, d'après les principes généraux, il est permis de détruire votre ennemi, et les seuls principes généraux ne font pas beaucoup de distinction sur la manière dont on remplit ce but de la guerre, mais le droit conventionnel du genre humain, témoigné par l'usage général, établit une distinction et permet l'emploi de certains moyens de destruction, tandis qu'il en prohibe d'autres; et un état belligérant est tenu de se renfermer dans les moyens que l'usage général du genre humain a employés, et de renoncer à ceux que ce même usage n'a pas approuvés dans les pratiques ordinaires de la guerre, quoiqu'ils puissent être sanctionnés par ses principes et ses objets[1].»

On peut faire la même observation à l'égard de ce que dit Puffendorf sur les priviléges des ambassadeurs, priviléges que Grotius prétend du droit volontaire des gens, tandis que Puffendorf les regarde comme dépendant ou du droit naturel qui donne aux ministres un caractère sacré et inviolable, ou

---

[1] Sir W. Scott (Lord Stowell), *Robinson's Admirably reports*, vol. I, p. 140.

du consentement tacite constaté par l'usage des nations, les douant de certains priviléges qui peuvent être refusés suivant la volonté de l'état ou du souverain auprès duquel ils sont accrédités. Cette distinction entre les priviléges des ambassadeurs qui dépendent du droit naturel et ceux qui dépendent des mœurs et de l'usage est entièrement sans fondement, puisque dans les deux cas ces priviléges peuvent être méconnus par un état qui veut encourir le risque de rétorsion ou des hostilités, les seules peines par lesquelles les devoirs du droit international peuvent être maintenus. « Le droit des gens, dit Bynkershoek, n'est qu'une présomption fondée sur l'usage, et une présomption de cette nature cesse du moment que la volonté de la partie intéressée est exprimée en contradiction avec elle. Je prétends que la règle est générale concernant tous les priviléges des ambassadeurs, et qu'il n'y en a pas dont ils puissent prétendre jouir contre la déclaration formelle du souverain, parce qu'un dissentiment exprès exclut la supposition d'un consentement tacite, et qu'il n'y a de droit des gens qu'entre ceux qui s'y soumettent volontairement par une convention tacite[1].»

Cependant il n'en est pas moins vrai que le droit des gens fondé sur l'usage regarde un ambassadeur, dûment reçu dans un autre état, comme étant exempt de la juridiction du lieu par le consentement du souverain de cet état, consentement qui ne peut pas être retiré sans encourir le risque de rétorsion ou d'hostilités de la part du souverain par lequel il est envoyé. On peut affirmer la même chose de tous les usages qui forment la loi entre les nations. Tous ces usages peuvent être rejetés par ceux qui veulent se déclarer dispensés d'observer cette loi, et d'encourir le risque de la rétorsion de la part de la nation lésée par son infraction ou bien de l'hostilité du genre humain.

[1] Bynkershoek, *De foro legatorum*, cap. XVIII, § VI.

Une très-petite partie du grand ouvrage de Puffendorf est occupée par l'exposition des règles qui régissent ou qui doivent régir les rapports entre ces sociétés qui ne reconnaissent aucun autre supérieur que le suprême arbitre de l'univers. Les autres parties de l'ouvrage traitent non-seulement de l'exposition des règles de justice, y comprenant les droits et obligations respectifs du souverain et du sujet, mais aussi de tous les autres devoirs de la moralité publique et privée. L'idée que se faisaient Puffendorf et les autres publicistes du même siècle du droit naturel comprend, dans le but de cette science, non-seulement les règles de justice, mais les règles enjoignant tous les autres devoirs de l'homme, identifiant de cette manière ces objets avec ceux de la morale. Cette partie de son ouvrage, qui traite du droit international proprement dit, comprend les cinq derniers chapitres du huitième livre, presque exclusivement composés d'une compilation de Grotius et de ses successeurs, compilation où l'on ne trouve ni génie ni saine critique, et dans laquelle nous cherchons en vain ces détails complets et précis qui sont regardés avec raison par des publicistes modernes comme essentiels à la juste application et à la pratique des principes généraux. Ces défauts semblent presque justifier le jugement sévère de Leibnitz qui appelle Puffendorf, *vir parum jurisconsultus, et minime philosophus*, et qui nous a laissé une réfutation convaincante de la théorie du droit naturel qui forme la base de l'ouvrage de Puffendorf. Suivant l'opinion de ce grand philosophe, il a complétement manqué son but comme traité systématique sur la jurisprudence naturelle [1]. En regardant autour

[1] «Inspexi opus, quod a multo tempore non consulueram, deprehendique principia defectibus non exiguis laborare. Quum tamen pleræque sententiæ in progressu non admodum principiis cohæreant, neque ex iis tanquam causis deducantur, sed potius aliunde ex bonis auctoribus mutuo sumantur; nil prohibet, libellum multa bona frugis continere, et vicem compendii doctrinæ de jure naturæ iis præstare, qui, levi aliqua tinctura contenti, scientiam

de lui pour découvrir quelqu'un capable d'achever une telle œuvre, il n'a trouvé que deux esprits à la hauteur de cette tâche immense. «Une entreprise si gigantesque pourrait avoir été accomplie par l'esprit pénétrant d'un Hobbes, s'il n'avait pas commencé par de mauvais principes, ou par le jugement et le savoir de l'incomparable Grotius, si ses talents n'avaient été dissipés sur une grande variété de sujets, et si son esprit n'avait pas été distrait par les agitations d'une vie remplie de sollicitude douloureuse [1]. »

Cette opinion présente un contraste frappant avec les éloges démesurés dont l'ouvrage de Puffendorf est accablé par quelques-uns de ses contemporains, dont l'admiration a été excitée par la nouveauté de cette extension des limites de la jurisprudence naturelle à la science de la philosophie morale, avec laquelle elle allait être bientôt identifiée et confondue. De cette manière, les ouvrages des publicistes devinrent les manuels d'instruction des professeurs de cette science dans plusieurs des universités les plus célèbres de l'Europe, et furent regardés comme indispensables à une éducation complète. Cependant une comparaison impartiale des œuvres de Puffendorf avec celles de ses prédécesseurs nous met dans la nécessité de dire qu'il a laissé la science du droit international dans le même état où il l'a trouvée quant à ce qui regarde son progrès véritable. Néanmoins l'influence indirecte des œuvres de Puffendorf et des autres publicistes formés à l'école

solidam non adfectant, quales sunt nimis multi auditores. Optarem tamen exstare aliquid firmius et efficacius, quod lucidas fœcundasque definitiones exhibeat, quod ex rectis principiis conclusiones veluti filo deducat, quod fundamenta actionum exceptionumque natura validarum omnium ordine constituat, quod denique scientiæ alumnis certam rationem præbeat prætermissa supplendi, oblatasque quæstiones per se decidendi, determinata quadam via. Hæc enim a scientia absoluta et rite tradita exspectari debent.» (LEIBNITZ, *Opera,* tom. IV, p. 275, Edit. Dutens.)

[1] LEIBNITZ, *Ibid.*

de Grotius, avec tous leurs défauts, comme des traités destinés à l'exposition de la science, était puissamment sentie dans le respect toujours croissant qu'on avait pour ces prôneurs de la justice, dont les écrits respirent l'humanité, la paix, et la tolérance mutuelle. Ce fut dans l'Allemagne protestante que la science mixte du droit public et de la jurisprudence naturelle fut cultivée avec le plus grand succès. Les écrivains scientifiques de cette terre intellectuelle n'avaient pas encore appris à manier avec facilité leur langue riche, abondante, et expressive. A cette époque ils écrivaient toujours dans la langue morte de Rome pour instruire les hommes vivants de *leur siècle et de leur pays*. En Allemagne plus que dans tout autre pays, la vie active et la vie scientifique étaient, comme elles le sont encore, détachées l'une de l'autre comme deux mondes séparés. La communication entre eux était maintenue par la langue savante commune à toutes les deux. Thomasius fut le premier savant qui se servît de l'allemand dans ses leçons publiques, et Leibnitz le premier qui se servît du français pour des discussions philosophiques.

Leibnitz, si justement comparé par Gibbon à ces conquérants dont l'empire a été perdu par l'ambition de la conquête universelle, embrassa, dans le cercle immense de ses vastes connaissances, la philosophie de la jurisprudence et les détails pratiques du droit. Néanmoins il n'a laissé aucun ouvrage complet sur ces matières, et il faut compulser dans sa correspondance et ses autres publications pour trouver quelques notions éparses sur la jurisprudence universelle. Ses idées concernant les vrais principes sur lesquels doivent être fondé le droit naturel et le droit des gens, sont exposées avec beaucoup de concision dans la préface de sa grande collection des traités et autres actes diplomatiques publiés en 1693. « Le droit, dit-il, c'est le pouvoir moral; l'obligation c'est la nécessité morale. Par pouvoir *moral*, j'entends celui qui prévaut

§ 6.
Leibnitz,
né en 1646.
mort en 1716.

avec un homme de bien autant que si c'était un pouvoir physique. *Un homme de bien* est celui qui aime tous les hommes autant que la raison le permet. Par conséquent, la justice qui régit cette affection que les Grecs appelaient la philanthropie, peut être proprement appelée la bienveillance d'un homme sage. La sagesse est la science du bonheur. De cette source découle la loi de la nature, dans laquelle il y a trois degrés: le droit strict, ou la justice commutative; l'équité, ou la justice distributive; et la piété, la probité, ou la justice universelle. Outre les règles de justice qui découlent de cette source divine qu'on appelle la loi naturelle, il y a une loi volontaire établie par l'usage ou par l'autorité d'un supérieur. De cette manière la loi civile, dans l'intérieur d'une république, est sanctionnée par la puissance suprême de l'état; tandis qu'à l'extérieur la loi volontaire des nations est établie par le consentement tacite des nations. Non pas qu'elle soit nécessairement la loi de toutes les nations et de tous les siècles, parce que les Européens et les Indiens diffèrent souvent entre eux concernant les notions qu'ils se sont faites du droit international, et même parmi nous il peut être changé par le laps de temps, et il y en a de nombreux exemples. La base du droit international c'est la loi naturelle, à laquelle on a apporté diverses modifications selon les temps et les lieux[1]. »

§ 7.
Spinosa,
né en 1632,
mort en 1677.

Spinosa adopta des maximes fort différentes des principes doux et bienveillants de Leibnitz. Il convient avec Hobbes que l'état de la nature est un état de guerre; que tous les hommes ont un droit naturel à toutes les choses, et que chaque société politique a le droit d'agir d'après sa convenance envers les autres états indépendants, comme ils sont censés vivre dans un état de guerre perpétuelle entre eux. Il professe même cette maxime absurde et détestable, que les nations ne sont obligées à observer les traités faits entre elles, qu'autant que

[1] LEIBNITZ, *Préf. cod. jur. gent. diplomat.*

l'intérêt ou le danger qui motiva leur formation n'a point cessé d'exister[1].

Le docteur Zouch, célèbre jurisconsulte anglais, professeur du droit romain à l'université d'Oxford, et juge de la haute cour de l'amirauté, publia, deux ans après la paix de Westphalie, un sommaire de la science que les écrits de Grotius avaient contribué à rendre si populaire parmi les hommes d'état et les savants de l'Europe. Ce petit ouvrage, intitulé *Juris et judicii fecialis, sive juris inter gentes et quæstionum*

§ 8.
Zouch,
né en 1590,
mort en 1660.

---

[1] «Si altera civitas alteri bellum inferre et extrema adhibere media velit, quo eam sui juris faciat, id de jure tentare licet; quandoquidem ut bellum geratur, ei sufficit, ejus rei habere voluntatem. At de pace nihil statuere potest, nisi connivente alterius civitatis voluntate. Ex quo sequitur, jura belli uniuscujusque civitatis esse; pacis autem non unius, sed duarum minimum civitatum esse jura, quæ propterea confœderata dicuntur. Hoc fœdus tam diu fixum manet, quamdiu causa fœderis pangendi, nempe metus damni, seu lucri spes, in medio est; hoc autem aut illo civitatum alterutri ademto manet ipsa sui juris, et vinculum, quo civitates invicem adstrictæ erant, sponte solvitur, ac proinde unicuique civitati jus integrum est solvendi fœdus, quandocunque vult, nec dici potest, quod dolo vel perfidia agat, propterea quod fidem solvit, simulatque metus vel spei causa sublata est. Si quæ ergo civitas se deceptam esse queritur, ea sane non confœderatæ civitatis fidem, sed suam tantummodo stultitiam damnare potest, quod scilicet salutem suam alteri, qui sui juris, et cui sui imperii salus summa lex est, crediderit. Ceterum fides, quam sane ratio et religio servandam docet, hic minime tollitur. Nam cum scriptura non nisi in genere doceat fidem servare, et casus singulares, qui excipiendi sunt, uniuscujusque judicio relinquat, nihil ergo, docet, quod iis, quæ modo ostendimus, repugnat. (SPINOSA, *Tract. Theol. Polit.*, cap. III, cf. OMPTEDA, *Literatur des Volkerrechts*, Bd. I, p. 266.)

MACHIAVEL dit aussi: «Non può pertanto un Signore prudente, ne debbe osservare la fede, quando tale osservanzia gli torni contro, e che sono spente le cagioni che la fecero promettere. E se gli uomini fussero tutti buoni, questo precetto non saria buono: ma perchè sono tristi, e non l'osserverebbero a te, tu ancòra non l'hai da osservare a loro: Nè mai ad un Principe mancheranno cagioni legittime di colorare l'inosservanza.» (*Il principe*, cap. XVIII.)

de codem explicatis, qui n'est en grande partie qu'un abrégé de Grotius, avec des citations à l'appui, tirées pour la plupart du droit romain et de l'histoire romaine, ne mériterait pas une mention spéciale entre les ouvrages innombrables des publicistes, si ce n'était pour la dénomination plus caractéristique donnée par cet auteur pour la première fois à la règle qui régit, ou qui est censée régir les rapports entre les états indépendants. Cette règle, il l'appelle *Jus inter gentes*, pour la distinguer du *Jus gentium* des jurisconsultes romains, qui ont appliqué ce terme à ce qu'on appelle dans nos temps modernes le droit naturel, c'est-à-dire cette règle de conduite prescrite par Dieu, l'auteur de la nature, à toutes les créatures raisonnables. Ce nouveau terme du *droit entre les gens* a été depuis adopté par le chancelier d'Aguesseau (œuvres, vol. IV, p. 267), et depuis changé en celui de *droit international*, pour exprimer d'une manière plus significative cette branche de jurisprudence qui en général est désignée par le nom de *droit des gens*, dénomination si peu caractéristique, que si elle n'était pas comprise par la force de l'usage, elle pourrait être confondue avec la jurisprudence civile ou avec celle d'un seul état [1].

Zouch fait la même distinction que Grotius, entre le droit naturel et la loi qui est censée prévaloir entre les nations, le premier étant une saine déduction des principes de la justice naturelle, tandis que la dernière est établie par un consentement constaté par l'usage général des nations. «La loi entre les gens, dit-il, est la même qui, parmi les Romains, obtenait la dénomination spéciale de *Jus feciale*, dont la connaissance est appelée par Cicéron PRÆSTABILEM SCIENTIAM, *quæ in conditionibus regum, populorum exterarumque nationum, in omni denique jure pacis et belli versatur* [2]. Le collége des

---

[1] BENTHAM, *De la morale et de la législation*, chap. 19, § 2, XXIV. Note p. 307, édit. de Bruxelles

[2] GROTIUS, et après lui Zouch, ont mal compris le véritable sens

hérauts (comme nous l'enseigne Denis d'Halicarnasse) a été
institué par Numa Pompilius. Le devoir de ce collége était
de reconnaître les pactes, les ligues, les lésions publiques
souffertes par des alliés ou d'autres, l'envoi des ambassadeurs,
les ruptures d'alliances, les déclarations de guerre, et de veiller
à l'exécution de ce qui était décrété par le sénat ou le peuple
romain. Les livres contenant cette loi ont péri. Cependant on
peut en retrouver les traces dans les livres sacrés, dans les
Pandectes et le code de la jurisprudence romaine, dans des
auteurs grecs et latins, dont les opinions et les témoignages
peuvent nous instruire dans ce qui a été généralement reçu
suivant la raison naturelle et suivant l'usage des nations, parce
que (en se servant des expressions de Grotius) quand plusieurs esprits, en divers temps et en divers lieux, sont d'accord dans leurs sentiments, cela doit tenir à une cause générale qui, dans les questions dont il s'agit, ne peut être qu'une
juste conséquence tirée des principes de la justice naturelle,
ou un consentement universel. La première nous découvre le
droit naturel, la seconde le droit des gens. Mais en outre les
coutumes et les usages généraux qui sont reçus comme lois
entre les nations, il y a aussi cette loi qui prend son origine
dans le consentement mutuel de certaines nations *témoigné
dans les pactes, conventions et ligues.* Comme le consentement
mutuel d'un seul peuple fait la loi pour ce peuple, les nations
en général aussi bien qu'un seul peuple sont liées par leur
consentement[1]. »

du passage cité du discours magnifique de Cicéron *Pro lege Ma-
nilia*, comme s'il s'agissait de l'importance de la science du droit
international, tandis que Cicéron parle seulement de l'étendue des
connaissances de Pompée dans tout ce qui regardait les relations
extérieures de Rome, et les lois de la paix et de la guerre: «Ad
præstabilem *ejus* scientiam (pas præstabilem *esse* scientiam), quæ
in conditionibus regum, populorum exterarumque nationum, in omni
denique jure pacis et belli versatur.» (OMPTEDA, *Litteratur des
Volkerrechts*, Bd. I, p. 148.)

[1] ZOUCH, *De jure inter gentes*, pars I, § 1, No. 1.

Cet extrait donne une idée du caractère général de cet ouvrage. C'est de la jurisprudence internationale enseignée par des exemples historiques, se référant constamment au droit romain, comme une espèce de code universel dont l'autorité était encore généralement reconnue en Europe. Zouch fut le successeur d'Alberico Gentili à la chaire de droit romain dans l'université d'Oxford, où cette science était enseignée comme préparatoire pour l'admission des avocats au barreau des tribunaux ecclésiastiques et maritimes, tandis que les étudiants destinés pour la pratique du droit municipal, étaient élevés dans les colléges de droit (*inns of court*) à Londres.

§ 9.
Léoline Jenkins, né en 1625, mort en 1684.

Zouch fut remplacé comme juge à la cour de l'amirauté par sir Léoline Jenkins. Pendant le règne de Charles II, ce dernier fut employé par ce monarque dans plusieurs missions diplomatiques assez importantes. Ses œuvres contiennent une riche collection de consultations savantes, relatives aux procédures en matière de prises et autres questions de droit maritime. Ces rescrits furent donnés en réponse aux demandes qui lui furent adressées par le roi ou par son conseil, et elles ont d'autant plus d'importance qu'elles ont été pour la plupart rédigées à une époque où l'Angleterre occupait une position neutre comme puissance maritime, et était par conséquent intéressée à maintenir les droits des neutres. Les conclusions qu'elles renferment sont dictées par un esprit d'impartialité et d'équité qui fait d'autant plus d'honneur à leur auteur, qu'elles furent adressées à un monarque qui donnait peu d'encouragement à ces vertus, et que Jenkins lui-même était trop homme de cour pour être disposé à les pratiquer, excepté dans ce qui avait rapport à sa qualité de magistrat[1].

§ 10.
John Selden, né en 1584, mort en 1654.

Pendant la même année où paraissait l'ouvrage de Zouch (1650), Selden publia son traité, *De jure naturali et gentium juxta disciplinarum Hebræorum.* Cet ouvrage fait preuve d'une

---

[1] W. WYNNE, *Life of sir Leoline Jenkins,* etc., vol. 2 fol., London. 1724.

grande érudition et d'une connaissance approfondie des institutions propres aux anciens Juifs et de leurs opinions sur
le *jus gentium*, entendu dans le sens des jurisconsultes romains,
aussi bien que de leurs usages et de leurs pratiques dans les
rapports de la guerre et de la paix. Il a été publié après le
traité de Grotius sur les droits de la paix et de la guerre;
mais il ne contient aucune allusion aux doctrines de ce grand
publiciste. Selden divise le droit des gens en deux parties:
la loi primitive ou naturelle des nations, et la loi secondaire
ou celle qui tire son origine de la convention et de l'usage.
Dans son traité intitulé *Mare clausum*, et écrit en réponse au
Mare liberum de Grotius, il avait exposé avec plus de clarté
et de précision ses idées sur cette loi secondaire des nations,
qu'il identifie avec celle que les publicistes plus modernes ont
appelée le droit des gens positif ou volontaire[1].

Peu de temps après la publication du traité de Puffendorf
De jure naturæ et gentium, Samuel Rachel, professeur de jurisprudence à l'université de Kiel, et ensuite ministre du duc
de Holstein-Gottorp au congrès de Nimègue, publia deux dissertations sur ce même sujet, dans lesquelles les opinions de
Puffendorf sur la nature et l'obligation du droit international,
sont mises en question. L'auteur de ces dissertations commence
en affirmant qu'outre le droit naturel qui lie tous les hommes
vivant dans un état social, il y a d'autres lois d'institution
positive, obligatoires entre les individus, entre les souverains
et leurs sujets, et entre les états indépendants. La première
de ces lois positives forme la loi municipale ou civile; la
seconde forme le droit public; la troisième forme le droit des
gens. Ce dernier est fondé exclusivement sur le consentement

§ 11.
Samuel Rachel,
né en 1628, mort
en 1691.

---

[1] «Interveniens autem jus gentium dicimus, quod non ex communi pluribus imperio, sed interveniente sive pacto sive morum
usu natum est, et jus gentium secundarium fere solet indigitari.»
(SELDEN, *Mare clausum*, lib. I, cap. III.)

positif, exprès ou tacite, de diverses nations ne reconnaissant aucun supérieur ou souverain commun, qui s'engagent à observer certaines règles de conduite dans leurs rapports mutuels. Le droit des gens est une loi d'institution positive. Il ne faut pas, par conséquent, le confondre avec le droit naturel. Il ne faut non plus en chercher les sources dans le droit romain, qui n'était autre chose que le droit municipal ou civil d'une seule nation. Suivant cet écrivain, le droit des gens peut être défini de cette manière: «JUS GENTIUM *est jus plurium liberarum gentium pacto sive placito expresse aut tacite initum, quo utilitatis gratiâ sibi invicem obligantur.*» On peut le diviser en droit des gens général, et droit des gens particulier, *jus gentium commune et proprium.* Le droit des gens général est celui qui prévaut, si non parmi toutes les nations, au moins parmi les plus civilisées; le droit des gens particulier est celui qui a été établi exclusivement entre un nombre limité d'états pour leur usage et utilité spéciale. Ce dernier est fondé sur le consentement formel prouvé par des traités et des conventions entre ces états, tandis que le premier est fondé sur le consentement tacite. Le droit des gens particulier est un droit non écrit, *jus non scriptum,* tirant sa force obligatoire, comme tous les droits non écrits et coutumiers, de la soumission de ses sujets longtemps continuée [1].

Cette polémique concernant l'origine et la force obligatoire du droit international, a divisé en deux sectes les publicistes allemands de la dernière partie du dix-septième siècle. La première de ces sectes, adhérant aux doctrines de son maître Puffendorf, contestait entièrement l'existence d'un autre droit des gens que le droit naturel appliqué aux sociétés politiques ou états indépendants; tandis que la dernière adoptait le principe de Rachel, en fondant le droit des gens sur le droit naturel modifié par l'usage et la convention. Mais il serait tout

[1] SAMUEL RACHEL, *De jure naturæ et gentium dissertationes duæ,* 1676.

à fait oiseux d'analyser les diverses publications sur la théorie de la jurisprudence naturelle, qui sortaient en si grande abondance de la presse allemande pendant cette période.

Nous allons donc, sans nous arrêter à cette discussion stérile, passer à une revue de ces questions plus pratiques du droit des gens maritime, qui ont donné lieu aux négociations, aux guerres et aux transactions les plus importantes pendant la dernière moitié du dix-septième et le commencement du dix-huitième siècle. Les questions suscitées à cette époque ne sont pas encore complétement résolues. Elles ont été renouvelées vers la fin du dix-huitième siècle, et plusieurs d'entre elles sont encore en litige entre les puissances de l'Europe, qui ont si souvent changé leurs systèmes de législation maritime pour l'accommoder à la politique du jour, suivant leurs positions relatives comme belligérantes ou neutres. Cette circonstance rendra nécessaire un examen plus détaillé de ces questions que celui que nous pouvons donner à d'autres parties de notre travail. Une analyse complète de toutes les questions spéciales du droit des gens qui ont été agitées depuis la paix deWestphalie, et qui pourraient jeter quelque lumière sur les progrès que ce droit a faits depuis cette époque, excéderait évidemment les limites qu'il faut mettre à un mémoire. Nous choisirons donc de préférence entre les matières diverses qui se présentent dans ce vaste sujet, celles qui sont les plus importantes sous le point de vue politique, et par leur application actuelle aux rapports mutuels des états en temps de paix et en temps de guerre.

Nous avons déjà dit que, d'après l'usage général des peuples de l'Europe au moyen âge, les maximes suivantes furent établies comme lois, pour régler la guerre maritime:

1° Les marchandises appartenant à un ennemi, et chargées sur un vaisseau ami, seront sujettes à être capturées et confisquées comme prise de guerre.

§ 12.
Droit des gens maritime.

2° Dans ce cas, le maître du bâtiment neutre devra être payé pour le fret des marchandises confisquées, comme s'il les avait transportées au port de leur destination primitive.

3° Que les marchandises appartenant à un allié, chargées sur un vaisseau ennemi, n'encourront pas de confiscation.

4° Que les capteurs qui avaient saisi le vaisseau ennemi, et qui l'avaient amené dans un port de leur pays, devaient être payés pour le fret des marchandises neutres, comme s'ils les avaient transportées au port de leur destination primitive [1].

Le témoignage de Grotius et d'autres publicistes du dix-septième siècle, montre que l'on suivait à cette époque, pour ce qui regardait le droit des gens maritime, ces règles que le *Consulat de la mer* avait tracées dès le quatorzième siècle. Il y avait pourtant quelques exceptions, résultant des ordonnances de la France et de l'Espagne, pendant toutes les guerres maritimes qui ont eu lieu entre la paix des Pyrénées en 1659, et la paix d'Utrecht en 1713. Mais à ces expositions et quelques autres près, créées par des conventions spéciales, ces maximes peuvent être considérées comme formant le droit maritime de toute la chrétienté.

Dans l'intervalle entre la paix de Nimègue 1678, et la guerre entreprise par Louis XIV en 1689, pour rétablir Jacques II sur le trône d'Angleterre, les efforts du gouvernement français furent dirigés avec zèle et succès pour développer les ressources maritimes de la France, et encourager son commerce, sa navigation et ses pêcheries comme pépinière de ses matelots; à perfectionner ses arsenaux, ses ports, et ses écoles d'architecture navale. Dans le même but, les anciennes coutumes et règlements relatifs au commerce maritime furent recueillis dans un code uniforme par l'ordonnance de la marine de 1681. Cette ordonnance contient une collection de

---

[1] Voir *Introduction*, p. 72.

règlements pour diriger la conduite des armateurs munis de commission pour faire la course, et des tribunaux maritimes auxquels appartenait le jugement des prises. Ces règlements étaient compilés des anciennes ordonnances françaises, depuis Charles VI, en 1400, jusqu'aux édits les plus récents des rois de France sur le même sujet, avec les anciennes lois et coutumes maritimes recueillies dans le quatorzième siècle, par les auteurs du *Consulat de la mer*. Il a été démontré par M. Pardessus que la collection encore plus ancienne qui a reçu le titre de *Rôles d'Oléron* ou *Jugements d'Oléron*, ne doit pas être attribuée à une origine exclusivement anglaise, comme Selden et autres écrivains l'ont supposé, mais qu'elle a été rassemblée à diverses époques pendant que les provinces maritimes de la France avoisinantes sur la Manche et la baie de Biscaye, étaient encore sous la domination des rois d'Angleterre de la race normande. Cette collection traite aussi des captures maritimes, comme ayant toujours été depuis un temps immémorial sous la juridiction de l'amiral, et cette juridiction paraît avoir été réglée de la même manière dans les deux pays[1]. L'ordonnance de la marine de 1681 a réuni dans un seul et même code, et en même temps sanctionné d'une manière plus complète, les principes et règles du droit concernant les prises, qui avaient été graduellement formés par les anciens usages et des arrêts judiciaires. Quand Louis XIV promulgua ce beau modèle de législation, son intention n'était pas d'imposer des lois aux autres nations qui étaient indépendantes de son autorité, mais seulement à ses propres sujets, à ses juges d'amirauté, ex aux armateurs munis de ses commissions pour faire la course, et qui étaient responsables envers lui de ce qu'ils faisaient en guerre sous son autorité, comme il l'était lui-même envers les états étrangers dont les

Ordonnance de
la marine de
1681.

---

[1] Pardessus, *Lois maritimes antérieures au 18mo siècle*, tome I, chap. VIII.

sujets pourraient avoir été lésés par leur faute. L'usage des nations, qui forme la loi des nations, n'avait pas alors, et n'a pas encore établi un tribunal impartial pour décider sur la validité des captures maritimes. Chaque état défère la juridiction de ces litiges aux tribunaux maritimes établis sous son autorité dans son territoire, avec un ressort définitif à un tribunal d'appel sous le contrôle direct du gouvernement. La règle d'après laquelle les tribunaux constitués de cette manière sont tenus de procéder pour la décision de ces cas, n'est pas la loi civile de leur propre pays, mais la loi générale des nations, et les traités particuliers par lesquels ce pays est lié aux autres. Ils peuvent, pour rechercher la loi générale des nations, recourir à ses sources ordinaires dans les publicistes, ou bien dans les ordonnances promulguées par leur souverain, d'après les principes reconnus par les légistes du pays, comme conformes au droit public. Mais, dans l'un ou l'autre cas, c'est toujours le droit commun des gens qu'on suit, comme la seule règle dont on reconnaît l'autorité.

§ 13.
Théorie de Code
des prises.

La théorie de ces ordonnances est bien expliquée par un savant magistrat anglais de notre époque. «Quand Louis XIV, dit-il, publia sa fameuse ordonnance de la marine, personne n'a supposé qu'il avait la prétention de donner des lois à l'Europe, parce qu'il a rassemblé et mis en ordre dans la forme d'un code, les principes du droit maritime comme ils furent entendus et reçus en France. Je dis, comme ils furent entendus en France, parce que, malgré que la loi des nations doive être la même dans tous les pays, comme les tribunaux qui font l'application de cette loi sont indépendants les uns des autres, il n'est pas possible qu'ils ne soient pas en désaccord sur son interprétation, dans les différents pays qui reconnaissent son autorité. A cette époque au moins, il n'était pas prétendu qu'un seul état pouvait établir ou changer la loi des nations, mais il a été trouvé convenable d'établir de certains principes de décision, afin de donner une règle uniforme à leurs propres tribunaux, et en même temps de faire con-. naître cette règle aux neutres. Aussi les tribunaux français ont bien compris l'esprit et le but des ordonnances publiées par leur gouvernement. Ils n'ont pas considéré ces ordonnances comme des lois positives liant les tribunaux d'une manière absolue, mais seulement comme établissant des présomptions légales, desquelles ils tirent les conclusions sur lesquelles sont basés leurs jugements en matière de prises [1].

Cette question des principes sur lesquels sont fondées les ordonnances en matière de prises, est envisagée de la même manière par M. Portalis, dans ses conclusions au conseil des prises dans l'affaire du vaisseau américain *le Pigou*, qui avait été condamné par le tribunal inférieur, faute de rôle d'équipage exigé par plusieurs ordonnances françaises anciennes et modernes. Après avoir posé le principe que toutes les questions de neutralité sont, ce qu'on appelle des questions de *bona fides*, il a énoncé que la qualité de neutre doit être constatée par des preuves, et de là les règlements contenus dans les ordonnances, exigeant que la neutralité des vaisseaux et de leurs cargaisons doit être prouvée par de certains documents spécifiés, et entre autres par un rôle d'équipage dans une forme prescrite. «Mais ce serait une erreur de croire que le défaut d'une seule de ces pièces, ou la moindre irrégularité dans l'une d'elles, pût faire prononcer la validité d'une prise. Quelquefois des pièces en forme cachent un ennemi que d'autres circonstances démasquent. Dans d'autres occasions le caractère de neutralité, perce à travers des omissions ou des irrégularités de forme, qui proviennent d'une simple négligence, ou qui sont fondées sur des motifs étrangers à toute fraude. Il faut aller au vrai, et dans ces matières, comme dans

---

[1] Conclusions du chevalier W. Grant, au tribunal d'appel pour les colonies et en matières de prises à Londres. (MARSHALL, *On Insurance*, vol. I, p. 425.)

toutes celles qui sont régies, non par des formules sacramentelles ou de rigueur, mais par des principes de bonne foi, il faut dire, avec la loi, que de simples omissions ou de simples irrégularités de formes ne sauraient nuire à la vérité, si d'ailleurs elle est constatée, *et si aliquid ex solemnibus deficiat, cum æquitas poscit, subveniendum est.*»

Dans l'affaire du navire américain *le Statira*, il a été observé par le même légiste distingué «qu'en général les règlements de la course, qui ne portent qu'improprement le nom de lois, et qui par eux-mêmes sont essentiellement variables *pro temporibus et causis*, sont toujours susceptibles dans leur application d'être tempérés par des vues de sagesse et d'équité. J'ajouterai qu'en exécutant des règlements d'une extrême rigueur, il faut plutôt les restreindre que les étendre; et que dans le choix de divers sens dont ils peuvent être susceptibles on doit préférer celui qui est le plus favorable à la liberté du commerce. Le droit ne naît pas des règlements, mais les règlements doivent naître du droit. Conséquemment, les lois et les règles particulières doivent toujours être exécutées de la manière la plus conforme aux principes de la raison universelle, surtout dans les matières appartenant au droit des gens, dans lesquelles les législateurs se sont glorifiés de n'être que les respectueux interprètes de la loi universelle [1].»

Les ordonnances de la marine d'une nation quelconque peuvent donc être regardées non-seulement comme des témoignages historiques de l'usage de cette nation en ce qui regarde les pratiques de la guerre maritime, mais aussi comme constatant l'opinion de ses hommes d'état et légistes contemporains, sur les règles généralement reconnues, comme étant conformes au droit des gens universel.

---

[1] Conclusions de Portalis relatives à la prise du navire américain *le Statira* devant le conseil des prises, 6 Thermidor, an 8, p. 6.

Les rédacteurs de l'ordonnance de la marine de Louis XIV Code des prises français. ont adopté la maxime du *Consulat de la mer*, que les marchandises ennemies chargées sur un vaisseau neutre étaient de bonne prise, tandis qu'ils ont rejeté la règle que les marchandises neutres chargées sur un vaisseau ennemi, étaient exemptes de confiscation. En renversant cette dernière maxime, ils ont non-seulement déclaré confiscables les marchandises d'un allié chargées sur un vaisseau ennemi, mais ils ont confondu dans le même arrêt de condamnation les vaisseaux amis chargés de marchandises ennemies, limitant de cette manière le commerce licite des neutres à leurs propres marchandises transportées dans leurs propres vaisseaux [1].

L'extrême sévérité de ces règlements rend nécessaire un examen plus minutieux relatif aux circonstances et aux antécédents historiques qui ont accompagné leur incorporation dans le code maritime de la France.

Les anciennes ordonnances de François Ier, des années 1533 et 1543, et de Henri III, de l'année 1584, avaient adopté la maxime énoncée par Demornac, d'après l'analogie du droit romain, *que la robe d'ennemi confisque celle d'ami* (*ad l. penult.*, § 1, ff. *locati conducti*) et avaient en conséquence assujetti à la confiscation les marchandises d'un allié chargées sur un vaisseau ennemi. La maxime contraire avait été érigée en loi par la déclaration de 1650; mais la première règle fut rétablie de nouveau par l'ordonnance de la marine de Louis XIV en l'année 1681, et continua de faire partie du code des prises

---

[1] «Tous navires qui se trouveront chargés d'effets appartenant à nos ennemis, et les marchandises de nos sujets ou alliés qui se trouveront dans un navire ennemi, seront pareillement de bonne prise.» (*Ordonnance de la marine*, lib. 3, tit. 9, *Des prises*, art. 7.)

La confiscation des vaisseaux ennemis avait déjà été prononcée par l'article 4, et celle des effets ennemis était sous-entendue d'après la loi préexistante.

adopté en France jusqu'à la révolution, excepté dans les occasions où elle fut suspendue dans son application aux pavillons de certaines nations, en vertu de conventions spéciales ou dans des circonstances particulières.

Grotius, qui écrivait en 1625, énonce le principe que: «Pour pouvoir s'approprier une chose par le droit de guerre, il faut qu'elle appartienne à l'ennemi. Car celles qui appartiennent à des gens, qui ne sont ni ses sujets, ni animés du même esprit d'hostilité que lui contre nous, ne sauraient être acquises par le droit de guerre, encore même qu'elles se trouvent sur son territoire, comme dans l'enceinte de ses villes ou forteresses.»

De ce principe il tire l'induction que «lorsqu'on dit que les choses trouvées dans les vaisseaux de l'ennemi sont censées appartenir à un ennemi, cela ne doit pas être regardé comme une loi constante et invariable du droit des gens, mais comme une maxime dont le sens se réduit à ceci, qu'on présume ordinairement, dans ce cas-là, que tout est à un même maître, présomption néanmoins qui peut être détruite par de fortes preuves du contraire. C'est ainsi qu'il fut jugé dans ma patrie, en l'an 1438, pendant qu'elle était en guerre avec les villes anséatiques, par la cour de Hollande, en pleine assemblée, et la chose a passé en loi depuis, en conséquence de cet arrêt[1].»

Quant aux vaisseaux chargés de marchandises ennemies, ils ont été assujettis à la confiscation pour la première fois par l'ordonnance de François Iᵉʳ en 1543, qui a été renouvelée par l'ordonnance de Henri III de l'année 1584. La dernière ordonnance a été motivée sur l'intention de mettre fin à des fraudes pratiquées par les neutres, pour soustraire les propriétés ennemies à la saisie. Il paraît avoir été longtemps douteux que ce règlement ait jamais eu force de loi en France,

---

[1] *De jure belli ac pacis*, lib. III, cap. VI, § 6.

et le chevalier Léoline Jenkins, juge de la cour d'amirauté de l'Angleterre, pendant le règne de Charles II, parlant en 1678 de cet article dans le cas d'un vaisseau confisqué par les tribunaux français, dit: «Il y a plusieurs observations à faire, suivant moi, pour montrer que cet article ne doit pas être appliqué dans ce cas. D'abord cet article est devenu l'objet des plaintes de la part des hommes d'état et des publicistes, lors de sa première promulgation, comme une innovation et une violation de la liberté du commerce. Le parlement de Paris a admis directement le contraire dans l'année 1592, par une décision solennelle prononcée dans le cas d'un vaisseau hambourgeois saisi avec une cargaison ennemie. Et il fut alors déclaré dans la sentence même que cet article était abrogé par la désuétude, ayant été promulgué pour la première fois en 1543 sous François Ier, n'ayant jamais été confirmé pendant ces quarante-neuf ans, et l'intention primitive de sa promulgation ayant été seulement *in terrorem*. Il a été modéré par plusieurs modifications du dernier roi très-chrétien et de celui qui règne actuellement, dans leurs édits du 19 décembre 1639, du 16 janvier 1645, du 21 janvier 1650, et par une autre ordonnance du 1er février de la même année il est expressément ordonné que dans les prises faites sous des commissions françaises, les marchandises ennemies seulement seront déclarées de bonne prise, tandis que les autres marchandises et les vaisseaux qui les transporteront seront tous les deux relâchés [1].»

Grotius, en commentant cet article comme la loi existant en France de son temps, soutient qu'elle ne doit s'étendre qu'au seul cas d'un vaisseau neutre se chargeant des marchandises ennemies *avec le consentement du propriétaire* [2].

---

[1] *Life of sir L. Jenkins,* vol. II, p. 720.

[2] «Sed neque amicorum naves in prædam veniunt ob res hostiles, nisi ex consensu id factum sit dominorum navis, atque ita interpretandas puto leges Galliæ, quæ ex rebus naves, ex navibus

Bynkershoek, dont l'ouvrage sur le droit de la guerre a été publié en 1737, tout en se référant aux exemples des guerres avant la paix d'Utrecht, déclare que telle a été l'ancienne loi de France, et il n'est pas d'accord avec Grotius sur ce que ce règlement ne devait être étendu qu'au seul cas d'un vaisseau neutre dont le propriétaire reçoit à bord sciemment les marchandises ennemies [1]. Quoi qu'il en soit, il est certain que cette loi a été renouvelée lors de la révision des ordonnances maritimes de la France, sous Louis XIV en 1681, et continua d'être observée, avec l'exception des pavillons de certaines nations qui en furent exemptes par des règlements spéciaux et temporaires, jusqu'à la promulgation du règlement de 1714, d'après lequel les marchandises ennemies étaient confisquées tandis que les vaisseaux neutres sur lesquels elles étaient chargées étaient relâchés. Valin nous assure que cette jurisprudence, qui subsistait dans les tribunaux de prises français depuis 1681 jusqu'en 1744, n'était adoptée par aucune autre puissance maritime que par la France et l'Espagne; l'usage des autres nations ne confisquant que les seules marchandises de l'ennemi [2]. Valin rejette aussi l'opinion de Grotius limitant l'application de l'ordonnance au seul cas où les marchandises ont été chargées avec le consentement du propriétaire. «Grotius prétend, dit-il, que nos ordonnances doivent être ainsi entendues. Mais le septième article de l'ordonnance de 1681, pas plus que le cinquième du règlement du 23 juillet 1704, ne fait pas cette distinction, et si elle était admise, elle fournirait aux neutres une excuse à l'aide de laquelle ils ne

---

res prædæ subjiciunt, quales sunt Francisci I datæ anno cıɔıɔxliii, cap. 42, Henrici III, anno cıɔıɔlxxxiv, mense Martio, cap. 69. Alioqui res ipsæ solæ in prædam veniunt.» (Grotius, *De jure belli ac pacis*, lib. III, cap. VI, § 6 in notis.)

[1] Bynkershoek, *Q. J. Publ.*, lib. I, cap. XIV.

[2] Valin, *Commentaire sur l'ordonnance de la marine*, lib. 3, tit. 9, *des prises*, art. 7. — *Traité des prises*, chap. V, § 5, Nᵒ 7.

manqueraient pas d'éluder la confiscation du vaisseau et de la cargaison [1].»

Tel fut l'état de l'opinion en Europe, et tels furent les usages consacrés par les lois de ses peuples maritimes, concernant ces deux questions, pendant la période qui s'est écoulée entre la paix des Pyrénées et celle d'Utrecht; la France et l'Espagne adoptant, à quelques exceptions près, la règle rigoureuse que les rédacteurs des ordonnances françaises avaient empruntée du droit fiscal romain, pendant que la plupart des états maritimes ont adopté les maximes du *Consulat de la mer*.

La seconde question dont nous devons nous occuper sera de déterminer jusqu'à quel point le droit des gens, sous ce rapport, fut changé par des conventions ou autrement pendant la même période. Il faut observer ici que pour décider si les stipulations dans un traité doivent être considérées comme application de la loi préexistante des nations, ou seulement comme formant une exception spéciale en les relâchant de la rigueur primitive de la loi coutumière entre les parties contractantes, on ne doit pas s'en rapporter seulement à une interprétation littérale du texte du traité même, mais on doit envisager toutes les circonstances extrinsèques qu'on peut supposer avoir déterminé le consentement des parties. «Et en effet, dit Bynkershoek, en parlant d'une autre matière, il est souvent difficile de déterminer si les stipulations d'un traité doivent être considérées comme déclaratoires du droit des gens, ou bien comme une exception à ce droit, et il est toujours dangereux d'inférer les principes de ce droit des traités, sans consulter la raison... [2].» Dans un autre lieu, en parlant

§ 14.
Droit des gens maritime fondé sur des traités

____

[1] Valin, *Traité des prises*, chap. V, § 5, Nᵒ 6.

[2] «Sed recte observat Zoucheus non satis constare, an, quod illi pacti sunt, sit habendum pro jure publico, an pro exceptione, qua a jure publico diversi absunt. In variis pactis, et antiquioribus, et recentioribus, id adeo sæpe est incertum, ut ex solis pactis, non consulta ratione, de jure gentium pronunciare periculosum sit.» (Bynkershoek, *Quæst. Jur. Publ.*, lib. I, cap. XV.)

des contrebandes de guerre, il dit: «Le droit des gens concernant cette matière ne doit être tiré d'aucune autre source que de la raison et de l'usage. La raison m'ordonne d'agir de la même manière envers deux de mes amis qui sont les ennemis l'un de l'autre, et il s'ensuit que je ne dois pas préférer l'un à l'autre, dans ce qui regarde la guerre. L'usage est indiqué par une coutume constante et en quelque sorte perpétuelle, que les souverains ont suivie en faisant des traités et des ordonnances sur la matière en question, parce qu'ils ont souvent fait certains règlement par des traités applicables en cas de guerre, ou par des ordonnances promulguées pendant la guerre. J'ai dit *par une coutume constante et en quelque sorte perpétuelle*, parce qu'un traité, ou peut-être deux, qui s'écartent de l'usage général, ne change pas le droit des gens [1].»

En parlant de la question dont nous nous occupons, il remarque «que les traités y relatifs ont adopté le principe de l'ancien droit français qui déclare confiscables les marchandises des neutres trouvées à bord des vaisseaux ennemis [2], et par conséquent je ne peux pas souscrire à ce que Grotius prétend avoir été décidé par la cour de Hollande, et avoir obtenu force de loi. Il est vrai que les traités que j'ai cités sont d'une date postérieure, et qu'ils ne sont pas obligatoires, excepté pour les

---

[1] «Jus gentium commune in hanc rem non aliunde licet discere, quam ex ratione et usu. Ratio jubet, ut duobus, invicem hostibus, sed mihi amicis, æque amicus sim, et inde efficitur, ne in causa belli alterum alteri præferam. Usus intelligitur ex perpetua quodammodo paciscendi edicendique consuetudine: pactis enim principes sæpe id egerunt in casum belli, sæpe etiam edictis contra quoscunque, flagrante jam bello. Dixi, *ex perpetua quodammodo consuetudine*, quia unum forte alterumve pactum, quod a consuetudine decedit, jus gentium non mutat.» (*Quæst. Jur. Publ.*, lib. I, cap. X.)

[2] Mais il faut remarquer que par les mêmes traités, comme Bynkershoek l'observe dans un autre lieu, cette maxime est associée avec l'autre maxime corrélative que les vaisseaux libres rendent les marchandises libres.

seules parties contractantes. Mais la règle adoptée par ces traités ne peut pas être justifiée par les principes de raison. Pourquoi ne me sera-t-il pas permis de faire usage du vaisseau appartenant à mon ami pour transporter mes effets, quoiqu'il soit en guerre avec vous. Si les traités ne le prohibent pas, je suis libre, comme j'ai déjà dit, de faire le commerce avec votre ennemi; et si cela est permis, je peux aussi faire toute sorte de contrats avec lui, acheter, vendre, louer, etc. Par conséquent, si j'ai engagé son vaisseau et son travail pour transporter mes effets au-delà des mers, j'ai fait ce qui était parfaitement licite d'après tous les principes. Comme son ennemi, vous pouvez prendre et confisquer son vaisseau, mais de quel' droit voulez-vous aussi prendre et confisquer les marchandises qui m'appartiennent, à moi qui suis votre ami? Je suis seulement tenu à établir par des preuves convaincantes qu'elles sont à moi; mais ici je suis d'accord avec Grotius, qu'il y a quelque raison de *présumer* que les marchandises trouvées à bord d'un vaisseau ennemi sont des propriétés ennemies. A moins de preuves contraires cependant [1].»

Dans le chapitre suivant (xiv), il dit que «si un vaisseau neutre chargé de marchandises ennemies est pris, il y a deux questions à considérer, l'une si c'est le vaisseau qui doit être confisqué, l'autre si c'est la cargaison. Quant à la première question, dit-il, si nous suivons l'ancien droit français, un vaisseau neutre doit être confisqué s'il transporte des marchandises ennemies. Il est suffisamment constaté que telle fut

---

[1] *Q. J. Publ.*, lib. I, cap. XIII. Les traités cités par Bynkershoek comme ayant adopté les deux maximes associées de *vaisseaux libres, marchandises libres*, et *vaisseaux ennemis, marchandises ennemies*, sont le traité de la marine entre l'Espagne et les États-Généraux de 1650, art. 18; le traité de commerce entre la France et les États-Généraux de 1662, art. 35; le traité entre les mêmes puissances de 1678, art. 22; de 1697, art. 27; de 1713, art. 26; entre l'Angleterre et les États-Généraux de 1674, art. 8; entre la Suède et les États-Généraux de 1675, art. 3, et de 1679, art. 22.

la loi de France dans les temps anciens, par l'exemption qui en fut accordée aux villes anséatiques dans leur traité du 10 mai 1655, avec ce pays.» Après avoir réfuté l'opinion de Grotius fondée sur celle de Paul (*De public. et vectig.*, lib. II, § 2), qui fait dépendre la confiscation de la connaissance ou de l'ignorance du propriétaire du vaisseau du fait que les marchandises appartiennent à un ennemi, il continue: «Mais arrêtons-nous et considérons si celui qui transporte sur son vaisseau les effets de son ami, quoique cet ami soit votre ennemi, doit être censé coupable d'un délit contre le droit des gens? De quel droit voulez-vous, vous qui êtes mon ami, prendre mon vaisseau parce qu'il est chargé des marchandises de votre ennemi? Si j'étais l'ami des deux partis, je pourrais les servir tous deux dans les choses qui ne nuisent ni à l'un ni à l'autre, et par la même raison que tous les deux me seraient également utiles dans les choses qui sont indifférentes. D'après ce principe, votre ennemi peut convenablement me louer son vaisseau, et je peux lui louer le mien. J'ai déjà parlé plus amplement dans le chapitre précédent de ceux qui agissent de cette manière innocemment et sans fraude, et si ce que j'y ai dit est exact, il sera superflu de pousser plus loin l'examen de cette question; mais on peut hardiment poser le principe qu'un vaisseau neutre ne peut pas être confisqué pour avoir transporté des marchandises ennemies, que le propriétaire le sache ou non; parce que dans l'un ou l'autre cas il savait qu'il était engagé dans un commerce licite; et ce cas doit être distingué de celui qui transporte des marchandises de contrebande à l'ennemi. Par conséquent, je n'approuve pas la distinction faite par Paul; mais j'approuve les conclusions des légistes hollandais qu'on trouve dans les *Consilia Belgica* (Tom. IV, consil. 206, n. 2), posant en termes généraux le principe *qu'un vaisseau neutre, quoique chargé de marchandises ennemies, n'est pas sujet à la confiscation.*

Nous allons maintenant examiner la seconde question, si

les marchandises ennemies, prises à bord d'un vaisseau neutre
sont sujettes à la confiscation? Quelques-uns trouvent peut-
être fort extraordinaire qu'on puisse en douter, parce qu'il
est évidemment permis à un belligérant de se saisir des biens
de son ennemi. Cependant dans tous les traités que j'ai cités
dans le chapitre précédent, il y a une stipulation expresse,
que les marchandises ennemies trouvées à bord des vaisseaux
neutres doivent être libres, ou, comme nous l'exprimons dans
notre langue hollandaise, *vry ship, vry goed* (vaisseaux libres,
marchandises libres), la contrebande de guerre cependant
exceptée, quand elle est destinée à l'usage de l'ennemi. Et
ce qui peut paraître le plus extraordinaire, c'est qu'entre ces
traités, il y en a quatre dans lesquels la France est partie contractante, et suivant ces traités, les marchandises même de
l'ennemi chargées sur des vaisseaux neutres, ne sont pas sujettes à la confiscation; encore moins donc doit être confisqué
le vaisseau neutre sur lequel elles sont chargées. Ainsi il faut
conclure, ou que le principe de l'ancienne loi française que
j'ai déjà cité a été entièrement abandonné, ou, ce qui est le
plus probable, que ces traités doivent être considérés comme
formant une exception à cette loi. Quoi qu'il en soit, dans la
discussion des principes généraux, nous devons faire plus
d'attention à la raison qu'aux traités. Et pour ce qui regarde
la raison, je ne vois pas pourquoi il n'est pas permis de prendre les effets de l'ennemi, quoique trouvés à bord d'un vaisseau neutre, parce que dans ce cas-là ce que prend le belligérant est toujours la propriété de son ennemi, et appartient
au capteur par le droit de la guerre.

»On peut dire peut-être qu'un belligérant ne peut pas se
saisir des effets de son ennemi, à bord d'un vaisseau neutre,
avant de s'être rendu maître du vaisseau même; ce qu'il ne
peut faire sans commettre un acte de violence contre son
ami, pour s'emparer des biens de son ennemi, et qu'un tel
procédé est aussi illicite que s'il attaquait son ennemi dans un

port neutre, ou que s'il commettait des déprédations sur le territoire d'un ami. Cependant il faut observer qu'il est permis d'arrêter un vaisseau neutre, pour s'informer non-seulement par le pavillon qui peut avoir été frauduleusement usurpé, mais par les documents qu'on trouve à bord du vaisseau, s'il est effectivement neutre. Ce fait une fois démontré, le vaisseau doit être relâché, autrement on peut le saisir. Et si on peut agir de cette manière, comme il est généralement pratiqué, il sera aussi permis d'examiner les documents concernant la cargaison, pour découvrir s'il y a des effets ennemis cachés à bord, et s'il s'en trouve, pourquoi ne pourrait-on pas le saisir par le droit de la guerre? Le jurisconsulte hollandais que j'ai déjà cité, et le *Consulat de la mer* dans le chapitre dont il a été question, sont également clairs sur ce point. Suivant ces autorités, le vaisseau neutre doit être relâché, mais les marchandises ennemies doivent être transportées dans un port du capteur, pour être régulièrement condamnées[1]. »

Relâchement de la loi primitive par la capitulation de la sublime Porte avec Henri IV. 1604.

L'exemple le plus ancien d'un relâchement de cette règle du *Consulat*, se trouve dans la capitulation accordée par la sublime Porte à Henri IV en 1604, par laquelle la Porte a consenti à ce que le pavillon français protégerait les marchandises ennemies contre la saisie par les vaisseaux de guerre ottomans. Cette capitulation a depuis servi de base à divers traités entre la Turquie et les différents états maritimes de la chrétienté, et entre ces derniers et les barbaresques, par lesquels le principe de *vaisseaux libres, marchandises libres,* fut mutuellement adopté, et la nationalité du vaisseau fut déterminée par le pavillon et le passeport[2].

---

[1] BYNKERSHOEK, *Q. J. Publ.*, lib. I, cap. XIV.

[2] FLASSAN, *Histoire de la diplomatie française*, vol. I, p. 225. M. Flassan dit que «c'est à tort que l'on a donné à ces capitulations de 1604 le nom de traité, lequel suppose deux parties contractantes stipulant sur les intérêts; ici on ne trouve que des concessions, des priviléges, et des exemptions de pure libéralité par la Porte à la France.» (*Ibid.* p. 27 note 1.)

Les traités de Westphalie de 1648, ayant pour objet princi-cipal ces arrangements de territoire, et d'autres questions, suite de la guerre de trente ans en Allemagne, le litige entre ·la France et la maison d'Autriche, et la longue et sanglante lutte entre l'Espagne et la Hollande, ne contiennent aucune stipulation sur ces points contestés du droit maritime des gens. Par le traité des Pyrénées de 1659, qui termina la guerre entre deux grandes puissances maritimes, la France et l'Espagne, il fut stipulé, que si l'une ou l'autre des parties contractantes venait à s'engager dans une guerre avec une troisième partie, pendant que l'autre resterait neutre, les marchandises ennemies chargées sur des vaisseaux neutres seraient libres, tandis que les marchandises neutres, chargées sur des vaisseaux ennemis, seraient sujettes à la saisie et à la confiscation. Il paraît évident que cet article avait seulement pour objet d'introduire une nouvelle loi entre les deux parties contractantes, quant à des marchandises ennemies chargées sur un vaisseau neutre, loi qu'il a associée à l'ancienne loi de la France et de l'Espagne qui adoptait la maxime que la *robe d'ennemi confisque celle d'ami*. Cette assertion se trouve confirmée par le fait constaté par Valin, que cette dernière puissance a transplanté, depuis l'époque de la paix des Pyrénées, dans son code des prises, le règlement français, d'après lequel un vaisseau

Traités des Pyrénées. 1659.

Le troisième article de cette capitulation déclare que les Vénitiens, les Anglais, les Espagnols, les Catalans, les Ragusais, les Génois, les Napolitains, les Florentins, et généralement toute autre nation, pourraient trafiquer dans les états du *Grand-Seigneur*, sous la bannière de France; que les ambassadeurs d'Angleterre et d'autres ne pourraient les en empêcher, et que cela durerait tant que l'*empereur de France* conserverait son alliance.

L'article douzième est dans ces termes: «Voulons et commandons, que les marchandises qui seront chargées à nolis sur vaisseaux français, appartenant aux ennemis de notre Porte, ne puissent être prises, sous couleur qu'elles sont de nosdits ennemis, puisqu'ainsi est notre vouloir.»

11*

neutre chargé de marchandises ennemies, fut déclaré de bonne prise avec son chargement, et que cette règle ·fut constamment exécutée depuis par la France et par l'Espagne contre les autres nations [1].

Traités de la Grande-Bretagne reconnaissant le principe des vaisseaux libres et des marchandises libres.

Les traités les plus importants par lesquels le principe de *vaisseaux libres, marchandises libres*, fut reconnu par l'Angleterre, avant la paix d'Utrecht, furent les suivants: le traité entre la république anglaise et le Portugal, de 1654, art. 23; celui entre la France et l'Angleterre, de 1677, art. 8; et les traités entre l'Angleterre et la Hollande, de 1674 et de 1688. Le traité de 1667, entre l'Angleterre et l'Espagne, qu'on a supposé quelquefois renfermer la même concession, concerne seulement le droit général des neutres de trafiquer avec l'ennemi, droit qui est maintenant considéré comme incontestable, quoique souvent mis en question pendant les guerres maritimes du dix-septième siècle [2].

Les secours accordés par Charles Iᵉʳ à la maison de Bragance, lors de la première révolte du Portugal contre Philippe II en 1640, furent continués par Cromwell sous la république anglaise, jusqu'à ce que fut consolidée graduellement cette alliance intime entre l'Angleterre et le Portugal qui a subsisté jusqu'à ce jour. En 1654, fut conclu entre les deux pays un traité de navigation et de commerce, par lequel les plus grands priviléges furent concédés aux négociants anglais résidant et trafiquant en Portugal. Par ce même traité, le principe de *vaisseaux libres, marchandises libres,* fut adopté entre les parties contractantes, et associé avec la maxime corrélative de *vaisseaux ennemis, marchandises ennemies.* Cette stipulation continua à former le droit conventionnel entre les deux nations, jusqu'à la révision du traité de 1810, qui l'a omis pour la première fois, et les relations sous ce rapport

---

[1] VALIN, *Traité des prises,* chap. 5, § 5, Nº 4.

[2] JENKINSON (Lord Liverpool), *Discourse on the conduct of Great Britain in respect to neutral nations,* p. 48, Ed. 1801.

entre les deux nations, reposent actuellement sur la base du droit primitif[1].

En 1667, Charles II d'Angleterre étant secrètement allié avec Louis XIV, pendant que ce dernier monarque était ouvertement en guerre avec la Hollande, un traité de navigation et de commerce fut conclu à Saint-Germain entre la France et l'Angleterre, par lequel les deux maximes de *vaisseaux libres, marchandises libres,* et de *vaisseaux ennemis, marchandises ennemies,* furent adoptées par les deux parties contractantes. Le motif de cette stipulation de la part de l'Angleterre était de garantir son commerce avec la Hollande et d'autres pays des déprédations de la part des armateurs français, et l'assentiment de la France à cette déviation des principes ordinaires de son code des prises fut assuré par l'admission des fabriques françaises en Angleterre[2].

Pendant la période qui s'est écoulée entre la paix de Westphalie, par laquelle l'indépendance des Provinces-Unies des Pays-Bas fut définitivement reconnue par l'Espagne, et celle d'Utrecht, par laquelle cette indépendance fut garantie contre la France, la politique extérieure de cette république flottait entre deux grands objets, le maintien de l'équilibre de l'Europe, comme la seule sécurité de son existence nationale, et celui de protéger les intérêts de son commerce, de ses colonies, de sa navigation, et de ses pêcheries, comme les principales bases de ses richesses, de sa force et de sa prospérité. Les intérêts de la Hollande, comme puissance belligérante ou comme puissance neutre, l'engageaient à désirer le ferme établissement du principe de *libres vaisseaux, libres marchandises,* comme la loi générale par laquelle elle gagnerait, tant que les autres puissances maritimes seraient en guerre et que la république resterait neutre, plus qu'elle ne perdrait quand cet état de choses serait changé. L'Angleterre concéda pour

Traités de la Hollande avec d'autres puissances.

---

[1] Schoell, *Histoire abrégée des traités de paix,* vol. X, p. 45.

[2] Flassan, *Histoire de la diplomatie française,* vol. III, p. 423.

la première fois ce principe par le traité de commerce conclu à
La Haye en 1668, comme prix d'une alliance entre les deux
pays contre la France[1]. Cette concession fut renouvelée dans
le traité de commerce conclu en 1674, et continua à former
la règle à observer entre les deux pays jusqu'en 1756, quand
la guerre éclata entre la France et l'Angleterre; mais la Hollande ayant refusé de remplir les stipulations des traités d'alliance défensive et de garantie, entre la république et la couronne britannique, l'Angleterre refusa de reconnaître plus
longtemps le principe de libre navigation envers la Hollande[2].
L'acte de navigation adopté par le parlement d'Angleterre,
sous la république en 1651, et renouvelé pendant le règne
de Charles II, était rédigé dans le but d'assurer à la navigation anglaise une portion du commerce de fret, qui avait été
auparavant monopolisé par les Hollandais. Le grand ministre,
Jean de Witt, cherchait à défendre le commerce et la navigation de son pays, contre le coup qui lui fut porté par cette
mesure, en conseillant à la France de se relâcher des règles
sévères de son code des prises, et d'adopter sa maxime favorite de *vaisseaux libres, marchandises libres*. Les États-Généraux avaient déjà obtenu en 1646 une suspension temporaire des anciennes ordonnances françaises (d'après lesquelles
les vaisseaux neutres chargés de marchandises ennemies,
étaient assujettis à la confiscation), avec une reconnaissance du
principe de *vaisseaux libres, marchandises libres*. Cette dernière stipulation n'ayant pas été dûment observée par la France,
donna lieu à des remontrances de la part des Hollandais[3].

---

[1] Le ministre hollandais de Witt a absolument refusé de signer
le traité d'alliance défensive, à moins qu'il ne fût précédé, de la
part du chevalier Guillaume Temple, le négociateur anglais, d'une
promesse formelle de conclure un traité de commerce avec cette
concession. (Lettres du chevalier Temple à lord Arlington, du 24
janvier et du 12 février 1668. TEMPLE's *Works*, vol. I, p. 317.)

[2] JENKINSON, *Discourse, etc.*, pp. 67, 73, éd. 1801.

[3] JEAN DE WITT, *Lettres et négociations*, vol. I, p. 108.

Le ministre de Hollande à Paris, dans sa correspondance avec de Witt, concernant cette affaire, dit qu'il avait obtenu en 1658 « le rappel de la prétendue loi française, que la *robe d'ennemi confisque celle d'ami;* de manière que si dans la suite on trouve dans un vaisseau libre hollandais des effets appartenant à un ennemi de la France, ces effets seuls seront relâchés; parce qu'il est impossible d'obtenir le 24mo article de mes instructions, où il est dit qu'un vaisseau libre doit rendre la cargaison libre, même si elle appartient à un ennemi [1]. » Cette concession fut enfin obtenue par le traité de commerce entre la France et la Hollande, signé en même temps que la paix de Nimègue en 1678, qui établit définitivement, entre les deux puissances la règle de *vaisseaux libres, marchandises libres,* et de *vaisseaux ennemis, marchandises ennemies* [2].

En 1655, un traité de navigation et de commerce a été conclu entre la France et les villes anséatiques, d'après lequel les anciens priviléges accordés à la Hanse Teutonique furent renouvelés et confirmés. Le troisième article de ce traité déclarait que la *robe de l'ennemi ne confisquait pas la robe de l'ami;* et que les effets appartenant aux habitants des villes anséatiques, trouvés à bord des vaisseaux d'un ennemi, seront libres, aussi bien que les effets ennemis trouvés à bord d'un vaisseau anséatique, la contrebande de guerre exceptée, ou bien dans le cas du jet des papiers à la mer, ou de la résistance à la visite [3]. Cette concession fut révoquée, peu de temps après la paix d'Utrecht, par le traité de 1716, entre la France et les villes anséatiques, qui permit de nouveau la saisie des effets ennemis dans des vaisseaux neutres, en exemptant de la confiscation les vaisseaux seuls [4].

Traités de la France.

---

[1] DUMONT, *Corps diplomatique,* vol. VI, p. I, p. 342. ROBINSON, *Collectanea maritima,* p. 121, note.

[2] FLASSAN, *Histoire de la diplomatie française,* vol. 3, p. 451.

[3] IBID., *Ibid.,* vol. 3, p. 194.

[4] DUMONT, *Corps diplomatique,* vol. VIII, p. I, p. 478.

Les deux maximes de *vaisseaux libres, marchandises libres,* et de *vaisseaux ennemis, marchandises ennemies,* furent reconnues par le traité de commerce entre la France et le Danemark de 1663, art. 27, et par le traité d'alliance entre la Suède de 1672, art. 19 [1].

Traités des puissances du Nord entre elles. Par le traité de 1670, art. 20, entre la Suède et le Danemark, on adopta l'ancienne règle du *Consulat de la mer,* d'après laquelle les effets neutres, chargés sur un vaisseau ennemi, sont déclarés libres, et les effets ennemis chargés sur un vaisseau ennemi sont assujettis à la saisie et à la confiscation [2]. Les mêmes maximes furent adoptées par les traités entre l'Angleterre et la Suède, de 1661, 1666 et 1670; et entre l'Angleterre et le Danemark, de 1670, art. 20 [3].

Traités de commerce d'Utrecht. 1713. Tel fut l'état du droit conventionnel entre les quatre grandes puissances maritimes, la France, l'Espagne, l'Angleterre et la Hollande, et entre ces puissances et les états de la Baltique, quand les traités d'Utrecht furent conclus entre les premières, et les puissances continentales de l'Europe. Le principal objet

[1] FLASSAN, *Histoire de la diplomatie française,* vol. III, p. 395.

[2] DUMONT, *Corps déplomatique,* vol. VII, p. I, p. 132.

[3] MARTENS, *Manuel diplomatique sur le dernier état de la controverse des droits des neutres sur mer,* pp. 43, 60, 62.

Les puissances de la Baltique ont adopté entre elles pour la première fois la règle de *vaisseaux libres, marchandises libres,* par le traité de la neutralité armée de 1780. L'ordonnance danoise de 1659 prescrit une forme de certificats pour les marchandises chargées sur les vaisseaux appartenant aux sujets danois, portant que les effets appartiennent aussi à des sujets danois, précaution qui serait tout-à-fait inutile si le vaisseau devait rendre la cargaison libre. Cette ordonnance adopte aussi la règle du code des prises français de *vaisseaux ennemis, marchandises ennemies,* et en même temps déclare confiscables les vaisseaux neutres chargés de marchandises ennemies. (HEINECCIUS, *De navib. ob vect. merc. vetit. comm.,* cap. II, § VIII.) Par l'ordonnance suédoise de 1716, les effets de l'ennemi sont confisqués, n'importe sur quelque vaisseau qu'on les trouve, aussi bien que des effets neutres sur des vaisseaux ennemis. (Robinson, *Collectanea maritima,* p. 171.)

de la longue guerre qui fut terminée par la paix d'Utrecht, avait été la succession contestée aux états de la monarchie espagnole; et le principal objet de la négociation pour la paix, fut de régler cette succession et les autres arrangements territoriaux d'une manière qui pût s'accorder avec le maintien de l'équilibre européen.

Les traités de paix signés à Utrecht, furent immédiatement suivis de traités spéciaux de navigation et de commerce entre l'Angleterre et la France, entre l'Angleterre et la Hollande, et entre la France et la Hollande, adoptant entre ces puissances les deux maximes de *vaisseaux libres, marchandises libres*, et de *vaisseaux ennemis, marchandises ennemies.* Le traité de paix signé à Utrecht entre l'Angleterre et l'Espagne le 13 juillet 1713, fut suivi par un traité de commerce conclu le 28 novembre, 9 décembre 1713, entre ces deux puissances. Ces deux traités gardent également le silence sur cette question [1].

On sait qu'il y a certains articles de commerce qui, sous la dénomination de contrebande de guerre, ne peuvent, d'après le droit des gens coutumier, être transportés par des neutres pour l'usage de l'ennemi. Ces articles sont exceptés de la liberté générale du commerce neutre stipulé par les traités déjà mentionnés, en commençant par celui des Pyrénées et en terminant par les traités d'Utrecht. Ces traités en même temps limitent la liste de contrebande, à ces seuls objets qui sont d'une utilité directe, comme instruments de guerre, en exceptant *toujours* de cette liste les munitions de bouche, les bois et d'autres matières servant à la construction des vaisseaux, et toutes les autres marchandises qui ne sont pas encore fabriquées dans la forme d'instruments de guerre.

L'ordonnance de la marine de Louis XIV, de 1681, déclare contrebande, les seules munitions de guerre [2]. Valin et Pothier,

§ 15.
Contrebande
de guerre.

---

[1] Schoell, *Histoire abrégé des traités de paix*, vol. IV, pp. 21 à 25.

[2] «Les armes, poudres, boulets et autres munitions de guerre,

en commentant cet article, sont d'accord en déclarant que les munitions de bouche n'étaient pas, à l'époque où ils ont écrit, regardées comme contrebandes de guerre par le code des prises français, à moins qu'elles fussent destinées à une place assiégée ou bloquée[1]. Mais Valin ajoute que pendant la guerre de 1700 (qui fut la guerre de la succession d'Espagne terminée par la paix d'Utrecht), la poix et le goudron furent compris dans la liste des objets de contrebande, « parce que l'ennemi les regardait comme tels, excepté lorsqu'ils se trouvaient à bord des vaisseaux suédois, étant une des productions de leur pays, Par le traité de commerce conclu avec le Danemark en 1742, la poix et le goudron furent aussi déclarés de contrebande, ainsi que la résine et les toiles à voiles, le chanvre, les cordages, les mâts et les bois de construction. Ainsi sur ce sujet, il n'y a rien à redire à la conduite des Anglais, excepté dans le cas où il y avait contravention aux traités particuliers, parce qu'en droit, ces choses sont à présent de contrebande et l'ont été depuis le commencement du siècle actuel, ce qui n'existait pas auparavant comme il paraît d'après d'anciens traités, et particulièrement celui de Saint-Germain, conclu avec l'Angleterre en 1677. Le 4ᵐᵉ article de ce traité stipule expressément que le commerce de toutes ces marchandises resterait libre, aussi bien que le commerce de tous les objets relatifs à la nourriture de l'homme, à l'exception des places assiégées ou bloquées[2]. »

Afin de déterminer si une telle révolution dans le droit re-

même les chevaux et équipages qui seront transportés pour le service de nos ennemis, seront confisqués en quelque vaisseau qu'ils soient trouvés, et à quelque personne qu'ils appartiennent, soit de nos sujets ou alliés.» (*Ordonnance de la marine*, liv. 3, tit. 9, *Des prises*, art. 11.)

[1] VALIN, *Commentaire sur l'ordonnance*, liv. 3, tit. 9, *Des prises*, art. 11. *Traité des prises*, chap. V, § 6, No. 4. — POTHIER, *Traité de propriété*, No. 104.

[2] IBID., (*Ibid.*)

latif à la contrebande de guerre a effectivement eu lieu au commencement du dix-huitième siècle, comme il est supposé par Valin, il faut faire une recherche, pour déterminer quelle fut la loi préexistante reconnue par les publicistes. Grotius, dont les écrits ont exercé une si grande influence sur les opinions et même les usages du siècle postérieur au sien, distingue entre les choses qui sont d'une utilité directe pour la guerre, celles qui ne le sont pas, et celles dont on peut se servir également dans la guerre et dans la paix, telles que l'argent, les munitions de bouche, et les matières servant à la construction des vaisseaux. Pour les *premières*, il en interdit toujours le transport à l'ennemi par les neutres; il permet le commerce des *secondes;* et quant aux *troisièmes*, il les prohibe ou les permet suivant les circonstances de la guerre. «Car si je ne puis me défendre sans arrêter les choses de cette nature que l'on envoie à mon ennemi, la nécessité me donne droit alors de m'en saisir, comme nous l'avons expliqué ailleurs, à la charge de restituer, à moins qu'il ne survienne quelque autre raison qui m'en empêche.» Cette autre raison *(causa alia)* est ensuite expliqué par un exemple: «comme si j'assiégeais une place, si je tenais un port bloqué, et que l'ennemi fût sur le point de se rendre, ou de faire la paix [1].»

[1] «In tertio illo genere usus ancipitis, distinguendus erit belli status. Nam si tueri me non possum nisi quæ mittuntur intercipiam, necessitas, ut alibi exposuimus, jus dabit, sed sub onere restitutionis, nisi *causa alia* accedat. Quod si juris mei executionem rerum subvectio impedierit, idque scire potuerit qui advexit, ut si oppidum obsessum tenebam, si portus clausos, et jam deditio aut pax exspectabitur, tenebitur ille mihi de damno culpa dato, ut qui debitorem carceri exemit, aut fugam ejus in meam fraudem instruxit: et ad damni dati modum res quoque ejus capi, et dominium earum debiti consequendi causa quæri poterit. Si damnum nondum dederit, sed dare voluerit, jus erit rerum retentione eum cogere ut de futuro caveat obsidibus, pignoribus, aut alio modo.» (GROTIUS, *De jure belli ac pacis*, lib. III, cap. I, § V, No. 3—7.)

L'opinion de Grotius, à l'égard de la troisième classe de marchandises, ne paraît pas les regarder comme contrebande, mais elle paraît être exclusivement fondée sur la nécessité de la part du belligérant. Il ne dit pas que la saisie soit rendue légale, par la conduite illégale du neutre, en transportant des marchandises de la troisième classe *à un port qui n'est pas assiégé ou bloqué,* quand la saisie est faite avec la seule intention de nuire à l'ennemi et de le réduire à la soumission, mais seulement sous l'impression de cette nécessité qui efface toutes les distinctions de propriété, et fait revivre à de certaines conditions, le droit originel de faire usage des choses comme si elles étaient encore en communauté. Cette nécessité, il l'avait déjà expliquée dans son livre II (cap. II, s. VI), et dans le passage cité plus haut, il renvoie le lecteur à cette explication. Dans les sections 7, 8 et 9 (lib. II, cap. II) il pose les conditions annexées à ce droit de nécessité : 1º qu'il ne doit être exercé qu'après qu'on aura eu épuisé tout autre moyen possible, 2º ni dans le cas où le vrai propriétaire est dans la même nécessité; 3º que restitution sera faite des objets ou de leur valeur, aussitôt que possible. Dans son troisième livre, en résumant ce qu'il avait déjà dit, Grotius explique plus amplement cette doctrine de la nécessité, et confirme l'interprétation que nous avons donnée à ses textes, en démontrant qu'avec la seule exception d'une place effectivement assiégée ou bloquée, ils regardent tel cas de nécessité absolue qui anéantit toutes les règles générales.

Opinion de Bynkershoeck. Bynkershoek, en commentant ce passage de Grotius, le comprend évidemment, comme permettant la saisie des objets de la troisième classe, en cas de nécessité, et alors seulement à la charge de restituer. Il dit que l'usage général des nations, constaté par des traités destinés à être exécutés en cas de guerre, et par des ordonnances promulguées pendant la guerre, interdisait seulement, comme contrebande, les objets exclusivement propres aux usages de la guerre. Il conclut que les matières brutes avec lesquelles on peut fabriquer des articles de contrebande, ne sont pas elles-mêmes de contrebande. «Si, dit-il, toutes les matières dont on peut fabriquer quelque chose à l'usage de la guerre, sont prohibées, le catalogue des marchandises de contrebande sera immense, parce qu'il y a peu de matières dont on ne puisse fabriquer quelque chose d'utile à la guerre. L'interdiction de tous ces objets sera en effet l'interdiction totale du commerce neutre, et on pourrait aussi bien l'exprimer et l'expliquer de cette manière.» Il modifie cette proposition générale, en disant qu'il pourrait arriver quelquefois que le transport des matières adaptées à la construction des vaisseaux de guerre pourrait être prohibé, «si l'ennemi a grand besoin de ces choses, et ne peut pas continuer la guerre sans leur secours.» D'après ce principe, il justifie l'édit des États-Généraux de 1657, et celui de 1652 contre les Anglais, comme formant des exceptions à la règle générale que les matériaux qui servent à la construction des vaisseaux ne sont pas de contrebande [1].

Il dit aussi que les comestibles sont souvent exceptés de la liberté générale du commerce neutre, «quand les ennemis sont assiégés par nos amis, ou sont autrement réduits à un état de détresse par la famine [2].»

Heineccius, écrivant à la même époque que Bynkershoek, déclare que l'usage contemporain des nations, constaté par des traités, a compris dans la liste de contrebande de guerre, non-seulement les munitions de guerre, mais les munitions de bouche et les matériaux qui servent à la construction des navires. Il paraît faire dépendre le droit de saisir ces objets de la même nécessité que Grotius [3].

Zouch, qui est cité par Heineccius, et qui a écrit au milieu

---

[1] Bynkershoek, *Q. J. Publ.*, lib. I, cap. X.

[2] *Q. T. Publ.*, lib. I, cap. IX.

[3] Heineccius, *De nav. ob vect. merc. comm.*, cap. I, §. XIV.

Opinion
de Zouch.

du dix-septième siècle, ne fait que transcrire le passage déjà cité de Grotius relatif aux objets de la troisième classe, et il est d'accord avec lui, en autorisant leur saisie pour la même raison de nécessité [1]. Cependant, d'un autre côté, sir Léoline Jenkins, en écrivant en 1674 à Charles II, et examinant le cas d'un vaisseau suédois chargé d'objets propres à la construction navale, dit qu'il « n'était pas probable que la Suède eût permis ou concédé par aucun traité avec l'Espagne, que les produits indigènes de son pays seraient regardés comme de contrebande. Ces marchandises donc, n'ayant pas été rendues ennemies par la nationalité du vaisseau sur lequel elles ont été chargées, ne peuvent pas être jugées autrement que d'après la loi générale des nations, et alors je suis de l'avis que, d'après cette loi, rien ne doit être jugé de contrebande, que les choses dont on peut se servir directement et immédiatement à l'usage de la guerre et non les autres marchandises, excepté seulement dans le cas des places assiégées, ou d'une déclaration générale de la part de l'Espagne, auquel cas elle confisquera tout le goudron dont elle pourra se saisir [2]. »

La seule induction qu'on puisse légitimement tirer de ces autorités, est que le changement dans le droit de contrebande, comme il a été entendu par les belligérants, et dont parle Valin dans le passage cité, avait déjà eu lieu longtemps avant la période qu'il lui assigne ; mais que l'autorité de la nouvelle règle introduite de cette manière fut encore contestée par ces états neutres, dont les intérêts étaient affectés par l'interdiction de leur commerce ordinaire dans leurs produits indigènes. Ceci était surtout applicable aux puissances de la Baltique,

---

[1] «Aliæ sunt quæ in bello vel extra bellum usum habent, ut pecuniæ, commeatum, naves, quas etiam si earum subvectio deditionem, quæ expectatur, impediri poterit, intercipere licet.» (Zouch, *Jur. et jud. fecialis,* pars II, § VIII, No. 7.)

[2] Sir L. Jenkins, *Life and correspondence,* vol. II, p. 751.

quant aux objets dont on pourrait se servir à la construction des bâtiments de guerre[1].

Dans la célèbre affaire du convoi suédois, terminée à la cour d'amirauté en Angleterre, en 1799, sir William Scott, en donnant ses conclusions, dit qu'il « n'est pas à douter que, d'après le droit des gens moderne, le goudron et le chanvre, destinés à l'usage de l'ennemi, peuvent être saisis comme de contrebande dans leur nature même; quoique autrefois, quand les hostilités de l'Europe étaient moins navales qu'à présent, ces objets furent regardés comme étant d'un caractère douteux, et peut-être ont-ils continué de l'être jusqu'à l'époque de ce traité (c'est-à-dire le traité de 1661 entre l'Angleterre et la Suède, qui était encore en vigueur lorsque le savant magistrat prononçait ce jugement) ou au moins à l'époque de ce traité qui en est la base, je veux dire le traité négocié par Whitlock en 1656: parce que je crois que *Valin* exprime la vérité, quant à cette question, en disant: *De droit*, ces choses (parlant des objets dont on peut se servir dans les constructions navales) sont de contrebande aujourd'hui et depuis le commencement de ce siècle, ce qui néanmoins n'était pas autrefois, et Vattel, le meilleur écrivain moderne sur ces matières, admet dans la liste positive de contrebande les bois, et tout ce qui sert à la construction et à l'armement des vaisseaux de guerre. C'est d'après ce principe que fut rédigé le nouvel article explicatif du traité avec le Danemark, négocié en 1780 par lord Mansfield, alors secrétaire d'état pour les affaires étrangères, dont l'attention avait été dirigée vers ces matières. Je suis donc de l'avis que, quoiqu'il pût être démontré que le caractère de ces choses dont il est question avait été plus ou moins litigieux du temps de Whitlock, quand le traité fondamental a été négocié, et que par conséquent un silence discret fut observé

[1] Voyez les négociations de Cromwell avec les Suédois en 1656. (Whitlock's *Memoirs*, pp. 625—638) et entre les Hollandais et les Suédois. (Thurloe's *State papers*, IV, p. 589.)

à leur égard dans la rédaction de ce traité, et du traité plus récent fondé sur l'autre ; néanmoins l'exposition que l'opinion et l'usage plus moderne de l'Europe ont donnée de ce sujet pourrait contribuer, jusqu'à un certain point, à fixer et à rendre certain ce que les traités avaient laissé sur ce pied indéfini et incertain, où les idées généralement reçues en Europe l'avaient placé [1]. »

L'interprétation donnée à ces traités par le tribunal anglais dans ce cas, nous paraît fort hasardée. D'après le texte de ces traités, l'argent monnayé et les munitions de bouche et de guerre sont les seuls objets qui soient déclarés confiscables, comme contrebande de guerre entre les parties contractantes, et le « silence discret, » dont parle sir W. Scott, est assez expliqué par les traités de 1664 et de 1665, qui déclarent explicitement, que dans le cas « où l'une des parties contractantes se trouvera en guerre, le commerce et la navigation des sujets de l'autre partie qui restera neutre avec l'ennemi, sera libre; et qu'il leur sera permis en conséquence de lui transporter tous les objets qui ne sont pas expressément exceptés par le onzième article du traité de Londres de 1661, ni prohibés comme contrebande, ou qui ne sont des propriétés ennemies.» L'article suivant est encore plus explicite: « Et afin qu'il soit connu de tous ceux qui liront ces présentes, quelles sont les marchandises spécialement exceptées et prohibées, ou considérées comme de contrebande, les parties contractantes sont d'accord à les énumérer ici, suivant ledit onzième article du traité de Londres. Ces articles spécialement désignés sont ceux qui suivent,» etc. Ici suit l'énumération comme dans le onzième article, qui ne fait pas mention des articles qui servent à la construction et à l'armement des vaisseaux de guerre [2].

---

[1] ROBINSON, *Admiralty reports*, vol. I, p. 372. The Maria.

[2] SCHLEGEL, *Examen de la sentence prononcée par le tribunal d'amirauté anglais le 11 juin 1799, dans l'affaire du convoi suédois*, p. 125.

Un examen impartial de ces traités sera suffisant pour démontrer qu'ils n'autorisent pas la saisie des produits indigènes de la Suède, servant à la construction et à l'armement des vaisseaux de guerre, même pour appliquer à ces objets le droit mitigé de préemption, encore moins pour les confisquer, comme contrebande de guerre.

Le traité primitif de 1670, entre le Danemark et l'Angleterre, dont parle sir W. Scott, avait déclaré de contrebande «les munitions de guerre, *telles* que les soldats, les armes, les canons, les vaisseaux, *et d'autres choses nécessaires à l'usage de la guerre.*» Par le traité de 1742, cité par Valin, la première puissance avait consenti à regarder comme de contrebande les objets qui servent à la construction et à l'armement des vaisseaux de guerre; et pour expliquer tout ce qu'il y avait d'équivoque dans le langage du traité de 1674, et en même temps pour placer la France et l'Angleterre sur le même pied, le traité de 1780 fut conclu entre le Danemark et l'Angleterre. Ce dernier traité déclare «que pour ne laisser aucun doute sur ce qui doit être entendu par le terme de contrebande, on est convenu qu'on n'entend sous cette dénomination que les armes tant à feu que d'autres sortes avec leurs assortiments, comme canons, etc. (ici suit une longue énumération), et généralement tous autres assortiments à l'usage de la guerre, de même que le bois de construction, le goudron, la poix-résine, le cuivre en feuille, les voiles, chanvres et cordages, et généralement tout ce qui sert directement à l'équipement d'un vaisseau; le fer non ouvragé, et les planches de sapin, néanmoins, exceptées.» Il est aussi «expressément déclaré que dans ce genre de marchandises de contrebande l'on ne comprend point le poisson, la viande fraîche ou salée, le froment, la farine, le blé ou autres grains, les légumes, l'huile, le vin, ni généralement tout ce qui sert à la nourriture et à la sustentation de la vie; et ainsi toutes ces choses pourront toujours se transporter comme les autres marchandises, même aux lieux occupés par un ennemi des deux couronnes, pourvu qu'ils ne soient ni assiégés ni bloqués [1].»

Le droit maritime de la France le plus ancien semble ne pas avoir confisqué les marchandises de contrebande allant à l'ennemi comme prise de guerre, mais les avoir assujetties à l'exercice du droit plus mitigé de préemption. Tel est', suivant l'avis de Grotius, le véritable sens de l'ordonnance de Henri III de 1584, art. 69. Il ajoute qu'une règle différente avait été quelquefois adoptée parmi les nations du Nord, mais que l'usage sur cette matière avait été variable et accommodé aux circonstances temporaires, plutôt que fondé sur les maximes perpétuelles de l'équité [2].

L'ordonnance de la marine de Louis XIV, de 1681, et le règlement du 23 juillet 1704, déclaraient confiscables les marchandises de contrebande, mais le vaisseau et les objets innocents étaient relâchés.

Bynkershoek, en se référant aux ordonnances et aux traités de la Hollande, conclus ou promulgués entre la paix de Westphalie et celle d'Utrecht, soutient que si ces ordonnances et ces traités devaient être regardés comme preuves de ce qui constituait le droit des gens, les marchandises de contrebande furent les seules sujettes à la confiscation, pendant que les articles innocents et le vaisseau sur lequel ils étaient chargés, furent exempts de cette peine. «Telles sont les règles, dit-il, établies par nos lois et nos traités, et si nous devons chercher le droit des gens dans ces sources, il s'ensuivra que le vaisseau et les marchandises licites ne doivent jamais être confisqués par rapport aux marchandises de contrebande transportées sur le même vaisseau. Mais ce n'est pas seulement dans ces sources que nous devons puiser le droit des gens. La raison, comme nous l'avons déjà observé, est le droit des

Droit de préemption.

---

[1] Martens, _Recueil des traités_, vol. III, p. 177.

[2] Robinson, _Collectanea maritima_, p. 133. Grotius, _De jure belli ac pacis_, lib. III, cap. I, § V, No. 6.

·gens suprême, et elle ne permet pas que nous comprenions ces choses dans un sens général, et sans les distinctions nécessaires.» Alors il établit plusieurs distinctions tirées des analogies du droit romain fiscal, d'après lequel il relâche ou il confisque le vaisseau, suivant que les propriétaires connaissaient ou ignoraient que des objets de contrebande fussent chargés sur le vaisseau [1].

Zouch cite un auteur plus ancien, Petrinus Bellus (*De re militari*, pag. 9, 22, 26, 28), pour démontrer qu'il y a une distinction à faire entre le cas où les marchandises de contrebande et les marchandises licites appartiennent au même propriétaire, et le cas où elles sont la propriété de divers individus. Il soutient que toute la cargaison peut être justement confisquée, si elle appartient au même propriétaire; mais dans l'espèce citée par lui, de Petrinus Bellus, il paraît que le propriétaire connaissait la fraude, circonstance qui suffit à faire confisquer ces effets, suivant le droit romain, dont les publicistes les plus anciens aimaient à tirer leurs exemples [2].

· Zouch ne dit pas quel fut l'usage contemporain de son propre pays, mais il semble, d'après d'autres autorités, que ce fut l'usage primitif des tribunaux maritimes en Angleterre de confisquer le vaisseau et toute la cargaison; usage dont on se relâcha depuis, de manière que la confiscation du vaisseau et des parties innocentes de la cargaison fut limitée au cas où ils appartiennent aux propriétaires de la contrebande, ou bien au cas où l'on cherche à cacher le transport des objets de contrebande sous de faux papiers de bord, avec une destination fausse [3]. D'après l'usage plus récent de la cour d'amirauté en Angleterre, les munitions de bouche et les matériaux qui servent à la construction et à l'équipement des vaisseaux de guerre, sont sujets au droit de préemption seule-

---

[1] Bynkershoek, *Q. J. publ.*, lib. I, cap. XII.

[2] Zouch, *Jur. et jud. fecialis*, pars II, § VIII, qu. 13.

[3] Robinson's *Admiralty reports*, vol. III, p. 221, note *a*.

ment [1]. Et le savant magistrat qui a présidé cette cour dans
le cas du convoi suédois déjà cité, observe «que dans l'année
1756, la cour d'appel, dans ce pays, a déclaré le goudron production de la Suède, et transporté à bord d'un vaisseau suédois destiné pour un port français, confiscable comme contrebande de guerre, dans le cas mémorable du navire le *Med
Goods Helpe*. D'après l'explication la plus récente de cette
matière, les marchandises de cette nature, étant les produits
de la Suède, et appartenant aux sujets suédois, et transportées dans les vaisseaux de leur nation, ont été, d'après un
principe de tolérance pour les produits et le commerce ordinaires de ce pays, considérées par les cours d'amirauté en
Angleterre, comme étant seulement sujettes au droit de saisie
et de préemption, ou autrement au droit d'empêcher ces
objets d'être transportés à l'ennemi, et de les approprier à
votre propre usage, sous la charge de payer une indemnité
pécuniaire au propriétaire neutre. Mais ils sont clairement
sujets à l'exercice de ces droits; quand ils sont destinés à
l'ennemi, et ils pourraient être saisis, sans aucune violation
de la justice nationale et individuelle [2].»

Heineccius, écrivant à peu près à la même époque que
Bynkershoek, déclare que, d'après l'usage établi des nations
de son temps, le vaisseau était confondu dans la même confiscation avec la cargaison, à moins que les marchandises de
contrebande ne fussent chargées à bord sans la connaissance
ou le consentement du propriétaire du vaisseau. Il cite une
ordonnance des États-Généraux de 1648, et une autre du
roi de Danemark de 1659, pour justifier la confiscation du
vaisseau, et il tire l'exception du droit romain. Il ajoute que
cette loi d'usage avait été souvent changée entre diverses
nations, par des conventions qui exemptaient le vaisseau de
la confiscation, et il cite à cet effet les traités de 1648 et de

---

[1] Robinson's *Admiralty reports*, vol. II, p. 175. The Claabet
[2] Ibid., *Ibid.*, vol. I, p. 373. The Maria.

1650, entre l'Espagne et la Hollande, et de 1655 entre la France et les villes anséatiques. Enfin il conclut en ces termes: «*Sed quemadmodum ejus modi pacta ad exceptionem pertinent: ita facile patet, regulam istis non tolli, adeoque certi juris esse, ob merces illicitas naves etiam in commissum cadere* [1].»

Bynkershoek cite plusieurs traités avant la paix d'Utrecht, d'après lesquels, non-seulement le vaisseau et les objets innocents de la cargaison sont déclarés libres, mais le vaisseau doit être immédiatement relâché avec le reste de la cargaison, et libre de continuer son voyage, sans être conduit dans un des ports du capteur, comme il est ordonné par d'autres traités et ordonnances [2]. Le traité de commerce signé à Utrecht en 1715, entre la France et l'Angleterre, stipule (art. 26) que les marchandises de contrebande saisies ne seront pas vendues, ni autrement aliénées, avant qu'une procédure régulière, d'après les lois et coutumes, n'ait prononcé leur confiscation par les juges de l'amirauté, exceptant le vaisseau et les autres marchandises de la cargaison, qui seront libres, et qui ne seront pas détenus, sous le prétexte que le vaisseau est chargé d'effets prohibés, et encore moins confisqués comme prise de guerre [3].

Une autre exception à la liberté générale du commerce et de la navigation neutre en temps de guerre, reconnue par l'usage reçu de l'époque dont il est maintenant question, regardait le commerce avec les ports ou places effectivement assiégés, investis ou bloqués.

§ 16
Droit de blocus.

Nous avons déjà vu que Grotius, écrivant à une période

---

[1] HEINECCIUS, *De nav. ob vect. merc. vet. comm.*, cap. II, §§ III—VI. L'ordonnance du Danemark, citée par Heineccius, ne soutient pas sa proposition. Sa liste de contrebande est très-longue, mais le vaisseau est déclaré libre de confiscation. (ROBINSON's *Collectanea maritima*, p. 185.)

[2] BYNKERSHOEK, *Q. J. publ.*, lib. I, cap. XII.

[3] DUMONT, *Corps diplomatique*, vol. VIII, part. I, p. 349.

antérieure sur les limites respectives des droits des neutres
et belligérants concernant le commerce et la navigation, qu'il
dit avoir été et être encore l'objet de dissentiments animés,
interdit le transport de toutes sortes de marchandises à des
places assiégées ou bloquées, comme tendant à empêcher
l'exécution de l'intention licite du belligérant, de réduire son
ennemi à la reddition ou à la paix [1].

Bynkershoek, en commentant ce passage de Grotius, en a
peut-être mal compris le sens, en supposant que ce publiciste
exige, comme une condition nécessaire d'un strict blocus, que
la paix ou une reddition soit attendue. Il est plus probable
qu'il veut citer ces circonstances comme exemple, et pour
poser le cas plus probable, Bynkershoek conteste aussi la
doctrine de Grotius qui limite le droit du belligérant, dans un
pareil cas, à exiger une indemnité pour la lésion occasionnée
par la faute du neutre, et, si la lésion n'a pas eu lieu, à le contraindre, par la détention de ses effets, de donner caution
qu'il ne fera rien de semblable à l'avenir. Mais nous ne devons pas entendre que Grotius veuille limiter de cette manière
la peine encourue par la violation d'un blocus dans tous les
cas possibles; parce qu'il ajoute dans la dernière partie de ce
passage que «si le neutre contribue, par les secours qu'il
fournit, à soutenir l'ennemi dans une guerre injuste, il doit
être responsable, non-seulement au civil, du dommage qu'il
cause au belligérant, mais encore criminellement, comme
quelqu'un qui dérobe aux poursuites de la justice un criminel
convaincu. Il peut donc être puni suivant l'exigence du fait
même, par la confiscation de ses biens [2].»

---

[1] Dumont, *Corps diplomatique,* vol. VIII, part. 1, § 14.

[2] «Quod si præterea evidentissima sit hostis mei in me injus-
titia, et ille eum in bello iniquissimo confirmet, jam non tantum
civiliter tenebitur de damno, sed et criminaliter, ut is qui judici
imminenti reum manifestum eximit: atque eo nomine licebit in eum
statuere, quod delicto convenit, secundum ea quæ de pœnis diximus,

Bynkershoek expose ensuite le droit de blocus, comme il était défini par des traités antérieurs à ceux d'Utrecht, et par des ordonnances promulguées pendant la seconde guerre soutenue par les Hollandais pour maintenir leur indépendance contre l'Espagne. Il cite un grand nombre de traités entre les États-Généraux et d'autres puissances, prohibant le transport de marchandises de toute espèce à des places bloquées ou assiégées, sans indiquer la peine qui devait être appliquée à une violation de cette prohibition. Il conclut cependant que si ce commerce doit être regardé comme illicite, les marchandises destinées à de telles places doivent être considérées comme de contrebande, et par conséquent confisquées comme bonne prise de guerre. Il commente minutieusement un édit remarquable des États-Généraux promulgué en 1630, d'après le conseil des cours d'amirauté et des plus savants jurisconsultes hollandais, pour régler le blocus des ports de Flandre, encore en la possession des Espagnols.

Le texte de cette ordonnance, avec le commentaire de Bynkershoek sur ces divers articles, nous donnera une idée complète du droit de blocus, comme il fut entendu et pratiqué entre les puissances maritimes de l'Europe, depuis l'époque de la promulgation du décret, jusqu'à celle où ce grand publiciste a écrit son traité sur le droit de la guerre.

«1° Les États-Généraux des Provinces-Unies ayant reçu et pesé les positions des cas ci à côté, ont, après une mûre délibération préalable et sur l'avis des colléges respectifs de l'amirauté, trouvé bon et entendu, à l'égard du premier point, que les vaisseaux neutres qu'on trouvera, qu'ils sortent des ports ennemis de Flandre, ou qu'ils y entrent, ou qu'ils soient si près qu'il soit indubitable qu'ils y veulent entrer, que ces vaisseaux avec leurs marchandises doivent être confisqués par sentence des susdits colléges respectifs, et cela à cause

quare intra cum modum etiam spoliari poterit.» (GROTIUS, *De jure belli ac pacis*, lib. III, cap. I, § V, N° 8.)

que leurs hautes puissances tiennent continuellement lesdits ports bloqués par leurs vaisseaux de guerre, à la charge excessive de l'état, afin d'empêcher le transport et le commerce avec l'ennemi, et parce que ces ports et ces places sont réputés être assiégés, ce qui a été de tout temps un ancien usage, selon l'exemple de tous les rois, princes, puissances et autres républiques, qui se sont servis du même droit, dans de semblables occasions.

»2° A l'égard du second point, leurs hautes puissances déclarent que les vaisseaux et marchandises neutres seront aussi confisqués, quand il constatera par les lettres de cargaison, connaissements, ou autres documents, qu'ils ont été chargés dans les ports de Flandre, ou qu'ils sont destinés à y aller, quand même on ne les aurait rencontrés que bien loin de là encore, de sorte qu'ils pourraient encore changer de route et d'intention. Ceci étant fondé sur ce qu'ils ont déjà tenté quelque chose d'illicite, et mis en œuvre, quoiqu'ils ne l'aient pas achevé, ni porté au dernier point de perfection, à moins que les maîtres et les propriétaires de tels vaisseaux ne fassent voir dûment qu'ils s'étaient désistés de leur propre mouvement de leur entreprise et voyage destiné, et cela avant qu'aucun vaisseau de l'état les eût vus ou poursuivis, et que ceux-ci trouvassent la chose sans fraude: ce qu'on pourra juger en examinant la nature de l'affaire par les conjectures, les circonstances et l'occasion.

»3° A l'égard du troisième point, leurs hautes puissances déclarent que les vaisseaux revenant des ports de Flandre (sans y avoir été jetés par une extrême nécessité), et quoique rencontrés loin de là, dans le canal ou dans la mer du Nord, par les vaisseaux de l'état, quand même ils n'auraient pas été vus ni poursuivis par ceux-ci en sortant de là, seront aussi confisqués, à cause que de tels navires sont censés avoir été pris sur le fait, tant qu'ils n'ont point achevé ce voyage, et qu'ils ne se sont point sauvés dans quelque port libre, ou appartenant à un prince neutre. Mais ayant été, comme il a été dit, dans un port libre, et étant pris par les vaisseaux de guerre de l'état dans un autre voyage, ces vaisseaux et marchandises ne seront point confisqués, à moins qu'ils n'aient été, en sortant des ports de Flandre, suivis par les vaisseaux de guerre et poursuivis jusque dans un autre port que le leur, ou celui de leur destination, et qu'en sortant de nouveau de là, ils aient été pris en pleine mer [1].»

A l'égard du premier article confisquant les vaisseaux neutres avec leurs cargaisons, non-seulement ceux pris en flagrant délit en sortant des ports ennemis, ou en y entrant, mais ceux qui sont trouvés si près des ports bloqués que leur intention d'y entrer peut être regardée comme indubitable, Bynkershoek regarde ce dernier règlement comme pleinement justifié, en établissant une présomption analogue à celle établie par les anciens publicistes, pour le cas où des marchandises de contrebande sont trouvées sur les confins du territoire ennemi. La seule exception qu'il admet à cette présomption générale, est celle de nécessité, en cas de tempête.

Il approuve aussi le second article qui constate l'intention de violer le blocus par l'aveu du coupable lui-même, contenu dans les documents écrits trouvés à bord du vaisseau; comme la même intention est facilement inférée, sous le premier article, des circonstances matérielles fournissant une présomption légale. Cependant il a de la peine à approuver le *blocus pœnitentiæ* accordé par l'édit, à moins que les preuves du désistement du voyage et d'un changement de route ne soient très-convaincantes.

Il considère le troisième article, comme faisant une juste distinction entre les vaisseaux qui ont été chassés ou forcés de chercher un port de refuge, et ceux qui vont volontairement au port de leur destination. «Ces derniers sont excu-

---

[1] ROBINSON, *Collectanea maritima*, p. 158.

sés, dit-il, quand ils sont trouvés en sortant de ce port, leur voyage étant considéré comme terminé, et un nouveau voyage commencé, pendant que les premiers sont confisqués comme ayant été saisis en flagrant délit de la violation du blocus. Mais à l'égard de ceux-ci l'édit se sert du disjonctif, en disant: S'ils sont *poursuivis jusque dans un autre port* que le leur, *ou celui de leur destination*, de manière qu'on peut hésiter sur le véritable sens de ces mots et de la loi qui en résulte. Certainement il ne peut y *avoir de doute* si la même chose doit être entendue par *leur port et le port de leur destination*. Mais si un Anglais qui est destiné pour un port du Danemark est forcé de relâcher dans un port d'Angleterre, et qu'en sortant de ce dernier pour continuer son voyage, il soit pris avant d'arriver au port danois, il me semble qu'il serait pris en flagrant délit de voyage illicite, et qu'il serait indifférent que ce soit son propre port, ou non, où il soit entré, si le voyage primitif n'avait pas été accompli. Par conséquent, comme les disjonctifs sont souvent interprétés comme les conjonctifs, je comprends ces mots *leur port* dans ledit article comme indiquant le port auquel le vaisseau était destiné, et où son voyage devait finir [1].»

Ces extraits de l'ouvrage de Bynkershoek démontrent que les principes élémentaires du droit de blocus, comme ils furent entendus et pratiqués à l'époque dont il parle, et aussi de

---

[1] Le savant traducteur de Bynkershoek en anglais, M. Duponceau, prétend que cette partie de l'édit est trop claire pour avoir besoin d'être interprétée. «Since whether the vessel was chased into the actual port of her destination, or into any other port of her own country, she is equally to be condemned according to the letter of the law as it is given to us, so that the interpretation which our author contends for appears to us to be not only unnecessary but dangerous, as it would make a merely constructive offence of what the legislator expressly made a positive one.» (BYNKERSHOEK, *Law of War*, translated by Duponceau, p. 90, note. Philadelphia, ed. 1810.)

son temps, furent les mêmes, ou à peu près les mêmes, que l'usage des nations maritimes a sanctionnés, et que ceux que l'approbation des publicistes modernes regarde comme étant conforme au droit des gens. Il est évident que ce grand publiciste ne pouvait concevoir l'idée de la légalité d'un blocus établi par proclamation, ou sur papier, sans être effectivement mis à exécution, comme nous en avons eu des exemples de notre temps. Il allègue le fait historique, que cet édit de 1630 ne fut pas effectivement mis à exécution par l'application actuelle d'une force suffisante pour maintenir le blocus; et en attendant un commerce libre fut poursuivi, nommément en 1642 par les neutres, avec les ports de Flandre. «Pendant cette période, dit-il, certains vaisseaux neutres furent saisis et amenés dans les ports de la Zélande. Cependant les seules marchandises de contrebande furent détenues et confisquées, et tout le reste des cargaisons fut acquitté et relâché. On a demandé par quelle loi ces marchandises furent confisquées dans ces circonstances, et il y a des personnes qui nient la légalité de leur confiscation. Il est évident, cependant, que dans l'intervalle où ces ports furent gardés moins sévèrement, la loi de blocus, d'après laquelle toutes les marchandises neutres allant à un port bloqué, ou revenant d'un tel port, peuvent être légalement saisies, pourrait avoir été légalement relâchée; mais la loi générale de la guerre, d'après laquelle les marchandises de contrebande transportées à un port ennemi, même si ce port n'est pas bloqué, sont sujettes à la confiscation, continuait encore d'être en pleine vigueur [1].» Et dans son *quatrième* chapitre, il flétrit l'inconséquence des États-Généraux qui «se vantaient en 1652 d'avoir prohibé aux Anglais tout commerce avec les autres nations, et en 1663 qu'ils avaient contesté aux Espagnols ce même droit, qu'ils avaient eux-mêmes exercé contre les Anglais [2].

[1] Bynkershoek, *Q. J. publ.*, lib. I, cap. XI.

[2] «Id vero, neque aliud Ordines Generales complexi sunt illo

Cette prétention arrogante et injuste de la part de la Hollande fut renouvelée par cette puissance conjointement avec l'Angleterre, dans la guerre qui éclata immédiatement après la révolution anglaise de 1688, et la formation de cette ligue contre la France, appelée la grande alliance par les historiens anglais. Une convention fut signée à Londres le 22 août 1689, entre l'Angleterre et la Hollande, par laquelle ces deux puissances annonçaient, qu'ayant déclaré la guerre au roi très-chrétien, il leur convenait de faire autant de mal que possible à l'ennemi commun, afin de lui imposer des conditions telles qu'elles pourraient rétablir le repos de la chrétienté, et qu'à cette fin, il était devenu nécessaire d'interrompre tout commerce avec les sujets dudit roi, et pour cet objet elles avaient ordonné à leurs flottes de bloquer tous les ports de la France. Et par le troisième et le quatrième article de ce traité, il fut

decreto (26 juin 1630), ex quo ad eam, de qua nunc disputo, quæstionem recte argumentaberis, si et anno 1666 Angliam, Scotiam, Hyberniam et omnia illa, quæ in Asia, Africa et America habebant Angli classibus suis obsessa habuerint Ordines Generales. Relatum quidem est, eosdem Ordines anno 1652, quod ad Anglos, tale quid jactitasse, omnibus sic interdicto cum Anglis commercio, sed quo jure jactitarunt nunc non quæro, contentus monere, eosdem Ordines anno 1663 Hispanis, cum hi Lusitaniam obsessam habere videri vellent, id ipsum negasse, quod contra Anglos antea sibi arrogaverunt, sic enim proditum est in annalibus.» (BYNKERSHOEK, *Q. J. publ.*, lib. I, cap. IV.)

Voyez ce qui est raconté d'un blocus des ports russes dans la Baltique, proclamé par Charles XII de Suède, mais contesté par la Hollande et l'Angleterre (ces deux puissances étant alors neutres dans la guerre entre la Russie et la Suède), sur le motif allégué qu'il n'était pas effectivement exécuté par une force suffisante. Dans un des mémoires anglais présentés à cette occasion, il est dit : «Si lesdites villes étaient actuellement assiégées ou bloquées, les sujets de Sa Majesté et de leurs hautes puissances n'auraient point de prétexte d'y aller; mais le cas est bien différent par rapport à quelques vaisseaux qui croisent seulement dans la mer Baltique.» (ROBINSON, *Collectanea maritima*, p. 162, note.)

stipulé qu'elles se saisiraient de tous les vaisseaux, de quelque nation qu'ils fussent, qu'on trouverait en entrant ou en sortant des ports de France, et qu'elles confisqueraient, comme de bonne prise, tous lesdits vaisseaux et leurs cargaisons, et que cette résolution serait notifiée à tous les états neutres [1].

Cette prétention, qui ressemble tant aux blocus universels établis par les décrets exceptionnels de l'Angleterre et de la France dans la dernière guerre maritime de notre époque, trouva de la résistance de la part des puissances maritimes de la Baltique, telles que la Suède et le Danemark, qui étaient principalement intéressées dans la question. Ces deux puissances formèrent une espèce d'alliance de neutralité armée en 1693. Dans le préambule de ce traité il est déclaré que «quoique leurs majestés les rois de Suède et de Danemark aient espéré, qu'après avoir publié leur traité de 1691, pour le maintien de leur navigation et de leur commerce, les pirateries injustes et multipliées contre le commerce de leurs sujets auraient enfin cessé, elles ont été affligées de trouver que, nonobstant les remontrances qu'elles avaient faites de temps en temps aux puissances engagées dans la guerre pour y mettre fin, ces pirateries ont augmenté à un point qu'on ne peut pas exprimer.»

Dans une lettre écrite par Puffendorf à Gronovius, qu'il avait consulté sur un ouvrage qu'il projetait concernant la liberté du commerce, Puffendorf cherche à justifier, ou au moins à excuser cette mesure dirigée par les alliés contre la France, par des motifs de politique temporaire ou de prétendue nécessité, semblables à ceux qu'on a allégués en faveur de pareilles interdictions de tout commerce neutre dans des temps plus récents. Il prétendait que les puissances neutres devaient temporiser sur une question qui ne regardait que les intérêts individuels du commerce de quelques états, «pen-

---

[1] JENKINSON (Lord Liverpool), *Discourse, etc.*, p. 36, édit. 1606.

dant que les autres nations unissaient toutes leurs forces pour réduire dans des bornes raisonnables une puissance exorbitante et insolente, qui menaçait l'Europe de l'esclavage et la religion protestante d'une ruine totale [1].»

Ces raisons n'ont pas, cependant, paru suffisantes pour engager les puissances neutres à se désister de leurs réclamations, et Vattel nous dit que les belligérants ont enfin rendu justice à ces réclamations, en faisant cesser ces mesures rigoureuses [2].

§ 17.
Droit de visite.

Nous avons déjà vu que l'ancienne compilation du *Consulat de la mer*, en reconnaissant le droit de saisir les effets de l'ennemi chargés sur les vaisseaux neutres, reconnaît implicitement le droit de visiter ces vaisseaux pour constater la propriété, tant du navire que de la cargaison. Le même droit est explicitement reconnu dans les plus anciens règlements maritimes de la France et de l'Angleterre, comme un incident au droit de saisir et de confisquer les biens de l'ennemi et la contrebande de guerre. La résistance par la force à l'exercice du droit de visite fut punie par la confiscation [3].

Ces règlements de l'ancien droit maritime français furent insérés dans l'ordonnance de la marine de Louis XIV, de 1681, déclarant que tout vaisseau «sera de bonne prise en cas de résistance *et* de combat.» Valin dit que, quoique les expressions soient conjonctives, la résistance seule suffisait. Il cite

---

[1] Groningius, *Bibliotheca universalis librorum judic.*, p. 105.

[2] Vattel, *Droit des gens*, lib. 3, chap. 7, § 112. Grotius (*De jure belli ac pacis*, lib. III, cap. I, § V, note 6) cite plusieurs exemples de tentatives, de la part des belligérants, d'interdire tout commerce neutre avec un ennemi, tentatives qui ont donné lieu à ces articles déclaratifs dans plusieurs traités du dix-septième siècle, confirmant aux neutres le droit de poursuivre leur commerce ordinaire avec l'ennemi, avec les exceptions reçues, de marchandises de contrebande et des ports bloqués.

[3] Robinson, *Collectanea maritima*, pp. 10, 16, 18. *Ordonnance de Henri III, de* 1584, art. 65.

l'ordonnance de l'Espagne de 1718, évidemment transcrite de l'ordonnance de la marine, par laquelle il est exprimé disjonctivement «en cas de résistance *ou* de combat [1].»

Malgré cette législation de trois des grandes puissances maritimes de l'Europe destinée à régler la conduite de leurs propres vaisseaux armés en guerre, l'exercice du droit de visite continua d'être un objet de contestation entre elles-mêmes, et avec d'autres nations, telles que la Hollande et les états de la Belgique. Ces disputes ont donné lieu à des conventions qui stipulent des adoucissements à la règle rigoureuse, déterminent la manière d'exercer le droit, et quelquefois en suspendent l'application dans des circonstances particulières [2]. Il est souvent difficile de distinguer, dans ces discussions, les prétentions qui ont pris leur origine dans le droit de souveraineté réclamé par les Anglais sur les mers qui baignent les îles britanniques (où ils exerçaient un droit qu'ils refusaient aux autres, le fondant sur la juridiction territoriale), de la prétention plus générale fondée sur le droit de la guerre commune à toutes les nations belligérantes. Pendant la lutte pour la supériorité navale entre les principaux états maritimes de l'Europe vers le milieu du dix-septième siècle, Christine, reine de Suède, émit la prétention de résister à l'exercice du droit de visite par la protection d'un convoi de vaisseaux de guerre de la puissance neutre. Dans la déclaration publiée par elle en 1653, pendant la guerre entre les républiques anglaise et hollandaise, elle désavouait la prétention d'empêcher la saisie des marchandises ennemies, et elle a expressément limité la protection du convoi au com-

---

[1] «Tout vaisseau qui refusera d'amener ses voiles, après la semonce qui lui en a été faite par nos vaisseaux, ou ceux de nos sujets armés en guerre, pourra y être contraint par artillerie ou autrement, et en cas de résistance et de combat, il sera de bonne prise.» (*Ordonnance de la marine*, lib. III, tit. 9, *Des prises*, art. 12. VALIN, *Traité des prises*, chap. 5, § 8, No. 6.)

[2] ROBINSON, *Collectanea maritima*, pp. 36, 50.

merce direct des Suédois et autres nations neutres avec les ports neutres, sans néanmoins mettre aucune entrave «au commerce libre de ses sujets, pour leur propre compte ou celui d'autrui, avec l'Angleterre et la Hollande sans convoi [1].» On ne sait pas de quelle manière la Suède a tenté de mettre à exécution cette prétention, et de quelle manière elle a été reçue par les puissances belligérantes, la paix ayant été signée entre les deux républiques l'année suivante, 1654. En effet il paraît presque certain que cette déclaration n'a jamais été mise à exécution, et Puffendorf explique cette circonstance par les deux raisons suivantes: d'abord, que la paix fut bientôt attendue; et ensuite, «que la reine craignait d'être entraînée dans la guerre, si les Suédois s'opposaient à la visite de leurs vaisseaux par les Anglais ou les Hollandais, et qu'un combat ne s'ensuivît, comme il arrive ordinairement dans ces cas [2].»

Le code civil danois de Christian V, de l'année 1688, ordonne (chap. 7, art. 2), que «quand par crainte des corsaires ou autres dangers, des vaisseaux marchands appartenants aux sujets danois voudraient s'accorder ensemble pour leur protection mutuelle, et trouveraient entre eux un vaisseau propre à être armé en guerre, ce vaisseau était autorisé à porter le pavillon royal, à protéger les autres, et à ne permettre à aucun vaisseau étranger, sous aucun prétexte, de les visiter ou d'examiner leurs papiers de bord, mais au contraire de les tenir au large; que les autres vaisseaux de la flotte marchande seraient tenus de l'aider avec toutes leurs forces; et si un vaisseau étranger voulait les contraindre à souffrir la visite

---

[1] Thurloe's *State papers*, vol. I, p. 424.

[2] «Omittebat tamen id consilium onerarias naves bellicis conducendi Regina, quod pax brevi inter bellantes coitura videretur, ac ne forte hac occasione invita in bellum traheretur, si Angli aut Hollandi navarchi Suecias naves excutere auderent, Suecisque navarchis· id abnuentibus ad manus, uti solet, esset perventum.» (Puffendorf, *De Reb. Suecis,* lib. XXV, § 41.)

de l'en empêcher par tous ses moyens, et de ne rien permettre qui pût empiéter sur la souveraineté du roi et les droits de ses sujets [1]. »

En supposant que ce règlement doive être entendu comme autorisant tout vaisseau qui porte le pavillon royal à résister à la visite exercée par un vaisseau de guerre étranger aux navires de son convoi, il a été probablement tiré des ordonnances maritimes établies pendant le moyen âge pour régler ces associations volontaires des vaisseaux marchands dans la Méditerranée et dans les mers du Nord, qui se réunissaient ensemble pour leur protection mutuelle contre les pirates et les ennemis publics [2]. Mais il paraît n'avoir jamais été mis à exécution depuis son insertion dans le code de Christian V, et quant à son application dans le cas de résistance à l'exercice du droit de visite de la part des puissances belligérantes, il ne pourrait guère être concilié avec les stipulations positives des traités alors subsistants entre le Danemark et ces puissances.

En 1654, des vaisseaux hollandais, sous l'escorte d'un vaisseau de guerre, furent visités par les Anglais. Une réclamation ayant été faite auprès des États-Généraux, deux questions furent posées, d'abord sur la visite *du vaisseau de guerre,* ensuite sur celle *des vaisseaux marchands.* A l'égard de la première question, il fut résolu par les États-Généraux que «tous les capitaines à leur service seront autorisés à ne pas condescendre à la visite des étrangers à bord des vaisseaux de l'État. Quant au deuxième article touchant la visite des vais-

---

[1] Schlegel, *Examen de la sentence prononcée par le tribunal d'amirauté anglaise, le 21 juin 1799, dans l'affaire du convoi suédois.*

[2] Loccenius, *De jure maritimo,* lib. II, cap. 11. *Consulato del mare,* cap. 283, édit. ital.

Ces associations furent nommées *Admiralitas, Conservagio, Admiralschaft,* etc. Heineccius cite l'ordonnance de Christian V comme étant destinée à régler de telles associations. (*De nav. ob vect. merc. vetit. comm.,* cap. II, § 15.)

seaux marchands de ce pays-ci, leurs hautes puissances se conformeront à ce qui a été réglé et pratiqué auparavant par cet état, quant aux vaisseaux marchands des autres nations, même aux vaisseaux anglais sous essorte; et quoiqu'elles soient persuadées que cette visite ait un grand inconvénient pour le commerce, on ne peut pas raisonnablement s'en plaindre, ni demander que les Anglais s'en désistent.» Il fut aussi résolu qu'on entamerait une négociation avec le gouvernement anglais, «afin de faire régler la visite, de manière qu'elle fût faite avec le moins d'inconvénients possibles pour le commerce des deux parties, comme il a déjà été convenu par des stipulations dans les traités avec le roi de France et celui d'Espagne[1]. »

En 1655, l'agent anglais en Hollande écrivit à son gouvernement: «Ils ont ici l'intention de frustrer le Protecteur de son droit de visite, et ceci par l'emploi des convois de force suffisante, et par ce moyen ils veulent attirer tout le commerce à eux seuls et à leurs vaisseaux[2]. »

En 1656, les amirautés d'Amsterdam et de Rotterdam ont ordonné à tous leurs commandants «d'avoir pour les vaisseaux de guerre anglais tous les égards possibles; que s'ils manifestaient l'intention de faire la visite, il fallait les recevoir poliment, leur permettre de parler avec les vaisseaux de leur convoi et de voir leurs papiers, mais que s'ils insistaient sur la visite, il fallait résister et repousser la force par la force.» Dans le mois de mai de la même année (l'Espagne étant alors en guerre avec l'Angleterre), il arriva une rencontre de cette nature entre une flotte de vaisseaux marchands hollandais venant de Cadix, et destinée pour les ports de la Hollande, sous le convoi de l'amiral de Ruyter, ayant sous ses ordres sept vaisseaux de guerre, et une escadre de frégates anglaises, qui se trouvant trop faible pour combattre avec l'amiral hol-

[1] THURLOE's *State papers*, vol. II, p. 503.
[2] *Ibid.*, vol. IV, p. 203.

·landais, accepta sa déclaration qu'il n'y avait «rien à bord appartenant au roi d'Espagne[1].»

Au mois d'août de la même année, le protecteur Cromwell écrivait à son amiral Montagu : «Le secrétaire m'a communiqué votre lettre du 28 dernier, par laquelle vous lui annoncez les instructions que vous avez données pour visiter des vaisseaux hollandais, qui (comme vous en êtes informé) sont chargés d'argent et de marchandises appartenant aux Espagnols, ennemis déclarés de cet état. Il n'y a point de doute que les instructions que vous avez données ne soient parfaitement d'accord avec le droit des gens et les traités qui existent entre cette république et les Provinces-Unies, et par conséquent nous désirons que vous continuiez les mêmes directions, en requérant les capitaines d'y tenir la main afin qu'elles soient exécutées[2].» Et dans la négociation entamée pendant la même année entre les deux républiques, la proposition de dispenser de la visite les vaisseaux marchands, naviguant sous le convoi des vaisseaux de guerre, fut soutenue avec beaucoup de zèle et d'insistance par Nieuport, ambassadeur hollandais. Il écrivit le 21 septembre 1657: «A l'égard des articles secrets regardant la visite des vaisseaux marchands qui naviguent sous le convoi du pavillon de l'état, j'ai observé à leurs seigneuries qu'autrefois tous les rois et les états avaient toujours fait une distinction entre les vaisseaux des particuliers qui naviguent à leurs propres risques et périls, et les vaisseaux de l'état, ainsi que ceux qui traversent la mer sous leur protection. Que leurs hautes puissances étaient d'avis que ce serait une grande sécurité pour leurs états, si les vaisseaux et les officiers de l'état étaient responsables des vaisseaux marchands qui naviguaient sous leur convoi; et que ce que j'avais proposé dans mon dernier mémoire n'était pas une nouveauté, ce même projet ayant déjà été proposé dans toutes

[1] THURLOE's *State papers,* vol. IV, pp. 730, 740.
[2] *Ibid.*

les négociations depuis l'année 1651, de manière que si l'affaire n'était pas réglée d'après lesdits articles, les troubles en mer, dont j'avais eu si souvent occasion de me plaindre, ne pourraient jamais être apaisés. Les trois lords répondirent, l'un après l'autre, et insistèrent sur ce que le projet ne pouvait pas être compatible avec leur sécurité, qu'ils ne pouvaient et ne devaient pas se fier aux déclarations des officiers de la marine; qu'il donnerait lieu à des gens mal disposés de secourir l'ennemi; qu'aucun autre traité antérieur ne renfermait une pareille stipulation, et que leurs hautes puissances n'avaient aucune raison de désirer une telle innovation. J'ai allégué, au contraire, que l'usage de ce côté-ci, à l'égard de la visite des vaisseaux neutres sans distinction, fût elle-même une innovation, et que les habitants des Provinces-Unies, qui sentaient les inconvénients de cet usage, avaient raison d'insister pour qu'on y mît ordre par un bon règlement [1]. »

L'ambassadeur hollandais enfin quitta l'Angleterre *re infacta*, le protecteur insistant toujours avec beaucoup d'énergie sur la prétention contraire; et une autre lettre, dans la collection de Thurloe, nous informe que son gouvernement fut facilement consolé de la non-réussite de sa négociation, parce que la Hollande pourrait avoir bientôt occasion de recourir elle-même à l'exercice de ce droit belligérant, dans la guerre qui était sur le point d'éclater avec le Portugal [2].

Nous venons de voir que Bynkershoeck, écrivant après la paix d'Utrecht, pose la règle que les marchandises ennemies chargées à bord d'un vaisseau neutre peuvent être saisies et confisquées, à moins qu'il n'y eût quelque traité applicable

---

[1] THURLOE's *State papers*, vol. VI, p. 511.

[2] «Il est fort croyable que le sieur Nieuport ne sera guère content d'avoir failli à achever le traité de la marine; néanmoins je m'imagine que la Hollande à présent ne serait pas fort marry de ne l'avoir pas achevé, pour ne se pas oster de visiter les mêmes en cette guerre contre le Portugal. (Lettre de La Haye, 60, novembre, 1657.» THURLOE's *State papers*, vol. VI, p. 621.)

au cas, et créant des exceptions au droit préexistant, en établissant la règle de *vaisseaux libres, marchandises libres*. En raisonnant sur ce principe du droit des gens primitif, il répond à l'objection qu'on pourrait faire, qu'une nation belligérante ne peut pas prendre des effets de son ennemi dans un vaisseau neutre, sans s'emparer du vaisseau même, et qu'un tel procédé est tout aussi illicite, que s'il attaquait cet ennemi dans un port neutre, ou s'il commettait des déprédations sur le territoire d'un ami. «Mais, dit-il, il doit être observé qu'il est permis d'arrêter un vaisseau neutre pour déterminer, non-seulement par le pavillon, qu'on aurait pu frauduleusement usurper, mais aussi par les documents eux-mêmes trouvés à bord, s'il est véritablement neutre. Si le résultat de l'examen est favorable, alors il doit être relâché; autrement on peut s'emparer du vaisseau. Et si ceci est permis, comme il l'est d'après tous les principes, et comme il est généralement pratiqué; il sera permis aussi d'examiner les documents qui regardent la cargaison, et de s'informer de cette manière s'il y a des effets ennemis cachés à bord [1].»

Il est évident que cet examen des documents qui constatent la propriété, ne peut avoir lieu sans l'exercice du droit de visite. Ce passage démontre quel fut, d'après l'opinion du publiciste hollandais, l'usage approuvé des nations sur cette matière, à l'époque déjà indiquée.

Il paraît aussi évident, d'après le témoignage de l'histoire, que le droit de visite fut maintenu en pratique par son pays pendant qu'il était partie belligérante, quoique les Hollandais cherchassent souvent à faire excepter leur pavillon de l'application de ce droit de visite pendant qu'ils étaient neutres, afin de s'attirer le commerce de fret, sous la protection de leur maxime favorite: *libres vaisseaux, libres marchandises*. Ce principe leur fut concédé par l'Angleterre dans le traité de

---

[1] BYNKERSHOEK, *Q. J. publ.*, lib. I, cap. XIV.

1666, confirmé par celui de 1673, qui tous les deux gardent également le silence sur la question du convoi. Ils exceptent les marchandises de contrebande de la liberté générale du pavillon neutre, et rendent indispensable la production de certaines preuves de la nationalité du vaisseau. Les passe-ports et autres documents peuvent être procurés par la fraude aussi bien que le pavillon, et il n'est pas à supposer qu'on ait eu l'intention d'étendre la protection des traités à une neutralité simulée par la fraude, pour cacher les intérêts de l'ennemi dans le vaisseau, aussi bien que dans la cárgaison.

§ 18.
Souveraineté
des mers.

Les questions concernant la souveraineté des mers ont été bien des fois agitées pendant la période dont nous nous occupons. La question de savoir jusqu'à quel point une nation pouvait s'approprier, à l'exclusion des autres, la pleine mer, ou l'Océan, avait exercé les plumes des plus habiles publicistes de l'Europe, vers le commencement du dix-septième siècle. Les prétentions démesurées de l'Espagne et du Portugal à la souveraineté des terres et des mers du Nouveau-Monde, en vertu de la fameuse concession du pape Alexandre VI, fondée sur le droit de découverte et de conquête, furent contestées par les Hollandais, qui avaient secoué en même temps le joug politique de l'Espagne et le joug religieux de Rome. Leur grand publiciste et homme d'état,

Grotius.
Mare liberum.

Grotius, fut le premier à combattre ces prétentions, et à défendre le droit commun de toutes les nations de jouir de la libre navigation, du commerce et de la pêche dans l'Atlantique et la mer Pacifique. Son traité *De mare libero*, fut publié en 1609 [1].

Dans son ouvrage postérieur *De jure belli ac pacis*, publié en 1625, il reconnaît à peine à une nation le droit de s'appro-

---

[1] Hugo Grotius, *Mare liberum*, sive *De jure, quod Batavis competit ad Indicana commercia, dissertatio*. Il fut d'abord publié sans nom d'auteur, à Leyde, en 1609, et depuis dans la même ville, avec son nom, en 1616.

prier les mers qui baignent ses côtes, quoiqu'il cite un grand nombre d'anciens auteurs, pour prouver qu'une prétention plus étendue avait été quelquefois sanctionnée par l'usage, et qu'il puisse être réclame de cette manière plus d'une portion très-limitée; et il parle toujours de *pars* ou *portus maris*, limitant ainsi ses vues à l'effet de la terre avoisinante, en donnant une juridiction et propriété nationale de cette nature[1].

Albericus Gentilis, le prédécesseur de Grotius dans la science du droit international, et professeur de droit romain à l'université d'Oxford, avait soutenu le droit de souveraineté réclamé par les rois d'Angleterre sur la mer britannique, dans son *Advocatio hispanica*, publié en 1613[2].

En 1635, le savant Selden publia son *Mare clausum*, sous les auspices du fameux archevêque Laud. Dans cet ouvrage, les principes généraux soutenus par Grotius dans son *Mare liberum* sont mis en question, et les prétentions de l'Angleterre sont plus vigoureusement défendues que par Gentilis. Le premier livre de cet ouvrage célèbre traite de la proposition générale que la mer peut devenir la propriété d'une nation particulière à l'exclusion des autres, proposition que l'auteur cherche à démontrer, non par des arguments, mais en recueillant une multitude de citations des anciens auteurs, à la manière de Grotius, mais avec moins de choix. Il ne répond pas aux arguments par lesquels une prétention si vaste et si vague est repoussée; et dans la seconde partie de son ouvrage, qui embrasse son principal objet, il a recours seulement aux preuves tirées de l'usage, des lois, et des conventions positives, pour établir le droit de souveraineté réclamé par l'Angleterre depuis les plus anciens temps, dans les mers appelées par les Anglais, les *Narrow seas*[3].

A. Gentilis,
Advocatio
hispanica.

Selden,
Mare clausum.

---

[1] GROTIUS, *De jure belli ac pacis*, lib. II, cap. III, §§ VIII, XIII.

[2] *De advocatione hispanica*, lib. I, cap. VIII.

[3] JOH. SELDEN, *Mare clausum, sive de dominio maris libri II.*

Puffendorf, dans son ouvrage publié en 1672 sur le droit naturel et des gens, pose le principe que dans une mer étroite la souveraineté en appartient aux souverains des terres avoisinantes; et il doit être distribué d'après les mêmes règles applicables aux propriétaires riverains sur les bords d'un lac ou d'une rivière, en supposant qu'il n'y a pas de convention pour l'approprier exclusivement à l'un d'entre eux, «comme il est prétendu, dit-il, par la Grande-Bretagne.» Mais il s'exprime avec une certaine indignation contre la supposition que les grandes mers ou l'Océan puissent jamais être appropriées à une nation à l'exclusion des autres [1].

Les rois d'Angleterre manifestèrent principalement leur prétention à la souveraineté des mers, en excluant de la pêche les autres nations, et en exigeant de tous les vaisseaux étrangers, tant de l'état que des particuliers, le salut envers les vaisseaux de guerre anglais dans les quatre mers qui entourent les îles de la Grande-Bretagne et de l'Irlande. Les Hollandais avaient reconnu un droit exclusif à la pêche dans ces mers et près des côtes, en acceptant des licences ou permissions de pêche, moyennant des payements annuels. L'exercice de ce droit fut aussi entièrement suspendu à certaines époques, entre les souverains d'Angleterre et les princes de la maison de Bourgogne. Les honneurs réclamés pour le pavillon royal depuis les temps les plus reculés, devinrent un objet perpétuel de dissentiment avec les autres états maritimes, et le prétexte, sinon la cause réelle de plusieurs guerres sanglantes avec la Hollande, du temps de la république anglaise, et sous les derniers rois de la maison de Stuart. L'Angleterre

---

Primo, mare ex jure naturæ sive gentium omnium hominum non esse commune, sed dominii privati sive proprietatis capax pariter ac tellurum esse demonstratur; *Secundo*, Serenissimum Magnæ Britanniæ regem maris circumflui ut individuæ atque perpetuæ imperii britannici appendicis dominum esse asseritur.

[1] PUFFENDORF, *De jure naturæ et gentium*, lib. IV, cap. 5, § 7.

et la Hollande, étant rivales pour la suprématie navale et commerciale, ont naturellement fait un point d'honneur de cette prétention, exigée par l'une et refusée par l'autre, comme une marque de supériorité. Le chevalier Guillaume Temple, en parlant dans ses mémoires des négociations qui précédèrent le traité de paix conclu à Westminster en 1671, dit «qu'un des principaux points de la plus grande difficulté fut celui du pavillon, qui a été porté aussi loin que sa Majesté pourrait le désirer; et de cette manière la reconnaissance de la souveraineté de la couronne dans les mers étroites *(Narrow seas)*, concédée par convention avec le plus formidable de nos voisins, prétention qui n'avait jamais été reconnue par les plus faibles entre eux, autant que je m'en souviens, et qui n'avait servi jusqu'ici que comme prétexte de querelles, quand l'une ou l'autre partie était disposée d'en chercher une [1].»

La prétention anglaise n'a jamais été formellement reconnue par la France. Louis XIV publia, le 15 avril 1689, une ordonnance défendant aux officiers de sa marine de saluer les vaisseaux des autres princes portant pavillon d'un rang égal, et en même temps leur enjoignant d'exiger le salut des vaisseaux étrangers en pareil cas, et de les contraindre par la force, dans quelque mer et sur quelques côtes qu'ils puissent être trouvés. Cette ordonnance fut évidemment dirigée contre l'Angleterre. Et nous trouvons par conséquent, que dans le manifeste publié par Guillaume III, le 27 mai 1689, il allègue comme un de ses motifs pour déclarer la guerre à la France, «que le droit de pavillon qui appartient à la couronne d'Angleterre, a été disputé par son ordre (de Louis XIV); ce qui

---

[1] TEMPLE's *Memoirs*, vol. II, p. 250. *Traité de Westminster*, 1674, art. 4. DUMONT, *Corps diplomatique*, vol. VII, p. I, p. 254.— BYNKERSHOEK remarque sur cette concession de la part de son pays: «Usu scilicet maris et fructu contenti Ordines, aliorum ambitioni, sibi non damnosæ, haud difficulter cedunt» *Q. J. publ.*, lib. II, cap. XXI.

tend à la violation de notre souveraineté sur la mer; laquelle a été maintenue de tout temps par nos prédécesseurs, et que nous sommes aussi résolus de maintenir pour l'honneur de notre couronne et de la nation anglaise [1]. »

L'historien anglais Hume, en parlant de l'attaque faite par une escadre anglaise sur des bateaux pêcheurs hollandais en 1636, dit: « Les Hollandais ont contesté ouvertement la prétention à la souveraineté des mers hors les baies, les détroits, et le long des côtes, et on peut douter si des prétentions plus étendues peuvent être soutenues par les principes du droit des gens [2]. »

Ces limites sont celles posées par sir Léoline Jenkins, juge de l'amirauté en Angleterre pendant les règnes de Charles II et de Jacques II, dont nous avons déjà eu souvent occasion de citer les rapports faits à ces monarques sur des questions du droit maritime. Il paraît, d'après ces pièces officielles, que hors de ces limites on n'exigeait rien des autres nations, excepté les honneurs navals réclamés par le pavillon royal, et qu'en outre il était défendu aux vaisseaux étrangers armés en guerre d'approcher trop près des côtes, dans la crainte de troubler la sécurité du commerce anglais, ou celui d'autres états amis naviguant dans les mers limitrophes. Cette définition modérée et raisonnable montre suffisamment que la souveraineté alors réclamée par l'Angleterre, ne fut pas d'une étendue aussi grande qu'on pourrait le supposer; parce que dans ce cas-là, on n'aurait pas trouvé nécessaire de limiter cette protection due aux personnes et aux propriétés étrangères appartenantes aux états en amitié avec l'Angleterre, dans les bornes de sa juridiction neutre. Ce savant magistrat insiste surtout sur l'immunité de l'exercice de tout acte d'hostilité commis par les étrangers dans ces portions de la

---

[1] VALIN, *Commentaire sur l'ordonnance de la marine*, liv. 5, tit. I.: *De la liberté de la pêche.*

[2] HUME's *History of England*, vol. VI, chap. 52.

mer, le long des côtes appelées *the king's chambers*, c'est-à-dire des portions de la mer découpées par des lignes droites tirées d'un promontoire à un autre. Dans tous les cas de saisie par les croisières étrangères dans ces limites, il décide que les biens saisis doivent être remis au propriétaire à cause de la violation du territoire neutre [1].

Bynkershoek aussi, dans son traité des lois de la guerre, *De rebus bellicis*, étend la protection du territoire neutre le long des côtes jusqu'à la portée du canon, et aux ports, rivières, baies, golfes et autres parties fermées de la mer. Il condamne en conséquence la conduite de diverses nations belligérantes, et entre autres des Hollandais, qui avaient commis des actes d'hostilité dans ces limites pendant les guerres maritimes du dix-septième siècle. La seule exception qu'il fait à cette règle est le cas, où l'attaque contre l'ennemi aura été commencée en dehors du territoire neutre, dans lequel il soutient qu'il est permis de continuer le combat dans les limites du territoire neutre, *dum fervet opus*; avec cette condition que s'il s'ensuit quelque lésion pour les personnes ou les propriétés de l'état neutre, il doit être regardé comme un acte d'agression. Il avoue cependant qu'il n'avait jamais trouvé que cette distinction eût été admise en théorie par l'autorité d'aucun publiciste, ni mise en pratique par aucune nation d'Europe, excepté par les Hollandais. Il la soutient seulement par la raison et les exemples historiques qu'il cite de son application [2].

Bynkershoek avait commencé sa carrière brillante comme publiciste, par la publication, en 1702, de son traité *De dominio maris*. Dans cet ouvrage, il suppose qu'une seule nation peut s'approprier exclusivement certaines parties de la mer. Telles sont: 1° Les parties les plus proches de la terre, *mare terræ proximum*, jusqu'à la portée du canon [3]. 2° Les mers

---

[1] Sir L. JENKINS' *Life and Letters*, vol. II, pp. 727, 732, 755, 780.

[2] BYNKERSHOEK, *Q. J. Publ.* lib. I, cap. VIII.

[3] «Alioquin generaliter dicendum est potestatem terræ finiri,

qui sont entièrement entourées par le territoire avoisinant d'un état particulier, avec un passage dans la grande mer, les deux rives étant exclusivement occupées par cet état. Telle fut la Méditerranée au temps de l'empire romain, et la mer Noire à l'époque où il écrivait, tous les territoires riverains et le passage dans la Méditerranée appartenant alors exclusivement aux Ottomans. Mais il déclare qu'il n'y avait pas d'exemple de son temps qu'une partie de la mer fût reconnue comme appartenant à un souverain particulier, à moins qu'il ne possédât le territoire avoisinant. Il conteste surtout la validité de la prétention des rois d'Angleterre aux mers qui baignent les îles britanniques, et de la république de Venise, à la mer Adriatique, ces prétentions n'étant pas basées sur la possession non interrompue et non contestée. Enfin il ne regarde pas les honneurs accordés par la république hollandaise au pavillon royal d'Angleterre, comme impliquant une reconnaissance de la souveraineté réclamée par ce dernier sur les mers britanniques [1].

ubi finitur armorum vis, etenim hæc, ut diximus possessionem inetur.» (BYNKERSHOEK, *De dominio maris*, cap. II.)

[1] «Ut tamen regiis Britannorum navibus, tanquam principi reverentia haberetur, obtinuerunt in pacis pactionibus, quæ illis nobiscum intercesserunt anno 1662, 1664, 1667 et 1674, et in § 4 pacis inter Carolum II, Angliæ regem, et Ordines fœderati Belgii, illo anno 1674, 19 Febr. factæ expressum est, Ordines agnoscere, jus esse regiis Anglorum navibus, ut iis Ordinum etiam totæ classes summum aplustre et supparum submittant in omni isto mari, quod septentriones et promontorium, quod *finis terræ* dicitur, interjacet. Sed quod ita accipiendum est, ut omnes pactiones, quas, ut bello abstineatur pasciscimur, nempe Anglis id competere, quia in id convenit, per se enim nihil in eo mare habent, præcipuum. Porro ut ita hoc accepi velim, ut ne credamus Belgas et ipso Anglis concessisse illius maris dominium, nam alius est se subditum profeteri, aliud majestatem alicujus populi comiter conservare, fit hoc, ut intelligamus, alterum populum superiorem esse, non ut intelligamus, alterum non esse liberum.» (*De dominio maris*, cap. V.)

La souveraineté réclamée par le Danemark sur le Sund et ·les deux détroits qui forment l'embouchure de la Baltique dans la mer du Nord, est basée par les publicistes danois sur la prescription immémoriale sanctionnée par une longue succession de traités avec les puissances étrangères. Suivant ces auteurs, la prétention de leur pays a été exercée, depuis les temps les plus reculés, pour la sécurité du commerce et de ·la navigation de toutes les nations, contre les pirates et d'au·tres ennemis, et contre les dangers de la mer, par l'établissement des phares et des signaux. Mais le droit de lever des ·péages sur les vaisseaux étrangers, et leurs cargaisons naviguant dans ses eaux, n'est pas réclamé comme l'équivalent de ·ces services. Il est considéré comme appartenant à la souveraineté territoriale sur les côtes des deux rives du Sund ·(qui appartinrent exclusivement au Danemark jusqu'à la cession de la Scanie à la Suède en 1658), et sur les îles de l'archipel danois avec la péninsule de Jutland, qui appartiennent encore au Danemark [1].

§ 19.
La souveraineté réclamée par le Danemark sur le Sund et les Belts.

Les premiers documents authentiques constatant le payement des droits du Sund, datent du commencement du quatorzième siècle. D'après le témoignage de ces documents, il paraît que l'exécution de ce péage avait déjà donné lieu à des réclamations de la part des états de la Baltique, dont la navigation et le commerce en souffraient. Parmi ces états figuraient surtout les villes anséatiques, dont la confédération fut de tout temps redoutable comme rivale ou comme ennemie à la monarchie danoise. Un grand nombre de ces villes, telles que Riga, Elbing, Königsberg, Greifswalde, Stralsund, Stettin, ·Rostock, Wismar, Danzig, et surtout la puissante ville de ·Lubeck, étaient situées sur les côtes méridionales de la Baltique, et ne pouvaient communiquer avec la mer du Nord que par le Sund et les Belts. Elles réclamaient la liberté de navi-

Droits du Sund.

---

[1] SCHLEGEL, *Staatsrecht des Konigreich Dänemark*, S. 356—405.

gation d'une mer à l'autre, tandis que le Danemark insistait sur le péage comme un droit de souveraineté territoriale. Les discussions qui s'ensuivirent furent souvent terminées par les armes. Des concessions, plus ou moins avantageuses à chaque partie, étaient stipulées comme des conditions de paix, suivant que la victoire restait à l'une ou à l'autre partie. Le plus souvent ce fut la ligue anséatique qui remporta les plus grands succès. Il arriva même quelquefois, et nommément pendant la guerre de 1363 avec le roi Valdemar III, que la ville de Lubeck resta en possession des bords du Sund, et perçut les droits pour son propre compte. L'historien de cette fameuse confédération, Sartorius, remarque «que les villes anséatiques dominaient sur le Sund et les Belts, et réclamaient la libre navigation par ces détroits de la mer, comme appartenant à leur propre domaine. Elles jouissaient d'exemptions et de priviléges tels qu'aucune autre nation n'aurait osé en réclamer.» Cependant l'étendue de ces priviléges et de ces exemptions n'est pas bien constatée. Sartorius prétend que, d'après les concessions des rois de Danemark, toutes les marchandises chargées sur des bâtiments anséatiques, étaient exemptes des droits du Sund, quel que fût le pays de leur origine. Il est certain que les priviléges accordés n'étaient pas les mêmes pour toutes les villes anséatiques, mais que les six villes vandales *(wendische Städte)*, Lubeck, Hambourg, Rostock, Stralsund, Wismar et Lunebourg, étaient les plus favorisées. Il paraît qu'elles payaient un *rosenobel* pour chaque bâtiment, tandis qu'elles étaient exemptes de tout péage pour la cargaison. Après les villes vandales, ce furent les villes anséatiques des Pays-Bas qui étaient les plus favorisées[1].

Pour former un contre-poids à cette puissante ligue, les premiers rois de Danemark de la maison d'Oldenbourg cher-

---

[1] SCHERER, *Der Sundzoll, seine Geschichte, sein jetziger Bestand und seine staatsrechtlichpolitische Lösung*, § 5, 6.

chèrent à attirer d'autres peuples à prendre part au commerce de la Baltique, en leur accordant de semblables priviléges. Daus ce but, Jean II conclut, en 1491, avec Henri VII d'Angleterre, un traité par lequel il fut stipulé que les bâtiments anglais ne devaient pas passer le Grand-Belt, à moins qu'il n'y eût nécessité inévitable, et dans ce cas, ils devaient payer les mêmes droits à Viborg, que s'ils avaient passé le Sund à Elseneur. Chrétien Ier concéda des priviléges pour ce péage à certaines villes des Pays-Bas, priviléges qui furent confirmés et étendus par Chrétien II. Eu 1544, un traité fut conclu à Spire entre Chrétien III, roi de Danemark et les ducs de Schleswig-Holstein d'une part, et Charles V, comme souverain des Pays-Bas, d'autre part, qui contenait l'article suivant: « Les sujets des deux parties contractantes peuvent naviguer, voyager, et faire le commerce sans aucun empêchement, par terre ou par mer, dans les royaumes, principautés et seigneuries, villes, ports, et passages d'eau respectifs, sous la condition de payer les droits accoutumés depuis les anciens temps *(wie von alters hero)*. Leurs biens et leurs marchandises ne seront ni confisqués ni détenus par lesdits princes, ou par leurs baillis, employés et serviteurs [1]. »

On a généralement attribué l'origine, ou au moins la première reconnaissance formelle par les nations étrangères des droits du Sund, au traité de Spire; mais on voit que ce traité stipulait seulement que les marchands des Pays-Bas, fréquentant les ports et les passages d'eau du Danemark, devaient payer les mêmes droits qu'autrefois. Les droits du Sund ne sont pas expressément énoncés comme formant un des objets du traité; ils sont compris sous la dénomination générale de droits de commerce et de navigation. Suivant les publicistes danois, les droits du Sund avaient existé depuis un temps immémorial; cependant aucun tarif déterminé des

---

[1] DUMONT, *Corps diplom.*, tom. IV, p. II, p. 273.

péages n'avait été encore promulgué à l'époque du traité de
Spire. Les plus anciens documents que nous possédons concernant le tarif des droits du Sund sout de l'année 1558.
D'après ces documents, il paraît que la distinction reconnue
à présent entre les nations privilégiées et non privilégiées
existait déjà. Entre ces dernières, étaient compris les Anglais, les Écossais, les Français, les Portugais, et les habitants
de la ville d'Emden. Les bâtiments de ces nations payaient
un *rosenobel* pour chaque voyage d'aller et de retour, et un
pour cent de la valeur des marchandises de la cargaison, le
vin excepté, qui était imposé à trois et un tiers pour cent de
la valeur. Les faveurs accordées aux nations privilégiées dif-
féraient entre elles. Les six villes anséatiques qu'on appelait
les villes vandales, jouissaient d'une exemption complète pour
leurs propres bâtiments et leurs propres marchandises, pourvu
que leurs expéditions fussent munies de certificats de propriété. Les vins du Rhin et les vins forts d'Espagne étaient
néanmoins exceptés de ce privilége, et ils devaient payer les
mêmes droits que les vins transportés sur des bâtiments
néerlandais. Les villes anséatiques, qu'on appelait les villes
de l'est *(osterschen Hansestädte)*, telles que Danzig, Königsberg, Riga, Reval, Pernau, Stettin, Greifswalde, Wolgast,
Elbing et Kolberg, jouissaient de priviléges moins étendus. Les
bâtiments et les marchandises appartenants aux sujets danois
étaient exemptes de tout péage, mais si la cargaison appartenait à des étrangers, elle devait payer un *rosenobel*. Les peuples des Pays-Bas, et les villes anséatiques de l'occident
(westerschen Hansestädte) devaient payer un ou deux *rosen-
obels* pour chaque bâtiment, suivant le tonnage. Les vins du
Rhin et les vins d'Espagne devaient payer trois et demi pour
cent de la valeur. La ville d'Amsterdam était néanmoins
exempte de tout péage sur ces vins, s'il était constaté que la
cargaison appartenait à des marchands de cette ville [1].

[2] Scherer, *Der Sundzoll etc.*, S. 9—45.

Le traité conclu à Odensée, en 1560, entre Frédéric II, roi de Danemark, et ses sujets d'une part, et les villes anséatiques et leurs marchands, d'autre part, est basé sur le tarif de 1558, et confirme avec peu de variations les anciens priviléges de ces villes [1].

L'augmentation des droits du Sund par les rois de Danemark donna lieu à plusieurs ligues maritimes, vers la fin du seizième et au commencement du dix-septième siècle, entre la Hollande, les villes anséatiques et la Suède, pour la protection mutuelle de leur commerce dans la Baltique. Le résultat désastreux de la guerre commencée en 1643, entre la Suède et le Danemark, contraignit cette dernière puissance à décharger entièrement la navigation suédoise du payement des droits du Sund, par le traité de paix conclu à Brœmsbro, en 1645. Par un autre traité, conclu dans la même année à Christianopel avec la Hollande, le tarif des droits à prélever sur les bâtiments et les cargaisons hollandaises, en passant par le Sund et le Grand-Belt, fut définitivement arrêté. Ce tarif fixait les droits à payer sur chaque objet énuméré dans la liste, et ordonnait que «les marchandises non énumérées devaient payer suivant l'usage du commerce et ce qui avait été pratiqué depuis les temps anciens[2].»

En 1649, les Hollandais ont racheté l'exemption de leurs bâtiments et cargaisons des droits du Sund, moyennant dix payements annuels, de trois cent cinquante mille florins chacun. Cet arrangement a été dénommé *le traité de rédemption*. D'après la vaste étendue du commerce hollandais à cette époque, il n'y a pas de doute que ce ne fût un marché très-favorable pour la république, lié comme il était à un traité

---

[1] Dumont, *Corps diplom.*, tom. V. P. I, p. 73.

[2] «*Und sollen alle Ladungen, die in vorstehender Liste nicht specificirt seyn, gerechnet werden, nach Kaufmanns Gebrauch, und alss es von Alters hähr allezeit ist observirt worden,*» (Scherer, p. 205.)

d'alliance avec la couronne de Danemark. La guerre ayant éclaté en 1652 entre les deux républiques de l'Angleterre et de la Hollande, les États-Généraux demandèrent à Frédéric III les secours stipulés par le traité d'alliance. Mais les finances danoises ne se trouvaient pas en état de répondre à cette demande; un arrangement fut proposé par le Danemark comme étant plus avantageux à cette puissance, et peut-être également avantageux à la Hollande, d'après lequel le Danemark s'engageait à entretenir une flotte de vingt vaisseaux dans le Sund, afin d'exclure le pavillon anglais de la Baltique. Pour aider à entretenir cette flotte, les États-Généraux convinrent de payer un subside annuel de cent quatre-vingt-treize rixdalers; le traité de rédemption fut annulé, et le commerce de la Hollande fut de nouveau assujetti aux droits du Sund imposés par le traité de Christianopel.

En 1701, une convention fut signée à Copenhague, entre les deux pays, pour éclaircir l'obscurité du traité de Christianopel à l'égard des marchandises non énumérées dans le tarif. Par le troisième article du nouveau traité, il fut déclaré que, quant aux objets non spécifiés dans le premier traité, «les droits du Sund seront payés d'après leur valeur, c'est-à-dire d'après les lieux d'où ils viennent, et il sera payé un droit fixe d'un pour cent de leur valeur [1].»

On peut affirmer que ces deux traités de 1645 et 1701 constituèrent dès lors la loi conventionnelle sur les droits du Sund. Ils sont constamment cités dans tous les traités postérieurs entre le Danemark et d'autres puissances, comme établissant l'échelle normale d'après laquelle ces droits doivent être réglés.

[1] Art. 3. «*En wat aengæt de waaren off goederen die in de voorschreve Tollrolle van Ao. 1645 niet gespecificeret zijn, dat deselve den Orizondsen Toll nae Haere Waarde sullen betaleen dat die waarde sal werden gerecknet nae de plaetzen van woer deselve komen, en een van het Hondert van die Waarde betalt.*» (SCHERER, S. 207.)

De cette manière il fut stipulé, par le traité de 1645, entre le Danemark et la France, que les navigateurs français jouiraient des mêmes priviléges accordés aux Hollandais par le traité de Christianopel de la même année, avec la faculté en outre de naviguer par le grand et le petit Belt. Cette stipulation fut renouvelée en 1663 et en 1742, et par la convention de commerce et de navigation conclue à Paris entre les deux puissances, le 9 février 1842, il a été stipulé, art. 3, que «la navigation et le commerce français continueront à être traités dans le Sund, les Belts et le canal de Holstein, comme ceux des nations les plus favorisées, et conserveront nommément tous les avantages qui leur ont été reconnus par le traité de 1742 [1].»

Le traité de paix de 1654, entre la république d'Angleterre et le roi de Danemark, accorda aux navigateurs anglais les mêmes priviléges dont jouissaient les Hollandais. Et par le traité d'alliance de 1661, entre l'Angleterre et le Danemark, il fut stipulé que les sujets anglais ne devaient pas «payer d'autres ni de plus hauts droits que ceux qui sont payés par les habitants des Pays-Bas, et par d'autres étrangers faisant le commerce dans la Baltique, et qui payent les droits les plus minimes, *les Suédois seuls exceptés.*»

Cette dernière exception a rapport à l'exemption totale des Suédois du payement des droits du Sund, en vertu du traité signé à Brœmsbro en 1645, et de celui de Rœskild en 1658. Par ce dernier traité, toutes les provinces appartenantes au Danemark au delà du Sund furent cédées à la Suède, avec une confirmation de l'exemption antérieure de ses sujets, du péage des droits du Sund. Cette confirmation fut renouvelée par le traité définitif conclu à Copenhague en 1660, en vertu duquel le gouvernement danois avait stipulé le payement à la

---

[1] *Annales maritimes et coloniales de* 1842, part. officielle.

Suède de la somme annuelle de trois mille cinq cents rixdalers, prélevés sur les droits perçus à Elseneur pour l'entretien des phares sur les bords du Sund appartenant à la Suède, pendant que cette dernière puissance renonçait à toute participation dans les revenus provenant des droits du Sund. Le sort des armes a enfin tourné en faveur du Danemark, et en vertu du traité de paix conclu à Frederichsborg en 1720, la Suède a payé le prix de l'ambition effrénée de Charles XII, en renonçant à l'exemption dont elle avait joui pendant soixante-quinze ans, et en stipulant le payement des mêmes droits sur les bâtiments et sur les marchandises suédoises que payaient les Hollandais, les Anglais et les autres nations les plus favorisées [1].

Depuis cette époque, la plupart des puissances maritimes de l'Europe et de l'Amérique ont suivi le même exemple. Les nations étrangères qui ont conclu des conventions spéciales avec le Danemark sur cette matière, sont désignées comme *privilégiées*. Les autres nations sont appelées *non privilégiées*. Une revision de l'ancien tarif des droits du Sund de 1645 a eu lieu par suite des conventions conclues à Londres et à Elseneur, en 1841, entre les gouvernements danois, anglais et suédois, pour régler les péages de ces droits. D'après cet arrangement, qui doit durer pendant dix ans à compter du 1ᵉʳ juin 1841, les nations *privilégiées* doivent payer, d'après le nouveau tarif, pour les articles énumérés et pour les articles non énumérés, un pour cent de la valeur des marchandises au port où elles ont été chargées, sans égard au dernier port d'où le bâtiment serait sorti ou celui de sa destination. Les marchandises non énumérées, chargées sur des bâtiments appartenants aux nations *non privilégiées*, doivent payer un et un quart pour cent de la valeur des marchandises au lieu du chargement. Ces nations doivent aussi payer

______
[1] SCHERER, *Der Sundzoll, etc.*, §. 36, 37.

⁺certains droits différentiels sur les vins et les céréales dont les nations *privilégiées* sont exemptes[1].

Nous avons déjà vu quels étaient les usages de la guerre maritime pendant cette période. Elle se faisait par des vaisseaux de l'état et par des corsaires munis de commissions de la part des souverains belligérants, mais qui abusaient trop souvent de leurs pouvoirs en pillant ami et ennemi, et couvrant les mers de leurs brigandages. Pendant ce temps-là, les opérations de la guerre par terre avaient été systématisées, et ses horreurs en quelque sorte adoucies par l'établissement des armées permanentes. A quelques exceptions près, telles que les excès commis par les troupes de Louis XIV, lors de l'envahissement de la Hollande en 1672, les ravages commis dans le Palatinat par ordre de Louvois en 1673, et de la ⁻Provence par le prince Eugène en 1707, les usages de la guerre continuèrent à s'améliorer depuis l'époque où Grotius inculqua avec ferveur des sentiments plus dignes des nations civilisées et chrétiennes. On trouve les traces les plus distinctes de ce progrès, dans la manière dont on traitait les prisonniers de guerre. L'usage des rançons avait succédé, pendant le moyen âge, à l'usage plus ancien de tuer ou de réduire à l'esclavage les prisonniers. L'usage de faire des esclaves des prisonniers ne paraît pas avoir été entièrement aboli au temps de Grotius, tandis que celui des rançons continuait encore, et aucun système régulier d'un échange général des prisonniers durant la guerre, n'avait encore été établi. En examinant son ouvrage, nous ne trouvons aucune mention du terme *cartel*, ou d'une expression équivalente, quoique Barbeyrac, parlant le langage du dix-huitième siècle, eût introduit ce terme dans sa traduction. Les expressions dont se sert Grotius dans le texte original paraissent être limitées aux moyens personnels du prisonnier d'effectuer sa libéra-

§ 20.
Prisonniers
de guerre.

---

[1] SCHERER, *Der Sundzoll, etc.*, §. 297—300.

tion, et de cette manière d'exclure l'idée d'un échange général à la charge de l'état[1]. L'établissement d'un tel échange sur des bases stables fut longtemps retardé par l'intérêt pécuniaire qu'avait le capteur particulier dans le rachat de ses prisonniers, le prix de leur rançon étant devenu la partie la plus précieuse du butin de la guerre. L'époque précise à laquelle l'usage de l'échange fut substitué à celui de la rançon n'est pas bien fixée. Il résulte d'une proclamation de Charles Ier d'Angleterre, en l'année 1628, que cette réforme n'avait pas été alors complètement accomplie, parce que les capteurs particuliers avaient ordre de garder les prisonniers faits en mer par les corsaires, «à la charge de ceux qui les ont faits prisonniers, jusqu'à ce qu'ils fussent délivrés et renvoyés dans leurs pays respectifs, ou par la voie *d'échange* contre nos sujets qui seront détenus là ou *autrement*.» Il paraît vraisemblable que ce fut une époque de transition d'un système à un autre. Les dépens du capteur continuaient, et nous pouvons en inférer que ses émoluments continuaient aussi. Il n'est pas constaté si dans l'usage ambigu de ces temps, l'échange qui quelquefois a eu lieu, fut opéré par le moyen d'un cartel régulier établi durant la guerre, ou seulement lors du rétablissement de la paix. Dans l'année 1665, il est question d'un agent public envoyé en Angleterre pour négocier un échange de prisonniers, *flagrante bello*, entre ce pays et la Hollande[2]. C'est ce qui paraît avoir été pratiqué entre les armées françaises et impériales en Italie pendant la guerre de la succession d'Espagne[3].

---

[1] «At quas apud gentes jus illud servitutis ex bello in usu non est optimum erit permutari captivos : proximum dimitti pretio non iniquo. Hoc quale sit, præcise definiri non potest; sed humanitas docet, non ultra intendi debere quam deducto ne egeat captus rebus necessariis.» De quoi on peut conclure que le prisonnier payait sa propre rançon. (GROTIUS, *De jure belli ac pacis*, ib. III, cap. XIV, § IX.)

[2] *Lettres* D'ESTRADES, vol. III, p. 475.

[3] *Mémoires* DE LAMBERTY, vol. I, p. 694.

L'ancien usage de la rançon est encore cité dans une convention de cartel entre la France et l'Angleterre, conclue en l'année 1780, dans laquelle un taux d'argent est établi comme suite d'un échange par grade; tels que soixante livres sterling pour un amiral commandant en chef, une livre sterling pour un matelot, etc., avec d'autres prix intermédiaires, par lesquels, à défaut des rangs correspondants, la compensation devait être faite par des nombres d'un grade inférieur, et, quand tous ceux-ci seraient épuisés, par un prix en argent[1].

Telles sont les principales questions du droit des gens débattues pendant la période que nous venons de passer en revue, et tels sont les progrès qu'a faits ce droit en Europe pendant cette même période. Nous réservons pour la seconde partie de notre travail tout ce qui est relatif aux droits de légation et aux priviléges des ambassadeurs; et s'il paraît au lecteur que nous avons donné une trop grande attention à ces points qui regardent le droit des gens en temps de guerre, et particulièrement de la guerre maritime, cela peut s'expliquer par la considération que l'application du droit des gens à l'état de paix fournit moins d'exemples qui puissent déterminer ce que l'opinion a approuvé dans l'usage variable des nations. Le droit international en temps de paix est plus simple, et a donné lieu à moins de polémique que les questions qui regardent les rapports respectifs des nations belligérantes et neutres, questions qui ont divisé les opinions des publicistes des deux derniers siècles. Ces questions sont de la plus grande importance sous le point de vue pratique, et ne sont pas encore résolues d'une manière satisfaisante pour établir une règle invariable à l'usage de toutes les nations.

[1] Robinson, *Admiralty reports*, tom. III, app. X, a.

SECONDE PÉRIODE.

DEPUIS LA PAIX D'UTRECHT, 1713, JUSQU'A LA PAIX DE PARIS ET CELLE DE HUBERTSBOURG, 1763.

---

§ 1.
Question de la
succession
d'Autriche,
1740.

Les hommes d'état qui négocièrent la paix d'Utrecht de la part de l'Angleterre furent exilés par leur patrie ingrate, et auraient sans doute été menés à l'échafaud, si la volonté de leurs ennemis avait pu se faire; mais si la conservation de la paix pendant trente années, entre les nations les plus civilisées de l'Europe, mérite la gratitude du genre humain, une postérité impartiale doit leur accorder cette récompense comme bienfaiteurs de l'humanité. Pendant toute cette période, la longue inimitié qui avait régné entre la France et l'Angleterre depuis les guerres féodales du moyen âge, fut suspendue. Ces deux grandes nations, au lieu de se traiter *d'ennemis naturels*, comme par le passé, devinrent d'intimes alliés et les garants de la paix du monde, grâce à l'administration pacifique du régent d'Orléans et du cardinal Fleury d'une part, et à celle de sir Robert Walpole de l'autre. C'est avec une vraie sagesse et un vrai patriotisme que ce dernier résista si longtemps aux clameurs insensées de la nation anglaise, qui finirent par l'entraîner dans une guerre maritime avec l'Espagne, en 1739, guerre qui s'étendit à la France en 1744. Pendant ce temps, les puissances de l'Europe centrale s'engagèrent dans une guerre continentale, qui dut son origine à la question si compliquée de la succession d'Autriche. L'empereur Charles VI mourut en 1740, après avoir,

comme il s'en flattait, assuré à sa fille Marie-Thérèse, par la
fameuse *Pragmatique sanction*, l'héritage entier des états appartenants à la maison d'Autriche. Cette *Pragmatique sanction*,
comme on le sait, fut acceptée par les états des provinces
autrichiennes, ratifiée par la diète de l'Empire, et garantie par
presque toutes les puissances de l'Europe. Mais les maisons
régnantes de Bavière, de Saxe, d'Espagne, de Sardaigne et
de Brandebourg réclamèrent toutes, sous divers prétextes,
la totalité ou des portions considérables des territoires qui
avaient été si longtemps réunis sous le sceptre autrichien.
Dans le siècle précédent, la France avait fait une application
du principe de l'équilibre, pour s'opposer à l'agrandissement
de la maison d'Autriche, et maintenant, las des injustes agressions de Louis XIV, on tournait contre la France ce même
principe, afin d'y mettre un terme. La paix d'Utrecht avait
eu en vue le système d'équilibre lorsqu'elle détermina l'état
de possession de chacune des puissances de l'Europe, et elle
avait posé comme un des éléments essentiels de cet arrangement, le maintien de l'intégrité des états de la maison d'Autriche, à laquelle la possession de la Belgique fut assurée, afin
d'établir une barrière perpétuelle entre les Provinces-Unies
et la France. Cette dernière puissance avait garanti la Pragmatique sanction, mais elle refusait maintenant de remplir
ses engagements, sous prétexte que la garantie donnée par
Louis XIV n'engageait à rien, parce qu'elle réservait *«les droits
d'un tiers.»* Elle se plaça donc à la tête d'une coalition aussi
impolitique qu'injuste, en vertu de laquelle la plus grande
partie des états autrichiens devait être partagée entre la
Bavière, la Saxe, la Prusse et l'Espagne [1].

[1] Le cardinal Fleury hésitait et temporisait, mais il fut enfin entraîné par la faction de la cour, qui demandait à grands cris la
guerre contre l'Autriche. Il a même condescendu jusqu'à devenir
l'interprète de leurs sentiments dans une lettre adressée à Frédéric II
de Prusse.

«Le cardinal s'ouvrit davantage dans sa réponse : il y dit, sans

Les parties contractantes de cette ligue n'avaient pas les mêmes motifs pour justifier ou pour excuser leur dédain pour les droits, les vœux, et les besoins des peuples, habitant les pays qu'elles se sont adjugés, que ceux allégués par les auteurs des traités de partage des états de la monarchie espagnole, conclus au commencement du même siècle. Ces traités furent faits dans le but de conserver l'équilibre de l'Europe, tandis que le traité de partage des états autrichiens mettait en perturbation ce même équilibre. Frédéric II, dans ses mémoires, ne prend pas beaucoup de peine pour justifier ses prétentions aux duchés de Silésie sous le point de vue du droit; mais il cherche à excuser son agression contre l'Autriche en 1740, par ces motifs que des conquérants ont ordinairement allégués pour sanctionner leurs actes d'agression qui ont été couronnés par le succès.

Dans son *Anti-Machiavel,* Frédéric avait expliqué les motifs qui pourraient justifier un souverain de s'engager dans une guerre d'une manière qui fait également honneur et à sa tête et à son cœur.

Anti-Machiavel de Frédéric II. «C'est le sujet de la guerre qui la rend juste ou injuste; les passions et l'ambition des princes leur offusquent souvent les yeux, et leur peignent ainsi des couleurs les plus avantageuses, les actions les plus violentes. La guerre est une ressource dans l'extrémité; aussi il ne faut s'en servir qu'avec précaution et dans des cas désespérés, et bien examiner si l'on y est poussé par une raison solide et indispensable.

»Il y a des guerres défensives, et ce sont sans contredit les plus justes.

détour, que la garantie que Louis XIV avait donnée à feu l'Empereur ne l'engageait à rien, par ce correctif, *sauf les droits d'un tiers;* de plus, que feu l'Empereur n'avait pas accompli l'article principal de ce traité, par lequel il s'était chargé de procurer à la France la garantie de l'Empire du traité de Vienne.» (*Oeuvres posthumes de Frédéric II,* vol. I. *Histoire de mon temps,* chap. 2.)

»Il y a des guerres d'intérêt, que les rois sont obligés de faire, pour maintenir eux-mêmes les droits qu'on leur conteste; ils plaident les armes à la main, et les combats décident de la validité de leurs raisons.

»Il y a des guerres de précaution, que les princes font sagement d'entreprendre. Elles sont offensives à la vérité, mais elles n'en sont pas moins justes. Lorsque la grandeur excessive d'une puissance semble près de se déborder, et menace d'engloutir l'univers, il est de la prudence de lui.opposer des digues et d'arrêter le cours orageux d'un torrent, lorsqu'on en est le maître. On voit des nuages qui s'assemblent, un orage qui se forme, des éclairs qui l'annoncent, et le souverain que ce danger menace, ne pouvant seul comprimer la tempête, se réunira, s'il est sage, avec tous ceux que le même péril met dans les mêmes intérêts. Si les rois de Syrie, d'Égypte et de Macédoine se fussent ligués contre la puissance romaine, jamais elle n'aurait pu bouleverser ces empires; une alliance sagement concertée et une guerre vivement entreprise, auraient fait avorter ces desseins ambitieux dont l'accomplissement enchaîna l'univers.

»Il est de la prudence de préférer les moindres maux aux plus grands, ainsi que de choisir le parti le plus sûr à l'exclusion de celui qui est certain. Il vaut donc mieux qu'un prince s'engage dans une guerre offensive, lorsqu'il est le maître d'opter entre la branche d'olivier et celle de laurier, que s'il attendait un temps désespéré, où une déclaration de guerre ne pourrait retarder que de quelques moments son esclavage et sa ruine. C'est une maxime certaine qu'il vaut mieux prévenir que d'être prévenu; les grands hommes s'en sont toujours bien trouvés, en faisant usage de leurs forces avant que leurs ennemis aient pris des arrangements capables de leur lier les mains et de détruire leur pouvoir.

»Beaucoup de princes ont été engagés dans les guerres de leurs alliés, par des traités en conséquence desquels ils ont été obligés de leur fournir un nombre de troupes auxiliaires. Comme les souverains ne sauraient se passer d'alliances, puisqu'il n'y en a aucun en Europe qui puisse se soutenir par ses propres forces, ils s'engagent à se donner un secours mutuel en cas de besoin, ce qui contribue à leur sûreté et à leur conservation.

»L'événement décide lequel des alliés retire le fruit de l'alliance; une heureuse occasion favorise une des parties en un temps, une conjoncture favorable seconde l'autre partie contractante dans un temps différent. L'honnêteté et la sagesse du monde exigent donc également des princes qu'ils observent religieusement la foi des traités, et qu'ils les accomplissent même avec scrupule; d'autant plus que par les alliances ils rendent leur protection plus efficace pour leur peuple.

»Toutes les guerres qui n'auront pour but que de repousser des usurpateurs, de maintenir des droits légitimes, de garantir la liberté de l'univers et d'éviter les violences et les oppressions des ambitieux, seront conformes à la justice. Les souverains qui en entreprennent de pareilles n'ont point à se reprocher le sang répandu; la nécessité les fait agir, et dans de pareilles circonstances, la guerre est un moindre malheur que la paix.

»La guerre en général est si féconde en malheurs, l'issue en est si peu certaine, et les suites en sont si ruineuses pour un pays, que les princes ne sauraient assez réfléchir avant que de s'y engager. Les violences que les troupes commettent dans un pays ennemi, ne sont rien en comparaison des malheurs qui rejaillissent directement sur les états des princes qui entrent en guerre; c'est un acte si grave et de si grande importance de l'entreprendre, qu'il est étonnant que tant de rois en aient pris si facilement la résolution.

»Je me persuade que si les monarques pouvaient voir un tableau vrai et fidèle des misères qu'attirent sur les peuples une seule déclaration de guerre, ils n'y seraient point insensibles. Leur imagination n'est pas assez vive pour leur représenter au naturel des maux qu'ils n'ont point connus, et à l'abri desquels les met leur condition. Comment sentiront-ils ces impôts qui accablent leurs peuples? la privation de la jeunesse du pays, que les recrues emportent? ces maladies contagieuses qui désolent les armées? — L'horreur des batailles, et ces siéges plus meurtriers encore? la désolation des blessés que le feu ennemi a privés de quelques-uns de leurs membres, unique instrument de leur industrie et de leur subsistance? la douleur des orphelins qui ont perdu, par la mort de leur père, l'unique soutien de leur faiblesse? la perte de tant d'hommes utiles à l'état, que la mort moissonne avant le temps?

»Les princes, qui ne sont dans le monde que pour rendre les hommes heureux, devraient bien y penser avant de les exposer pour des causes frivoles et vaines, à tout ce que l'humanité a le plus à redouter.

»Les souverains qui regardent leurs sujets comme leurs esclaves, les hasardent sans pitié, et les voient périr sans regret, mais les princes qui considèrent les hommes comme leurs égaux, et qui envisagent le peuple comme le corps dont ils sont l'âme, sont économes du sang de leurs sujets[1].»

Ces sentiments, dignes d'un Fénélon par l'esprit de bienveillance qui y règne, et en même temps pas trop raffinés pour être appliqués aux affaires par un homme d'état pra-

---

[1] *Oeuvres de Frédéric II*, vol. II, p. 155. On sait que l'*Anti-Machiavel* a été revu et corrigé par Voltaire, qui en a même publié une édition à laquelle il avait fait plusieurs changements que l'auteur a désavoués. En comparant le passage cité dans le texte, et tiré de l'édition des œuvres de Frédéric publiée *du vivant de l'auteur*, avec le 26me chapitre de l'édition de l'*Anti-Machiavel* publiée en 1834 par M. le docteur Friedlænder, d'après un manuscrit autographe de Frédéric, je n'ai trouvé aucune variation sensible pour le fond, quoique la rédaction de cette dernière édition soit moins soignée et le style moins pur.

tique, n'ont pas empêché Frédéric d'élever une prétention surannée de la maison de Brandebourg à plusieurs duchés de la Silésie qui avaient été dans la possession non contestée de l'Autriche depuis la paix de Westphalie. En vain l'Autriche réclamait la garantie *de la Pragmatique sanction,* assurée par Frédéric-Guillaume Iᵉʳ. Il prétendait que la garantie était conditionnelle, et que la condition n'avait jamais été remplie. Ses vrais motifs sont avoués dans sa correspondance particulière avec ses amis: l'amour de la gloire, l'ambition, le désir d'employer à l'agrandissement de la Prusse, l'armée et les trésors laissés par son père, étaient les ressorts secrets qui dirigeaient sa conduite[1]. Sa demande ostensible était relative à quatre duchés, et il s'emparait de toute la province. S'étant assuré de cette conquête, Frédéric abandonna ses alliés, sous des prétextes autant en désaccord avec les sains principes qu'il avait posés dans son commentaire sur Machiavel que le fut son agression même. La Silésie fut enfin cédée à la Prusse par le traité de Breslau, confirmé par celui de Dresde en 1745; et Frédéric laissa la France et ses autres alliés vider leur querelle avec l'Autriche. Cependant l'électeur de Bavière, qui avait été élu empereur d'Allemagne sous le titre de Charles VII, ayant terminé sa vie la même année, son fils et successeur renonça à ses prétentions à la dignité impériale, aussi bien qu'aux états héréditaires de l'Autriche, et une paix générale fut enfin conclue à Aix-la-Chapelle en 1748, en vertu de laquelle l'ancien état de possession établi par les traités de Westphalie et d'Utrecht fut confirmé, excepté la cession de la Silésie à la Prusse, et des duchés de Parme et de Guastalla à l'infant don Philippe. La Pragmatique sanction de Charles VI, et la succession de la maison de Hanovre au trône de la Grande-Bretagne, furent aussi reconnues par la paix d'Aix-la-Chapelle, qui fut basée sur le *statu quo ante*

---

[1] *Oeuvres posthumes de Frédéric,* vol. VIII, pp. 154, 155, 161, 164, 210. *Correspondance avec Jordan.*

bellum, à l'exception des cessions territoriales de la part de la maison d'Autriche. Elle laissa à cette dernière le rang d'une puissance de premier ordre, et en même temps elle éleva la Prusse avec des forces inégales au même rang.

La paix d'Aix-la-Chapelle jeta les semences d'une autre guerre entre la France et l'Angleterre, qui a commencé en 1756, par rapport à une question des limites disputées entre leurs territoires respectifs dans l'Amérique du Nord. Les Anglais firent des représailles sur le commerce de la France par mer, avant la déclaration formelle de la guerre, sous prétexte que les mouvements hostiles des armées françaises, et de leurs alliés les Indiens sur les frontières du Canada, constituaient une agression antérieure [1].

Le roi d'Angleterre George II forma, au mois de janvier 1756, une alliance défensive avec la Prusse pour la conservation de la paix actuelle, la garantie mutuelle du Hanovre et de la Silésie, et contre l'entrée des troupes étrangères en Allemagne. Ce changement des alliances continentales de l'Angleterre produisit un changement pareil dans le système fédératif de la France. Cette dernière puissance forma, au mois de mai de la même année, une alliance défensive avec l'Autriche, qui fut changée en une alliance offensive et défensive en 1758. Frédéric II commença la guerre de sept ans par l'envahissement de la Saxe, et en arrivant à Dresde il trouva dans les archives électorales des documents qu'il publia comme fournissant des preuves convaincantes que les cours de Vienne, de Dresde et de Pétersbourg avaient concerté ensemble un

§ 2.
La guerre
de sept ans.

---

[1] Dans le célèbre rapport fait par les légistes anglais en 1753, sur le cas de *l'emprunt silésien*, il est dit que dans la guerre maritime qui fut terminée par la paix d'Aix-la-Chapelle, les vaisseaux et les effets des sujets français, pris *après* la guerre avec l'Espagne, et *avant* la guerre avec la France, furent restitués aux propriétaires français, *flagrante bello*, parce que ces biens avaient été amenés dans le territoire anglais par une saisie injuste *ab initio*. (MARTENS, *Causes célèbres*, vol. II, p. 72.)

projet pour l'envahissement et le partage des états de la monarchie prussienne [1]. Cependant le comte de Hertzberg son ministre et son confident, dans un mémoire lu à l'académie de Berlin en 1787, avoue que ce projet ne fut qu'éventuel, et présupposait que le roi de Prusse deviendrait l'agresseur ; qu'il était au moins possible que le plan n'eût jamais été exécuté, et problématique si le danger de cette éventualité avait été plus grand que celui de provoquer une guerre par laquelle l'existence même de l'état prussien eût été mis en jeu [2]. D'un autre côté, d'après les faits développés dans la collection intéressante des documents historiques récemment publiés par M. de Raumer, il résulte dans l'opinion de cet auteur :

1° Que Frédéric n'a pas prouvé, et ne pouvait pas prouver, qu'une alliance formelle, offensive et défensive, contre lui, eût été conclue entre l'Autriche, la Russie et la Saxe.

2° Cependant les intentions de ces puissances furent, sans aucun doute, hostiles à la Prusse; l'Autriche nourrissait le désir très-naturel de reconquérir la Silésie, et elle voulait provoquer l'attaque de la part de Frédéric, afin de se prévaloir de l'aide de la France et de la Russie à cette fin.

3° Le roi connaissait ce danger, mais il aima mieux passer pour l'agresseur, parce qu'il était pénétré de la conviction qu'il ne pouvait échapper à la ruine entière qu'en anticipant sur les intentions de ses ennemis. Il a agi pour se défendre d'après le principe de sa déclaration au ministre anglais, «que celui qui frappe le premier ne doit pas être considéré comme l'agresseur, mais celui qui rend ce coup nécessaire et inévitable [3].»

La paix d'Utrecht tendait à la séparation des deux cou-

---

[1] Hertzberg, *Recueil des déductions, etc.*, vol. I, p. 1.

[2] Schoell, *Histoire abrégée des traités de paix*, vol. III, p. 28.

[3] Von Raumer, *Geschichte Friedrich des Zweiten und seiner Zeit*, S. 55, 277, 294.

ronnes de France et d'Espagne. Le pacte de famille de 1761 avait en vue de réunir les deux branches de la maison de Bourbon, et de réaliser la prédiction de Louis XIV qu'il n'y aurait plus de Pyrénées. L'Espagne fut, de cette manière, entraînée dans la guerre de son allié contre l'Angleterre et le Portugal. Les forces navales de la France et de l'Espagne combinées étaient insuffisantes pour lutter contre la puissance maritime de l'Angleterre, et la guerre fut terminée par la paix de Paris en 1763. Par ce traité, la France perdit toutes ses possessions sur le continent de l'Amérique septentrionale, la Louisiane ayant été déjà cédée à l'Espagne par une convention secrète comme indemnité pour la Floride, que l'Espagne cédait à l'Angleterre par le traité de Paris. La France céda aussi à son rival l'île de Grenade et d'autres des Antilles, renonça à toutes ses acquisitions faites aux grandes Indes depuis l'année 1749, et confirma l'engagement du traité d'Utrecht d'abolir les fortifications de Dunkerque. De cette manière, la suprématie maritime de l'Angleterre fut confirmée, et l'équilibre maritime et colonial fut détruit.

La guerre continentale entre l'Autriche et la Prusse a été simultanément terminée par la paix de Hubertsbourg, en vertu de laquelle la possession de la Silésie fut confirmée à cette dernière puissance. Les traités de Paris et de Hubertsbourg renouvelèrent et confirmèrent les traités de Westphalie, d'Utrecht, et d'Aix-la-Chapelle. La guerre de sept ans par terre et par mer fut ainsi terminée, après une immense profusion de sang et de trésors, sans aucun changement important dans l'état de possession antérieure, excepté les acquisitions coloniales faites par l'Angleterre aux dépens de la France et de l'Espagne.

Quoique la guerre de sept ans fût ainsi terminée sans aucun changement important dans les arrangements territoriaux des états du centre et du midi de l'Europe, cependant elle marqua l'ère d'une altération très-sensible dans la puissance et l'influence relatives des puissances de l'Europe, dont les effets se sont fait sentir jusqu'à nos jours.

1° Le rang acquis par la Prusse, par suite du développement de ses ressources militaires dans la conquête de la Silésie, et du génie brillant déployé par son grand monarque dans une lutte prolongée et inégale avec les forces combinées de l'Autriche, de la France et de la Russie, fut confirmé par la paix d'Hubertsbourg. Une puissance protestante s'éleva en Allemagne, capable de balancer l'influence de l'Autriche comme puissance catholique dans les affaires de l'empire, et de neutraliser les effets de l'alliance autrichienne avec la France. La guerre de sept ans ne fut pas une guerre de religion, mais ce fut la dernière lutte en Europe dans laquelle le sentiment religieux se mêlait à une lutte pour l'ascendant politique. Les paysans protestants de la Silésie reçurent Frédéric II comme un libérateur, pendant que les étendards du maréchal Daun furent bénis par le pape. Le triomphe de la Prusse a été regardé comme le triomphe du protestantisme, malgré l'indifférence religieuse de son roi philosophe[1].

2° La Russie commençait à prendre un rôle actif dans les affaires du centre de l'Europe. D'une puissance asiatique, elle est devenue, sous le czar Pierre Ier, une puissance européenne et de puissance intérieure elle s'est changée en puissance maritime. Le traité de Neustadt avec la Suède, de 1721, réunit à l'empire de Russie les provinces suédoises sur les bords orientaux de la Baltique, telles que la Livonie, l'Esthonie, et l'Ingrie. Cet empire avait augmenté sa population de dix millions d'habitants depuis l'accession de Pierre Ier, en 1689, jusqu'au commencement du règne de Catherine II, en 1762.

3° Outre ces cessions à la Russie, égales en étendue à tout le royaume actuel de Suède, cette dernière puissance fut encore forcée de céder ses provinces allemandes de Brême et

---

[1] HEGEL, *Philosophie der Geschichte*, herausgegeben von GANS, § 434.

de Verden au Hanovre, et une partie de la Poméranie à la Prusse. C'est ainsi que la Suède s'est appauvrie et affaiblie, et qu'elle à perdu son influence en Allemagne, avec le rang qu'elle avait maintenu en Europe depuis la guerre de trente ans.

4° L'Espagne, au lieu de continuer d'être la première puissance militaire et maritime de l'Europe, comme elle l'avait été sous Charles V et Philippe II, tomba au rang d'une puissance de second ordre, et d'une alliée subordonnée de la France.

5° La Hollande est restée neutre pendant la guerre de 1756. De cette manière, elle cacha le secret de son déclin interne, qui fut complètement révélé pendant la guerre suivante de la révolution de l'Amérique du Nord. Alors elle est descendue à ce rang secondaire où elle se trouve aujourd'hui.

La période que nous passons en revue fut féconde en commentateurs de la science créée par Gentilis et Grotius, cultivée avec un succès inférieur par Puffendorf, et transmise à une longue succession de publicistes élevés dans les écoles de l'Allemagne et de la Hollande. Au milieu de cette foule innombrable d'écrivains, nous allons rendre compte des ouvrages de ceux qui ont le plus contribué aux progrès du droit des gens moderne de l'Europe, et surtout de ceux qui sont devenus classiques dans l'étude et l'application de cette science.

Chrétien-Frédéric de Wolf, né en 1679 en Silésie, fut disciple de Leibnitz en philosophie et en jurisprudence. Sa jeunesse fut dévouée presque exclusivement aux études mathématiques, qu'il poursuivit à l'université d'Iéna, et qu'il enseigna ensuite à Leipzig avec un grand succès. Il fut depuis, sur la recommandation de Leibnitz, nommé professeur à Halle, où il enseigna la philosophie dogmatique de son grand maître, et contribua à la rendre populaire, en donnant ses leçons en langue allemande. Il est devenu ensuite la victime de la haine et de la calomnie théologique, et fut banni arbitrairement des états prussiens, sur une accusation d'incrédulité, par Frédéric-

15*

Guillaume Iᵉʳ, en 1723[1]. A l'avénement de Frédéric II au trône,
en 1740, Wolf fut rappelé de l'exil et rétabli dans sa chaire.
Il mourut en 1754, à l'âge de soixante-seize ans, après avoir
contribué à prolonger le règne de la philosophie de Leibnitz
en Allemagne, jusqu'à l'époque où elle fut renversée par le
système de Kant. «Il fut un homme de peu de génie, d'originalité ou de goût, mais dont les connaissances immenses et
variées, secondées par une tête méthodique, et par une activité et une persévérance incroyables, paraissent avoir singulièrement attiré l'admiration de ses compatriotes[2].»

Les publicistes de l'école de Puffendorf avaient regardé la
science du droit international comme une branche de la philosophie morale. Ils l'avaient considérée comme le droit naturel
des individus appliqué à régler la conduite des sociétés indépendantes des hommes, qu'on appelle les états. A Wolff appartient,
suivant Vattel, le mérite d'avoir séparé le droit des gens de cette
partie de la jurisprudence naturelle qui enseigne les devoirs de
l'individu. Il a commencé ses travaux par la composition d'un immense ouvrage, comprenant les deux sciences distinctes du droit
naturel et du droit des gens, ouvrage qui fut publié à divers in-
tervalles, entre 1740 et 1743 en neuf gros volumes in-quarto[3].

---

[1] EULER raconte à ce propos l'anecdote suivante: «Lorsque, du
temps du feu roi de Prusse, M. Wolf enseignait à Halle le système
d'harmonie préétablie, le roi s'informa de cette doctrine qui faisait
grand bruit alors; et un courtisan répondit à Sa Majesté, que tous
les soldats, selon cette doctrine, n'étaient que de pures machines;
et quand quelques-uns désertaient, que c'était une suite nécessaire de leur structure, et qu'on avait tort par conséquent de les
punir, comme on l'aurait, si on punissait une machine pour avoir
produit tel ou tel mouvement. Le roi se fâcha si fort sur ce rapport, qu'il donna ordre de chasser M. Wolf de Halle, sous peine
d'être pendu, s'il s'y trouvait encore au bout de vingt-quatre heures.»
(Lettres à une princesse d'Allemagne, lettre 84.)

[2] STEWART, *Dissertation on the progress of metaphysical and
ethical philosophy,* p. 188.

[3] CHRISTIAN WOLF, *Jus naturæ methodo scientifica pertractatum,
in IX tomos distributum.*

Cet ouvrage, comme tous les autres écrits philosophiques de l'auteur, a le tort d'appliquer les formules et termes techniques des sciences mathématiques aux sciences morales et politiques, qui n'admettent pas cette exactitude de raisonnement. En 1749, il publia un abrégé de son grand ouvrage, sous le titre de *Jus gentium, methodo scientifica pertractatum, in quo jus gentium naturale ab eo, quod voluntarii, pactitii et consuetudinarii est, accurate distinguitur.* Il n'est pas facile de déterminer, d'après ce titre, précisément ce que l'auteur a voulu comprendre sous le terme droit des gens *volontaire*, comme distingué du droit des gens *conventionnel* et *coutumier*. Grotius avait fait usage du terme *Jus voluntarium gentium*, dans un sens étendu, comme renfermant toutes les bases du droit international, qu'on ne pouvait pas référer au droit naturel, mais qui dépendait du consentement volontaire de toutes les nations ou de plusieurs : *quod gentium omnium aut multarum voluntate vim obligandi accepit* [1]. Wolf observe, dans la préface de son ouvrage (sect. 3), «que comme telle est la condition de l'humanité que le strict droit naturel ne peut pas toujours être appliqué au gouvernement d'une société séparée, mais qu'il devient nécessaire d'avoir recours aux lois d'institution positive, plus ou moins différentes du droit naturel, de même dans la grande société des nations, il devient nécessaire d'établir une loi d'institution positive, plus ou moins différente du droit naturel des gens. Comme le bien-être général des nations demande ce changement, elles ne sont pas moins liées par la loi qui en découle qu'elles ne le sont par la loi naturelle elle-même, et la nouvelle loi introduite de cette manière doit être considérée comme le droit commun de toutes les nations. Cette loi, nous avons jugé convenable de l'appeler, avec Grotius, quoique dans un sens un peu plus limité, le droit des gens volontaire [2].»

[1] GROTIUS, *De jure belli ac pacis*, lib. I, cap. I, § XIV.
[2] «Quemadmodum ea est hominum conditio, ut in civitate ri-

Wolf dit ensuite (Proleg., Sect. 25) que le droit des gens volontaire tire sa force obligatoire du contentement présumé des nations; le droit conventionnel, de leur consentement exprès, et le droit coutumier, de leur consentement tacite.

Ce consentement présumé des nations (*consensum gentium præsumptum*), de se soumettre au droit des gens volontaire, il le fonde sur la fiction d'une grande république des nations *(civitate gentium maxima)*, établie par la nature elle-même, et de laquelle toutes les nations de l'univers sont membres. Comme chaque société séparée des hommes est gouvernée par ses propres lois adoptées par son libre consentement, de même la société générale des nations est gouvernée par ses propres lois adoptées par le libre consentement de chaque membre en y entrant. Il tire ces lois d'une modification du droit naturel, l'adaptant à la nature particulière de l'union sociale, qui (suivant lui) fait un devoir à toutes les nations de se soumettre aux règles d'après lesquelles cette union est gouvernée, de même que les individus sont obligés de se soumettre aux lois de la société séparée dont ils sont membres. Mais il ne se donne pas la peine d'établir par des preuves l'existence d'une telle union ou république universelle des nations, ou de démontrer comment et quand tous les hommes

---

gori juris naturæ per omnia ex asse satisfieri non possit, ac propterea legibus positivis opus sit, quæ neque in totum a naturali jure recedunt, nec per omnia ei serviunt; ita similiter gentium ea est conditio, ut rigori juris gentium naturali per omnia ex asse satisfieri nequeat, atque ideo jus istud in se immutabile tantisper immutandum sit, ut neque in totum a naturali recedat, nec per omnia ei serviat. Quoniam vero hanc ipsam immutationem ipsa gentium communis salus exigit, ideo quod inde prodit jus, non minus gentes inter se admittere tenentur, quam ad juris naturalis observantium naturaliter obligantur, et non minus istud quam hoc salva juris consonantia pro jure omnium gentium communi habendum. Hoc ipsum autem jus cum Grotio, quanvis significatu prorsus eodem, sed paulo strictiori, *jus gentium voluntarium* appellare libuit.» (WOLFIUS, *Ibid.*)

sont devenus membres de cette union ou citoyens de cette république. D'après les règles de la stricte logique, comme nous avons déjà vu (première période, sect. 4), une loi est une règle de conduite prescrite par un ou plusieurs êtres supérieurs à ceux qui sont soumis à leur autorité. Telle est la loi naturelle, plus proprement appelée la loi de Dieu, ou la loi divine; et telles sont les lois politiques humaines prescrites par des supérieurs politiques à des personnes dans un état de soumission à leur autorité. Mais les lois qui règlent la conduite des sociétés politiques indépendantes entre elles sont appelées *lois* par une extension analogique du terme, ayant été imposées aux nations ou aux souverains, non par le commandement positif d'une autorité supérieure, mais par les opinions généralement reçues parmi les nations. Les devoirs imposés par ce qu'on appelle la loi des nations, par analogie au droit positif, sont exécutées par des sanctions morales, par la crainte de la part des nations ou des souverains de provoquer l'inimitié générale, et d'encourir ces maux probables, s'ils se permettent de violer des maximes généralement reçues et respectées [1].

Un commentateur moderne de Grotius observe que ce publiciste avait considéré le droit des gens comme un système de règles empruntant son autorité du consentement positif de toutes les nations ou de la plupart des nations. Il considère d'abord les sociétés séparées des hommes comme autant de personnes collectives qui sont formées dans une grande société renfermant toute la race humaine, et ensuite il suppose que le droit des gens est dicté par la volonté générale de ce grand corps, de même que le droit civil de chaque société séparée est dicté par la volonté générale de ces corps plus petits [2].

Cependant comme le dit son commentateur, «là où il n'y a point de supérieur commun, investi d'une autorité sur tous

---

[1] Voir *supra*, part. I, § 5.

[2] GROTIUS, *De jure belli ac pacis*, lib. I, cap. 1, § 14.

les membres de la société, le corps général de cette société pris ensemble est supérieur à chacun des membres pris séparément, et ce corps a l'autorité de donner des lois à chacun. Cette autorité, dans une société d'égaux, dérive de leur union sociale, c'est-à-dire de la convention par laquelle ils se sont obligés d'agir ensemble dans un but commun, sous la direction de la volonté commune. Mais il n'y a pas d'union volontaire semblable entre les diverses nations de l'univers, et par conséquent il n'y a pas de pouvoir législatif entre elles, capable d'établir des lois positives[1]. Il conclut que la même loi qui est appelée le droit naturel, quand elle est appliquée aux individus séparés, devient le droit des gens quand elle est appliquée aux corps collectifs des sociétés civiles, considérés comme des êtres moraux; ou aux membres individuels des sociétés civiles, considérés, non pas comme des êtres moraux distincts, mais comme des parties de ces corps collectifs. En même temps, il admet que le droit naturel ne constitue pas la seule règle des obligations mutuelles entre les nations. Quand on les considère comme des êtres moraux, elles deviennent capables de se lier comme des individus les unes aux autres, par des conventions spéciales qui les obligent de faire, ou de ne pas faire, ce que le droit naturel n'a ni commandé ni prohibé. Mais ces obligations ne tirent pas leur origine d'un droit des gens positif, et elles ne produisent pas un tel droit. Elles tirent leur origine d'un consentement immédiat et direct, et elles ne s'étendent qu'aux nations qui, par leur propre acte de consentement immédiat et direct, se sont rendues parties contractantes à ces obligations. Suivant cet écrivain, le seul fondement sur lequel repose le droit international, en tant qu'il diffère du droit naturel, est le consentement général des hommes à considérer chaque société civile séparée comme un être moral distinct. Il insiste sur ce qu'aucune

---

[1] Rutherforth, *Institutes of natural law*, lib. II, chap. 5, § 1. London, 1754.

preuve d'un droit des gens positif ne peut être fournie par l'usage, parce qu'il n'y a pas d'usage uniforme et constant entre les nations, constituant un tel droit.

Mais si l'on regarde le droit des gens comme étant le droit naturel appliqué, par une convention positive entre tous les hommes, aux corps collectifs des sociétés civiles considérées comme des êtres moraux, et aux membres particuliers de ces sociétés comme parties de ces corps, les principes de ce droit peuvent être découverts de la même nanière que nous cherchons le droit naturel. L'histoire de ce qui est arrivé de temps en temps entre les différentes nations du monde, peut être aussi de quelque utilité dans cette recherche, non pas parce qu'on peut recueillir de cette source quelque usage constant et non interrompu dans des matières indifférentes en elles-mêmes, mais parce que nous trouverons ce qui a été généralement approuvé dans l'usage variable et contradictoire des nations. «Il y a deux manières, dit Grotius, de déterminer le droit naturel: la première consiste à montrer la convenance ou la disconvenance d'une chose avec une nature raisonnable et sociable telle qu'est celle de l'homme. En suivant l'autre, on conclut, sinon très-certainement, du moins avec beaucoup de probabilité, qu'une chose est du droit naturel, parce qu'elle est regardée comme telle parmi toutes les nations, ou du moins parmi les plus civilisées. Car un effet universel supposant une cause universelle, une opinion si générale ne peut guère venir que du sens commun ou de la raison de l'homme. Si donc le droit naturel peut être démontré de cette manière, ce même droit, appliqué aux nations comme des êtres moraux, et appelé pour cette raison la loi des nations, peut être démontré de la même manière[1].» De là le commentateur de Grotius conclut que si nous comprenons le droit naturel dans son application aux individus particuliers, vivant dans un état

---

[1] GROTIUS, *De jure belli ac pacis*, lib. I, cap. I, p. XII.

d'égalité naturelle, nous pouvons le déterminer dans son application aux nations considérées comme des personnes collectives vivant dans un pareil état d'égalité. De cette manière la même loi, qu'on appelle le droit naturel, quand elle est appliquée aux individus séparés, est appelée le droit des gens, quand elle est appliquée aux corps collectifs des sociétés civiles considérées, non pas comme des êtres moraux distincts, mais comme parties de ces corps collectifs. C'est le droit naturel appliqué par un consentement positif aux corps collectifs des sociétés civiles; et par conséquent les préceptes de ce droit ne sont que les préceptes de la droite raison, et on peut les déterminer en raisonnant de la nature des choses, de la condition, et des circonstances des hommes réunis dans de telles sociétés. Le jugement et le témoignage des personnes instruites pourront aussi nous aider à déterminer le droit des gens, parce qu'il est plus probable que ce qui est approuvé par des gens de sagesse, d'honnêteté et d'expérience, soit conforme aux préceptes de la droite raison, que ce qui est approuvé par les gens vulgaires, irréfléchis, et dissolus. Et le témoignage des premiers sera d'un poids d'autant plus grand, qu'il fournira une preuve, non-seulement de leurs propres sentiments, mais aussi de ce qu'ils ont trouvé par des recherches diligentes être le sentiment général des nations civilisées [1].

Wolf se déclare en dissentiment avec Grotius à l'égard de l'origine du droit des gens volontaire sur deux points:

1º Que Grotius l'a considéré comme un droit d'institution positive, et a fait reposer son obligation sur le consentement général des nations témoigné par leurs usages. D'un autre côté, Wolf le regarde comme une loi que la nature a imposée aux

[1] Institutes of natural law, being the substance of a course of lectures on Grotius *De jure belli ac pacis*, read in sir John's college, Cambridge, by Th. Rutherforth, *D.D. Archdeacon of Essex, etc.*, liv. II, chap. 9. § 1. (2 vol. in-8. Londres, 1754.)

hommes comme une conséquence nécessaire de leur union
sociale; et à laquelle aucune nation ne peut refuser son assentiment.

2° Que Grotius confond le droit des gens volontaire avec
le droit des gens coutumier. Wolf prétend que le premier doit
être distingué du second en ce que le droit des gens volontaire est obligatoire pour toutes les nations, tandis que le droit
des gens coutumier n'oblige que celles entre lesquelles il a été
établi par l'usage et le consentement tacite.

C'est avec les matériaux fournis par le grand ouvrage
de Wolf que fut construit l'édifice plus élégant et plus léger
de Vattel. Mackintosh l'a jugé en disant: «Écrivain diffus et
manquant de méthode scientifique, mais clair dans son style
et libéral dans ses sentiments. Son ouvrage maintient encore
sa place comme le manuel le plus commode d'une science qui
invoque cependant le génie d'un nouvel architecte pour sa
reconstruction [1].»

Vattel naquit en 1714, dans la principauté dé Neuchâtel en
Suisse. Il fut élevé à l'université de Bâle, et ayant été destiné
pour l'Église, il se livra aux études propres à cet état. Il abandonna depuis cette carrière pour l'étude de la philosophie.
Ayant conçu une admiration passionnée pour le système alors
en vogue de Leibnitz et de Wolf, il publia à Genève, en 1741,
une défense de la métaphysique de Leibnitz contre l'attaque
de Crousaz, ouvrage de polémique qui a attiré une grande
attention, comme contenant une discussion subtile de la question concernant la libre volonté. Dans la même année, il alla
à Berlin, pour chercher de l'emploi au service du monarque
philosophe qui venait de monter sur le trône, et duquel Vattel
était sujet de naissance. N'ayant pas réussi à la cour de Prusse,

[1] «VATTEL, a diffuse, unscientific, but clear and liberal writer,
whose work still maintains its place as the most convenient
abridgment of a part of knowledge which calls for the skill of a
new builder.» (MACKINTOSH.)

il se rendit à Dresde, où il fut plus heureux. Il fut nommé, en 1746, conseiller de légation, et envoyé comme ministre d'Auguste III, roi de Pologne et électeur de Saxe, près la république de Berne. Il employa les loisirs que lui laissèrent ses devoirs publics à la composition d'un traité sur le droit des gens, publié d'abord à Leyde en 1758 [1]. Dans la même année, il fut rappelé de cette mission, et employé au cabinet de Saxe jusqu'en 1766, époque où il obtint la permission de se retirer dans son pays natal, où il mourut en 1767.

Système
de Vattel. Vattel attribue à Wolf le mérite d'avoir séparé le droit des gens de cette partie de la science de jurisprudence naturelle qui traite des devoirs des particuliers, en montrant que le droit naturel se modifie, dans son application à régler la conduite des nations ou des états souverains. «Convaincu moi-même de l'utilité d'un pareil ouvrage, dit-il, j'attendais avec impatience celui de M. Wolf; et dès qu'il parut, je formai le dessein de faciliter à un plus grand nombre de lecteurs la connaissance des idées lumineuses qu'il présente. Le traité du philosophe de Halle sur le droit des gens est dépendant de tous ceux du même auteur sur la philosophie et le droit naturel. Pour le lire et l'entendre, il faut avoir étudié seize ou dix-sept volumes in-4º qui le précèdent. D'ailleurs il est écrit dans la méthode et même dans la forme des ouvrages de géométrie, autant d'obstacles qui le rendent à peu près inutile aux personnes en qui la connaissance et le goût des vrais

---

[1] *Le droit des gens, ou principes de la loi naturelle appliqués à la conduite et aux affaires des nations et des sourerains*, à Leyde, 1758. Une seconde édition fut publiée à Neuchâtel, après la mort de l'auteur, en 1773, en deux volumes *in-4º*, d'un manuscrit contenant plusieurs additions en marge de la main de l'auteur. Cette édition est remplie d'erreurs typographiques, et laisse le texte original sans changement, les additions de l'auteur ayant été imprimées en forme de notes dans toutes les éditions subséquentes. En 1762, il a publié *Questions du droit naturel, ou observations sur le traité du droit de la nature par* M. WOLF.

principes du droit des gens sont plus importants et plus désirables. Je pensai d'abord que je n'aurais qu'à détacher, pour ainsi dire, ce traité du système entier, en le rendant indépendant de tout ce qui le précède chez M. Wolf, et à le revêtir d'une forme plus agréable, plus propre à lui donner accès dans le monde poli. J'en fis quelques essais, mais je reconnus bientôt que si je voulais me procurer des lecteurs dans l'ordre des personnes pour lesquelles j'avais dessein d'écrire, et produire quelque fruit, je devais faire un ouvrage fort différent de celui que j'avais devant les yeux, et travailler à neuf. La méthode que M. Wolf a suivie a répandu la sécheresse dans son livre, et l'a rendu incomplet à bien des égards. Les matières y sont dispersées d'une manière très-fatigante pour l'attention; et comme l'auteur avait traité du droit public universel dans son droit de la nature, il se contente souvent d'y renvoyer, lorsque, dans le droit des gens, il parle des devoirs d'une nation envers elle-même.

»Je me suis donc borné à prendre dans l'ouvrage de M. Wolf ce que j'y ai trouvé de meilleur, surtout les définitions et les principes généraux; mais j'ai puisé avec choix dans cette source, et j'ai accommodé à mon plan les matériaux que j'en tirais. Ceux qui auront les traités du droit naturel et du droit des gens de M. Wolf, verront combien j'en ai profité. Si j'eusse voulu marquer partout ce que j'en empruntais, mes pages se trouveraient chargées de citations également inutiles et désagréables au lecteur. Il vaut mieux reconnaître ici, une fois pour toutes, les obligations que j'ai à ce grand maître. Quoique mon ouvrage, comme le verront ceux qui voudront se donner la peine d'en faire la comparaison, soit très-différent du sien, j'avoue que je n'aurais jamais eu l'assurance d'entrer dans une si vaste carrière, si le célèbre philosophe de Halle n'eût marché devant moi et ne m'eût éclairé[1].»

---

[1] VATTEL, *Droit des gens*, Préf.

Le tableau comparatif suivant mettra le lecteur à même de juger jusqu'à quel point Vattel a emprunté à celui de Wolf, non-seulement les matériaux, mais aussi l'ordre et l'arrangement de son ouvrage.

WOLF.	VATTEL.	
1er chapritre	1er livre	
2e „	2e „	chapitres 1—5.
3e „	„ „	„ [illegible]—11.
4e „	„ „	„ 12—17.
5e „	„ „	„ 18.
6e „	3e „	chapitres 1—2.
7e „	„ „	„ 3—18.
8e „	4e „	chapitres 1—4.
9e „	„ „	„ 5—9[1].

Comme le premier chapitre de Wolf *De officiis gentium erga se ipsas ac inde nascentibus juribus*, le premier livre de Vattel *De la nation considérée en elle-même*, est employé à la discussion des matières étrangères au droit international, et appartenant à la science distincte du droit politique en ce qui concerne le gouvernement interne des états particuliers. Cette partie de son sujet remplit au moins un tiers de l'ouvrage entier de Vattel. Dans la partie de son livre qui concerne le droit des gens proprement dit, il est en dissentiment avec Wolf sur la manière dont on doit établir les bases du droit des gens volontaire. Wolf fait dériver l'obligation de ce droit, comme nous l'avons déjà vu, de la fiction d'une grande république établie par la nature elle-même, et de laquelle toutes les nations du monde sont des membres. Suivant lui, le droit des gens volontaire est pour ainsi dire le droit civil de cette grande république. Cette idée ne satisfait pas Vattel. «Je ne trouve, dit-il, la fiction d'une pareille ré-

[1] OMPTEDA, *Litteratur des Volkerrechts*, B. I, S. 345.

publique ni bien juste, ni assez solide pour en déduire les règles d'un droit des gens universel, et nécessairement admis entre les états souverains. Je ne reconnais point d'autre société naturelle entre les nations que celle-là même que la nature a établie entre tous les hommes. Il est de l'essence de toute société *(civitatis)* que chaque membre cède une partie de ses droits au corps de la société, et qu'il y ait une autorité capable de commander à tous les membres, de leur donner des lois, de contraindre ceux qui refuseraient d'obéir. On ne peut rien concevoir, ni rien supposer de semblable entre les nations. Chaque état souverain se prétend et est effectivement indépendant de tous les autres. Ils doivent tous, suivant M. Wolf lui-même, être considérés comme autant de particuliers libres, qui vivent ensemble dans l'état de nature, et ne reconnaissent d'autres lois que celles de la nature même ou de son auteur[1]. »

Suivant Vattel, le droit des gens n'est autre chose, dans son origine, que le droit naturel appliqué aux nations.

Ayant posé cet axiome, il le limite de la même manière, et presque dans les mêmes termes que Wolf, en disant que la loi qui règle la conduite des individus doit nécessairement être modifiée dans son application aux sociétés collectives des hommes appelées des nations ou des états. Un état est un sujet très-différent d'un individu, d'où resultent des obligations et des droits bien différents. La même règle appliquée à deux sujets différents ne pouvant pas opérer des décisions semblables, il y a donc des cas dans lesquels la loi naturelle ne décide point entre les états comme elle déciderait entre particuliers. C'est l'art d'en faire une application accommodée aux sujets avec une justesse fondée sur la droite raison qui fait du droit des gens une science particulière.

Cette application du droit naturel aux nations forme ce que

---

[1] VATTEL, *Droit des gens*, Préf.

Wolf et Vattel appellent le droit des gens nécessaire. Il est nécessaire, parce que les nations sont absolument obligées de l'observer. Les préceptes de la loi naturelle ne sont pas moins obligatoires pour les états que pour les particuliers ; puisque les états sont composés d'hommes, et que cette loi oblige tous les hommes sous quelque relation qu'ils agissent. C'est ce même droit que Grotius et ses disciples appellent le *droit des gens interne,* en tant qu'il oblige les nations dans le for de la conscience. D'autres le nomment aussi le *droit des gens naturel.*

Le droit des gens nécessaire est immuable, parce qu'il consiste dans l'application que l'on fait du droit naturel aux états, lequel est immuable comme étant fondé sur la nature des choses, et en particulier sur la nature de l'homme. D'autres l'appellent le *droit des gens naturel.*

Ce droit étant immuable, et l'obligation qu'il impose nécessaire et indispensable, les nations ne peuvent y apposer aucun changement par leurs conventions, ni s'en dispenser elles-mêmes, ou réciproquement[1].

Cet enchaînement de définitions, de propositions, et de

---

[1] VATTEL, *Le droit des gens, préliminaires,* §§ 6, 7, 8, 9.

Ces définitions nous rappellent le beau passage de Cicéron dans son traité *De republica,* si souvent cité :

«Est quidem vera lex, recta ratio *naturæ congruens* diffusa in omnes, constans, sempiterna, quæ vocet ad officium jubendo, vetando a fraude deterreat, quæ tamen neque probos frustra jubet aut vetat, neque improbos jubendo aut vetando movet. Huic legi neque abrogari fas est. Neque derogari ex hac aliquid licet, neque tota abrogari potest, nec vere, aut per senatum aut per populum solvi hac lege possumus, neque est quærendus explanator aut interpres ejus. Nec erit alia Romæ, alia Athenis, alia nunc, alia posthac, sed et omnes gentes et omni tempore una lex et sempiterna et immortalis continebit, unusque erit communis quasi magister et imperator omnium Deus, ille legis hujus inventor, disceptator, labor, cui qui non parebit ipse se fugiet et naturam hominis aspernabitur, atque hoc ipso luet maximas pœnas, etiam si cætera supplicia quæ putantur effugerit.» (CICÉRON, *De republica,* lib. III.)

corollaires, pourrait donner lieu à plusieurs objections, si notre objet était de faire une critique des principes fondamentaux sur lesquels repose l'obligation du droit international selon Vattel et son maître. Il a lui-même le premier anticipé, et répondu à une des objections qu'on pourrait faire à sa doctrine, que les états ne peuvent pas changer le droit des gens nécessaire par des conventions entre eux. Cette objection suppose que la liberté et l'indépendance d'une nation ne pourraient pas permettre aux autres de déterminer si sa conduite est ou n'est pas conforme au droit des gens nécessaire. Il répond à cette objection par une distinction qui invalide les traités faits en contravention avec le droit des gens nécessaire suivant la loi interne, ou dans le for de la conscience, en même temps qu'ils peuvent être valides d'après la loi externe: les états étant libres et indépendants, quoique les actions d'un état soient illégitimes suivant les lois de la conscience, les autres sont obligés de les souffrir, quand ces actions ne blessent pas leurs droits parfaits [1].

De cette distinction de Vattel vient ce que Wolf appelle le droit des gens volontaire, *jus gentium voluntarium*, terme auquel le premier donne son assentiment, quoiqu'il soit d'un autre avis que Wolf quant à la manière d'en établir l'obligation. Cependant il est d'accord avec Wolf, en regardant le droit des gens volontaire comme une loi positive, déduite du consentement présumé ou tacite des nations de se considérer les unes les autres comme étant parfaitement libres, indépendantes et égales, chacune étant l'arbitre de ses propres actions, et n'ayant de compte à rendre à aucun autre supérieur que le suprême gouverneur de l'univers.

Outre ce droit des gens volontaire, ces publicistes parlent de deux autres espèces de droit international. Tels sont:

1° Le droit des gens *conventionnel,* qui prend son origine

---

[1] VATTEL, *Droit des gens, préliminaires,* § 9.

dans des conventions entre des états individuels. Comme les parties contractantes sont les seules qui soient liées par de telles conventions, il est évident que le droit des gens conventionnel n'est pas une loi universelle, mais une loi particulière.

2° Le droit des gens *coutumier*, qui prend son origine dans les usages établis entre des nations particulières. Ce droit n'est pas universel, mais il est obligatoire seulement pour les états qui ont adopté ces usages comme lois entre eux.

Vattel conclut que ces trois espèces de droit international, le *volontaire*, le *conventionnel*, et le *coutumier*, composent ensemble le droit *des gens positif*. Ils prennent leur origine dans la volonté des nations, ou, pour emprunter les paroles de Wolf, «le volontaire, de leur consentement présumé; le conventionnel, de leur consentement exprès; et le coutumier, de leur consentement tacite [1].»

§ 6.
Montesquieu,
né en 1687,
mort en 1755.

Peu de temps avant la publication du traité de Vattel parut *l'Esprit des lois,* ouvrage d'une portée si différente de ceux des publicistes formés à l'école de Grotius et de Puffendorf, qu'il a donné, suivant l'avis de quelques-uns, le coup mortel à l'étude de la science de la jurisprudence naturelle, qui avait si longtemps occupé l'attention non-seulement des savants, mais des hommes d'état de l'Europe. Montesquieu jouit encore de la réputation d'avoir «trouvé la grande idée de lier la jurisprudence à l'histoire et à la philosophie, de manière à rendre ces sciences utiles à leur éclaircissement mutuel [2].» Son génie peut avoir été excité par la lecture de Vico, et il est difficile de supposer que Montesquieu ignorât entièrement la *Scienza nuova,* publiée à Naples treize ans avant *l'Esprit des lois.* Il a sans doute emprunté quelques-unes de ses idées générales, avec leurs développements, aux ouvrages de ses

[1] VATTEL, *Préliminaires,* § 27. WOLF, *Proleg.,* § 25.

[2] D. STEWART, *Preliminary dissertation on the progress of metaphysical and moral philosophy,* p. 94.

autres prédécesseurs, tels que Bodin, Gravina, et Machiavel.
Mais, après ces concessions, il lui reste encore en entier la
gloire qu'il a justement méritée, en détournant la philosophie
des spéculations arides, et en la dirigeant vers l'étude de la
nature de l'homme, non-seulement comme elle est décrite
dans l'histoire d'une ou de deux des nations de l'antiquité
classique, mais dans l'immense variété des races dispersées
sur le globe, avec leur diversité correspondante de mœurs,
de lois et de religions. Son ouvrage ne renferme pas dans
son objet général le sujet de ces usages qui règlent les rapports entre les sociétés indépendantes des hommes; mais il a
déduit, dans un seul passage plein de pensées, et dans le
même esprit philosophique et profond avec lequel il trace
l'origine et l'histoire des lois civiles des diverses nations, le
droit international établi entre diverses races, et prenant son
origine dans les traits particuliers, moraux et physiques, qui
les distinguent.

«Le droit des gens est naturellement fondé sur ce principe,
que les diverses nations doivent se faire dans la paix le plus
de bien, et dans la guerre le moins de mal qu'il est possible,
sans nuire à leurs véritables intérêts.

»L'objet de la guerre, c'est la victoire; celui de la victoire,
la conquête, la conservation. De ce principe et du précédent
doivent dériver toutes les lois qui forment le droit des gens.»

Après avoir posé de cette manière les principes sur lesquels le droit des gens doit être basé, il continue:

«Toutes les nations ont un droit des gens, et *les Iroquois
mêmes, qui mangent leurs prisonniers, en ont un.* Ils envoient
et reçoivent des ambassadeurs, ils connaissent des droits de
la guerre et de la paix: le mal est que ce droit des gens n'est
pas fondé sur de vrais principes [1].»

---

[1] MONTESQUIEU, *Esprit des lois*, liv. I, chap. 3.

Il est évident, d'après ce passage, que Montesquieu n'a regardé
le droit des gens, ni comme universel, ni comme immuable. Grotius

Le publiciste le plus distingué de cette période fut Bynkershoek, dont nous avons déjà souvent eu occasion de citer les écrits, comme témoignages des usages et des opinions de l'époque avant la paix d'Utrecht, relatifs au droit des gens maritime. Le premier de ces écrits, le traité sur la souveraineté des mers, *De dominio maris,* a paru pendant la même époque, ayant été publié en 1702. Cependant la plupart de ces ouvrages furent écrits et publiés pendant la période dont nous nous occupons.

Bynkershoek naquit à Middelbourg, capitale de la Zélande, en 1673, et il reçut son éducation à l'université de Franeker en Frieslande. Ses exercices scolastiques, pendant qu'il résidait à cette école, lui ont attiré l'attention du célèbre professeur Huberus, qui l'appelle *eruditissimus juvenis Cornelius Bynkershoek.*

En quittant l'université, il s'établit à la Haye, où il suivit avec un grand succès et beaucoup de réputation la carrière du barreau, et publia de temps en temps des dissertations savantes et habiles sur divers sujets du droit romain et du

aussi dit «que le *jus gentium* a acquis sa force obligatoire par un effet de la volonté de tous les peuples, ou *au moins de plusieurs.* Je dis *de plusieurs;* car à la réserve du droit naturel, qui est aussi appelé droit des gens, on ne trouve guère d'autre loi qui soit commune à toutes les nations. Souvent même ce qui est du droit des gens dans une partie de la terre, ne l'est pas dans l'autre, comme nous le montrerons en son lieu,» etc. (*De jure belli ac pacis,* lib. I, cap. I, § XIV, N° 4.) Et Bynkershoek, dans un passage que nous avons déjà cité, observe que «le droit des gens est ce qui est observé, en accord avec les lumières de la raison, sinon entre toutes les nations, *au moins certainement entre la plupart et celles les plus civilisées.*» (*De foro legatorum,* cap. III.) Et Leibnitz, parlant du droit des gens volontaire, établi par le consentement tacite des peuples, dit: «Neque vero necesse est, ut sit omnium gentium vel omnium temporum, cum in multis arbitrer aliud Indis aliud Europæis placere, et apud nos ipsos sæculorum decursu mutari, quod vel hoc ipsum opus indicare potest.» (*Cod. jur. gent. diplomat. præm.*)

droit civil de son propre pays. Dans l'année 1702, il publia son traité *De dominio maris*, et l'année suivante il fut nommé juge au tribunal d'appel suprême pour les provinces de la Hollande, de Zélande, et de la Frieslande occidentale, qui siégeait à la Haye. En 1721 il publia son excellent traité *De foro legatorum*, et en 1724 il fut nommé président à la haute cour dont il avait été si longtemps un membre distingué. Ses *Quæstiones juris publici* sont un de ses ouvrages qui ont été publiés les derniers, car elles n'ont paru qu'en 1737, quand il avait soixante-quatre ans. Il est mort en 1743, dans sa soixante-dixième année.

Ses divers ouvrages furent publiés séparément pendant sa vie, à l'exception des *Quæstiones juris privati*, relatives à diverses questions du droit romain ou hollandais, qui n'ont paru qu'après sa mort. Ce traité devait faire partie d'un plus grand ouvrage, que sa mort l'a empêché d'achever. Cependant il en avait préparé les quatre premiers livres pour la presse, quand la mort l'a surpris au milieu de ses travaux. Il n'eut que le temps d'écrire le premier paragraphe d'une préface dont l'ouvrage devait être accompagné, et dans laquelle il paraît sentir que sa fin approchait.

Dix-huit ans après sa mort, ses ouvrages épars furent recueillis par le savant Vicat, professeur de droit au collége de Lausanne en Suisse, et publiés en deux volumes in-folio, à Genève, en l'année 1761. Plusieurs éditions de ses ouvrages séparés ont été publiées à diverses époques en Hollande. Mais celle de Vicat, le premier, le meilleur, et le plus complet monument de sa gloire, a été faite dans une terre étrangère.

Cette édition, dont nous avons toujours fait usage dans nos citations, est remarquable par la beauté et la correction, et elle est ornée d'une préface élégante, et d'une notice sur la vie et les ouvrages de l'auteur, écrite par l'éditeur [1].

---

[1] Une belle et fidèle traduction du premier livre des *Quæstiones juris publici* de Bynkershoek, en langue anglaise, fut publiée par

·₁ Nous avons déjà rendu compte de son traité *De dominio maris*. L'analyse de sa dissertation *De foro legatorum* trouvera aussi sa place dans une autre partie de ce mémoire. Mais le plus important de ses ouvrages, relatif aux sujets de droit international, est le premier livre de ses *Quæstiones juris publici*, intitulé *De rebus bellicis*.

Dans ce dernier ouvrage, Bynkershoek traite l'importante matière des rapports des nations belligérantes et neutres en temps de guerre, d'une manière plus complète, plus précise, et il donne plus d'exemples pratiques que ne l'ont fait aucun de ses prédécesseurs, et on peut dire même de ses successeurs, parmi les publicistes. Il est le premier écrivain qui soit entré dans une exposition critique et systématique du droit des gens maritime, et le plan qu'il avait adopté était bien propre à rendre justice à son sujet. Au lieu d'entreprendre, d'après l'exemple de Grotius et de Puffendorf, la rédaction d'un système complet de droit international, il a fait un choix des questions particulières les plus importantes, et les plus fréquentes dans les rapports des états modernes [1].

Bynkershoek a traité dans cet ouvrage, aussi bien que dans son traité *De foro legatorum*, la question tant débattue quant

M. Duponceau, à Philadelphie, en 1810, sous le titre de *Law of war*, enrichie d'annotations par le savant traducteur.

[1] MADISON'S *Examination of the British doctrine which subjects to capture a Neutral-Trade not open in time of peace*, pp. 18—24. London, 1806.
Sur le sujet des rapports des nations belligérantes et neutres, Grotius n'a qu'un seul et très-court chapitre (livr. 3, chap. 17), avec une section du même livre (chap. 1), avec une note, et sect. 5, 10, chap. 2, livr. 1, et sect. 6, chap. 6, livr. 3, avec une note. Vattel manque extrêmement de détails sur ce sujet. Il lui a consacré quelques sections seulement du 7ᵉ chap. de son 3ᵉ livr. (sect. 110—117), et dans aucune partie de son ouvrage il n'est question des discussions savantes et ingénieuses de Bynkershoek, quoique l'ouvrage de ce dernier eût déjà paru.

à la nature et la fondation de la force obligatoire du droit international.

En traitant de la question du juge compétent des ambassadeurs, il dit: «Les anciens jurisconsultes disent que le droit des gens est ce qui s'observe, conformément aux lumières de la raison, entre les nations, sinon toutes, du moins parmi la plupart, et les plus civilisées. On peut, à mon avis, sans craindre de se tromper, suivre cette définition, qui établit deux fondements du droit dont il s'agit, savoir, la raison et l'usage.

»Mais de quelque manière qu'on définisse le droit des gens, et quelques disputes qu'il y ait là-dessus, il faut toujours en revenir à dire que ce que la raison dicte aux peuples, et ce que les peuples observent entre eux, par suite d'une comparaison qu'ils ont faite entre les choses qui sont souvent arrivées, est l'unique droit de ceux qui n'ont point d'autre loi à suivre. Si tous les hommes sont des hommes, c'est-à-dire s'ils font usage de leur raison, la raison ne peut que leur conseiller et leur commander certaines choses qu'ils doivent observer comme par un consentement mutuel, et qui, étant établies par l'usage, imposent aux peuples une obligation réciproque, sans quoi on ne saurait concevoir ni guerre, ni paix, ni alliance, ni ambassades, ni commerce [1].»

Il dit encore, en traitant la même question: «On ne peut guère tirer ici les lumières ni du droit civil, ni du droit canon: tout dépend de la raison et de l'usage des peuples. J'ai allégué ce qu'on peut dire pour et contre en suivant la raison: il faut voir maintenant quel parti on doit prendre là-dessus. Ce que l'usage aura approuvé l'emportera sans contredit, puisque c'est de là que se forme le droit des gens [2].»

Dans un autre passage du même traité, il examine la ques-

---

[1] BYNKERSHOEK, *Du juge compétent de l'ambassadeur*, chap. 3, §§ 1, 2, traduction de Barbeyrac.

[2] IBID., *Ibid.*, chap. 7, § 8.

tion, si une seule nation peut priver un ministre public des priviléges dont il jouit par la loi commune des nations? *(an qua gens privilegia legatorum, quibus utuntur ex jure communi gentium, possit tollere?)* «Elle le peut, à mon avis, pourvu qu'elle le déclare ouvertement, parce que la jouissance de tous ces priviléges n'est fondée que sur un consentement tacite, et sur une présomption. Un peuple n'a aucun pouvoir d'imposer une obligation à un autre peuple, et le consentement de toutes les autres nations ensemble n'oblige point une nation libre et indépendante, toute seule qu'elle est, si elle trouve à propos d'établir d'autres lois. Grotius, quelque grand défenseur qu'il soit des immunités des ambassadeurs, rapporte ces priviléges à une convention tacite de celui qui reçoit un ambassadeur: or toute convention tacite dépend de la volonté. On convient qu'il est permis à chacun de ne pas recevoir un ambassadeur, et de ne le recevoir que sous certaines conditions, dont la détermination dépend de la volonté de celui qui le reçoit. Si donc une nation ne veut recevoir quelque ambassadeur étranger, qu'à condition qu'il se soumettra à la juridiction du pays, les droits de l'ambassadeur seront réglés sur ce pied-là: et au fond rien n'empêche qu'on ne puisse exercer une ambassade sous le privilége du renvoi en justice. Mais il est néanmoins très-vrai, comme le disent les États-Généraux dans un mémoire qu'ils publièrent en l'année 1651, que, selon le droit des gens, un ambassadeur, quoique coupable, ne peut être arrêté : car l'équité veut qu'on observe cela, si on n'a pas déclaré d'avance qu'on ne prétendait pas s'y soumettre. Le droit des gens n'est qu'une présomption fondée sur la coutume; et toute présomption n'a d'autre force, du moment qu'il paraît une volonté contraire de celui dont il s'agit. Feu M. Huber dit que les ambassadeurs ne peuvent point acquérir ou conserver leurs droits par prescription; mais il restreint cela au privilége que voudrait avoir un ambassadeur étranger, malgré le prince chez qui il réside, de donner dans son hôtel un asile aux sujets mêmes de l'état. Pour moi, je tiens la règle générale pour tous les priviléges des ambassadeurs, et je crois qu'il n'y en a aucun dont ils puissent prétendre la jouissance, si on a déclaré qu'on ne voulait pas le leur accorder, parce qu'une volonté expresse exclut toute volonté tacite, qui y répugne; et le droit des gens, comme je l'ai déjà dit, n'a lieu qu'entre ceux qui s'y soumettent par une convention tacite [1].»

Dans son traité *De rebus bellicis*, il fait dériver le droit des gens de la raison et de l'usage, *ex ratione et usu*, et fonde l'usage sur le témoignage des traités et des ordonnances, *pacta et edicta*, avec la comparaison des exemples qui se présentent souvent. En parlant du droit de contrebande de guerre, il dit: «Le droit des gens sur cette matière ne peut dériver d'aucune autre source que de la raison et de l'usage. La raison m'ordonne d'être également amical envers deux de mes amis qui sont ennemis l'un de l'autre, et il s'ensuit que je ne dois pas préférer l'un à l'autre dans ce qui a rapport à la guerre. L'usage est démontré par la coutume constante, et pour ainsi dire perpétuelle, que les souverains ont observée de faire des traités et des ordonnances sur cette matière, parce qu'ils ont souvent fait de pareils règlements par des traités pour être mis à exécution en temps de guerre, et par des lois promulguées après le commencement des hostilités. J'ai dit *par une coutume pour ainsi dire perpétuelle*, parce qu'un traité et même deux traités, s'écartant de l'usage général, ne changent pas le droit des gens [2].»

---

[1] BYNKERSHOEK, chap. 19, § 7. Voyez la note de Barbeyrac sur ce passage quant à la doctrine de Grotius.

[2] «Jus gentium commune in hanc rem non aliunde licet discere, quam ex ratione et usu. Ratio jubet, ut duobus, invicem hostibus, sed mihi amicis, æque amicus sim, et inde efficitur, ne in causa belli alterum alteri præferam. Usus intelligitur ex perpetua quodammodo paciscendi edicendique consuetudine: pactis enim principes sæpe id egerunt in casum belli, sæpe etiam edictis

Le grand ouvrage de Grotius continua à former le principal sujet des commentaires dans les différentes universités de l'Europe. Un des meilleurs commentaires de ce genre est celui de Rutherforth, publié en 1754, sous le titre des *Instituts du droit naturel*. La plus grande partie de cet ouvrage se compose de discussions de morale philosophique et de droit politique; mais le neuvième chapitre du livre II traite exclusivement du droit des gens proprement dit. En effet, dans cette partie de son ouvrage, l'auteur examine la proposition de Grotius, qui veut que le droit des gens soit un droit positif, devant son autorité au consentement de toutes ou de presque toutes les nations. Rutherforth, au contraire, veut que le droit des gens ne soit autre chose que le droit naturel appliqué, en vertu d'une convention positive, à l'ensemble des sociétés civiles, comme à des agents moraux, et aux différents membres de ces sociétés, comme à différentes parties de cet ensemble. Les règles du droit des gens ne seront donc que les règles de

contra quoscunque, flagrante jam bello. Dixi, *ex perpetua quodammodo consuetudine,* quia unum forte alterumve pactum, quod a consuetudine recedit, jus gentium non mutat.» (*Q. J. publ.,* lib. I, cap. X.)

Dans la préface de ce traité sur les lois de la guerre, Bynkershoek maintient la suprématie de la raison sur l'autorité dans les investigations de la science du droit international. «Nulla ullorum hominum auctoritas ibi valet, si ratio repugnet. Non Grotius, non Puffendorfius, non interpretes, qui in utrumque commentati sunt, me convincerint, si non convincerit ratio, quæ in jure gentium definiendo fere utramque paginam facit. Inde est, quod auctoritatibus coacervandis fere abstinuerim, non difficulter alioquin earum mole potuissem implere et onerare hos libros. Sæpe quidem Grotio et Puffendorfio testimonium denuntiavi, sed non alia ratione, quam quod illi in jure publico principatum teneant, et aliorum omnium familiam ducant, silentio fere præteritis minorum gentium interpretibus. Ab utriusque tamen sententia recessi, ubi ipsa ratio videbatur recedere. Hanc præcipue in consilium adhibui, et, nisi illa vincat, nihil vincerit in omni quæstione juris publici.» (*Q. J. publ.,* lib. I, ad lectorem.)

la saine raison, et on pourra les tirer de la nature même des choses, ou de l'histoire des événements du monde, ou bien encore de l'opinion des hommes éclairés.

Nous allons donner ici quelques notices abrégées sur les publicistes secondaires de cette période. Et parmi ceux-ci, nous mentionnerons Barbeyrac, qui par des traductions des ouvrages de Grotius, de Puffendorf, et de Bynkershoek, a répandu la science du droit international et l'a rendue populaire en même temps qu'il l'a éclaircie par ses annotations utiles sur le texte de ces auteurs. Ces traductions écrites en langue française sont fidèles, mais le style en est un peu sec et suranné.

Avant la publication du traité de Vattel sur le droit des gens, le chevalier de Réal avait fait paraître un livre sous ce titre: *la Science du gouvernement*, dont le cinquième volume contient un résumé du droit des gens positif d'un grand mérite. C'est un résumé des ouvrages des publicistes classiques, et des exemples tirés principalement de l'histoire de ce qui était arrivé dans les rapports des états modernes de l'Europe [1].

L'abbé de Mably avait été employé par le cardinal Tencin à rédiger pour ce ministre des mémoires et des rapports. De ces papiers il a extrait un résumé historique des négociations et des traités qui ont eu lieu depuis le traité de Westphalie jusqu'à son temps; résumé qu'il a publié en 1748, sous le titre de *Droit public de l'Europe, fondé sur les traités*. On lui avait refusé d'abord la permission de publier cet ouvrage en France, et la personne à laquelle il s'adressait pour l'obtenir lui demanda: «Qui êtes-vous donc, M. l'abbé, pour écrire sur les intérêts des nations? Êtes-vous ministre ou ambassadeur?»

---

[1] *La Science du gouvernement*, tome cinquième, contenant le droit des gens, qui traite des ambassades, de la guerre, des traités, des titres, des prérogatives, des prétentions, et des droits respectifs des souverains; par M. de Réal, grand-sénéchal de Forcalquier, Paris 1754.

Il fut réduit à la nécessité de faire publier son ouvrage en Hollande, mais plusieurs éditions subséquentes ont paru à Paris. Réal critique ainsi le titre donné par Mably à son ouvrage: «Le titre de *Droit public de l'Europe*, que l'auteur a donné à son ouvrage, dit-il, est vicieux. L'Europe n'a point de droit public; mais chaque nation de l'Europe en a un, et la matière que l'auteur a traitée se rapporte au droit des gens.» Cependant il loue l'ouvrage comme étant différent des autres collections d'actes diplomatiques de même nature, par son plan analytique et les détails historiques qui lui ôtent de l'aridité ordinaire à ces sortes de compilations [1].

Jean Gottlieb Heinecke, mieux connu par son nom latin *Heineccius,* outre ses écrits élégants sur le droit romain, publia à Halle, en 1738, ses *Elementa juris naturæ et gentium,* ouvrage dans lequel il a légèrement traité du droit international comme faisant partie de ce qu'il appelle *Jus sociale.* Il a aussi composé des discours sur Grotius et Puffendorf, et une dissertation sur une partie très-importante du droit des gens maritime, sous le titre *De navibus ob vecturam vetitarum mercium commissis,* que nous aurons bientôt occasion de citer. Mackintosh dit de Heineccius: «C'est le meilleur écrivain élémentaire que je connaisse sur quelque sujet que ce soit [2].»

. Le *Commentaire sur l'ordonnance de la marine,* publié en 1760 par Valin, et son *Traité des prises,* qui a paru en 1763, sont trop connus et trop bien appréciés pour rendre nécessaire une notice spéciale de ses savants ouvrages. Nous en dirons autant du *Tratado juridico-politico sobre las presas maritimas,* publié à Cadix en 1746, par Don Carlos d'Abreu, dont une édition en langue française, avec des notes par M. Bonnémant, a paru en 1802. Pothier, dans son *Traité de*

Heineccius.

Valin, d'Abreu et Pothier.

---

[1] *Science du gouvernement,* vol. VIII, p. 521.

[2] Mackintosh, *Discours sur l'étude du droit de la nature et des gens,* traduit de l'anglais par M. Royer-Collard, p. XXIII.

propriété, a commenté les parties de l'ordonnance de la marine de 1681 qui regardent les prises maritimes.

Les deux guerres maritimes, terminées par la paix d'Aix-la-Chapelle de 1748, et celle de Paris de 1763, ont donné lieu à des questions multipliées sur les droits respectifs des états belligérants et neutres à l'égard de la navigation et du commerce. Toutes les puissances maritimes, parties contractantes aux traités d'Utrecht, furent aussi mêlées à la première de ces guerres. Les stipulations contenues dans ces traités, en opposition à la loi préexistante, en faveur du commerce et de la navigation neutre, ne sont jamais devenues applicables entre les parties contractantes; le *casus fœderis*, portant que l'une ou plusieurs de ces puissances devaient rester en état de paix, pendant que les autres étaient en guerre, ne s'étant pas présenté, l'avantage de ces stipulations ne fut pas étendu par elles à ces nations, qui restèrent neutres. Chaque état continuait à adhérer à ses propres interprétations du droit des gens, comme à la règle par laquelle il était guidé dans sa conduite envers les neutres. Les puissances maritimes, qui avaient adopté les maximes du *Consulat de la mer* relatives aux prises maritimes, continuaient à être dirigées par ces maximes, à l'exception des modifications introduites par des conventions particulières avec les puissances de la Baltique, qui ont gardé leur neutralité dans la guerre entre les nations du midi et de l'ouest de l'Europe.

En même temps la France a fait un changement essentiel dans sa législation maritime, en la rapprochant des principes du *Consulat de la mer*. L'ordonnance du 21 octobre 1744 a exempté de la saisie les vaisseaux neutres chargés de marchandises ennemies, en confisquant seulement ces marchandises, et a fait relâcher le vaisseau avec le reste de la cargaison, à l'exception des objets de contrebande. Cependant la même ordonnance renouvela deux restrictions fort remarquables contre la liberté du commerce neutre, et qui étaient

§ 9.
Droit des gens maritime.

comprises dans l'ordonnance antérieure de 23 juillet 1704, savoir:

1° Toutes les marchandises du cru, fabrique ou manufacture du pays ennemi, furent déclarées confiscables, à l'exception des cargaisons des vaisseaux neutres, naviguant directement du port ennemi où les marchandises furent chargées, vers un port de leur propre pays.

2° Il fut défendu aux vaisseaux neutres de transporter une cargaison d'un port à un autre port ennemi, quelle que fût l'origine, ou à quelque personne qu'appartînt la propriété des marchandises.

La France avait conclu avec les villes anséatiques, en 1716, trois ans après la paix d'Utrecht, un traité de navigation et de commerce, par lequel la concession faite à ces républiques, par la convention de 1655, fut rapportée, et les marchandises neutres chargées sur les vaisseaux d'un ennemi furent de nouveau soumises à la confiscation, aussi bien que les marchandises ennemies chargées sur un vaisseau neutre, les vaisseaux seulement étant exempts dans ce dernier cas [1].

En 1739, une convention fut conclue entre la France et la Hollande, par laquelle fut renouvelé le traité de commerce

---

[1] Par l'article 22 du traité de 1716, il fut stipulé «que les vaisseaux des villes anséatiques, sur lesquels il se trouvera des marchandises appartenantes aux ennemis de Sa Majesté, ne pourront être retenus, amenés, ni confisqués, non plus que le reste de leurs cargaisons; mais seulement lesdites marchandises appartenantes aux ennemis de Sa Majesté seront confisquées, de même que celles qui seront de contrebande; Sa Majesté dérogeant à tous usages et ordonnances à ce contraire, et même à celles des années 1536, 1584 et 1681, que *la robe d'ennemi confisque la marchandise et le vaisseau d'ami.*»

Et par l'article 24, «toutes les marchandises et effets appartenants aux sujets des villes anséatiques, trouvés dans un navire des ennemis de Sa Majesté, seront confisqués, quand même ils ne seraient pas de contrebande, etc.» (FLASSAN, *Histoire de la diplomatie française,* vol. IV, p. 415.)

et de navigation signé entre les deux puissances, à Utrecht, en 1713, et qui avait expiré, et les deux maximes de *vaisseaux libres, marchandises libres*, et de *vaisseaux ennemis, marchandises ennemies*, furent rétablies comme droit conventionnel entre les deux puissances [1].

En 1742, un traité de commerce fut conclu entre la France et le Danemark, par lequel les mêmes règles furent établies [2].

Les vaisseaux danois et hollandais furent exceptés, par suite de ces stipulations, de l'application de l'ordonnance française de 1744. Il leur fut permis de naviguer librement de leurs propres ports à un autre port neutre, ou bien à un port ennemi, ou d'un port ennemi à un autre, excepté les places bloquées, quel que fût le propriétaire de la cargaison ennemie ou neutre, excepté toutefois les marchandises de contrebande. La même exemption fut étendue à la navigation de la Suède et des villes anséatiques, avec l'exception que les marchandises ennemies chargées sur les vaisseaux de ces deux nations continueraient à être confiscables pendant que le vaisseau et le reste de la cargaison seraient relâchés. Cependant l'exemption complète fut depuis concédée aux vaisseaux suédois, par suite de traités spéciaux entre la France et la Suède. l'Espagne jouissait du même privilége d'après le traité encore subsistant des Pyrénées de l'année 1659. D'un autre côté, les priviléges concédés à la Hollande et aux villes anséatiques furent révoqués; de manière que les seuls états qui jouissaient encore, sous la législation maritime française, du privilége du principe de *vaisseaux libres, marchandises libres*, à l'époque où Valin écrivait, furent l'Espagne, le Danemark et la Suède.

Sous d'autres rapports, l'ordonnance de la marine de Louis XIV, de 1681, restait en pleine vigueur; et ces deux ordonnances de 1681 et 1744 continuèrent à former le code des prises françaises pendant la guerre maritime qui fut ter-

---

[1] FLASSAN, *Histoire de la diplomatie française*, vol. V, p. 107.
[2] IBID., *Ibid.*, p. 166.

minée par la paix d'Aix-la-Chapelle, en 1748, et celle terminée
par la paix de Paris, en 1763 [1].

Nous avons déjà vu dans quelles circonstances furent conclus les traités entre l'Angleterre et la Hollande, concédant à
cette dernière puissance le principe de *libres vaisseaux, libres
marchandises*, comme l'objet favori pour lequel ses hommes
d'état avaient lutté avec tant de zèle et de persévérance dans
leurs négociations avec les grandes puissances maritimes.
Cette concession de la part de l'Angleterre était liée à des
traités d'alliance et de garantie mutuelle entre les deux états,
qui ont entraîné la Hollande dans la guerre entre la France
et l'Angleterre, en 1747; pendant que le traité de 1739, par
lequel cette même concession était faite en faveur de la navigation hollandaise de la part de la France, fut suspendu par
ordonnance de cette dernière puissance. De cette manière,
la république perdit, avec son caractère de neutre, les avantages de cette concession à l'égard des deux puissances belligérantes, pendant les dernières années de la guerre maritime
qui fut terminée par la paix d'Aix-la-Chapelle. L'alliance de
1756, entre l'Autriche et la France, a délivré la Hollande du
danger qu'elle pouvait craindre de l'envahissement de la barrière qui lui était assurée dans la Belgique par les traités
d'Utrecht; ayant été sommée par l'Angleterre de remplir les
conditions des garanties stipulées dans ses traités avec cette
puissance, la république a refusé sous divers prétextes de se
rendre à cette demande; et en même temps elle a insisté sur
l'exécution des traités de commerce par lesquels la règle de
libres vaisseaux, libres marchandises, avait été mutuellement
stipulée. Cette interprétation des conventions entre les deux
pays fut rejetée par le gouvernement anglais; et il continua
de traiter la navigation hollandaise sur le même pied que
celle des autres nations neutres avec lesquelles il n'y avait

---

[1] VALIN, *Traité des prises*, chap. 6, n. 18, 19.

aucune convention spéciale en faveur de la liberté du pavillon. Le traité de commerce de 1789, entre la France et la Hollande, avait été suspendu depuis l'année 1745, et par suite de toutes ces diverses circonstances, cette dernière puissance n'a tiré aucun avantage, comme neutre, pendant la guerre de sept ans, de ses traités antécédents avec l'Angleterre et la France, par lesquels la règle de *vaisseaux libres, marchandises libres*, fut stipulée entre les parties contractantes.

Le traité d'Aix-la-Chapelle de 1748, entre la France, l'Angleterre et la Hollande (art. 3), renouvelle dans des termes généraux «les traités d'Utrecht.» Comme le traité de commerce signé à Utrecht n'est pas nommément spécifié dans le traité d'Aix-la-Chapelle, on pourrait peut-être regarder comme douteux que l'intention des rédacteurs de ce traité ait été de renouveler les stipulations d'Utrecht en faveur du commerce neutre; mais ce doute est entièrement dissipé par le traité de Paris de 1763 (art. 2), entre la France, l'Angleterre et l'Espagne, auquel le Portugal a accédé, et qui renouvelle expressément, entre autres traités, ceux de paix et *de commerce* d'Utrecht de 1713 [1].

Tel fut le droit des gens maritime, établi par les coutumes et les ordonnances des états européens, et tel fut le droit des gens maritime reconnu par les traités entre ces états pendant la période dont il est maintenant question. Les deux systèmes étaient en opposition directe l'un à l'autre.

Nous avons déjà vu que Bynkershoek, dont l'ouvrage sur les lois de la guerre fut publié après la paix d'Utrecht, et

---

[1] «Les traités de Westphalie, etc., et ceux de paix et de commerce d'Utrecht, etc., servent de base et de fondement à la paix et au présent traité; et, pour cet effet, ils sont tous renouvelés et confirmés dans la meilleure forme, ainsi que tous les traités en général qui subsistaient entre les hautes parties contractantes avant la guerre, et comme s'ils étaient insérés ici mot à mot, de sorte qu'ils devront être observés à l'avenir dans toute leur teneur, etc.» (MARTENS, *Recueil*, tome I, p. 107.)

avant la guerre terminée par la paix d'Aix-la-Chapelle, considérait les règles du *Consulat de la mer* comme constituant encore, à l'époque où il écrivait, le droit des gens sur cette matière, indépendamment des conventions spéciales[1].

Doctrine de Heineccius. Heineccius, qui écrivait en Prusse à peu près à la même époque, et dont la dissertation avait été lue par Bynkershoek avant qu'il n'eût mis la dernière main à ses deux chapitres relatifs à cette matière, est considéré par ce dernier publiciste comme confirmant son opinion[2].

Dans cette dissertation, Heineccius examine la question de la navigation neutre dans les deux divers cas qu'il a posés: « *Quid si vel naves hostium merces amicorum, vel naves amicæ merces hostium contineant?* » Il observe que le *Consulat de la mer* distinguait les cas suivants:

1° Celui où les vaisseaux et la cargaison appartenaient tous les deux à l'ennemi, par lequel ils étaient également frappés de confiscation.

2° Dans le cas où le vaisseau appartenait à un ami et la cargaison à un ennemi, le capitaine neutre pouvait être contraint à transporter la cargaison dans un port appartenant au capteur, où il devait recevoir le fret des marchandises, la cargaison seule étant sujette à être confisquée.

3° Dans les cas où le vaisseau appartenait à un ennemi, et la cargaison à un ami, on pouvait transiger sur l'affaire; ou bien, si les propriétaires des marchandises s'y refusaient, on pouvait les transporter dans un port appartenant au capteur,

---

[1] Voyez § 13, première période.

[2] « Postquam hæc scripseram, in manus meas pervenit clarissimi Heineccii *opusculorum variorum sylloge*, in qua etiam exstat ejus dissertatio *de navibus ob vecturam vetitarum mercium commissis*, ubi (cap. 2, § 9) paucis exponit utramque speciem, de qua *hoc et præced. cap.* actum est. Sed tantum abest, ut, his lectis, mutem sententiam, ut eam potius confirmaverit viri magni auctoritas. Cur tamen nihil delendum censuerim, ipse videbis, si, quæ uterque nostrum dixit, conferre commodum sit. » (BYNKERSHOEK, *Q. J. publ.*, lib. I, cap. XIV, ad finem.)

qui recevrait alors le montant du fret, comme si elles avaient été transportées au port de la destination primitive, tandis que le vaisseau seul était confisqué.

Il cite plusieurs ordonnances et traités de divers pays modifiant ces règles, quelquefois à l'avantage, et quelquefois contre les intérêts de la navigation neutre; et il donne ses raisons pour approuver ces règles, comme formant le droit des gens primitif. Il expose ensuite la théorie des preuves et des présomptions par lesquelles la véritable propriété du vaisseau et de la cargaison doit être déterminée dans les tribunaux maritimes du pays du capteur. Il regarde la sentence de condamnation de ces tribunaux comme étant finale et conclusive, d'après l'usage des nations constaté dans leurs lois et leurs traités, sur la question de la propriété, et comme transférant cette propriété par un titre valable et incontestable à celui qui l'achète en vertu de cette sentence, «Mais supposez, dit-il, que la sentence de ces tribunaux, prononcée en dernier ressort, ne paraisse pas être juste à l'état neutre dont les sujets réclament la propriété, à quels moyens de réparation peut-on avoir recours?» Et il répond que la prudence conseillera de n'avoir recours à la guerre qu'avant d'avoir essayé tous les autres moyens. On doit demander d'abord une juste satisfaction de la part de l'état belligérant, et si elle est refusée sans raisons suffisantes, des représailles peuvent être accordées par l'autorité de l'état neutre[1].

Pendant la guerre maritime entre la France et l'Espagne d'un côté, et l'Angleterre et la Hollande de l'autre, qui fut terminée par la paix d'Aix-la-Chapelle en 1748, et dans laquelle la Prusse resta neutre, un litige s'éleva entre les gouvernements anglais et prussiens, relatif aux droits de la navigation et du commerce neutres, dans lesquels les principes des publicistes furent invoqués de part et d'autre. Les discussions

---

[1] HEINECCIUS, *De navib. ob vect. merc. vetit. comm.*, cap. III, sect. 3—12, 16—22.

qui accompagnèrent cette controverse jettent une grande lumière sur les questions du droit maritime dont nous retraçons l'histoire. Une courte analyse suffira pour les faire comprendre.

§ 10.
Affaire
de l'emprunt
silésien.

Frédéric II, d'après les traités de Breslau et de Berlin, conclus en 1742, et par lesquels la province de Silésie fut cédée par l'Autriche à la Prusse, avait stipulé de prendre sur lui le payement d'un emprunt fait par des négociants anglais à Marie-Thérèse en 1735, et assuré par une hypothèque sur les revenus de cette province. Un nombre considérable de vaisseaux naviguant, avec leurs cargaisons, sous le pavillon prussien, et des cargaisons réclamées par des sujets prussiens sous d'autres pavillons neutres, avaient été saisis et confisqués dans les cours de l'amirauté d'Angleterre, comme contrebande de guerre ou appartenant aux ennemis. Le gouvernement anglais ayant refusé d'écouter la demande du cabinet prussien, qui cherchait à obtenir une indemnité pour les réclamants, Frédéric établit en 1751 une commission de quatre de ses ministres, présidée par le célèbre chancelier Cocceji, chargée d'examiner ces réclamations, afin de les compenser avec l'emprunt silésien, dont le payement avait été retenu pour cet objet. La commission, ainsi constituée, prononça l'année suivante une sentence, qui transférait aux réclamants prussiens l'hypothèque anglaise sur les revenus de la Silésie, comme une indemnité pour la saisie de leurs propriétés. Cette sentence fut motivée sur les considérations suivantes:

1º Que les vaisseaux anglais armés en guerre n'avaient pas le droit de saisir les vaisseaux prussiens, ou autres neutres allant à un port ennemi ou revenant d'un port ennemi, sous le prétexte que les marchandises chargées sur ces vaisseaux appartenaient aux ennemis de l'Angleterre;

2º Que les traités entre l'Angleterre et les puissances neutres, confirmés par les déclarations du ministère anglais aux agents diplomatiques de la Prusse, avaient exempté de la saisie les propriétés ennemies chargées sur des vaisseaux neutres, et avaient déterminé la liste de marchandises de contrebande, de laquelle furent exceptés les bois de construction navale, le chanvre, etc.;

3° Que, par conséquent, les cours de l'amirauté anglaise avaient agi contre le droit des gens, contre les traités, et contre cette déclaration du ministère anglais en confisquant les propriétés en question;

4° Que les sentences de ces tribunaux ne pouvaient avoir l'effet d'une chose jugée, *rei adjudicatæ* [1].

Le roi de Prusse déclara au gouvernement anglais sa détermination de retenir, comme représailles pour les actes d'injustice commis envers ses sujets, la dette hypothéquée sur les revenus de la Silésie, jusqu'à ce que le gouvernement anglais eût accordé une indemnité convenable aux réclamants prussiens. Cette déclaration fut accompagnée d'un *exposé des motifs*, dans lequel il fut allégué que lorsque la guerre avait éclaté, le roi ayant donné des instructions à son ministre à Londres, pour demander au ministère anglais des explications concernant ses intentions à l'égard du commerce neutre de la Prusse, son ministre reçut une réponse verbale, que les bois de construction et d'autres objets servant à l'équipement des vaisseaux de guerre ne devraient pas être considérés comme de contrebande, et que les vaisseaux prussiens ne seraient point arrêtés, pourvu qu'ils ne fussent pas employés à transporter des munitions de guerre à l'ennemi, ou des munitions de bouche à un port bloqué, et que sous d'autres rapports le commerce maritime devait rester sur le même pied qu'en temps de paix. Effectivement le commerce prussien est resté sans interruption jusqu'en 1745, quand leurs vaisseaux engagés dans le transport des bois de construction en France, et d'autres chargés de marchandises incontestable-

Discussions
entre
l'Angleterre
et la Prusse
sur la liberté
de la navigation
neutre.

---

[1] CHARLES DE MARTENS, *Causes célèbres du droit des gens*, vol. III, pp. 1—11.

ment libres, fureut saisis. De nouvelles remontrances ayant été faites de la part du gouvernement prussien, une réponse par écrit fut donnée par le cabinet anglais, en date du 5 janvier 1747, déclarant que la Prusse ne pouvait pas réclamer les priviléges accordés par des conventions spéciales entre d'autres puissances neutres et l'Angleterre; mais que, sous d'autres rapports, les navigateurs prussiens ne seraient point interrompus, pourvu qu'ils fissent leur commerce d'une manière légale et conformément aux anciens usages reconnus par les puissances neutres[1].

Après cette déduction des faits, l'office prussien continua à poser, comme applicables à ces faits, les principes de droit suivants:

1° Que la mer est libre pour l'usage commun de tous les hommes; qu'une seule nation ne peut pas l'approprier pour son avantage exclusif; et que, par conséquent, le droit de naviguer ne peut pas être interrompu par l'état de guerre en ce qui regarde les neutres. Cette proposition fut soutenue par les textes du droit romain, les écrits des publicistes, et la conduite de l'Angleterre elle-même, en contestant, comme elle avait fait, la prétention de l'Espagne à la navigation exclusive des mers de l'Amérique, et au droit de visite dans ces mers, qui avait donné lieu à la guerre entre les deux puissances en 1739;

2° Que même les propriétés ennemies ne pouvaient pas, d'après le droit des gens, être saisies dans un lieu neutre, tel qu'un vaisseau neutre en mer; et que ce principe avait été confirmé par les traités d'Utrecht en 1713, entre l'Angleterre, la France et la Hollande, aussi bien que par le traité de 1764, entre l'Angleterre et la Hollande, consacrant la maxime de *libres vaisseaux, libres marchandises;*

3° Que la seule exception à ce principe général était celle

---

[1] CHARLES DE MARTENS, *Causes célèbres, etc.*, vol. II. p. 6.

qui regarde des marchandises de contrebande transportées à l'ennemi: ces objets de contrebande, Grotius les divise (lib. III, cap. I, sect. 5, n° 2) en deux catégories, ceux dont on pourrait se servir exclusivement à la guerre, et ceux dont on pourrait se servir en guerre ou en paix; il regardait les premiers comme étant toujours de contrebande, quand ils étaient destinés à l'usage de l'ennemi; et les derniers, seulement quand ils étaient destinés à être transportés à un port assiégé ou bloqué; que l'Angleterre elle-même, dans ses traités avec la Hollande et d'autres puissances maritimes, avait limité la liste de contrebande aux seules munitions de guerre, en excluant expressément les munitions de bouche et les objets servant à l'équipement des vaisseaux de guerre, excepté au seul cas d'un port bloqué;

4° Que les cours de l'amirauté anglaise n'avaient aucun droit de juridiction sur les vaisseaux prussiens, ni sur leurs cargaisons, appartenants aux sujets prussiens, et saisis dans un lieu qui n'était pas dans le territoire anglais;

5° Que l'exercice de cette prétendue juridiction, par la confiscation injuste des propriétés prussiennes, fournissait un juste motif de représailles de la part de la Prusse, par le séquestre du capital et des intérêts de l'emprunt silésien dus aux créanciers anglais [1].

Ce rapport des commissaires prussiens ayant été communiqué au gouvernement anglais, l'affaire fut soumise à une commission composée de deux docteurs du droit romain, et à l'avocat et procureur général. Le dernier de ces commissaires fut M. Murray, depuis célèbre sous le nom de lord Mansfield, et alors même distingué par ses connaissances du droit maritime.

Les commissaires anglais firent un rapport en date du 18 janvier 1753, par lequel ils posèrent les principes de droit suivants comme étant applicables au cas:

[0] CHARLES DE MARTENS, *Causes célèbres, etc.*, vol. II, pp. 12—41.

Quand deux puissances sont en guerre, elles ont le droit de saisir, comme prises de guerre, les vaisseaux et les marchandises de chacune d'elles sur la mer, mais les biens d'un ami ne peuvent pas être saisis, pourvu qu'il garde sa neutralité.

Il s'ensuit que les marchandises d'un ennemi peuvent être saisies à bord d'un vaisseau ami;

Que les marchandises innocentes appartenant à un ami, chargées sur un vaisseau ennemi, doivent être relâchées;

Que les marchandises de contrebande, destinées à l'usage de l'ennemi, quoique appartenant à un ami, peuvent être saisies comme prises de guerre, parce que c'est violer la neutralité que de fournir à l'ennemi les moyens de continuer la guerre.

Le rapport continue en déclarant que, par le droit des gens universel reconnu depuis un temps immémorial, la seule procédure pour déterminer si une capture est de bonne prise, ou non, est celle qui est intentée devant la cour d'amirauté de l'état auquel appartient le capteur. Là, les deux parties sont entendues, et la confiscation ou la restitution est prononcée, suivant le droit des gens et les traités, d'après les présomptions et les preuves reconnues par ces tribunaux comme des règles de décision.

Il y a dans chaque pays maritime un tribunal suprême d'appel, composé de personnes notables, devant lequel les parties qui se trouvent lésées par la sentence en première instance peuvent porter appel, et qui doit juger d'après les mêmes règles que la cour d'amirauté, c'est-à-dire le droit des gens et les traités subsistants avec cette puissance neutre dont le sujet est la partie plaignante devant ces tribunaux.

S'il n'y a point d'appel interjeté, c'est que les parties elles-mêmes reconnaissent la justice de la sentence.

Cette forme de procédure est reconnue et réglée par un

grand nombre de traités. Elle est approuvée par Heineccius, dans l'ouvrage que nous avons déjà cité [1].

De cette manière toutes les captures en mer furent jugées durant la dernière guerre (c'est-à-dire celle terminée par le traité d'Aix-la-Chapelle), par l'Angleterre, la France et l'Espagne, et les puissances neutres s'y sont soumises.

C'est ainsi, en agissant d'après le droit des gens et les traités particuliers, que toutes les captures en mer ont été jugées de temps immémorial dans tous les pays de l'Europe. Toute autre procédure serait manifestement injuste, absurde et impraticable.

Quoique le droit des gens soit la règle générale, il peut être varié ou modifié par des conventions particulières entre deux puissances; et dans le cas d'une altération ou exception introduite par des traités spéciaux, cette modification doit former la loi entre les parties contractantes, et le droit des gens ne gouverne qu'autant qu'il n'y est pas dérogé par une convention.

Ainsi, d'après le droit des gens en temps de guerre, tous les vaisseaux marchands sont sujets à être arrêtés et visités, pour que l'on puisse en constater la propriété, et déterminer s'ils portent des marchandises de contrebande à l'ennemi; mais des conventions particulières ont exigé une recherche moins stricte, sous la condition de produire des passe-ports et d'autres documents formels, dûment attestés.

La règle du droit des gens a été aussi quelquefois modifiée par des traités particuliers, déclarant que les effets d'un ami chargés sur un vaisseau ennemi seront de bonne prise, tandis que les effets d'un ennemi chargés sur le vaisseau d'un ami seront libres [2].

[1] HEINECCIUS, *De navib. ob vect. merc. vet. comm.*, cap. II, §§ 17, 18.

[2] Entre autres traités, le rapport cite le traité de 1674, entre l'Angleterre et la Hollande, et le traité d'Utrecht de 1713, entre l'Angleterre et la France.

De la même manière quelquefois, des marchandises, regardées comme de contrebande d'après le droit des gens, sont déclarées libres par des conventions particulières.

Si un sujet du roi de Prusse est lésé dans sa personne et dans ses droits par un sujet anglais, ou s'il y a quelque plainte à faire contre ce sujet, il doit le poursuivre devant les tribunaux du pays, qui sont également ouverts à l'étranger et au régnicole; et si un Anglais a quelque action à intenter contre un Prussien, il doit le poursuivre devant les tribunaux prussiens.

Si la réclamation a pour objet une capture faite en guerre, la partie lésée doit intenter sa demande devant les tribunaux établis pour juger ces sortes de questions.

Le droit des gens, fondé sur l'équité, la justice et la convenance, et confirmé par un long usage, n'admet pas de représailles, excepté dans des cas de lésions graves et violentes, dirigées ou soutenues par l'état, et d'un déni de justice absolu, *in re minime dubia*, par tous les tribunaux et ensuite par le prince [1].

Quant à la commission établie par le gouvernement prussien pour examiner de nouveau ces affaires, c'était une innovation dont on n'a jamais eu d'exemple jusqu'ici dans aucun pays. La question de la validité des prises maritimes doit être jugée par les cours d'amirauté de l'état dont les sujets ont fait la capture. Chaque souverain étranger en amitié a le

---

[1] Les auteurs de ce rapport citent, à l'appui de ce principe, Grotius, *De jure belli ac pacis*, lib. III, cap. II, §§ 4, 5.

Vattel dit: «La cour d'Angleterre a établi cette maxime avec beaucoup d'évidence, à l'occasion de vaisseaux prussiens saisis et déclarés de bonne prise pendant la dernière guerre; ce qui soit dit sans toucher au mérite de la cause particulière, en tant qu'il dépend des faits. Voyez le rapport fait au roi de la Grande-Bretagne, etc. C'est un excellent morceau du droit des gens.» (Vattel, liv. 2, chap. 7, § 84.) Montesquieu l'appelle aussi «une réponse sans réplique.» (*Oeuvres*, vol. VI, p. 445.)

droit d'exiger que la justice soit rendue à ses sujets par ces tribunaux, suivant le droit des gens, ou les traités particuliers, s'il y en a. Si, *in re minime dubia*, ces tribunaux procèdent sur des fondements directement opposés au droit des gens, ou aux traités actuellement en vigueur, l'état neutre a le droit de s'en plaindre. Mais il n'y a pas, et il ne peut y avoir d'autre manière de procéder avec équité. Toutes les puissances de l'Europe l'ont toujours suivie pendant la guerre, depuis les .temps les plus reculés.

Après avoir raisonné sur les faits, pour prouver que les réclamants neutres dans les cours d'amirauté en Angleterre n'avaient aucune raison de se plaindre d'injustice, le rapport répond aux divers principes de droit posés par les commissaires prussiens:

1° Ceux qui maintiennent la proposition que la mer est libre dans toute son étendue, ne nient pas que quand deux puissances sont en guerre, elles peuvent se saisir mutuellement des effets appartenants à l'une ou à l'autre sur la mer, et même à bord des vaisseaux amis. La question de la souveraineté des mers n'avait donc aucune application à la question en litige[1]. Les saisies faites par l'Espagne des vaisseaux anglais, qui ont donné lieu à des représailles en 1739, n'ont pas été faites en temps de guerre, ni dans l'exercice des droits de la guerre. Elles ont été faites sous prétexte de l'infraction des lois fiscales de l'Espagne. Elles ne furent pas jugées dans des tribunaux procédant d'après le droit des gens, mais dans des tribunaux ordinaires, par l'application des règles de décision dont le gouvernement anglais se plaignait, et par la suite une indemnité fut accordée par l'Espagne, dans une convention qui ne fut pas exécutée par elle.

2° Il fut allégué que le contraire de la proposition prussienne, « que les vaisseaux libres rendent les marchandises

---

[1] GROTIUS, *De jure belli ac pacis*, lib. III, cap. I, § 5, n° 4, in not., lib. III, cap. VI, § 6.

libres, » est établi par les écrits des publicistes, et l'usage constant de toutes les nations anciennes et modernes [1]. Mais, ajouta-t-on, la règle générale ne peut pas être établie par des preuves plus convaincantes que par les exceptions consignées dans des conventions particulières.

3° Le rapport ne fait pas d'autre réponse à l'argument prussien, limitant la liste de contrebande aux objets dont on peut se servir exclusivement à l'usage de la paix et de la guerre, qu'en niant que la Prusse pût réclamer l'avantage des modifications du droit des gens à cet égard, qui avaient été le résultat des concessions mutuelles entre l'Angleterre et certains états neutres. Les commissaires anglais ont été vraisemblablement plus embarrassés dans cette partie de la discussion que dans aucune autre, par suite de l'état incertain du droit international par rapport à la contrebande de guerre à cette époque; la question étant encore en litige, comme nous l'avons déjà démontré, entre l'Angleterre et les états du Nord qui avaient un intérêt dans la libre exportation des produits de leur sol, si les munitions de bouche et les objets servant à la construction et armement des navires pourraient, dans aucune circonstance, être considérés comme de contrebande; et si quand ils devenaient tels comme étant destinés à être transportés à un port de construction navale, ou pour délivrer l'ennemi des périls d'une disette, les marchandises neutres pourraient être confisquées, ou si elles devraient seulement être assujetties au droit moins rigoureux de présomption [2].

Les commissaires prussiens rédigèrent une réplique à ce rapport des légistes anglais, dans laquelle ils admettent que

---

[1] *Consolato del mare*, cap. 273. ' GROTIUS, lib. III, cap. I, § 5, n° 4, in not., lib. III, cap. VI, § 6, in not. LOCCENIUS, *De jure maritimo*, lib. II, cap. IV, § 12. IBID., *De jure militari*, cap. V, n° 21. HEINECCIUS, *De nav. ob vect. vet. merc. comm.*, cap. II, § 9. BYNKERSHOEK, *Q. J. publ.*, lib. I, chap. XIV. ZOUCH, *De indicio inter gentes*, pars II, §. VIII, n° 6.

[2] Voir *supra*, part. Iʳᵉ, § 16.

l'usage des nations ne fournit que trop d'exemples de l'exercice du prétendu droit de visite de la part des puissances belligérantes, au grand détriment du commerce neutre; mais que cet usage, étant contraire au droit naturel, et incompatible avec l'utilité et la convenance générale des hommes, ne peut pas être considéré comme suffisant à établir un principe du droit des gens. D'après le droit naturel, le vaisseau d'un neutre est sa propriété exclusive, n'importe où on le trouve; et l'état belligérant n'a pas plus le droit de le visiter pour se saisir des effets de son ennemi, qu'il n'a celui d'entrer dans un port neutre pour y saisir les vaisseaux et les effets de son ennemi. Cette loi naturelle a été confirmée par les lois et les coutumes de toutes les nations, refusant aux vaisseaux de guerre d'une puissance belligérante le droit de poursuivre et de saisir, dans le territoire neutre, le vaisseau de son ennemi dont on avait commencé la chasse en pleine mer. Grotius dit positivement que l'état neutre a le droit de l'empêcher [1].

Si on considérait l'utilité et la convenance générale des hommes, il deviendrait évident que la liberté de commerce et de navigation est d'une utilité générale, pendant que l'application de la maxime qui permet la saisie des effets d'un ennemi à bord du vaisseau d'un ami, doit occasionner des vexations et des pertes infinies aux nations qui ne sont pas engagées dans la guerre. Ces inconvénients avaient été si vivement sentis par les nations commerçantes de l'Europe, que la plupart d'entre elles avaient adopté la maxime inverse que le vaisseau libre rend la cargaison libre, et l'avaient consacrée par des traités entre elles. Et comme l'utilité des hommes forme la seule base solide du droit des gens, ces traités, loin d'établir une exception, prouvent évidemment que la règle qu'ils ont établie appartient à ce droit, et doit être suivie dans l'usage de tous les états.

[1] *De jure belli ac pacis*, lib. III, cap. VI, § 26, nº 2.

La maxime de *vaisseaux libres, marchandises libres*, est non-seulement conforme au droit des gens, mais il serait même à l'avantage de l'Angleterre que cette maxime fût adoptée par elle, avec la seule exception des effets de contre-bande et de ceux qu'on transporte à des ports bloqués. Et comme elle avait déjà établi cette règle avec quelques nations, elle ne pouvait pas justement refuser la même concession à toutes les puissances qui consentiraient à entrer dans un engagement réciproque, chaque état neutre ayant le droit d'insister d'être traité sur un pied d'égalité quant à la liberté du commerce. En associant la maxime de *vaisseaux libres, marchandises libres*, avec la maxime de *vaisseaux ennemis, marchandises ennemies*, toute dispute regardant la propriété de la cargaison est évitée; et chaque nation neutre peut faire librement le commerce de toute espèce de marchandises qui ne sont pas de contrebande, et dans tous les ports qui ne sont pas bloqués, aussi longtemps qu'elle se renferme dans son propre commerce, sans s'engager dans celui de l'ennemi pour son compte. Dans ce dernier cas, elle n'agirait plus comme neutre, mais comme un allié de l'ennemi, et mériterait justement d'être traitée comme un ennemi, si elle ne cessait après avoir été dûment avertie. Suivant Grotius, il est du devoir de chaque puissance belligérante, lors de la déclaration de guerre, d'envoyer une telle notification aux états qui restent neutres, et particulièrement à ceux avec lesquels la puissance belligé-rante n'a pas de traités spéciaux, en les avertissant des règles à observer, et surtout à l'égard de la question de contrebande tant contestée. Ce devoir avait été négligé par l'Angleterre dans la dernière guerre; mais Sa Majesté prussienne avait reçu les assurances les plus positives du gouvernement an-glais, d'après lesquelles elle avait eu la plus grande raison de supposer que les mêmes immunités qui avaient été accordées aux autres puissances neutres, seraient étendues au commerce de ses sujets, et qu'ils jouiraient par conséquent de l'avantage de la maxime de *vaisseaux libres, marchandises libres,* avec l'exception ordinaire de contrebande.

Cette affaire fut enfin arrangée par une déclaration annexée au traité d'alliance entre l'Angleterre et la Prusse, signée à Westminster le 16 janvier 1756, d'après laquelle le roi de Prusse devait lever le séquestre sur la dette silésienne, et payer le montant du capital et des intérêts dus aux négociants anglais, et le gouvernement anglais devait payer la somme de vingt mille livres sterling, pour satisfaire à toutes les réclamations du gouvernement prussien et de ses sujets contre le gouvernement anglais. Cette somme fut reçue et distribuée entre les sujets prussiens qui avaient établi leurs pertes par suite des saisies devant la commission[1].

La guerre maritime terminée par la paix de Paris, en 1763, fut signalée par la première tentative de la part de l'Angleterre d'établir le principe qui prohibe aux neutres, en temps de guerre, tout commerce qui ne leur est pas permis en temps de paix. Ce principe, qui a depuis reçu le nom de *règle de la guerre de* 1756, fut appliqué pour limiter les neutres à leur commerce accoutumé avant la guerre, et les exclure du commerce avec les colonies et sur les côtes de l'ennemi, comme étant ordinairement interdit aux étrangers en temps de paix. Cette règle, qui semblerait recevoir quelque appui dans les ordonnances de la France de 1704 et de 1744, paraît avoir été fondée dans son origine sur la circonstance que les Français, trouvant le commerce avec les colonies, sous leur propre

§ 11.
Règle de la guerre de 1756, regardant le commerce des colonies et sur les côtes d'un ennemi.

---

[1] CHARLES DE MARTENS, *Causes célèbres du droit des gens,* vol. II, pp. 73—88. M. de Martens ajoute, dans une note, que «M. de Hertzberg, en 1747, a rédigé un mémoire sur cette dispute, qui n'a pas été imprimé, mais qui fut envoyé au ministère britannique. On peut dire que c'est Frédéric II qui a le premier soutenu les principes de la neutralité maritime, et que M. de Hertzberg en a été le premier défenseur.» J'ai fait chercher ce document dans les archives prussiennes, mais malgré tout le soin que l'on a mis à cette recherche, elle est malheureusement restée infructueuse.

pavillon, presque entièrement détruit par la marine anglaise, ont permis aux Hollandais de faire ce commerce avec des passeports ou licences spéciales, en excluant en même temps tous les autres neutres de ce commerce. Un grand nombre de vaisseaux hollandais, employés dans ce trafic, furent saisis par les croiseurs anglais, et confisqués dans leurs tribunaux des prises, sur le principe que par cet emploi ils étaient incorporés dans la navigation française, ayant perdu le caractère neutre et adopté celui de l'ennemi. Aussitôt qu'il fut connu qu'un tel effet était attribué à ces passeports, ils furent discontinués, mais ce changement n'influa en rien sur les décisions des tribunaux anglais. Ils continuèrent à prononcer la confiscation des vaisseaux neutres avec leurs cargaisons. Leurs sentences furent quelquefois motivées sur le principe originel que ces vaisseaux sont devenus français par adoption, et que le commerce qu'ils faisaient était un commerce ennemi; quelquefois elles reposaient sur le principe que c'était un commerce interdit aux neutres en temps de paix. Les Hollandais ont fait des remontrances contre ces saisies et ces confiscations, et ils ont invoqué le traité de 1675 entre les deux pays, d'après lequel la maxime de *vaisseaux libres, marchandises libres*, fut adoptée réciproquement, et la déclaration explicative de 1675, par laquelle la liberté de la navigation neutre fut expressément étendue au commerce d'un port ennemi à un autre port ennemi, que ces deux ports appartinssent à une ou à plusieurs puissances avec lesquelles l'autre partie contractante serait en guerre. Le gouvernement anglais a insisté d'abord pour que cette liberté fût limitée par les termes du traité au commerce accoutumé des neutres en temps de paix; mais, ayant été obligé de renoncer à ce moyen, il justifiait la mesure en invoquant le principe d'adoption ou de naturalisation. Mais quelque aurait pu être le véritable caractère de la règle, elle ne paraît pas avoir été établie par l'Angleterre avant la guerre de 1756; elle est tombée en désuétude pendant la guerre de l'indépendance de l'Amérique du Nord; et, comme nous le verrons plus tard, elle fut renouvelée pendant la guerre de la révolution française, et appliquée à l'interdiction totale de tout commerce neutre avec les colonies ennemies[1].

La Hollande n'était pas le seul état neutre qui se trouvât offensé des mesures adoptées par les puissances belligérantes, et particulièrement par l'Angleterre, pendant la guerre maritime qui fut terminée par la paix de Paris, en 1763. Le Danemark, sous l'administration libérale et sage du comte de Bernstorf, cherchait à se prévaloir des avantages de sa position neutre, pour faire fleurir son commerce et sa navigation. Ces intérêts importants ne pouvaient pas échapper tout à fait aux ravages d'une guerre dont les opérations étaient dirigées par le gouvernement anglais, contre les colonies et le commerce de ses ennemis. Le gouvernement danois envoya une mission spéciale pour se plaindre, auprès des cours d'Angleterre et de France, des déprédations commises par les croiseurs belligérants sur le commerce et la navigation de ses sujets. Le ministre employé à cette occasion fut M. Hubner, et cette circonstance a donné occasion à la publication de son traité de la saisie des bâtiments neutres, ouvrage si souvent cité dans les discussions récentes sur les droits respectifs des nations billigérantes et neutres[2].

Dans cet ouvrage, l'auteur pose, comme fondement de ses raisonnements, le principe de la liberté des mers, comme la propriété commune de tous les hommes, qu'une seule nation ne peut pas s'approprier et dans le libre usage desquelles

§ 12.
Hubner.
De la saisie
des bâtiments
neutres.

---

[1] MADISON, *Examination of the British doctrine which subjects to capture a neutral trade not open in time of peace*, pp. 51—55, 81, 99. London, édit. 1806.

[2] HUBNER, *De la saisie des bâtiments neutres, ou du droit qu'ont les nations belligérantes d'arrêter les navires des peuples amis, etc.*, à la Haye, 1759.

toutes les nations ont un droit égal de participer pour le commerce et la navigation. Chaque nation a, par conséquent, le droit de naviguer dans l'Océan, et de faire le commerce avec toute autre pour les marchandises et sous les conditions que l'autre état admet en temps de paix. La question à examiner est : jusqu'à quel point les nations belligérantes peuvent légalement interrompre en temps de guerre ce commerce des neutres avec leurs ennemis?

L'auteur de cet ouvrage conclut que le neutre a le droit de continuer son commerce avec les nations qui sont devenues ennemies les unes des autres, comme si elles restaient en paix, pourvu qu'il ne se mêle pas directement de la guerre, c'est-à-dire qu'il reste entièrement neutre. Pour justifier une interruption de ce commerce, il ne suffit pas qu'il contribue à fortifier l'ennemi, et à le rendre ainsi capable de résister plus longtemps à son adversaire, ou bien qu'il contribue à fortifier l'une des parties belligérantes plus que l'autre par suite de l'inégalité de leurs forces navales. Ce sont des circonstances incidentes dont le neutre n'est nullement responsable, parce qu'il ne fait qu'user de son droit incontestable, qui ne peut pas fournir un juste motif de plaintes de la part de ceux qui souffrent éventuellement de son exercice.

La seule portion du commerce neutre que Hubner hésite à renfermer dans cette immunité générale du commerce et de la navigation neutre, c'est le commerce avec les colonies ennemies. Ce commerce, dit-il, peut être considéré comme contraire à la neutralité, et comme une intervention directe dans la guerre, parce qu'il est interdit aux neutres en temps de paix, et permis en temps de guerre *à cause de la guerre*, et qu'enfin, lors du rétablissement de la paix, les neutres en sont exclus de nouveau. Néanmoins il ne voit pas pourquoi les états neutres doivent se priver d'un avantage si considérable pourvu qu'ils s'abstiennent de fournir aux colonies ennemies les marchandises regardées en temps de guerre comme de contrebande, ou des munitions de bouche qui sont l'équivalent des marchandises de contrebande proprement dite. Avec ces restrictions il est d'avis que les neutres peuvent faire ce commerce, parce que la cause principale qui aurait pu déterminer l'ennemi à l'ouvrir aux neutres n'aura pas produit son effet; ce commerce n'influera pas directement sur les chances de la guerre, et par conséquent ne peut pas être interdit par l'autre partie belligérante, comme portant un secours direct à son ennemi [1].

Après avoir cherché à éclaircir ses raisonnements sur cette liberté générale du commerce et de la navigation neutre en temps de guerre, Hubner considère le devoir des neutres de s'abstenir de toute intervention directe dans la guerre, en cherchant, par exemple, à faire le commerce avec des places assiégées ou bloquées, délit que l'état belligérant a le droit de punir par la saisie et la confiscation du vaisseau et de la cargaison (chap. 5, sect. 2, 3). Il admet qu'il y a des cas où les nations belligérantes ont le droit de capturer des vaisseaux neutres. Ce droit n'est fondé ni sur la souveraineté des mers, qu'une seule nation ne peut pas s'approprier; ni sur l'exercice de la juridiction d'une nation sur une autre, qui serait incompatible avec la souveraineté égale de toutes les deux; ni sur les droits de la guerre elle-même, qui ne pourraient être exercés que contre les ennemis; ni sur le droit d'interrompre, en temps de guerre, le commerce accoutumé fait par les neutres en temps de paix; ni sur le droit d'intercepter les marchandises de contrebande, comme étant *per se* des objets prohibés dans le commerce. Ce droit est fondé sur la nature de la neutralité elle-même, comme l'auteur l'avait déjà expliqué. Les nations belligérantes sont autorisées à se saisir des vaisseaux appartenants aux sujets des états neutres, quand ces vaisseaux ont commis quelque délit contre les de-

---

[1] HUBNER, *De la saisie des bâtiments neutres*, vol. I, première partie, chap. 4, § 6.

voirs de la neutralité. Il déduit de ce principe le corollaire que les vaisseaux peuvent être capturés dans les cas suivants :

1° Quand ils donnent volontairement des secours aux parties belligérantes dans les opérations de la guerre.

2° Quand ce sont des vaisseaux construits pour la guerre dans un port neutre, et destinés à être employés au service de l'ennemi.

3° Quand ils sont employés comme espions pour l'ennemi?

4° Quand ils transportent à un port bloqué des munitions de guerre ou de bouche.

5° Quand ils communiquent avec un port, sans la permission de l'état qui a établi le blocus.

6° Quand ils transportent à l'ennemi des objets directement utiles à la guerre, tels que des troupes et des munitions de guerre.

7° Quand ils sont trouvés sans documents suffisants pour établir leur neutralité.

Après avoir énuméré tous les cas où les vaisseaux neutres peuvent être capturés, notre auteur limite cette concession par la condition qu'il admet lui-même, et qui a bien l'air d'un paradoxe: «Les vaisseaux neutres, dit-il, reconnus comme tels, ne peuvent pas être capturés en mer, même s'ils sont chargés de contrebande de guerre ou de propriétés ennemies.» (Chap. 8, sect. 7.) En même temps il admet le droit de visite, pour déterminer la nationalité du vaisseau. Il regarde le droit de visite comme un incident nécessaire au droit de capturer les propriétés ennemies, qui peuvent être saisies légalement dans un lieu qui appartient à l'un des états belligérants, ou *dans un lieu qui n'appartient à personne*. Telle est la mer, et par conséquent la puissance belligérante a le droit d'y capturer les biens de son ennemi, pourvu qu'il ne fasse pas de mal à son ami le neutre. Pour cela il est nécessaire que la puissance belligérante puisse distinguer son ami de son ennemi, et se convaincre, par des recherches effectives, si le vaisseau est réellement neutre. Mais que faire, si le résultat de ces recherches n'est pas satisfaisant? s'il ne convainc pas le croiseur belligérant que le vaisseau est effectivement ce qu'il prétend être? Hubner répond à ces questions que quand il a nié que les puissances belligérantes ont le droit de saisir les vaisseaux neutres sur la mer, il a voulu limiter cette proposition à des vaisseaux neutres *reconnus comme tels*. Si le vaisseau dont il est question n'est pas muni des preuves documentaires suffisantes pour constater son caractère de neutre, on peut le saisir jusqu'à ce que sa neutralité soit pleinement justifiée. Il n'applique pas non plus sa règle générale à des vaisseaux qui ont renoncé à leur vrai caractère national, en agissant contre les devoirs de la neutralité, en se mêlant directement à la guerre, en aidant d'une manière active l'une des puissances belligérantes, en allant au secours d'une place assiégée, etc. Aucune preuve documentaire, suivant lui, ne peut être suffisante pour établir une neutralité falsifiée par des circonstances et des faits qui sont plus forts que toutes autres preuves. (Vol. I, partie première, cap. 3, sect. 8.)

Dans la seconde partie du premier volume de son ouvrage, Hubner considère la nature de contrebande de guerre d'après le droit des gens universel. Il adopte la classification proposée par Grotius des marchandises dont il peut être question sous ce rapport, en les partageant en trois catégories: celles qui ne servent qu'à l'usage de la guerre, celles dont on peut faire usage en guerre et en paix, et celles qui ne sont en usage que pendant la paix. Dans la première classe il range seulement les munitions de guerre, les vaisseaux de guerre, et les objets servant à l'équipement de ces vaisseaux, tels que le bois de construction, les voiles, et les cordages d'une certaine grandeur. Dans la seconde classe il comprend l'argent monnayé, les comestibles de toute sorte, le fer en barres, le cuivre, le goudron, et toutes sortes d'habillements.

Dans la troisième classe il fait entrer tous les autres objets de commerce.

Il regarde tous les objets de la première classe comme étant toujours assujettis à la capture et à la confiscation, quand ils sont destinés à l'usage de l'ennemi. Ceux de la seconde classe tombent quelquefois dans la même catégorie, suivant les circonstances. Et tous les objets des trois classes sont de bonne prise, quand ils sont destinés à un port assiégé ou bloqué [1].

Suivant cet auteur, la prohibition aux neutres de transporter de certains objets à l'ennemi, n'est pas fondée sur les droits de la guerre, qui ne regardent que les parties belligérantes, mais elle est fondée sur les devoirs de la neutralité. C'est le devoir du neutre, 1° de s'abstenir de toute participation aux opérations de la guerre; 2° d'observer sous d'autres rapports une impartialité parfaite entre les parties belligérantes. Du premier de ces devoirs vient le droit de saisir et de confisquer tous les objets de la *première* classe, quand ils sont destinés à l'usage de l'ennemi, et tous les autres objets de commerce, quand ils sont destinés à un port bloqué. Le transport de ces objets par le neutre constitue une participation directe dans les opérations de la guerre, et elle est par conséquent incompatible avec les devoirs de la neutralité. Quant aux objets de la *seconde* classe, ils ne peuvent être capturés et confisqués que dans le cas d'une violation de ce devoir de la neutralité qui consiste dans l'observance d'une impartialité parfaite entre les parties belligérantes. De cette manière, les bois de construction, et d'autres objets servant à l'équipement des vaisseaux de guerre, ainsi que les munitions de bouche, sont regardés comme de contrebande, si le neutre refuse en même temps de fournir les mêmes objets à l'autre partie belligérante [2].

---

[1] Tom. I, partie seconde, chap. 1, § 6.

[2] Partie II, chap. 1, § 10. Mais que dira-t-on, si l'autre puis-

Dans son second chapitre, l'auteur examine la question, si d'après le droit des gens universel, le pavillon neutre couvre la cargaison, ou, en d'autres termes, s'il suffit de prouver par les papiers de bord que le vaisseau est effectivement neutre, pour protéger la cargaison contre la saisie, même si c'est la propriété de l'ennemi, pourvu que cela ne soit pas de contrebande [1].

Dans cette partie de la discussion, il revient encore à son principe fondamental, relatif aux devoirs de la neutralité regardant la non-intervention dans la guerre, et l'impartialité parfaite qui doit être observée entre les parties belligérantes. Aussi longtemps que ces devoirs sont remplis, le neutre a le droit de continuer le même commerce qu'il a été accoutumé de faire en temps de paix. Il est généralement reconnu que les biens de l'ennemi ne peuvent pas être saisis *dans un lieu neutre*. Les vaisseaux neutres sont sans contestation des lieux neutres. Par conséquent une cargaison appartenant à l'ennemi ne peut pas être saisie à bord d'un vaisseau neutre, pas plus que sur un territoire neutre.

Hubner paraît ici avoir oublié que, dans la partie précédente de son ouvrage, il avait concédé le droit de la puissance belligérante, de capturer les biens de son ennemi dans un lieu qui n'appartient à personne, tel que la mer, pourvu qu'il ne fasse pas de mal à son ami le neutre. Maintenant il pose le principe, qu'un vaisseau neutre en mer forme une portion du territoire neutre; quoiqu'il ne se donne pas la peine d'établir par des preuves cette proposition, qui forme la base de tout son raisonnement, et quoiqu'il paraisse difficile de la concilier avec ce qu'il avait déjà admis quant à l'exercice du droit de visite dans un lieu qui n'appartient à personne, tel que la mer.

sance belligérante n'a pas besoin de ces mêmes objets, pendant qu'ils sont indispensablement nécessaires à son adversaire? Sur ce point Hubner se tait.

[1] Vol. I, partie première, chap. II, § 8.

Bynkershoek, comme nous l'avons déjà vu, déduit le droit belligérant de saisir les biens de l'ennemi à bord d'un vaisseau neutre, du droit de visite pour déterminer le caractère du vaisseau. Cet argument paraîtrait irrésistible, s'il était une fois admis, comme il l'est par Hubner, que la puissance belligérante peut exercer ce droit sur un vaisseau neutre en mer. Suivant lui, la seule raison pourquoi la puissance belligérante ne peut pas exercer son droit de saisir les biens de son ennemi à bord d'un vaisseau neutre en mer, est que le vaisseau forme une partie du territoire neutre. Mais la même raison doit s'appliquer également pour l'empêcher d'exercer le droit de visite, ou tout autre droit belligérant à bord d'un vaisseau neutre sur mer.

Ayant disposé de cette partie de son sujet, Hubner passe (vol. II, partie 1, chap. 1) à l'examen de la question du juge compétent de la validité des prises faites sur des vaisseaux neutres. Il soutient que les cours d'amirauté de l'état belligérant, sous l'autorité duquel la capture a été faite, ne sont pas compétentes d'après le droit primitif des gens, parce que ni les personnes, ni les propriétés du neutre, amenées par la force dans les ports de l'état belligérant, ne sont soumises à la juridiction des tribunaux du pays. Le lieu où le litige a pris son origine n'est pas dans les limites de cette juridiction, et une des parties, avec les choses en contestation, amenée dans ces limites par l'exercice de la force, ne suffit pas pour fonder la juridiction de ces tribunaux. La loi qui doit être appliquée à la décision du litige n'est pas la loi civile de l'état belligérant, mais la loi universelle des nations, qui ne peut pas être appliquée avec impartialité par un tribunal où l'une des parties se constitue le juge dans sa propre cause. Il admet que l'usage des nations à cet égard, fondé sur le consentement des nations, devient en quelque sorte la loi de ces peuples qui ont consenti à son établissement. Mais ce consentement est un consentement tacite, et ne peut lier, même ces peuples, que jusqu'à ce qu'ils aient expressément déclaré. leur dissentiment. Tous les préceptes du droit des gens coutumier sont de cette nature, et un état particulier cesse d'être lié par ces préceptes, du moment où il déclare vouloir se libérer de cette obligation. Hubner cite l'exemple encore récent de la Prusse, qui ayant refusé de reconnaître la validité des jugements rendus par les cours d'amirauté de l'Angleterre, dans le cas des réclamations des sujets prussiens contre les captures de leurs propriétés, avait érigé une commission spéciale pour examiner de nouveau ces jugements, et qui avait reçu du gouvernement anglais une indemnité pécuniaire pour être distribuée entre les réclamants, comme fournissant des preuves du dissentiment à cet usage d'une nation neutre. Il propose, comme un remède général, l'établissement d'une commission mixte, composée de juges nommés par les deux parties intéressées, la puissance belligérante qui a fait la capture, et la puissance neutre dont les sujets réclament leurs propriétés.

Dans la seconde partie de ce volume l'auteur examine les conséquences qu'on doit tirer des traités formant le droit des gens conventionnel, et particulièrement les traités encore en vigueur, lorsqu'il écrivait entre son pays (le Danemark) et les autres puissances maritimes. Il tire de cette source des arguments supplémentaires en faveur des conclusions qu'il avait cherché à établir par les raisonnements que nous venons d'analyser. Le défaut radical de tous ses arguments consiste dans la concession de la légalité de l'exercice du droit de visite sur les vaisseaux neutres en mer, pour déterminer la nationalité du vaisseau. Il est évident que l'exercice de ce droit serait tout à fait oiseux, s'il n'entraînait pas le droit incidentel de saisir le vaisseau et de l'amener dans un port de l'état belligérant, pour un examen ultérieur en cas que les recherches préliminaires ne fussent pas satisfaisantes. Une fois que le vaisseau et la cargaison sont amenés dans le territoire de l'état belligérant, ils sont soumis à la juridiction des tribunaux établis par cet état pour juger les prises faites sous son autorité. Il est vrai qu'ils sont contraints d'entrer de force dans le port belligérant; mais c'est une force légale, conséquence nécessaire de l'exercice du droit de visite.

Comme il a été observé par un publiciste contemporain de Hubner, la juridiction exercée par les tribunaux de prises de l'état belligérant n'est pas la juridiction civile ordinaire du pays. C'est une juridiction qui est subordonnée à la responsabilité de l'état envers les puissances neutres dont les sujets réclament contre les sentences de ces tribunaux. Ces sentences de confiscation ou de restitution mettent fin à tout litige entre les capteurs et les capturés. En cas de confiscation, la sentence détermine la question de propriété, et en transfère le titre à l'acheteur, de manière à exclure toute réclamation ultérieure de la part des propriétaires originaires. Mais elle ne les empêche pas de réclamer, par l'intermédiaire de leur gouvernement, auprès du gouvernement de l'état belligérant, contre la sentence, comme étant injuste et contraire au droit des gens.

En cas de déni de justice par les tribunaux en dernier ressort, et ensuite par le souverain, ce déni forme le motif des représailles de la part de l'état neutre dont les sujets sont lésés par suite de la procédure [1].

Les doctrines de Hubner concernant les droits de neutralité n'ont pas trouvé beaucoup de faveur auprès des publicistes ses contemporains. Valin, dans son commentaire sur l'art. 7, liv. 3, tit. 9, de l'ordonnance de la marine de Louis XIV de 1681, qui confisquait les vaisseaux neutres chargés de marchandises ennemies, et les marchandises neutres chargées sur vaisseaux ennemis, disposition qui faisait partie du code des prises français lorsqu'il écrivait, avec l'exception de la modi-

[1] RUTHERFORTH, *Institutes of natural law*, vol. II, liv. II, chap. 9, § 16.

fication introduite dans le règlement de 1744, par suite des traités particuliers, dit : «M. Hubner, dans son *Traité de la saisie des bâtiments neutres* (vol. I, part. 2, chap. 2, sect. 5, et suivant depuis la page 207 jusqu'à la 226), fait plus; car il entreprend de prouver fort sérieusement que le pavillon neutre couvre toute la cargaison, quoiqu'elle appartienne à l'ennemi, ou qu'elle soit chargée pour son compte, de manière qu'il n'en excepte que les effets de contrebande. Mais cet auteur est absolument décidé pour les neutres, et semble n'avoir écrit que pour plaider leur cause. Il pose d'abord ses principes, qu'il donne pour constants, puis il en tire les conséquences qui lui conviennent. On commencera par lui demander sur quoi il établit que les marchandises de l'ennemi sont exemptes de confiscation dans un bâtiment neutre ? Au surplus, par nos lois, cette confiscation est autorisée, nous devons nous y tenir.[1] »

Nous avons déjà vu que l'opinion de Heineccius s'accordait avec celle de Bynkershoek quant à la règle primitive du droit des gens sur cette matière, avant qu'elle fût modifiée par des traités. Vattel, écrivant en même temps que Hubner, la reconnaît explicitement, comme une suite nécessaire du droit de visite[2].

§ 13.
Question de préséance.

Les relations diplomatiques entre les divers états de l'Europe, pendant cette période, furent marqués par des discussions d'étiquette qui nous paraissent vaines et frivoles, mais qui furent alors regardées comme des preuves essentielles de l'égalité et de l'indépendance des nations. Entre ces questions fut celle de la préséance réclamée par les têtes couronnées

---

[1] VALIN, *Traité des prises*, chap. 5, § 5.

[2] «Si l'on trouve sur un vaisseau neutre des effets appartenant aux ennemis, on s'en saisit par le droit de la guerre, mais naturellement on doit payer le fret au maître du vaisseau, qui ne peut souffrir de cette saisie.» VATTEL, *Droit des gens*, liv. III, chap. 6, § 115.)

sur des états régis par des formes républicaines. Cette prétention ne peut être soutenue par la raison. Comme c'est l'indépendance et la dignité souveraine d'une nation qui doivent être représentées dans les relations internationales des états, il est évident que la forme de leur gouvernement intérieur ne peut nullement influer sur les prétentions des autres à cet égard. Il faut que la souveraineté de chaque état soit placée quelque part; et il est indifférent aux nations étrangères qu'elle appartienne à un seul individu, ou à plusieurs, ou qu'elle soit transmise par l'hérédité ou par l'élection populaire. Les gouvernements des peuples sont leurs seuls représentants envers les puissances étrangères; et les nations étant égales, les gouvernements sont égaux les uns envers les autres. Il ne peut donc y avoir entre les états aucune distinction raisonnable à l'égard du rang, basée sur la nature de leurs constitutions respectives. Mais l'usage des nations, qui forme la loi des nations, a créé une distinction factice, et cet usage a vraisemblablement pris son origine dans deux circonstances:

Iᵒ Dans tous les cas où la préséance pourrait être mise en question, la controverse devrait être nécessairement discutée entre les chefs des gouvernements respectifs. D'après les opinions du seizième siècle et des temps antérieurs, il ne pouvait y avoir d'égalité personnelle entre un monarque possédant l'autorité absolue sur les affaires intérieures et extérieures de sa nation, et le chef d'un peuple, ou un conseil chargé de le représenter et investi d'une autorité temporaire et limitée qu'il tient du choix des autres. Cette remarque est surtout applicable aux priviléges réclamés par les ambassadeurs qu'on supposait représenter d'une manière particulière la personne de leur souverain.

2ᵒ La prééminence des monarchies, dans l'opinion de cette époque, provenait aussi probablement de la doctrine du droit divin, que l'on professait alors, et qui les élevait au-dessus de tous ceux qui ne tenaient leur autorité que du choix des peuples ou des corps privilégiés agissant au nom de la nation [1].

Ce fut en faveur de l'antique république de Venise que l'usage a créé la première exception à la prééminence des nations représentées par des têtes couronnées. Cette exception fut depuis étendue aux Provinces-Unies des Pays-Bas, dont les ambassadeurs au congrès de Munster ont insisté pour que leur république fût mise sur un pied d'égalité avec celle de Venise.

Néanmoins ces *grandes* républiques, comme on les appelait, ont cédé le pas aux représentants des têtes couronnées dans toutes les occasions où l'ordre des signatures et la préséance étaient mis en question. La république éphémère établie en Angleterre, après la mort de Charles Ier, fut la première qui obtint la concession d'une égalité parfaite dans l'assemblée du congrès européen. Nous avons déjà vu que le cardinal Mazarin admettait le principe que cette différence de gouvernement ne devait pas changer les relations entre la France et l'Angleterre, fondées sur les intérêts permanents du commerce et de la politique, et le protecteur Cromwell exigeait de toutes les puissances, dans leurs rapports de cérémonie, les mêmes honneurs que l'usage établi avait accordés aux rois d'Angleterre [2].

Parmi les têtes couronnées elles-mêmes, la préséance entre les souverains temporels fut généralement accordée à l'empereur d'Allemagne, comme le successeur des empereurs romains dans l'empire d'Occident, restauré par Charlemagne. Après l'abdication de Charles V, il s'éleva entre la France et l'Espagne une contestation pour la préséance, qui ne fut entièrement décidée en faveur de la première que vers le milieu du dix-septième siècle. Le concile de Trente fut troublé par cette dispute, qui fut encore renouvelée aux conférences de

---

[1] WARD's *History of the law of nations*, vol. II, pp. 444, 450.

[2] THURLOE, *State papers*, vol. III, p. 315; vol. IV, p. 740.

Munster, où les ambassadeurs des deux puissances refusèrent
de jamais se rencontrer, et où le congrès, qui devait mettre
fin aux malheurs de la guerre de trente ans, fut sur le point
de se dissoudre, parce qu'on ne pouvait pas s'accorder sur la
question de l'ordre des signatures des protocoles. Cette contestation fut enfin terminée par la collision sanglante qui eut
lieu à Londres en 1661, entre les ambassades espagnole et
française, dans laquelle plusieurs personnes de leurs suites
respectives furent blessées et tuées. Dans cette occasion
Louis XIV exigeait une réparation solennelle, sous forme d'une
mission extraordinaire de la part de Philippe IV, par qui la
préséance de la France fut solennellement reconnue[1]. La préséance établie de cette manière a même survécu à l'époque
où l'égalité des têtes couronnées semblait être généralement
reconnue, parce que quand les médiateurs anglais au congrès
de Nimègue, en 1679, ont proposé aux divers ministres un
règlement d'ordre basé sur le principe d'égalité, les ambassadeurs de France n'ont fait aucune difficulté d'y adhérer, excepté envers les Espagnols. Quant à ceux-ci, ils s'en tinrent à
l'arrangement de 1661[2].

§ 14.
Des priviléges
des
ambassadeurs.

Les discussions relatives au cérémonial qui devait être
observé par les différents états de l'Europe entre eux, étaient
étroitement liées avec les droits et priviléges des ambassadeurs, qui, après avoir donné lieu à une foule de disputes, furent enfin définis avec quelque netteté pendant l'époque dont
nous nous occupons. Nous avons déjà vu que le premier écrivain de mérite sur ce sujet fut Alberico Gentili[3], qui, l'année
après la publication de son traité *De legationibus*, fut consulté

---

[1] On perpétua le souvenir de cet événement par une médaille
frappée à cette occasion avec l'exergue : «Jus præcedendi asser-
tum,» et en bas, «Hispanorum excusatio eorum XXX legatis principum.»

[2] *Life and letters of sir* L. JENKINS, vol. I, p. 440.

[3] Supra *Introduction,* p. 49.

en même temps que Holtoman par la cour d'Angleterre, sur le cas de Mendoza, l'ambassadeur d'Espagne, accusé d'avoir conspiré contre la reine Élisabeth. Ces deux légistes ont été d'accord, dans leurs conclusions, sur le principe qu'un ambassadeur, quoique pris en flagrant délit de conspiration contre le gouvernement du pays où il est accrédité, ne peut pas être puni de mort, mais qu'il doit être renvoyé à son maître, pour être puni à sa discrétion. Par suite de cette consultation, Mendoza reçut seulement ordre de quitter le royaume, et un agent fut envoyé en Espagne pour présenter une plainte contre lui [1].

Tel fut aussi l'avis de Grotius, qui, écrivant au commencement du siècle suivant, soutenait que le consentement tacite des nations avait exempté la personne des ambassadeurs et leur suite de la juridiction criminelle et civile de l'état par lequel l'ambassadeur avait été reçu à cette condition sous-entendue, dans tous les cas, excepté ceux où la juste nécessité d'une défense légitime crée une exception à toutes les lois humaines [2].

Il y a cependant un cas remarquable, qui est arrivé peu de temps après la publication de son ouvrage, et qui semble militer contre le caractère sacré et inviolable attribué à ces personnes. Ce fut celui de Don Pantaléon Sa, frère de l'ambassadeur portugais en Angleterre, qui fut jugé, trouvé coupable, et exécuté pour un meurtre atroce, dans l'année 1653.

D'après le compte rendu de cette affaire par Zouch, élève et successeur de Gentili dans la chaire de droit à Oxford, et qui fut aussi un des juges commissaires dans la procédure de l'accusé, il paraît que ses moyens de défense comme appartenant à la suite de l'ambassadeur ont été rejetés par le tribunal. S'il avait été l'ambassadeur lui-même, il n'y a pas le moindre doute, suivant l'opinion de Grotius et d'autres pu-

[1] Ward, *History of the law of nations*, vol. II, p. 523.
[2] Grotius, *De jure belli ac pacis*, lib. II, cap. XVIII, § IV.

blicistes, qu'il aurait dû être renvoyé au tribunal de son pays pour y être jugé. Mais l'autorité de ces écrivains, en étendant les priviléges d'exterritorialité aux personnes de la suite de l'ambassadeur, fut repoussée par le tribunal, et Zouch lui-même donna son adhésion à ce jugement[1].

La conduite de Cromwell, dans ce cas singulier, est sévèrement condamné par Leibnitz, comme une violation du droit des gens; et Bynkershoek, dont l'ouvrage *De foro legatorum* fut publié en 1721, déclare qu'il n'a pu trouver, après des recherches très-diligentes, que quatre cas où l'ambassadeur et les personnes de sa suite avaient été jugés et punis dans le territoire de l'état auprès duquel ils étaient accrédités. Il ajoute que tous ces cas étaient distingués par des circonstances particulières, ou bien qu'ils avaient été condamnés par les publicistes; et même s'ils n'avaient pas été désapprouvés, les exemples de l'application de la règle générale ont beaucoup plus de poids que les exceptions, comme preuves de l'usage et de l'opinion générale des hommes civilisés[2].

§ 15. Wicquefort, né en 1598, mort en 1682.

Un des ouvrages les plus remarquables publiés pendant le dix-septième siècle concernant les droits et les devoirs des ministres publics, est celui de Wicquefort[3]. Cet auteur naquit à Amsterdam en 1598, et devint ministre résident de l'électeur de Brandebourg à Paris, en 1626. Il resta dans ce poste jusqu'en 1658; quand le cardinal Mazarin, ayant intercepté sa correspondance d'un caractère offensant pour ce ministre, lui ordonna de quitter le royaume, et, sur son refus, le fit emprisonner à la Bastille, et l'envoya ensuite sous escorte à Calais, où il fut embarqué pour l'Angleterre. A son retour dans son pays natal, Wicquefort fut nommé, à la recommandation du

---

[1] Ric. Zouch, *Solutio quæstionis veteris et novæ de legati delinquentis judice competente.* Oxon. 1657.

[2] Leibnitz, *De jure suprematus ac legationis principum Germaniæ,* cap. VI, p. 14. Bynkershoek, *De foro legatorum* cap. XVIII.

[3] *L'Ambassadeur et ses fonctions,* à Cologne, 1679.

grand - pensionnaire Jean de Witt, historiographe de la république et secrétaire interprète des dépêches. Il recevait en même temps une pension secrète de Louis XIV. Il fut nommé par le duc de Lunebourg, son résident à la Haye, et ayant été accusé, en 1675, d'avoir communiqué les secrets de l'état aux étrangers, il fut jugé par la cour suprême de la province de la Hollande et condamné à être emprisonné pour la vie. Il resta en prison jusqu'en 1679, quand l'adresse et l'amour filial de sa fille l'aidèrent à s'évader. Il se retira à Zelle dans le pays de Hanovre, où il mourut, à l'âge de quatre-vingt-cinq ans, en 1682.

. La vie bizarre et singulièrement variée de cet aventurier pourrait avoir contribué à fournir des matériaux pour son traité jadis célèbre, et plutôt historique que didactique dans son caractère. Cet ouvrage fut composé pendant son long emprisonnement en Hollande. Il dit lui-même dans la préface: «Pour moi, je ne promets pas un traité où il ne manque rien, tant parce que la matière est inépuisable en elle-même, que parce que cette production s'étant faite dans l'ennui d'une très-dure et insupportable captivité, il ne se peut que l'on ne trouve partout des marques de mon chagrin, aussi bien que des infirmités qui me sont communes avec tous les hommes, et que je reconnais être grandes en ma personne. Je n'avais dans ma solitude d'autre compagnie que celle de quelques livres, qu'il fallait mendier du fiscal, ni d'autres divertissements que celui de la lecture. Celle de l'histoire moderne et de tous les temps faisait une partie de mon occupation; je me plaisais à y remarquer quelques passages qui eussent pu servir, sinon à la composition d'un traité régulier et méthodique, du moins au soulagement de ceux qui, ayant plus de fonds et plus de capacité que moi, pourraient aussi s'y appliquer avec plus d'assiduité et avec plus de succès. Mais mon malheur m'ayant fait perdre toutes mes pensées, et ayant rompu toutes mes mesures, il a fait succéder à un projet assez raisonnable,

Son ouvrage De l'ambassadeur et de ses fonctions.

cet amas d'exemples qui ont été publiés sous le titre de *Mémoires touchant les ministres publics*. Ils parlent si amplement des exemptions, immunités, priviléges et avantages, que le droit des gens leur attribue, que pour leur donner quelque forme de traité, il suffisait, à mon avis, de démêler et de rectifier dans cette troisième édition ce qu'il y a de confus et d'irrégulier dans les deux premières. Je sais bien que tout ce que j'en pourrais dire ne fera pas une science qui ait ses principes mathématiques, ou qui soit fondée sur des raisons démonstratives sur lesquelles on puisse faire des règles certaines et infaillibles ; mais aussi crois-je pouvoir réduire tout mon discours à des maximes où il se trouvera quelque chose de fort approchant d'une infaillibilité morale. »

Bien sûrement le traité de Wicquefort, considéré comme ouvrage scientifique, mérite très-peu le caractère « d'infaillibilité morale » que lui attribue l'auteur avec tant de complaisance. En effet ce n'est qu'une collection d'exemples historiques, ou d'anecdotes, plus ou moins applicables au sujet, mais rassemblés sans méthode et sans que les principes, qui doivent guider leur application à des cas analogues, y aient reçu un développement suffisant.

§ 16.
Bynkershoek.
Traité du juge compétent des ambassadeurs.

Le caractère du traité de Bynkershoek *De foro legatorum* est bien différent. Le mérite de cet excellent ouvrage est encore rehaussé par la circonstance qu'il fut écrit à la hâte, au milieu des distractions d'autres occupations, et sur une affaire particulière alors pendante devant la cour suprême de la Hollande, dont l'auteur fut un conseiller très-distingué[1].

---

[1] «Tam festinante calamo, et nunc scriptum vides * * * * memineris etiam, me non aliter scribere, quam solent occupatissimi.» (*Præf. in fin.*)

Le traité de Bynkershoek, *De foro legatorum*, fut publié pour la première fois à la Haye en 1721. Une traduction en français, par son ami Barbeyrac, a paru en 1723, sous le titre de *Traité du juge compétent des ambassadeurs*. L'auteur parle de cette version, dans une lettre au traducteur, datée du 25 décembre 1722, dans

Dans le premier chapitre de ce traité, Bynkershoek traite de divers rangs et titres de ministres publics, et démontre qu'ils doivent tous jouir également de la protection du droit international. ·Les écrivains antérieurs sur cette matière avaient confondu le *legatus* du droit romain, le député d'une province ou d'une ville envoyé à Rome pour les affaires de ses commettants, avec l'ambassadeur moderne représentant un état souverain envers un gouvernement étranger. En effet on ne trouve qu'un seul passage des jurisconsultes qui se serve du mot *legatus* dans le sens moderne d'un ministre public[1]. Les analogies du droit romain ne pouvaient donc jeter qu'une faible lumière sur cette question qu'il fallait examiner d'après les principes. Il passe donc à la considé-ration des principes par lesquels la question de juridiction dans le cas des ambassadeurs doit être examinée.

(Chap. 2.) ·Il pose comme base de tout son raisonnement, que toute juridiction civile est fondée sur la sujétion de la personne, ou de la chose, au souverain du lieu. La juri-diction civile des tribunaux de justice dépend par conséquent du domicile quant à la personne, et de la loi *Loci rei sitæ*, quant aux biens. Mais il demande comment la personne ou les effets d'un ambassadeur qui, par une fiction de droit, est supposé garder encore son domicile d'origine, de résider dans le territoire de l'état qu'il représente, et dont les biens mobiliers sont régis par la même loi que sa personne, peu-vent être arrêtés ou saisis par autorité de la loi du pays où il est accrédité?

Juridiction civile sur les ministres publics et leurs biens.

Il éclaircit son raisonnement (chap. 3) par le cas analogue

les termes suivants: «Quod libellum meum *De foro legatorum* gal-lice verteris, quod illustraveris, quod denique ubi a me dissentis, tam amice dissereris eorum omnium nomine ago tibi, quas debeo, gratias relaturus etiam si potero, etc.»

[1] «Si quis legatum hostium pulsasset, contra jus gentium id com-missum esse existimatur, quia sancti habentur legati.» (*Dig.* 1. L., tit. VII. De legat. *leg. ult.*)·

d'un prince étranger, arrivant dans les états d'un autre souverain, avec la connaissance et le consentement du dernier. Par l'usage général des nations, il est regardé comme étant exempt de la juridiction du pays. Sans aller aussi loin que Leibnitz, en justifiant la conduite de la reine Christine de Suède, faisant juger et exécuter son chambellan Monaldeschi dans le château de Fontainebleau [1], Bynkershoek affirme que le prince étranger peut exercer sur ses propres sujets des actes de souveraineté, tels que ceux qui n'attaquent pas la souveraineté de l'état où il séjourne [2]. Mais que dira-t-on si le prince étranger commet des crimes, ou contracte des dettes, dans le pays où il voyage et où il séjourne? A cette question, Bynkershoek répond que le droit des gens est fondé sur la raison et sur l'usage. En ce qui regarde la raison, il peut y avoir quelque difficulté à résoudre le cas supposé. Cependant il demande pourquoi, si l'ambassadeur qui représente la personne du souverain est exempt de la juridiction du pays, le souverain lui-même ne serait-il pas également exempt de la même juridiction? Le représentant doit-il jouir de plus grands priviléges que son auguste commettant? Quant à l'usage, le manque d'exemples pour établir une règle uniforme doit être attribué à la circonstance que les princes souverains voyagent rarement dans des pays étrangers; et encore plus rarement y commettent des vols ou des assassinats, ou y contractent des dettes. Et quand même on pourrait citer quelques exemples de souverains arrêtés et punis pour des délits commis dans les états des autres, cela ne prouverait rien. Zouch en cite quatre exemples : 1º Le cas tant contesté de Marie, reine d'Écosse. 2º Celui de Robert, roi de Naples, condamné par l'empereur Henri VII à Pise, dont la sentence fut cassée

---

[1] Leibnitz, *De jur. suprem. et legat. princip. German.*, cap. VI, pp. 14—18.

[2] E. g. il peut accorder un titre d'honneur à un de ses propres sujets. (Zouch, *De jure inter gent.*, pars II, sect. II, qu. 6.)

par le pape, sous le prétexte que l'empereur lui-même n'était pas dans les limites de ses propres états lorsqu'il l'a prononcée. 3º Celui de Conradin, le dernier de l'illustre maison des Hohenstaufen, décapité à Naples par ordre de Charles d'Anjou. Bynkershoek affirme que tous ces précédents sont ou inapplicables, ou forment des exceptions à la régle générale; et il conclut que seulement dans des cas extrêmes de violence menaçant la sûreté de l'état, la personne du souverain peut être arrêtée, mais jamais pour des dettes dans aucun cas. ,

Quant aux biens du souverain étranger, il soutient (chap. 4) qu'on peut les saisir pour satisfaire aux réclamations contre les biens eux-mêmes ou contre le souverain. Ceci doit être naturellement entendu, avec l'exception sous-entendue et comprise dans la permission de venir dans le pays, que les objets directement affectés au service personnel du prince étranger et de sa suite sont exempts de la juridiction locale, d'après le même principe applicable à son ambassadeur. Il cite le cas de la saisie, en 1668, des vaisseaux de guerre appartenants au roi d'Espagne, pour des dettes contractées envers des Hollandais, qui furent relâchés par ordre des États-Généraux, plutôt pour des raisons de politique, comme pense notre auteur, que celles du strict droit, qui pourraient bien avoir justifié une telle procédure. Cependant il n'est pas facile de dire sur quel principe une telle saisie pourrait être soutenue, d'autant plus qu'un vaisseau de guerre étranger, relâchant dans le port d'un autre état, en paix avec le souverain dont le vaisseau porte le pavillon et la commission, est sans aucun doute exempt de la juridiction civile et criminelle du lieu[1].

---

[1] Cette exemption est reconnue par Casaregi, publiciste italien et juge du tribunal du *Rota* à Florence, qui fut contemporain de Bynkershoek, quoique ce dernier ne paraisse pas avoir connu ses ouvrages. Casaregi a rédigé une édition de *Consulat de la mer* en italien, publié en 1737, avec un commentaire savant. Dans ses *Discursus legales de commercio*, publié à Florence en 1719, il af-

Bynkershoek continue son principal argument dans les chapitres cinquième et sixième. La raison qui exempte l'ambassadeur de la juridiction du pays est la même qui exempte le souverain dont il est le représentant. L'ambassadeur n'est pas regardé comme sujet de l'état auquel il est envoyé, et par conséquent ne peut pas être assujetti à la juridiction civile ou criminelle pour des dettes ou pour des crimes. La règle que son domicile n'est pas changé par le changement de sa résidence, est établie par le consentement exprès et tacite des nations. Notre auteur soutient que les citations des jurisconsultes romains, dont les publicistes précédents remplissaient leurs ouvrages, sont étrangères à la question. Quoique lui-même grand romaniste, il s'affranchit des préjugés serviles qui regardaient le droit romain comme un code universel, et qui en appliquaient les règles à l'égard des députés de province aux ministres publics. Il admet (chap. 7) que la jurisprudence de son pays, et particulièrement celle du tribunal dont il fut membre, avait vacillé sur cette matière. Mais il ne veut pas avouer que ses confrères ignoraient le droit des gens, comme Wicquefort, influencé par des ressentiments personnels contre les juges, l'avait prétendu dans son *Traité de l'ambassadeur*. On trouvera des variations semblables dans les arrêts de ce tribunal, relatifs à l'interprétation des lois civiles, par une succession de juges toujours changeants; et il n'est pas étonnant que la même chose soit arrivée quant à une question de droit public, sur laquelle, comme Grotius l'avait remarqué, les sentiments des auteurs les plus célèbres

firme qu'un souverain ne peut réclamer l'exercice de la juridiction dans les mers avoisinantes de son territoire, ou dans les limites d'un autre état : « exceptis tamen ducibus et generalibus alicujus exercitus, vel classis maritimæ, vel ductoribus etiam alicujus navis militaris, nam isti in suos milites, gentem et naves libere jurisdictionem, sive voluntariam, sive contentiosam, sive civilem, sive criminalem, quod occupant tanquam in suo proprio, exercere possunt, » etc. (*Discursus*, 136.)

furent opposés, « et où, dit Bynkershoek, l'opinion publique doit être par conséquent également divisée. » Il conclut « que comme le droit romain et pontifical ne répand que peu de lumière sur la question, elle doit être déterminée par la raison et l'usage des nations. J'ai déjà avancé les raisons qu'on peut alléguer des deux côtés, et nous verrons à présent lesquelles doivent prévaloir. Sans doute ce doit être celles qui sont confirmées par l'usage, parce que de là est dérivé le droit des gens[1]. »

Ayant jeté ce fondement pour son raisonnement, il passe à la considération de l'usage des nations sur cette matière (chap. 8). D'abord, quant aux affaires civiles, il cite la fiction d'exterritorialité adoptée par Grotius, de laquelle est déduite, comme corollaire, l'exemption des ministres publics des lois civiles du pays où ils résident[2]. Aux yeux de la loi, un ambassadeur n'est ni sujet de l'état, ni habitant du pays. Il n'est pas venu pour établir son domicile chez nous : il est un étranger qui séjourne chez nous seulement pour vaquer aux affaires de son souverain[3]. Par conséquent celui qui a une réclamation contre un ambassadeur doit le poursuivre précisément comme s'il n'était pas effectivement résident dans le pays où il est accrédité, comme s'il n'avait là aucun bien en sa qualité d'ambassadeur. Le seul moyen possible d'échapper à cette conséquence, c'est de re-

---

[1] « Ut ait GROTIUS (*De jure belli ac pacis*, lib. II, cap. XVIII, § 4, n° 1) *Varie a claris hujus sæculi ingeniis est tractata*, et ubi, si unquam scinditur incertum studia in contraria vulgus. Jus romanum et pontificium vix suppetias ferunt, ratio et mores gentium rem totam absolvunt. Rationes pro utroque sententia expedivi, quæ prævaleant, nunc quæstionis est, ille autem prævalebunt quas usus probavit, *nam inde jus gentium est.* » (BYNKERSHOEK, *De foro legatorum*, cap. VII, ad fin.)

[2] GROTIUS, *De jure belli ac pacis*, lib. II, cap. XVIII, § 9.

[3] « Legatus non est civis noster, non incola, non venit, ut ad nos domicilium, hoc est, rerum et fortunarum sedem transferat; peregrinus est, qui apud nos moratur, ut agat rem principis sui. » (BYNKERSHOEK, *De foro legat.*, cap. VIII.)

cevoir l'ambassadeur sous la condition expresse qu'il sera sujet à la juridiction du pays. S'il est reçu sans cette réserve, la condition est sous-entendue, qu'il doit être entièrement exempt de la juridiction, au moins quant aux affaires civiles. Le consentement général des nations a établi ceci, comme la loi des nations. Sur cette partie de son sujet, il cite le passage suivant de Grotius: «Pour ce qui est des biens meubles d'un ambassadeur, qui, par conséquent, sont censés autant de dépendances de sa personne, on ne peut pas non plus les saisir, ni pour payement, ni pour sûreté d'une dette, soit en suivant les procédures ordinaires de la justice, soit, comme quelques-uns le veulent, par main forte du souverain: c'est à mon avis l'opinion la mieux fondée. Car un ambassadeur, pour jouir d'une pleine sûreté, doit être à l'abri de toute contrainte, et par rapport aux choses qui lui sont nécessaires et par rapport à sa personne. Si donc il a contracté des dettes, et que, comme c'est l'ordinaire, il n'ait point de biens immeubles dans le pays, il faut lui dire honnêtement de payer, et, s'il refuse, on doit alors s'adresser à son maître. Après quoi on pourra enfin en venir aux voies que l'on prend contre les débiteurs qui sont d'une autre juridiction[1].» Bynkershoek cite aussi Huber, Mornac et Wicquefort, pour montrer que ce principe de Grotius était déjà fermement établi dans l'usage des nations à l'époque où il écrivait. Il confirme cette proposition par un grand nombre d'exemples historiques où l'exemption avait été reconnue par divers états européens, et des lois faites par divers gouvernements pour garantir les priviléges des ministres publics. Dans le chapitre neuvième, il commente l'édit des États-Généraux de 1679, qui déclare «que les personnes, les domestiques et les effets des ambassadeurs ou ministres, arrivant dans ce pays, y demeurant, ou le traversant, ne seront pas arrêtés, saisis ou détenus, pour aucune dette par eux

---

[1] GROTIUS, *De jure belli ac pacis*, lib. II, cap. XVIII, § 4, Nᵒ 6.

contractée, ni lors de leur arrivée, ni pendant leur demeure, ni à leur départ du pays, et les habitants doivent se diriger en conséquence quand ils contractent avec lesdits ambassadeurs et leurs domestiques[1].» Cet édit, qui n'est que déclaratoire du droit des gens, est-il plus libéral que ce droit dans les immunités qu'il accorde aux ministres étrangers en Hollande? Bynkershoek prétend qu'il va plus loin que le droit international, parce que dans ses termes généraux il renferme, dans l'exemption d'être arrêtés dans les matières civiles, tous les ambassadeurs, même ceux qui ne font que passer par le pays, sans être accrédités auprès du gouvernement. Néanmoins les États-Généraux ont consenti à l'extradition du ministre de Suède, le baron de Goertz, en 1717, sur la demande du gouvernement anglais, sous prétexte qu'il n'était pas accrédité auprès de leurs hautes puissances. On doit interpréter l'édit comme comprenant toutes les dettes contractées dans le pays, ou autrement, et en général la loi s'accorde parfaitement avec les principes énoncés par Grotius; principes entièrement approuvés par Bynkershoek, et qui ont été depuis constamment reconnus dans l'usage des nations.

Dans le dixième chapitre, il revient encore à son principe fondamental, que le ministre étranger doit être considéré comme gardant encore son domicile d'origine. Par conséquent, il doit être poursuivi devant le tribunal compétent de son pays. Et l'ambassadeur ne peut pas alléguer comme une ex-

---

[1] «Dat de Personer, Domestiquen og Goederen van uytheemsche Ambassadeurs of Ministers, hier te Lande komende, resiaerende og passerende, ende eenige Schulden contracterende, nog op haare aankomste, nog gedurende haar verblyf, nog ob haar vertrek van hier, sullen mogen werden gearrestert, gedetineert og aangehouden voor eenige Schulden, die sy alhier te Lande souden mogen hebben gecontracteert, en dat Ingesetenen hare onderhandelinge met de voorschr uytheemsche Ambassadeurs en hare Domestiquen daar nakonnen reguleren.» (*Édit des États-Généraux du 9 septembre 1679.*)

ception dilatoire, son absence dans le service de l'état, parce que la loi le suppose être toujours présent; et une exemption de toute poursuite, pendant une absence longtemps prolongée, entraînerait des suites trop injurieuses aux intérêts d'autres parties, pour être tolérée. La seule exception à cette règle est celle créée par une dispense spéciale accordée au ministre par son gouvernement, dont Bynkershoek cite un exemple très-curieux dans le cas de l'ambassadeur hollandais envoyé en Angleterre en 1643, auquel les États-Généraux ont accordé cette dispense des poursuites devant les tribunaux de son pays pendant son absence[1].

A l'époque où Binkershoek écrivait son traité, les opinions semblent avoir été divisées sur la question de savoir si les consuls pouvaient réclamer les priviléges et immunités des ministres publics. Leibnitz soutenait l'affirmative[2]; mais Byn-

---

[1] «Quia legatione domicilium non mutavit, nec forum mutasse intelligendum est, atque adeo convenietur 'in loco, unde in legatio- nem profectus est, si judex ejus loci, ante profectionem, legati fuerit judex competens, vel quicunque alius ejus fuerit judex in imperio principis, qui legatum misit. Quod si nullibi ante pro- fectionem habuerit vel domicilium, vel judicem, non est nisi ad' supremum judicem principis, a quo missus est, recussus. Neque legatus ibi conventus excipiet se reipublicæ causa abesse, atque adeo se invitum in jus vocari non posse, cum fictione judicis ha- beatur pro præsente ne ulli cætero quin ullius judicis foro subjici possit. Quod quam inutile esset maxime in iis qui perpetuâ lega- tione funguntur, res ipsa loquitur. Non, inquam, excipiet legatus, nisi speciale privilegium habeat; quale anno 1548, Ordines Generales uni legatorum suorum, quos tunc mittebant in Angliam, dederunt, ne scilicet lites inchoatas contra eum persequi liceret, sed mane- runt in statu in quo erant, neve etiam novæ instituerentur, quamdiu ipse abesset, et sex post reditum ejus septimanas.» (*De foro legat.*, cap. X.)

[2] Leibnitz se fonde sur l'usage qui permet aux consuls étrangers d'exercer dans certains cas une juridiction sur leurs concitoyens, d'où il tire la conséquence que le consul lui-même est exempt de la juridiction du pays. (*De jur. suprem. ac legat princip. German.*, cap. VI.)

·kershoek soutient la doctrine opposée, et se fortifie par l'usage des nations attesté par les meilleures autorités, avec la seule exception des conventions faites par les puissances chrétiennes de l'Europe avec la sublime Porte et les états barbaresques.

Dans le onzième chapitre, il examine la question de savoir si un sujet du pays, accrédité comme ministre d'une puissance étrangère auprès du gouvernement de ce pays, doit jouir des mêmes priviléges que les autres ambassadeurs? Il dit que Wicquefort soutient avec chaleur l'affirmative: mais Bynkershoek lui-même insiste sur ce qu'un sujet du pays, auparavant résidant dans son territoire, ne peut pas être censé avoir changé son domicile par la seule circonstance qu'il a été nommé ambassadeur d'une puissance étrangère. En même temps il admet qu'un sujet du pays peut se faire naturaliser dans un autre état, en changeant son domicile actuel, et ensuite revenir dans sa patrie natale, investi du caractère d'ambassadeur de sa patrie adoptive [1]. La véritable question concerne celui qui n'a pas changé son domicile et sa nationalité. On peut devenir l'ambassadeur d'un prince sans devenir son sujet. On peut rester fidèle à sa patrie, et en même temps remplir avec fidélité les devoirs de l'ambassadeur d'un prince étranger. Les deux caractères ne sont pas incompatibles. Byn-

De
l'ambassadeur
sujet du prince
auprès duquel
il est accredité.

---

[1] Dans le premier livre de ses *Quæstiones juris publici*, il affirme le droit de s'expatrier par un changement de domicile *bona fide*. Il dit que ce droit fut reconnu par les publicistes européens avant son temps, et nommément par Grotius, et qu'il ne fut contesté que par des gouvernements despotiques, tels que la Russie. Il fut prohibé pour la première fois en France par l'édit du 13 août 1669, la même année que Louis XIV a commencé à enfreindre l'édit de Nantes et de persécuter les protestants. Avant cette période, l'émigration de la France fut légale, et elle l'est encore partout où le pays n'est pas une prison. «Ludovicus, quoque, XIV, Franciæ Rex, edicto 13. aug. 1669, capitis bonorumque pœnam statuit, si quis Francus, venia ab ipso non impetrata, Franciam relinqueret animo non revertendi. Ante eum annum ibi licuit, et ubique licet, ubi civitas carcer non est.» (*Q. J. publ.*, lib. I, cap. XXII.)

kershoek demande avec une certaine ironie malicieuse, si nous ne voyons pas beaucoup d'ambassadeurs résidant chez nous, contre qui personne n'ait à se plaindre? qui ne sont pas coupables de délits contre l'état, et qui, si même ils en étaient les sujets, n'auraient à craindre ni procès ni prison? Le sujet qui cherche à être employé dans ce caractère, et qui a le sentiment de sa propre infirmité, doit se préparer en changeant son domicile et sa nationalité *bona fide*. «Autrement, dit Huber, il retire son office, mais non sa personne, de notre juridiction[1].» Bynkershoek conclut qu'un ambassadeur sujet de l'état où il est accrédité, qui a contracté une dette, ou s'est rendu coupable d'un crime, est justiciable dans des affaires étrangères à ses devoirs publics, par les tribunaux civils et criminels du pays. Wicquefort fait de grands efforts pour soutenir l'opinion contraire. Mais son jugement fut dicté par ses ressentiments personnels pour ses propres griefs dont notre auteur rapporte l'histoire comme nous l'avons déjà narrée. Le poids de son autorité, peu considérable en lui-même, était nécessairement beaucoup diminué par la circonstance qu'il fut juge dans sa propre cause[2].

[1] «Alioquin qui subditum nostrum elegit legatum, non videtur hoc agere, ut hominem, sed ut officium ejus eximat, ut recte. Huberus, *De jure civili*, lib. IV, sect. 4, cap. 2, nᵒ 28.»

[2] «Magnis animis haec questio tractata est, præsertim a Wicquefortio, qui, ut poeta ait, Κακῆς μεμενος ἄτης, omni studio contendit, subditum nostrum, dum apud nos legatione fungitur, nostra jurisdictione eximi, et concedere in jurisdictionem principis legantis. * * * *

»Wicquefortio nempe sedebat alta mente repostum, quod ipse, qui Amsterdami natus erat, Hagæ habitaverat, et in fide stipendio fuerat Ordinum Generalium, etiam postquam ducis Luneburgensis actor esse cœperat, titulo *Residentis*, a curia Hollandiæ apprehensus, et 20 decembre 1675, damnatus erat ad perpetuas carceres, publicatis bonis. De ipsa sententia nihil dicam, quam curiam eum, quamvis legatum, damnasse, quod secreta reipublicæ, quæ celare oportuerat, illicitis literarum commerciis revelasset. Hinc illæ lachrymæ, hinc jus gentium violare acerbe questus, primum sup-

Le deuxième chapitre de l'ouvrage de Bynkershoek concerne la question de juridiction sur les cardinaux et d'autres personnes ecclésiastiques nommées aux fonctions de ministre.

Dans le chapitre treizième, il expose le principe, depuis devenu incontestable, que les priviléges des ministres publics ne sont nullement affectés par leur rang respectif, tous étant exempts de la juridiction du pays, sans égard à leurs titres, tels qu'ambassadeurs, envoyés, résidents, etc.

Le quatorzième chapitre traite de l'ambassadeur-marchand, ou ministre public qui s'engage dans le commerce. Sous ce rapport l'auteur cite le cas du résident du duc de Holstein à la Haye, affaire qui a été l'occasion de ce traité. La cour suprême de la province de Hollande avait prononcé un arrêt en faveur de la validité de la saisie de ses effets pour une dette qu'il avait contractée comme négociant, à l'exception des meubles de son hôtel et d'autres choses nécessaires à l'ambassade. Bynkershoek est de l'avis que le tribunal avait raison quant au fond de son arrêt, quoique l'on pût mettre en question quelques-uns des considérants sur lesquels la décision était fondée. L'affaire était encore pendante lorsqu'il écrivait en 1721, et aussi quand la traduction de Barbeyrac fut publiée en 1723, le ministre ayant porté plainte aux États-Généraux qui hésitaient à prononcer. Mais notre auteur ne fait pas le moindre doute qu'un ambassadeur qui devient marchand, doit être regardé comme tel, quant à la saisie de ses marchandises,

De l'ambassadeur qui s'engage dans le commerce.

presso, deinde aperto nomine jura legatorum vindicavit, et post, quidquid est ejus argumenti, exposuit justo opere, cui non est aliud, quod præferamus. Cæterum ut ipse in sua causa judex est incompetens, sic nec rationes ejus me moverint in aliam, quam supra defendi, sententiam, legatum scilicet manere subditum, ubi ante legationem fuit, atque adeo, si contraxit aut deliquit, subesse imperio, cujus antea suberat. His autem consequens est, nostros subditos, quamvis alterius principis legationem accipiant, subditos nostros esse non desinere, neque forum, quo semper usi sunt, jure subterfugere.» (*De foro legat.*, cap. XI.)

pour ses dettes commerciales. Il parle aussi incidemment des abus auxquels avait donné lieu le privilége des ministres d'être exempts du payement des droits sur l'importation des objets destinés à leur propre usage. Callières nous informe qu'on avait commencé à corriger ces abus en Espagne et à Gênes, lorsqu'il écrivit en 1716, en limitant le privilége à une certaine somme pour toute la durée de la mission[1].

Dans le quinzième chapitre, Bynkershoek expose le principe que la famille du ministre, les personnes de sa suite, et ses domestiques sont, d'après l'usage des nations, également exempts de la juridiction civile du pays. Il étend ce privilége même aux domestiques qui sont les sujets du pays, par cette raison que le domicile du ministre, qui par une fiction est censé résider dans son pays natal, attire à lui le domicile de ces domestiques, quoique sujets de l'état où le ministre est accrédité. En entrant à son service, ils changent leur nationalité. La question de savoir si la juridiction civile, en ce qui les concerne, doit être exercée par l'ambassadeur lui-même, ou si les créanciers doivent être renvoyés aux tribunaux de son pays, dépend de la décision du souverain qu'il représente.

Dans le seizième chapitre il explique ce qu'il suppose que Grotius a voulu dire dans le passage déjà cité quant aux poursuites à intenter contre un ambassadeur qui n'a pas de biens fonds dans le pays, comme cela se pratique ordinairement envers les débiteurs domiciliés hors du territoire[2]. On peut poursuivre le ministre public en saisissant, dans les pays où

---

[1] CALLIÈRES. *De la manière de négocier avec les souverains*, à Paris, 1716. Cet ouvrage s'occupe plutôt de l'art de négocier que de la théorie du droit public. Son auteur fut membre de l'Académie française et ministre de France au congrès de Ryswick.

[2] «Si quid ergo debiti contraxit, et, ut fit, res soli eo loco nullas possideat, ipse compellandus erit amice, et si detrectet, is qui misit, ita ut ad postremum usurpentur ea quæ adversus debitores extra territorium positos usurpari solent.» (*De jure belli ac pacis*, lib. II, cap. XVIII, § 9.)

cette procédure est connue et suivie, ses biens mobiliers, c'est-à-dire ceux qu'il possède comme particulier, et non comme ambassadeur. Notre auteur exempte de cette saisie toutes sortes de provisions à l'usage du ministre et de sa famille, les vêtements, les ornements, les voitures, les chevaux, et enfin tout ce qui, dans le langage technique du droit romain, est compris sous la dénomination de meubles et équipages d'un *legatus* : » *et quæ alia prolixo nomine* LEGATI INSTRUCTI ET CUM INSTRUMENTO *comprehendi possunt.*» Cependant il soutient qu'aucune de ces choses n'est exempte de la saisie, à moins qu'elles ne soient destinées à son usage personnel ou celui de sa famille; tandis que les choses employées dans le commerce, par celui qu'il appelle un ambassadeur-marchand, peuvent être saisies pour ses dettes[1]. Suivant nous, on peut néanmoins douter si, d'après l'usage reconnu comme loi à présent, les biens meubles d'un ambassadeur peuvent être saisis dans le but de le contraindre à se défendre contre un procès, et de le rendre, contre sa volonté, justiciable devant les tribunaux du pays où il est accrédité. Bynkershoek suppose qu'il a prouvé (chap. 4) que les biens d'un souverain étranger trouvés dans notre territoire, peuvent être saisis pour des dettes dues aux particuliers. Mais, comme nous l'avons déjà démontré, cela doit dépendre des circonstances qui ont accompagné l'introduction de ces biens dans le pays. Les biens mobiliers affectés au service personnel d'un souverain étranger, voyageant ou résidant dans le territoire d'un autre état, avec la permission du souverain des lieux, ou les vaisseaux de

---

[1] «Haec autem omnia tunc demum excipis, si ad usum legati ejus re familiæ pertineant, non triticum, vinum, oleum, quod legatus in horreis reposuerit ad mercaturam, non equos et mulos, quos legatus hippocomus alit, ut vendat. Merces legati, ut res mobiles, ab arresto non magis immunes erunt, quam res immobiles, quia sine illis recte exercetur legatio, neque adeo earum detentio ullis legatio, quæ legatis, impedimento est.» (*De foro legat.*, cap. XVI.)

guerre et étrangers, y passant en vertu de sa permission expresse, ou du consentement tacite, qui est sous-entendu, s'il n'y a pas de prohibition, sont indubitablement exempts de toute saisie pour des dettes ou pour tout autre motif. L'immunité du ministre étranger repose sur la même base du consentement tacite sous-entendu dans la réception du ministre, sans y annexer aucune condition. Il est vrai qu'il peut, avec la permission de son propre souverain, autoriser l'exercice de la juridiction des tribunaux du pays, en intentant un procès, et dans ce cas il faut qu'il se défende contre tous les incidents de la procédure principale en première instance et en dernier ressort. Quant à la saisie des fonds ou capitaux employés dans le commerce par le marchand-ambassadeur, Bynkershoek lui-même admet la difficulté qu'il y aurait à distinguer, dans le cas des lettres de change, de l'argent, etc., parce que ceux-ci sont nécessaires pour lui fournir les moyens d'existence somme ambassadeur, et on ne peut rechercher l'origine de ces fonds. Le même difficulté doit se rencontrer dans le cas rare et improbable des effets d'un marchand-ambassadeur saisis pour ses dettes commerciales. On doit, suivant nous, se plaindre à son gouvernement de ce qu'il a pris sur lui un caractère si incompatible avec ses fonctions diplomatiques, plutôt que de fonder sur ce prétexte des poursuites qu'on ne pourrait concilier avec la sécurité dont les ministres publics doivent jouir.

Juridiction criminelle sur les ministres publics et leur suite.

Notre auteur arrive, dans le dix-septième chapitre, à cette partie de son sujet qui regarde la juridiction criminelle. Nous avons déjà vu quelle fut son opinion dans le cas remarquable de Don Pantaléon Sa, frère de l'ambassadeur portugais à Londres, jugé et exécuté pour crime de meurtre en Angleterre, au temps de la république. En considérant la question en général, il met hors de discussion le cas d'un ambassadeur dont les actes de violence, dirigés ou contre l'état ou contre des particuliers, peuvent être justement repoussés par la force d'après le principe de légitime défense. La question est celle-ci: où doit être jugé, dans des cas ordinaires, l'ambassadeur accusé d'un délit criminel? Ici, il distingue entre les crimes ordinaires contre des particuliers et ceux qui mettent en péril la sûreté de l'état. Il examine d'abord la question sous le point de vue de la raison, et cite l'opinion de Grotius, qui l'envisage comme une concurrence entre deux principes sociaux: l'utilité de punir les crimes, et l'utilité de respecter les privi-léges des ambassadeurs, sans lesquels les relations pacifiques ne pourraient être maintenues. Pour déterminer lequel de ces deux principes a le plus de poids dans la balance, il faut avoir recours à l'opinion générale des peuples, *voluntas gentium*. Les précédents seuls sont insuffisants, parce qu'ils sont contradictoires. Il faut, par conséquent, consulter les jugements des hommes sages et les conjectures, pour déterminer cette opinion [1]. Mais Bynkershoek soutient, que les exemples de ce qui est arrivé dans le monde ont plus de poids que la seule autorité des savants, ou des conjectures, c'est-à-dire des raisons tirées du consentement présumé des nations. Grotius lui-même montre qu'on ne peut déduire aucune conclusion précise de ces opinions [2]. Il faut donc en appeler aux jugements des nations, pour résoudre la question si un ambassadeur accusé d'un délit criminel est encore sous la protection du droit des gens? et si cela est, si la règle doit être appli-

---

[1] «Ipse Grotius utilitatem pœnæ exigendæ et utilitatem legationis, tuto obeunda, invicem committit, et quæ sit, ex voluntate gentium derivandum esse recte censet, *sed hoc inquit; ex solis exemplis evinci non potest: exstant enim satis multa in utramque partem. Recurrendum igitur tum ad sapientium judicia, tum ad conjecturas,* et mox depromet illa judicia, illasque conjecturas, tanquam solidem sententiæ suæ, quam n. 5 exponit prænuncios.» (BYNKERSHOEK, *De foro legat.,* cap. XVII.)

[2] «Rationes, quas pro se quique afferunt, nihil definite concludunt; quia jus hoc non ut jus naturale ex certis rationibus certo oritur, sed ex voluntate gentium modum accipit.» (GROTIUS, *De jure belli ac pacis,* lib. II, cap. XVIII, § 4, N° 2.)

quée sans distinction à toutes sortes de crimes? On ne peut connaître ces jugements que par des exemples dont il existe un grand nombre. Notre auteur croit que ces exemples suffisent pour établir le principe qu'un ambassadeur ne peut pas être jugé et puni dans le lieu où il est accrédité, mais qu'il doit être poursuivi de la manière suivante indiquée par Grotius, c'est-à-dire en lui donnant ordre de quitter le pays; et quand le crime est atroce, et compromet la sûreté de l'état, en le renvoyant à son maitre avec une demande que ce dernier le punisse, ou le livre pour être puni. Il permet, pour obvier à un danger menaçant la sûreté de l'état, que l'ambassadeur soit arrêté et interrogé [1]. Bynkershock souscrit implicitement à la règle générale prescrite par Grotius, et il l'étend même au cas où le danger est encore imminent, réservant toujours le droit de légitime défense dont il avait déjà parlé. Il approuve la conclusion de Grotius, que l'utilité de respecter les priviléges des ambassadeurs a plus de poids que l'utilité de punir les crimes: parce que, après tout, on ne peut pas supposer que le délit particulier échappera nécessairement à la punition, la nation offensée pouvant avoir recours aux armes, si le souverain du coupable refusait de rendre justice, dans un cas assez grave pour motiver la guerre. Qu'au contraire, si on pouvait intenter un procès criminel contre le ministre, il pourrait être accusé chaque jour sous quelque prétexte; parce que, comme ajoute Grotius, les vues politiques de la puissance qui reçoit un ambassadeur étant ordinairement différentes de celles de la puissance qui l'envoie, et leurs intérêts étant souvent opposés, on ne manquerait jamais de prétexte spécieux pour intenter une accusation criminelle [2]. Il n'est pas nécessaire de

---

[1] « .... ut obviam eatur imminenti periculo, si alia nulla est ratio idonea, et retineri, et interrogari posse. » (GROTIUS, *De jure, belli ac pacis*, ibid. Nᵒ 6.)

[2] « Nam, ut optime subjungit GROTIUS, *cum plerumque diversa, sæpe et adversa sint consilia eorum, qui mittunt legatos, et qui*

supposer les cas extrêmes des tyrans monstrueux, qui envoient des espions et des conspirateurs sous le masque des ministres publics. Même dans le cas d'un complot tramé contre l'état, il vaut mieux tolérer quelque inconvénient temporaire que de fouler aux pieds des règles sacrées dont la conservation est d'une si grande importance.

Bynkershoek soutient (chap. 18, 19) l'opinion de Grotius, en citant des exemples de ce qui est arrivé dans les rapports entre les nations, depuis les temps les plus anciens; écartant toutefois de la discussion les cas extrêmes, où les droits des ministres publics avaient été violés par des tyrans, ou par des sociétés anarchiques, foulant aux pieds tout ce que l'opinion générale des hommes civilisés regarde comme sacré. En effet le caractère inviolable des ambassadeurs est au nombre des principes du droit international qui remonte jusqu'à l'antiquité la plus reculée, et il n'y a presque pas de peuple, si barbare qu'il soit, qui n'ait montré quelque égard pour ce principe social. Nous ne pouvons ouvrir un seul auteur classique, ou poëte, ou philosophe, ou légiste, qui ne l'affirme, même en donnant des exemples de sa violation. Cependant les exemples des cas où les droits des ministres publics ont été respectés, même jusqu'à assurer l'impunité des crimes commis par eux, excèdent beaucoup en nombre et en poids ceux des cas où la violence brutale l'a emporté sur le droit. Ce droit est donc consacré par l'usage et l'opinion générale des nations. Néanmoins, Bynkershoek admet, avec Grotius, que, dans le cas d'une nécessité pressante et grave, l'ambassadeur peut être arrêté et interrogé. Henri IV, qui entendait et observait le droit des gens, fit arrêter le secrétaire de l'ambassadeur d'Espagne, impliqué dans un complot tramé dans l'intention de livrer la ville et le port de Marseille aux Espagnols, en 1605; et, sur les remontrances de l'ambassadeur, le roi dé-

accipiunt, vix est, ut non semper aliquid in legatum dici possit, quod criminis accipiat speciem.»

clara que même les ministres publics pourraient être arrêtés dans un pareil cas. Cependant, il livra le secrétaire à son chef, sous la condition qu'il quitterait le royaume [1]. Et on peut renvoyer l'ambassadeur lui-même du pays, sans demander l'avis de son maître, dans un cas où les circonstances n'admettent aucun délai. A l'appui de cette proposition, Bynkershoek cite des exemples nombreux, et entre autres celui de Gyllenberg, ministre de Suède en Angleterre, accusé en 1716 d'avoir conspiré avec le fameux aventurier Goertz en faveur des Stuarts. Ce complot était lié au projet d'envahir le royaume qu'avait Charles XII de Suède. Le ministre fut arrêté; on visita ses papiers, et il fut ensuite renvoyé hors du pays. Ces mesures furent justifiées de la part du gouvernement anglais par la nécessité d'une défense légitime [2]. Un autre cas très-remarquable, que notre auteur n'a pas mentionné, fut l'affaire de Cellamare, ambassadeur d'Espagne en France, qui ayant été pris en flagrant délit de conspiration contre le gouvernement du régent duc d'Orléans, fut arrêté en 1718 avec son secrétaire de légation; ses papiers furent saisis, et après avoir été

---

[1] «Henricus IV, Franciæ rex, juris gentium fuit peritissimus et simul tenacissimus. Cum is scribam legati hispanici, hostilia molientem, detinuisset, ad querelas legati respondit, ipsos etiam legatos in ea specie detineri posse. Reddidit deinde scribam legato, sed ea lege, ut quantocyus cum juberet imperio excedere.» (*De foro legat.*, cap. XIX.)

[2] CHARLES DE MARTENS, *Causes célèbres du droit des gens*, vol. II, p. 548.

Lord MAHON dit à ce propos: «Un ministre d'un pays étranger qui conspire contre le gouvernement auprès duquel il est accrédité, viole évidemment les préceptes du droit des gens. Les priviléges qui lui sont accordés par ce droit reposent sur le principe sous-entendu qu'il ne dépassera pas les limites de ses devoirs diplomatiques, et quand il le fait, il semble évident que le gouvernement offensé a le droit d'agir selon ce qu'exige sa propre défense (MAHON's *History of England from the Peace of Utrecht to the Peace of Aix-la-Chapelle*, vol. I, p. 389.)

interrogé, il fut conduit sous escorte jusqu'à la frontière[1]. Il fait mention d'un autre cas cité par Antonio de Vera (*le Parfait ambassadeur*, liv. I, chap. 33) du temps de Philippe II, où ce monarque, ayant violé le prétendu droit d'asile de l'ambassadeur de Venise à Madrid, en faisant arrêter des criminels dans son hôtel, écrivit à tous les princes de la chrétienté pour leur déclarer que, si ses ambassadeurs étaient coupables de crimes, ils devraient être regardés comme ayant forfait à leurs priviléges, et ils pourraient être jugés d'après les lois du pays étranger[2]. En supposant que cette concession fût effectivement faite par l'Espagne à cette époque, il reste la question de savoir si cette puissance pouvait introduire une telle innovation? Sans doute Philippe II pouvait renoncer aux priviléges de ses propres ministres, mais il est permis de douter si une seule nation peut, par son acte isolé, priver les ambassadeurs des autres puissances des immunités qui leur sont accordées par le droit des gens. Bynkershoek est de l'avis qu'elle le peut, parce que ces priviléges dépendent du consentement tacite sous-entendu dans la réception de l'ambassadeur d'un état étranger, et y peut en déroger en ajoutant la condition qu'il doit se soumettre à la juridiction du pays. Nous examinerons plus tard les raisons qu'il allègue pour soutenir cette doctrine.

---

[1] MARTENS, *Causes célèbres du droit des gens*, vol. I, p. 139.

[2] «Sed regem Hispaniarum ea occasione litteras dedisse ad omnes principes christianos, quibus sibi placere significavit, ut si legati sui penes eos delinquerent, cecidisse viderontur privilegiis suis, et judicarentur secundum leges Imperii, ubi essent.» (*De foro legat.*, cap. XIX.)

Antonio de Vera, l'auteur de l'ouvrage cité par Bynkershoek, était l'ambassadeur d'Espagne à Venise au commencement du dixseptième siècle. Son livre fut publié dans la langue espagnole en 1621, sous le titre de *el Embaxador, seu de legati munere;* et ensuite en français, à Paris, en 1642, sous le titre du *Parfait ambassadeur*. Il est écrit sous la forme d'un dialogue entre *Louis*

Ayant déjà établi (dans le chap. 15) que les domestiques et autres personnes de la suite de l'ambassadeur sont sujets à la même, et à aucune autre juridiction civile que le ministre lui-même, il déduit (chap. 20), comme corollaire de ce principe, que par analogie ils sont également exempts de la juridiction criminelle du pays où la légation est accréditée. Chaque exemple du contraire est un exemple de juridiction usurpée qui ne peut préjuger la question de droit. Il est vrai que le ministre peut, dans l'exercice de sa discrétion, livrer à la justice du pays son domestique accusé de crimes, ou bien il peut renoncer à tous les priviléges de cette nature à l'égard de toutes les personnes de sa suite, excepté celles qui sont nommées par le souverain, telles que secrétaires de légation, etc., mais autrement la police n'a aucune autorité sur elles. La question de savoir si le ministre peut exercer cette juridiction lui-même, dépend du consentement commun de son souverain et de l'état où il est accrédité. Autrement il peut s'assurer des personnes des accusés et les envoyer dans leur propre pays pour y être jugées.

Le chapitre vingt et unième traite de la question, si l'hôtel de l'ambassadeur doit être considéré comme servant d'asile pour les criminels?

Cela dépend entièrement du consentement du souverain du pays, le droit des gens universel ne reconnaissant pas un tel privilége[1]. L'exemption de la demeure de l'ambassadeur est établie seulement en faveur de sa personne, et des personnes de sa famille et de sa suite, avec leurs effets. Ces personnes et ces choses sont également exemptes de la juridiction du

et *Julius*, ces deux interlocuteurs représentant don Louis de Haro et le cardinal Mazarin.

[1] «Jam de domo legati videamus. Recte Grotius dixit magni operis lib. II, cap. XVIII, § 8, an jus asyli in domo sua habeat legatus pro quibusvis eo confugientibus, ex concessione pendere ejus apud quem agid, neque enim juris gentium esse.» (*De foro legat.*, cap. XXI.)

pays, n'importe dans quels lieux elles se trouvent. En consultant la raison seule, rien ne peut paraître plus absurde que ce prétendu droit de convertir la maison d'un ministre public en un lieu d'asile pour les personnes accusées d'avoir violé les lois du pays [1]. Cette prétention monstrueuse a été admise quelquefois, et s'est étendue à des rues et des quartiers entiers d'une grande ville, telle que celle qui donna lieu à la fameuse contestation en 1687 entre Louis XIV et le pape Innocent IX. Le droit d'asile fut aboli à Madrid en 1684 sans beaucoup d'opposition.

Dans le chapitre vingt-deuxième, il demande s'il y a quelques cas particuliers où l'ambassadeur puisse être arrêté?

Un sujet de notre pays est banni, et revient revêtu du caractère d'ambassadeur. Nous ne sommes pas obligés de le recevoir, mais nous ne pouvons pas le punir. Nous pouvons lui ordonner de partir, et s'il refuse, nous avons le droit de l'expulser du territoire par la force. — Quant au droit de représailles pour des torts faits à nos ministres, contraires au droit des gens, nous ne pouvons l'exercer qu'en retirant des ministres de la même puissance, résidant chez nous, leurs priviléges accoutumés [2]. Il faut dire la même chose des représailles générales à exercer contre une nation qui nous a fait des torts, et refuse d'écouter nos réclamations; on ne peut jamais les étendre aux ambassadeurs alors résidant dans le pays sous la protection de la foi publique. Les ambassadeurs

---

[1] «Sane si ex ratione agamus, dubito an quicquam magis fatuum excogitari quam jus asyli legatorum ædibus tribuere.» (*De foro legat.*, cap. XXI.)

[2] «Ὑπεροχὴ negari potest, justitia non etiam, quia illa voluntaria est, hæc autem necessaria, quare ejus legatis, qui nostros malehabuit, vim inferre non licebit, sed forte habere licebit, ut subditos, negatis legatorum privilegiis, quæ moribus gentium vulgo introducta sunt, sed ad ὑπεροχὴν justitiæ pertinent. Atque hoc mihi justum videtur, cum sic ipsi legato nulla fiat injuria, sed soli qui misit. Ali aliter sapiant.» (*Ibid.*, cap. XXII.)

envoyés, même par l'ennemi, ont été presque toujours regardés, dans tous les temps et par toutes les nations, comme étant sous la protection du droit des gens. Notre auteur suppose que le droit fécial chez les Romains n'étendait pas cette protection aux ambassadeurs en temps de paix, sans la prévoyance de l'avenir d'une guerre imminente[1]. Et il en conclut qu'on peut regarder comme douteux le privilége, même dans les temps modernes, d'après le strict droit, d'être exempts du même traitement que leurs compatriotes qui se trouvent dans le pays lorsque la guerre éclate. Néanmoins il admet que l'usage approuvé des nations lorsqu'il écrivait, à l'exception des états mahométans de l'Asie et de l'Afrique, les garantissait contre les représailles et leur assurait le droit de retourner en sûreté chez eux.

Dans le vingt-troisième chapitre il examine la question si l'ambassadeur peut renoncer au privilége de renvoi et se soumettre à la juridiction du pays?

Il cite d'abord cette maxime du droit romain, que le consentement confère la juridiction à un tribunal autrement incompétent (*Dig.*, lib. V, tit. I. *De judiciis*, leg. I), qu'il déclare être applicable, pourvu que les parties ne disposent que de leurs propres droits. Un ambassadeur peut certainement renoncer à un privilége introduit pour l'avantage de sa légation,

---

[1] Il est difficile de comprendre comment un écrivain tant versé dans le droit romain, et doué d'un si grand pouvoir de discernement, pouvait donner une telle interprétation au texte du jurisconsulte Pomponius, qui énonce formellement le privilége en question. «Et ideo, si quum legati apud nos essent gentes alicujus, bellum cum iis indictum est, *liberos eos manere*, id enim juri gentium conveniens esse.» (Lib. I, tit VII.) Bynkershoek suppose que la loi doit être strictement appliquée au cas d'un *Legatus* envoyé par une nation étrangère au peuple romain, après que les hostilités ont commencé, mais avant la déclaration solennelle de la guerre exigée par leur loi spéciale. Son traducteur Barbeyrac a fourni la réponse à cette interprétation forcée. (*Du juge compétent des ambassadeurs*, chap. XXII, note 2.)

mais il ne peut pas y renoncer sans le consentement de son souverain, parce que ce n'est pas un droit privé. Dans les affaires criminelles, au moins, il ne peut renoncer au privilége du renvoi au tribunal de son domicile, sans la permission expresse de son souverain. Dans les affaires civiles, l'ambassadeur peut consentir à ce que le tribunal du pays juge et prononce son arrêt, mais non pas qu'il l'exécute au détriment des affaires de sa légation. Il ne peut le faire qu'en commençant un procès comme partie plaignante, ou en se défendant contre un procès commencé par un autre. Notre auteur propose ces règles, comme le résultat du raisonnement applicable à la nature et à l'objet des priviléges en question, mais il avoue qu'il n'avait pu recueillir un assez grand nombre de précédents pour déterminer l'usage approuvé des nations. Il cherche donc quelque appui à ses arguments dans les analogies du droit romain, dont il est en général disposé à rejeter l'autorité dans les discussions relatives au droit des gens moderne [1].

Dans son vingt-quatrième et dernier chapitre, Bynkershoek passe en revue les opinions des publicistes précédents, dont la plupart ont suivi la fausse analogie du droit romain, en confondant les *legati*, ou députés des provinces, avec les ambassadeurs des états étrangers. Il termine une longue liste de ces

---

[1] «Ego vero, quicquid earum rerum sit, non ausim dicere, legatum, inconsulto principe, juri suo renunciare posse. Ad quid enim legatorum privilegia, quam ut ipsi principibus suis utiles sint, et eorum legatio nulla re impediatur? Magis igitur hæc privilegia pertinent ad causam principis quam ipsius legati, sibi renunciatione sua legatus nocere potest, principi non potest. Atque ita, consulta ratione, forte dicendum est, legatum in causa delicti nunquam privilegio fori renunciare posse in causa civili, non aliter, quam ut adversus eum jus dicatur, non ut sententia executioni mandetur, si quid per eam impediretur legatio, ut in causa criminali tantum non semper impediri solet. Sed ad manum non sunt ea gentium exempla, ut ex jure gentium ea de re possim constituere. Ratione quam dixi argumentum præbet, *l.* 24, § *ult. ff. de judic.*» (*De foro legat.*, cap. XXIII.)

savants, par le nom de son contemporain et ami Barbeyrac, qui, dans ses notes à la traduction du traité de Puffendorf sur le droit naturel et des gens, avait admis que les ambassadeurs n'étaient pas, en général, punissables par les princes auprès desquels ils sont accrédités; néanmoins il ajoute, que «lors même que la chose presse, il est permis de se saisir d'abord de la personne de l'ambassadeur comme un ennemi déclaré, de le tenir en prison et même de le faire mourir, si cela est nécessaire pour notre conservation [1].» A cette dernière alternative Bynkershoek ne fait aucune objection, pourvu que ce soit vraiment nécessaire pour notre sûreté, circonstance qui ne peut arriver que très-rarement, à moins que l'ambassadeur n'ait pris les armes et n'ait été tué en combattant contre nous [2].

Validité des actes d'un ministre qui a violé ses instructions.

Dans un ouvrage écrit depuis son traité *De foro legatorum,* Bynkershoek a examiné plusieurs questions, plutôt curieuses qu'utiles, concernant les droits de légation. Cependant, entre autres moins applicables aux affaires actuelles, il traite d'une question d'une grande importance, qui n'était pas encore bien déterminée lorsqu'il écrivit, quoique aujourd'hui elle ne puisse guère être mise en doute. Dans le second livre de ses *Questiones juris publici* (cap. VII) il pose cette question, savoir: si le souverain est lié par les actes que son ministre aurait faits contrairement à ses instructions secrètes? Suivant notre auteur, si la question était déterminée par les principes ordinaires du droit privé, applicables aux contrats des particuliers, on dirait, que le commettant n'est pas lié par les actes où le mandataire excède les limites de sa procuration. Mais dans le cas d'un ambassadeur, il faut distinguer entre le plein pouvoir

---

[1] *Droit de la nature et des gens,* lib. VIII, chap. 9, § 12, note.

[2] «Non intercedo, si aliter res salva esse nequeat, salus populi, salus principis, suprema lex esto. Sed fere semper res aliter salva esse potest, si non manu agat legatus, et tumultuarie cæde succumbat. Expulsio vel custodia legati alioquin suffecerit ut salute nostræ consulamus.» (*De foro legat.,* cap. XXIV.)

qu'il doit exhiber aux ministres avec lesquels il négocie, et les instructions qu'il fait garder comme un secret entre lui et son souverain. Il cite les opinions de Gentili et de Grotius, qui prétendent que si le ministre n'a pas excédé l'autorité accordée par sa lettre de créance, le souverain ne peut refuser sa ratification, quoique le ministre ait pu s'écarter de ses instructions secrètes. Bynkershoek admet, que si ses lettres de créance sont spéciales et indiquent les conditions particulières de l'autorité dont il est investi, le souverain doit ratifier tout ce qui est conclu dans les limites de cette autorité. Mais les créances données aux plénipotentiaires sont rarement spéciales, encore plus rarement l'autorité secrète est-elle en contradiction avec le plein pouvoir public, et c'est le plus rare de tous les cas que celui où un ministre désobéit à ses instructions secrètes [1]. Mais s'il désobéit en effet, le souverain est-il tenu à la ratification suivant la promesse contenue dans son plein pouvoir? Suivant notre auteur, l'usage des nations de son temps rendait nécessaire la ratification par le souverain, pour valider les conventions conclues par ses ministres dans tous les cas, excepté ceux où les instructions sont contenues en entier dans le plein pouvoir patent, ce qui arrive très-rarement. Il conteste la proposition de Wicquefort (*L'ambassadeur et ses fonctions*, liv. 2, sect. 15), qui blâme la conduite de ces princes qui avaient refusé de ratifier les actes de leurs ministres, sous le prétexte qu'ils avaient violé leurs instructions secrètes. Les analogies du droit romain, et les usages du peuple romain, ne devaient pas être considérés comme un guide infaillible dans cette matière, parce que le laps du temps avait apporté un grand changement dans l'usage des nations, qui forme la loi des nations, et Wicquefort lui-même,

---

[1] « Sed rarum est, quod publica mandata sint specialia, rarius, quod arcanum publico sit contrarium, rarissimum vero, quod legatus arcanum 'posterius spernat, et ex publico priori rem agat.» (BYNKERSHOEK, *Q. J. publ.*, lib. II, *De rebus varii argumenti*, cap. VII.)

dans un autre passage, avait admis la nécessité d'une ratification préalable[1]. Cependant Bynkershoek ne conteste pas que si le ministre a agi précisément en conformité avec son plein pouvoir public, qui peut être spécial, ou avec ses instructions secrètes, qui sont toujours spéciales, le souverain est tenu de ratifier ses actes, et attire sur lui le reproche de mauvaise foi, s'il s'y refuse. Mais si le ministre excède son autorité, ou consent à négocier sur des points qui ne sont pas énoncés dans son plein pouvoir et ses instructions, le souverain est pleinement justifié en retardant ou même en refusant sa ratification. Les circonstances particulières de chaque cas doivent décider si la règle ou l'exception doit être appliquée[2].

[1] «Sed quod olim obtinuit, nunc non obtinet, ut mores gentium sæpe solent mutari, nam postquam ratihabitionem usus invaluit, inter gentes tantum non omnes receptum est, ne fœdera et pacta, a legatis inita, valerent, nisi ea probaverint principes, quorum res agitur. Ipse Wicquefort (*eodem opere*, lib. I, sect. 16) necessitatem ratihabitionum satis agnoscit hisce verbis : «Que les pouvoirs, »quelque amples et absolus qu'ils soient, ont toujours quelque »relation aux ordres secrets qu'on leur donne, qui peuvent être » changés et altérés, et qui le sont souvent suivant les conjonctu-»res et les révolutions des affaires.» (BYNKERSHOEK, *Q. J. publ.,* lib. II, *De rebus varii argumenti,* cap. VII.)

[2] Non tamen negaverim, si legatus publicum mandatum, quod forte speciale est, vel arcanum, quod semper est speciale, examussim sequutus, fœdera et facta ineat, justi principis esse, ea probare, et nisi probaverit, malæ fidei reum esse, simulque, legatum exponere ludibrio; sin autem mandatum excesserit, vel fœderibus et pactis nova quædam sint inserta, de quibus nihil mandatum erat, optimo jure poterit princeps vel differre ratihabitionem, vel plane negare. Secundum hæc damnaverim vel probaverim negatas ratihabitiones, de quibus prolixe agit Wicquefort d. l. ii. sect. 15. In singulis causis, quas ipse ibi recenset, ego nolim judex sedere, nam plurimum facti habent, quod me latet, et forte ipsum latuit. Non immerito autem nunc gentibus placuit ratihabitio, cum mandata publica, ut modo dicebam, vix unquam sint specialia, et arcana legatus in scriniis suis servare soleat, neque adeo de his quisquam rescire possint, quibuscum actum est. (*Q. J. publ.,* lib. II, *De rebus varii argumenti,* cap. VII.)

Nous nous sommes arrêtés si longtemps sur les ouvrages du publiciste hollandais concernant les droits de légation, parce qu'ils nous ont fourni l'occasion de retracer l'histoire des progrès que cette partie du droit des gens avait faits en Europe à l'époque où il écrivait. Nous allons maintenant donner une courte notice de quelques projets pour rendre perpétuelle la paix entre les nations, proposés par des théoriciens et des philanthropes pendant la période dont nous nous occupons dans cette partie de notre travail.

En 1745 a paru *le Projet de paix perpétuelle* par l'abbé de Saint-Pierre, que l'auteur attribue à Henri IV et à son ministre Sully, pour le recommander à l'adoption des souverains et des ministres, auxquels l'autorité de ces grands noms imposerait plus que les seuls mérites du projet même.

§ 17.
Projet de paix perpétuelle de l'abbé de Saint-Pierre.

Pour mieux comprendre jusqu'à quel point l'auteur de ce projet était fondé en s'appuyant sur l'autorité du monarque français et de son ministre, il faut remonter plus haut, et reporter notre attention sur la politique de l'Europe avant la guerre de trente ans, qui fut terminée par la paix de Westphalie. On sait que depuis la réforme de la religion au seizième siècle, l'Europe était divisée, parmi ses peuples et ses princes, en deux partis ou systèmes; l'un, représenté par les protestants, progressif et libéral, mais faible, par l'isolement et la grande diversité de ses adhérents; l'autre, conservateur et même réactionnaire, mais plus compacte, plus uni, sous l'égide du Pape, de l'Empereur et de la monarchie espagnole. La collision de ces partis sur les questions les plus importantes de la société européenne, entretenait une fermentation générale des esprits, pendant qu'une crise également dangereuse et universelle se préparait du côté de la politique. L'équilibre européen fut troublé du moment où les vastes possessions de la monarchie espagnole dans les deux mondes, et les royaumes héréditaires et électifs de l'Autriche, furent réunis à la couronne impériale dans la même maison, sur la tête de Charles V. Ce fut la reine d'Angleterre, Élisabeth, qui comprit la première que l'oppression du parti protestant devait troubler l'équilibre européen, en menaçant la liberté religieuse et politique de toutes les nations qui, depuis la réforme, se rangeaient du côté du protestantisme, soit sous les priviléges d'une monarchie élective comme la Hongrie et la Bohême, soit par suite d'une confédération républicaine comme les Provinces-Unies des Pays-Bas. Aussi, dans la guerre d'indépendance soutenue par les Provinces-Unies contre Philippe II d'Espagne, s'empressa-t-elle de secourir cette république naissante, prévoyant que de son maintien devait principalement résulter le triomphe des grands intérêts du protestantisme et de l'équilibre européen. Ce grand héritage de la politique de la républiqne chrétienne (expression alors très-usitée) était dévolu à Henri IV, au moment où il fut appelé, après avoir terminé la guerre civile, à replacer la France au rang qui lui appartenait dans le système de l'Europe. Il cherchait à former une alliance de tous les états dont l'indépendance était menacée par l'ambition et les envahissements de son grand adversaire, la maison de Habsbourg, dans ses deux branches espagnole et autrichienne. Sully, de concert avec lui, s'occupa beaucoup de cette idée, et prépara les moyens de l'exécuter. Leur but était d'attaquer la maison d'Autriche en Allemagne et en Espagne, de lui enlever une grande partie de ses provinces, de faire un nouveau partage de l'Europe, et d'asseoir sur cette base une paix générale et durable, garantie par la fédération de tous les états européens [1].

La première partie de ce projet reposait sur des bases solides et conformes aux maximes d'une saine politique. Henri IV voulait assurer la tranquillité de la France et de l'Europe, en affaiblissant la maison d'Autriche. Ses deux branches s'étaient rapprochées, et formaient des projets contraires

---

[1] ROMMEL, *Correspondance de Henri IV avec Maurice-le-Savant, landgrave de Hesse, Introd.*, pp. XXI—XXV.

à la liberté politique et religieuse de tous les états. Leurs forces réunies étaient redoutables. Il voulait humilier son ennemi naturel, venger ses anciennes injures, prévenir de nouvelles attaques, et donner une garantie solide à la sécurité générale de l'Europe. L'Angleterre, la Hollande, les princes protestants de l'Allemagne, et même la république de Venise lui avaient promis de concourir au rétablissement de l'équilibre européen [1].

Après avoir vaincu la maison d'Autriche, Henri IV voulait reconstruire l'édifice du droit public de l'Europe sur de nouvelles bases qui devaient garantir l'indépendance de tous ses états. Pour cet effet il avait déterminé de partager la république chrétienne en quinze dominations ou états, qui fussent le plus qu'il se pourrait, d'égale force et puissance, et dont les limites fussent si bien spécifiées par le consentement universel de toutes les quinze, qu'aucune ne les pût outrepasser. Ces quinze dominations étaient le pontificat ou Papauté, l'empire d'Allemagne, la France, l'Espagne, la Grande-Bretagne, la Hongrie, la Bohême, la Pologne, le Danemark, la Suède, la Savoie ou royaume de Lombardie, la seigneurie de Venise, la république italique ou des petits potentats et villes d'Italie, les Belges ou Pays-Bas, et les Suisses. De ces états il y en aurait cinq successifs, France, Espagne, Grande-Bretagne, Suède, et Lombardie; six électifs, Papauté, Empire, Hongrie, Bohême, Pologne, et Danemark; quatre républiques, deux desquelles eussent été démocratiques, les Belges et les Suisses, et deux aristocratiques ou seigneuries, celles de Venise et des petits princes ou villes d'Italie. Le pape, outre les terres qu'il posséderait, aurait le royaume de Naples et les hommages, tant de la république italique que de l'île de Sicile. La seigneurie de Venise aurait la Sicile en foi et hommage du Saint-Siége. La république italique eût été composée des états de Florence, Gênes, Lucques, Mantoue, Parme, Mo-

[1] ANCILLON, *Tableau des révolutions du système politique de l'Europe*, tome II, pp. 494—497.

dène, Monaco et autres petits princes et seigneurs, et eût aussi relevé du Saint-Siége. Le duc de Savoie, outre les terres qu'il possédait, aurait encore eu le Milanais, le tout érigé en royaume par le Pape, sous le titre de royaume de Lombardie, duquel on eût distrait le Crémonais en échange du Montferrat, qu'on y eût joint. On incorporerait avec la république helvé- tienne ou des Suisses, la Franche-Comté, l'Alsace, le Tyrol, le pays de Trente et leurs dépendances, et elle eût fait un hom- mage simple à l'empire d'Allemagne de vingt-cinq en vingt- cinq ans. On aurait établi toutes les dix-sept provinces des Pays-Bas, tant les catholiques que les protestants, en une ré- publique libre et souveraine, sauf un pareil hommage à l'Em- pire, et on eût grossi cette domination des duchés de Clèves, de Juliers, de Berghes, de la Mark, de Ravenstein, et autres petites seigneuries voisines. On eût joint au royaume de Hon- grie les états de Transylvanie, de Moldavie, et de Valachie. L'empereur renoncerait à s'agrandir jamais, lui ni les siens, par aucune confiscation ou reversion de fiefs masculins, mais il eût disposé des fiefs vacants en faveur de personnes hors de sa parenté, par l'avis et consentement des électeurs et princes de l'Empire. On fût aussi demeuré d'accord que l'Empire dé- sormais n'eût pu, pour quelque occasion que ce fût, être tenu consécutivement par deux princes d'une même maison, de peur qu'il ne s'y perpétuât, comme il faisait depuis long-temps en celle d'Autriche. Les royaumes de Hongrie et de Bohême eussent été pareillement électifs par les voix des sept élec- teurs: savoir celles des nobles, clergé et villes de ce pays-là; du Pape, de l'Empereur, du roi de France, du roi d'Espagne, du roi d'Angleterre; des rois de Suède, de Danemark et de Pologne, qui tous trois n'eussent fait qu'une voix.

«Outre cela, pour régler tous les différents qui seraient nés entre les confédérés, et les vider sans voie de fait, on eût établi un ordre et forme de procéder par un conseil général composé de soixante personnes, quatre de la part de chaque domination, lequel on aurait placé dans quelque ville au milieu de l'Europe, comme Metz, Nancy, Cologne ou autre. On en eût fait trois autres en trois différents endroits, chacun de vingt hommes, lesquels tous trois eussent eu rapport au conseil général. De plus, par avis de ce conseil général, qu'on appellerait le sénat de la république chrétienne, on eût établi un ordre et un règlement entre les souverains et les sujets, pour empêcher, d'un côté l'oppression et la tyrannie des princes, et de l'autre, les plaintes et les rébellions des sujets.

» On aurait encore réglé et assuré un fonds d'argent et d'hommes auquel chaque domination eût contribué selon la cotisation faite par le conseil, pour aider les dominations voisines des infidèles contre leurs attaques; savoir Hongrie et Pologne contre celles des Turcs, et Suède et Pologne contre les Moscovites et les Tartares. Puis, quand toutes ces quinze dominations eussent été bien établies avec leurs droits, leur gouvernement et leurs limites (ce qu'il espérait pouvoir faire en moins de trois ans), elles eussent ensemble, d'un commun accord, choisi trois capitaines-généraux, deux par terre et un par mer, qui eussent attaqué tous à la fois la maison ottomane; à quoi chacune d'elles eût contribué par certaine quantité d'hommes, de vaisseaux, d'artillerie et d'argent, selon la taxe qui en était faite. La somme en gros de ce qu'elles devaient fournir montait à deux cent soixante-cinq mille hommes d'infanterie, cinquante mille chevaux, un attirail de deux cent dix-sept pièces de canon, avec les charrois, officiers, munitions, provisions, et cent dix-sept grands vaisseaux ou galères, sans compter les vaisseaux de moyenne grandeur, les brûlots et les navires de charge[1]. »

Tels étaient les principaux traits du plan pour le remaniement de l'Europe que Sully appelle souvent le grand projet de Henri IV, mais dont l'origine a été révoquée en doute par

---

[1] *Collection Lontaoien*, ann. 1608. CAPEFIGUE, *Histoire de la Réforme, de la Ligue, et du Règne de Henri IV*, tome VIII, ch. 119.

quelques historiens. M. Sismondi remarque « qu'il semble, d'après ce que raconte Sully, que c'était bien plutôt le projet du ministre lui-même. Il donne à entendre que son maître était assez ignorant sur la géographie, l'histoire, et la constitution de tous les états de l'Europe. Il se plaisait peut-être à écouter son ministre lorsqu'il exposait comment on pourrait partager l'Europe en quinze états à peu près égaux : cinq monarchies héréditaires, la France, l'Espagne, la Grande-Bretagne, la Suède, et la Lombardie ; six monarchies électives, la Papauté, l'Empire, la Hongrie, la Bohême, la Pologne, et le Danemark ; et quatre républiques, des Belges, des Suisses, de Venise, et des petits états de l'Italie ; comment enfin on maintiendrait la paix perpétuelle dans la république chrétienne, à l'aide d'un conseil formé des députés de ces quinze états. Mais toute cette organisation paraissait bien vague et bien fantastique à un homme aussi positif que Henri IV. Il avait devant lui un but plus rapproché et plus précis, celui d'appeler les petits états à s'enrichir des dépouilles des deux branches de la maison d'Autriche, qu'il voulait humilier en même temps. Et lorsque Sully ajouta qu'il devait annoncer à l'Europe son désintéressement, et ne rien se réserver pour lui-même, il lui répondit : «Eh ! quoi, voudriez-vous que je dé-»pensasse soixante millions pour conquérir des terres pour »autrui, sans en retenir rien pour moi ? ce n'est pas là mon »intention [1]. »

D'un autre côté, M. Ancillon, en parlant du plan attribué par Sully à son maître, observe « que quelque extraordinaire qu'il nous paraisse, ce qu'il a de singulier ne nous donne pas le droit de révoquer en doute son authenticité. Sully, l'ami et le confident de son maître, qui avait médité ce projet avec lui, et qui s'était chargé de le faire adopter par les puissances

[1] Sismondi, *Histoire des Français*, tome XXII, pp. 148, 149. Sully, *Économies royales*, tome VII, pp. 298—327, tome VIII, pp. 56—125.

amies de la France, entre sur cet objet dans des détails qui ne nous permettent pas de nier sa réalité.

» Mais pour avoir été formé sérieusement, ce plan n'en est pas moins chimérique, pour avoir été ressuscité et rajeuni par plusieurs écrivains politiques, il n'en pèche pas moins par le but et par les moyens d'exécution. Les noms de Henri et de Sully ne sauraient ici nous imposer. Ils sont assez grands pour qu'on doive convenir de leurs faiblesses, et celle-ci était la faiblesse d'une belle âme. Rien de plus vague ni de plus arbitraire que cette nouvelle division de l'Europe qu'on voulait substituer à l'ancienne. Le nombre des états qu'on laissait subsister, le nombre de ceux qu'on se proposait de créer ou d'agrandir, la nature du gouvernement qu'on leur assignait, tout paraît avoir été fait et réglé au hasard, sans qu'on puisse soupçonner même les principes qui ont dirigé cet arrangement. Si ces états avaient été à peu près égaux en forces, et capables de se contre-balancer dans leur action, la fédération universelle aurait été inutile, le repos serait né de l'équilibre, et l'équilibre de l'action réciproque des masses les unes sur les autres. Si ces états étaient inégaux par leur étendue et leurs moyens; si, par la différence même de leur régime, les uns étaient forts et les autres faibles, il était facile de prévoir que les premiers ne se soumettraient pas aux arrêts du tribunal suprême, et que les seconds seraient victimes d'un despotisme d'un nouveau genre. Or, dans le partage projeté, la plus grande inégalité régnait entre les différentes parties de cet assemblage confus de monarchies et de républiques.

»Enlever à la maison d'Autriche toutes ses possessions, ne lui laisser que l'Espagne et ses colonies, c'était trop l'affaiblir et donner aux autres états de justes craintes contre la prépondérance de la France, qui au nom de la liberté générale aurait exercé en Europe une véritable dictature. L'idée de former entre la France et l'Allemagne une seule république des dix-sept provinces des Pays-Bas, et dans le nord de l'Italie

21*

une puissance capable d'en défendre et d'en fermer les passages aux étrangers, était une idée lumineuse, et offrait le seul moyen de contenir dans de sages limites l'ambition de la maison d'Autriche et de la famille des Bourbons. On doit regretter, pour le bonheur de l'Europe, que cette partie du plan de Henri IV n'ait pas été réalisée.

»Établir une nouvelle balance des forces, en partageant l'Europe comme on partage un terrain inhabité entre des colons qui y abordent, c'était y naturaliser la guerre pour la faire cesser, et entreprendre un ouvrage long et difficile qui devait rencontrer des résistances invincibles.

»En supposant même que ce partage eût réussi, qu'en fût-il résulté? Organiser en Europe une grande république de puissances, faire cesser pour les nations l'état de nature où chacune d'elles est seule juge et seule garante de ses droits, substituer à cette anarchie, où la force seule décide de tout, un ordre légal, c'était tenter l'impossible, il aurait fallu pour cet effet rendre tous les gouvernements impossibles ou impuissants; on ne pouvait pas espérer l'un, on ne devait pas même espérer l'autre. La tranquillité de l'Europe et la sûreté des états ne peut résulter que d'un système de contre-forces, où chaque puissance serait assez forte pour résister à des attaques injustes, et où on ne le serait pas assez pour briser facilement la résistance des autres.

»On peut présumer que l'expérience ou de plus mûres réflexions auraient ramené Henri IV à ces principes, et qu'il aurait abandonné un projet plus extraordinaire que grand, qui était en contradiction avec la nature humaine. Il se serait contenté d'abaisser la maison d'Autriche, sans prétendre l'anéantir; il aurait enrichi d'autres états de ses dépouilles, et l'Europe n'aurait pas été dans le cas d'échanger un danger pour un autre [1].»

----

[1] ANCILLON, tome II, pp. 500—504.

Le projet de paix perpétuelle de l'abbé de Saint-Pierre, diffère de celui attribué à Henri IV en ceci, qu'au lieu de chercher à remanier la carte de l'Europe, il prend pour base l'état de possession de ces diverses puissances établi par les traités d'Utrecht. L'auteur de ce projet avait été présent aux conférences d'Utrecht, et ayant vu les difficultés qui entravaient l'arrangement de la paix générale de l'Europe, il rédigea le projet d'un traité entre toutes les puissances de la chrétienté pour la rendre perpétuelle[1]. Il publia ensuite, en 1729, l'*Abrégé du projet de paix perpétuelle*, en trois volumes, ouvrage contenant un développement complet de son plan, basé sur l'état de possession arrêté par les traités d'Utrecht, et cherchant à le perpétuer en conservant l'équilibre des forces entre les diverses puissances européennes par les moyens pacifiques.

Dans ce but, le *premier* article du projet proposait d'établir une alliance perpétuelle entre les membres de la ligue européenne, ou république chrétienne, pour leur sécurité mutuelle contre la guerre étrangère et civile, et pour la garantie réciproque de leurs possessions respectives et des traités de paix conclus à Utrecht.

L'article *second* proposait que chaque allié participât aux dépenses générales de la grande alliance, par une contribution mensuelle réglée par l'assemblée générale de leurs plénipotentiaires.

L'article *troisième* proposait que les puissances alliées renonçassent au droit de faire la guerre les unes contre les autres, et acceptassent la médiation et l'arbitrage de l'assemblée

---

[1] «Projet de traité conclu pour rendre la paix perpétuelle entre les souverains chrétiens, pour maintenir toujours le commerce entre les nations, et pour affermir davantage les maisons souveraines sur le trône, proposé autrefois par Henri-le-Grand, roi de France, agréé par la reine Élisabeth, par Jacques Ier et par la plupart des autres potentats de l'Europe.» (Utrecht, 1713, 3 vol. in-4°.)

générale de la ligue pour terminer leurs différends mutuels, les trois quarts des votes étant nécessaires à une sentence définitive.

Les principaux souverains et états dont la ligue devait être composée étaient inscrits dans l'ordre suivant:

1º Le roi de France.

2º L'empereur d'Allemagne.

3º Le roi d'Espagne.

4º L'empereur et l'impératrice de Russie.

5º Le roi de Grande-Bretagne, électeur de Hanovre.

6º La république de Hollande.

7º Le roi de Danemark.

8º Le roi de Suède.

9º Le roi de Pologne, électeur de Saxe.

10º Le roi de Portugal.

11º Le souverain de Rome.

12º Le roi de Prusse, électeur de Brandebourg.

13º L'électeur de Bavière, et ses coétats.

14º L'électeur Palatin, et ses coétats.

15º Les Suisses et leurs coétats.

16º Les électeurs ecclésiastiques, et leurs coétats.

17º La république de Venise et ses coétats.

18º Le roi de Naples.

19º Le roi de Sardaigne.

Chacune de ces dix-neuf puissances devait avoir un seul vote dans la diète européenne, et les autres princes et républiques devaient être associés avec le droit de donner un vote collectif, comme à l'assemblée de la confédération germanique actuelle. « Comme le grand-duc de Toscane peut faire présentement une voix de plus, il sera facile de le nommer comme vingtième puissance, mais *toutes ces petites difficultés* peuvent facilement se régler par provision à la pluralité des voix [1]. »

____

[1] *Abrégé du projet de paix perpétuelle*, vol. I, p. 349, édit. de Rotterdam, 1738.

Le *quatrième* article proposait que si un des états alliés venait à refuser de se conformer aux règlements et jugements de la grande alliance, ou faisait des traités en contravention de ses actes, ou des préparatifs de guerre, l'alliance devait s'armer et agir offensivement contre la puissance récalcitrante, jusqu'à ce qu'elle fût réduite à l'obéissance.

Le *cinquième* article déclarait que l'assemblée générale des plénipotentiaires de l'alliance aurait le pouvoir de faire, à la pluralité des voix, toutes les lois nécessaires pour remplir le but de l'alliance; mais qu'aucun changement ne pourrait être fait dans les articles fondamentaux sans le consentement unanime des alliés.

La coincidence, presque textuelle, entre ces articles et ceux de l'acte fondamental de la confédération germanique, établie par le congrès de Vienne en 1815, est très-remarquable. Le cardinal Fleury, auquel l'abbé de Saint-Pierre avait communiqué son projet, lui répondit: « Vous avez oublié un article essentiel, celui d'envoyer des missionnaires pour toucher les cœurs des princes et les persuader d'entrer dans vos vues.» Mais le cardinal Dubois a fait de Saint-Pierre le plus grand éloge exprimé dans les termes les plus heureux, lorsqu'il appela ses idées «les rêves d'un homme de bien.»

Rousseau a publié, en 1761, un petit ouvrage sous le titre modeste d'*Extrait du projet de paix perpétuelle de M. l'abbé de Saint-Pierre,* mais qui est marqué du sceau du génie particulier de son auteur comme spéculateur sur les problèmes de la science sociale[1].

§ 18.
Extrait du projet de paix perpétuelle par Rousseau.

---

[1] L'éditeur de cette brochure, M. de Bastide, dit: «Par la simplicité du titre, il paraîtra d'abord à bien des gens que M. Rousseau n'a ici que le mérite d'avoir fait un bon *extrait.* Qu'on ne s'y trompe point, l'analyste est ici créateur à bien des égards. J'ai senti qu'une partie du public pourrait s'y tromper, j'ai désiré un autre intitulé. M. Rousseau, plein d'un respect scrupuleux pour la vérité, et pour la mémoire d'un des plus vertueux citoyens qui aient jamais existé, m'a répondu: **** à l'égard du titre, je ne

Il commence en énonçant qu'un examen, même très-superficiel, des sociétés politiques comme elles sont actuellement constituées, suffira pour nous convaincre que la plupart de leurs imperfections viennent de la nécessité d'employer à la sûreté extérieure de chaque état, les soins et les ressources qui devraient être consacrés à son amélioration intérieure. Si les institutions sociales eussent été l'ouvrage de la raison, au lieu d'être celui de la passion et des préjugés, les hommes n'auraient pas tardé si longtemps à apercevoir que leur organisation actuelle crée des relations sociales entre les citoyens du même état, tandis qu'elle les laisse dans l'état naturel, quant à tous les autres membres de la même race. On n'a fait que prévenir les guerres civiles, en rendant les guerres étrangères inévitables: de cette manière on a rendu chaque société particulière, l'ennemie perpétuelle de toutes les autres sociétés.

S'il y a quelques moyens praticables pour obvier à ces maux, on doit les rechercher dans l'établissement de confédérations, par lesquelles les sociétés distinctes pourront être unies ensemble comme les individus d'un état particulier sont à présent unies dans une seule société. Les anciens connaissaient familièrement ces formes d'associations politiques, qui combinaient la liberté et l'ordre intérieur des petites sociétés avec la sécurité extérieure des états puissants. Mais aucune des confédérations anciennes ne pourrait être comparée pour la sagesse avec celles de l'empire d'Allemagne, de la ligue Helvétique, et des Provinces-Unies de la Hollande. Les défauts qui adhéraient encore à ces institutions, prouvaient seulement que la science sociale était encore dans un état très-imparfait.

peux pas consentir à ce qu'il soit changé en un autre qui approprierait davantage un projet qui ne m'appartient point. Il est vrai que j'ai vu l'objet sous un autre point de vue que l'abbé de Saint-Pierre, et que j'ai quelquefois d'autres raisons que les siennes. Rien n'empêche que vous ne puissiez, si vous voulez, en dire un mot dans l'avertissement, pourvu que le principal honneur en demeure toujours à cet homme respectable.»

Outre ces ligues d'institution positive, les nations de l'Europe forment entre elles une nation tacite, qui a été graduellement formée par la communauté de mœurs, de religion, des arts, des lettres, du commerce et du droit public. La plupart des nations composant cette grande société européenne ont hérité de l'ancienne Rome leurs systèmes de jurisprudence; elles sont toutes liées ensemble par la foi religieuse qui les distingue de ces races d'hommes adhérant aux institutions religieuses de Mahomet. Mais l'influence douce d'une religion bienfaisante, les arts et les sciences toujours en progrès, les relations continuelles, et un échange mutuel de bienfaits, contrastent d'une manière frappante avec les guerres cruelles et barbares livrées par les nations chrétiennes les unes contre les autres, avec leur défiance mutuelle, leur intolérance aveugle, et le manque des garanties suffisantes pour l'observation de leurs engagements réciproques, convertissant ainsi chaque traité de paix en une simple suspension d'armes. Le droit public de l'Europe, qui n'a été fondé sur aucun principe fixe, a toujours varié, et a plié à la volonté des plus forts. Des guerres continuelles sont devenues inévitables, et le sentiment d'insécurité générale a forcé, même les états les plus pacifiques, à maintenir des établissements militaires disproportionnés à leurs ressources et onéreux pour leurs peuples. Ce serait une erreur fatale, que de supposer que ces maux puissent jamais être guéris par la seule force naturelle des choses, sans invoquer l'aide de la science politique. Le système actuel de l'Europe a précisément ce degré de solidité qui le maintient dans un état d'agitation perpétuelle sans le renverser; et si les maux que nous souffrons ne peuvent être augmentés par aucun changement imaginable, encore moins peuvent-ils être terminés par une révolution violente. L'équilibre existant des forces entre les divers membres de la société européenne, est plutôt l'œuvre de la nature que de l'art. Il se maintient sans effort, de manière que s'il penche d'un côté, il se rétablit bientôt de l'autre. Si les princes accusés de viser à la monarchie universelle ont réellement conçu un tel dessein, ils ont montré plus d'ambition que de génie; un seul moment de réflexion aurait dû suffire pour les convaincre de la vanité de pareils projets. Telles sont aujourd'hui l'égalité de discipline, l'équilibre des forces, et les communications rapides entre toutes les nations civilisées, qu'il est évidemment impossible à un seul potentat, ou à une ligue des potentats, de subjuguer toute l'Europe, ou de la tenir sous le joug après l'avoir subjuguée: non pas que les limites naturelles des Alpes, du Rhin, de la mer, et des Pyrénées, forment des obstacles insurmontables aux efforts humains; mais parce que ces obstacles sont fortifiés par des moyens moraux, qui tiennent en échec l'esprit d'agression et de conquête. Le système de l'Europe est maintenu par cette vigilance perpétuelle, qui observe chaque perturbation dans l'équilibre des forces; et surtout par l'institution du corps germanique, qui, placé au centre du système, sert de contrepoids aux autres grandes puissances. Formidable par l'étendue de ses territoires et par le génie guerrier de ses peuples, et, en même temps, par la nature de sa constitution, il se tient seulement sur la défensive et retient les autres, quand ils montrent les dispositions et les moyens de s'agrandir aux dépens de leurs voisins. Malgré les défauts de cette constitution de l'empire, il est certain qu'autant qu'elle subsistera, l'équilibre de l'Europe ne peut pas être entièrement renversé; l'un de ces états ne peut pas être subjugué par les autres, et le traité de Westphalie formera, peut-être toujours, la base de notre système politique. De cette manière la science du droit public, cultivée chez les Allemands, devient même plus importante qu'ils ne le supposent. C'est non-seulement le droit public de l'Allemagne, mais sous quelques rapports celui de toute l'Europe.

Mais, si le système politique actuel de l'Europe ne peut être renversé par la prépondérance d'une puissance quelconque, il faut néanmoins admettre qu'il ne peut être maintenu que par une action et une réaction, qui en maintiennent les diverses parties dans une agitation perpétuelle, qui n'est rien moins que favorable au développement de la prospérité intérieure de chaque état en particulier. Pour substituer à cette association imparfaite une confédération solide et durable, il faut que tous ses membres soient mis dans un état de dépendance tel qu'un seul ne soit pas en état de résister à tous les autres unis ensemble, ou de former des alliances séparées capables de résister à la ligue générale. Dans ce but, il est indispensable que la confédération à former embrasse toutes les puissances européennes; qu'elle ait un pouvoir législatif suprême, autorisé à établir des règlements généraux pour son gouvernement, et un tribunal judiciaire capable de mettre ces règlements à exécution; qu'elle possède un pouvoir coercitif capable d'empêcher et de forcer l'action de ses membres, et une autorité suffisante pour les empêcher de se retirer de l'union, quand l'intérêt pourrait les engager à cette démarche. L'établissement d'une telle confédération ne doit pas rencontrer de difficultés insurmontables. Il serait seulement nécessaire que les hommes d'état renonçassent aux préjugés puérils de leur métier; que les souverains abandonnassent les objets précaires d'une ambition vulgaire, pour la sécurité certaine qui serait assurée à eux-mêmes, à leurs dynasties, et à leurs peuples, par l'innovation proposée; et que les nations renonçassent à ces préjugés stupides qui jusqu'ici leur ont fait regarder la différence des races, des langues, et des religions, comme formant un obstacle insurmontable à une union plus parfaite entre les membres de la grande famille européenne. Pour se convaincre de la possibilité de rendre une telle confédération effective et durable, il ne faut que prendre en considération l'exemple du corps germanique, composé de tant d'états différents de forces inégales, et qui a si longtemps conservé la paix publique entre ses membres, imparfaitement, et avec quelques exceptions, il est vrai, mais en même temps suffisant pour justifier l'application du même principe sur une échelle plus grande. Si l'ambition des princes est à présent restreinte, jusqu'à un certain degré, par la crainte de provoquer l'hostilité générale de l'Europe en attaquant un de ses membres, ces agressions seront restreintes encore plus effectivement, par la certitude d'être renversées par la loi de la diète européenne investie des pouvoirs d'exécution suffisants. Sans invoquer ces motifs d'un ordre élevé que Saint-Pierre avait adressé aux souverains, tels que l'amour de la véritable gloire, de l'humanité, et le respect pour les inspirations de la conscience et les préceptes de la religion, Rousseau les suppose doués d'assez de jugement et de bon sens pour apercevoir combien leurs intérêts seraient avancés en soumettant leurs prétentions respectives à l'arbitrage d'un tribunal impartial, au lieu d'avoir recours au sort incertain des armes, qui profite rarement même au vainqueur, en raison des trésors qu'il a dissipés et du sang qu'il a répandu.

TROISIÈME PÉRIODE.

DEPUIS LA PAIX DE PARIS ET D'HUBERTSBOURG, 1763,
JUSQU'A LA RÉVOLUTION FRANÇAISE, 1789.

Nous sommes maintenant arrivé, dans le cours de notre exposé historique, à cette période qui fut entachée par le premier partage de la Pologne, la violation la plus flagrante de toute justice naturelle et du droit international, qui ait eu lieu depuis que l'Europe est sortie de la barbarie. La consommation de ce grand crime politique fut facilitée par l'adhésion obstinée des Polonais aux défauts radicaux de leur constitution nationale, par leur intolérance aveugle en matière de religion, et par la fureur de leurs dissensions factieuses. L'institution absurde du *liberum veto,* qui légalisait l'anarchie, ne pouvait être contrebalancée que par le droit de confédération qui légalisait la rébellion. Par suite de ces fautes, la Pologne devint une proie facile aux puissantes monarchies militaires qui l'environnaient; mais ces circonstances sont bien loin d'excuser ce premier acte de violence, qui a été consommé de nos jours par l'extinction totale de l'indépendance polonaise. Jean Casimir, dernier roi de Pologne de la maison de Vasa, prophétisa les suites des dissensions qui agitaient la Pologne de son temps. Dans un discours adressé, en 1661, à la diète polonaise, il s'exprime en ces termes: «Au milieu de nos querelles intestines, nous avons à craindre l'invasion et la division de la république. Les Moscovites (Dieu veuille que je sois faux prophète!) subjugueront un peuple qui parle leur langue: le grand-duché de Lithuanie, la Grande-Pologne et la Prusse tomberont entre les mains de la maison de Brandebourg ; l'Autriche ne s'oubliera pas dans la dévastation générale ; sa part sera Cracovie, avec le territoire environnant[1]. »

Le temps était venu où cette prophétie devait être réalisée. Stanislas Poniatowski avait été élevé au trône de Pologne en 1764, par l'influence de Catherine II, impératrice de Russie. Les sujets non-catholiques de la république, grecs ou protestants, demandèrent sa protection contre l'oppression de la secte dominante. Frédéric II de Prusse, qui se trouvait alors sans allié contre son ennemie invétérée, la maison d'Autriche, conclut avec l'impératrice une convention secrète, par laquelle il s'engagea à soutenir les mesures qu'elle prendrait en faveur de la confédération que les dissidents avaient formée contre la diète nationale. Une armée russe occupa la Pologne, et il fut conclu, en 1768, entre l'impératrice et la république, un traité d'alliance, par lequel la constitution du *liberum veto* fut garantie, et la liberté de conscience des dissidents assurée. On perpétua ainsi l'anarchie de la Pologne sous la protection de la Russie, secondée par la politique égoïste de la Prusse. Les mécontents formèrent la confédération de Bar, sous le patronage de la France, et prirent les armes pour chasser les étrangers.

Dans cet état de choses, les troupes autrichiennes franchirent les frontières de la Pologne en 1770, sous prétexte de vouloir ériger des monuments pour marquer les confins de la Hongrie. Ces troupes occupèrent les mines de sel de Bochnia et de Wieliczka, sources principales des revenues des rois de Pologne.

Une maladie contagieuse régnait alors en Pologne. Frédéric II saisit cette occasion d'entrer dans la Grande-Pologne, sous prétexte d'établir un cordon sanitaire. Stanislas Poniatowski

---

[1] Lunigius, *Orat. procerum Europæ*, Lips. 1713, p. II, p. 243.

en appela à sa protectrice Catherine II contre ces agressions. L'impératrice était alors engagée avec les Turcs dans une guerre, qui, quoique heureuse jusqu'alors, avait épuisé les ressources de la Russie, et qu'elle désirait terminer avantageusement et aussi promptement que possible. Le prince de Kaunitz, ministre d'Autriche, avait déjà avec la Porte une convention secrète, par laquelle l'Autriche s'engageait à contraindre la Russie à faire la paix sur les bases du *statu quo*. L'Autriche essaya de persuader à Frédéric II de rester neutre, en cas que l'impératrice, en persistant dans ses desseins sur la Turquie, occasionnât une guerre entre les deux empires. Frédéric se déclara en faveur de la Russie, mais il envoya son frère, le prince Henri, à la cour de Catherine, pour lui conseiller de consentir à modérer les conditions de paix avec la Porte. L'impératrice communiqua au prince Henri la nouvelle, qu'elle venait de recevoir, de l'invasion du territoire polonais par les Autrichiens, en ajoutant que la Pologne paraissait être un pays où l'on n'avait qu'à se baisser pour y recueillir tout ce qu'on désirait. Si l'Autriche avait envie de s'emparer d'une partie de ce pays, les autres voisins avaient le droit de faire de même. Adoptant cette idée, le prince Henri prit la parole, et développa pour le partage de la Pologne un plan, par lequel Catherine pourrait agrandir la Russie sans exciter la jalousie de l'Autriche, qui ne pourrait voir avec la même indifférence le démembrement de la Turquie, tandis que le roi de Prusse recevrait par cet arrangement une compensation pour les sacrifices qu'il avait faits à l'alliance russe.

Kaunitz, qui désirait rejeter l'odieux d'être appelé l'auteur du projet de partage, et apaiser les scrupules qu'éprouvait, ou qu'affectait d'éprouver Marie-Thérèse, essaya de persuader à la Russie d'en faire la première la proposition. Il déclara par conséquent au prince Gallitzin, ministre de Russie à Vienne (octobre 1771), que la cour d'Autriche ne consentirait pas à intervenir pour établir la paix entre la Russie et la Porte dans les termes qui furent enfin stipulés à Kaïnardji, en 1774, si la Russie ne donnait pas l'assurance la plus formelle qu'elle n'avait pas l'intention de démembrer la Pologne, soit à son profit, soit pour celui d'autres puissances ; mais qu'il était bien entendu que l'Autriche avait l'intention de réclamer treize villes du comté de Zips, qui appartenaient jadis à la Hongrie, et qui étaient hypothéquées à la république. Il insista sur les difficultés interminables auxquelles mènerait tout essai de démembrer la Pologne, et laissa le prince Gallitzin entièrement convaincu que l'Autriche était impatiente de concourir aux vues de la Russie et de la Prusse. Le ministre de Russie reçut pour instruction de répondre que ces deux puissances avaient aussi, sur la Pologne, des droits territoriaux qui pourraient être réglés de concert avec l'Autriche, et de manière à maintenir entre les trois puissance cette égalité nécessaire à l'équilibre des nations.

Le ministre d'Autriche reçut cette ouverture, en faisant observer que toute inégalité dans les parts respectives des trois puissances, pourrait être corrigée en prenant une portion de territoire à quelque voisin qui en avait de trop. Sur l'observation que fit Gallitzin que ce ne pouvait être qu'à l'empire ottoman, Kaunitz répliqua que c'était précisément ce qu'il voulait dire ; et lui recommanda en même temps le plus grand secret, la promptitude, et la confiance réciproque, ce qui était surtout nécessaire, ajoutait il, pour empêcher l'intervention de la France et de l'Angleterre.

Pendant ce temps, le cabinet britannique s'était procuré une copie de la convention secrète conclue au mois de juillet 1771, entre l'Autriche et la Porte, qu'elle communiqua à l'impératrice Catherine, ce qui ébranla naturellement la confiance qu'avait la cour de Russie dans Kaunitz. Les deux cabinets de Pétersbourg et de Berlin continuèrent donc à négocier directement entre eux les conditions du partage proposé. Malgré les prétentions exagérées de la Russie, elle s'opposa avec obstination à l'acquisition que la Prusse désirait faire des villes de Danzig et de Thorn. Frédéric II, dans la conviction, sans doute, qu'une fois maître des bouches de la Vistule, il contraindrait facilement ces villes à se soumettre à son gouvernement, se désista enfin de cette prétention.

Une convention entre les deux états fut conclue à Saint-Pétersbourg, le 17 février 1772, dans laquelle leurs acquisitions respectives furent déterminées, et on convint d'inviter l'Autriche à se joindre au partage proposé. Cette puissance y accéda, le 19 du même mois, mais elle demanda un tiers du territoire entier de la Pologne. On lui persuada enfin de se désister d'une partie de ses prétentions; et une convention triple fut signée à Saint-Pétersbourg, le 5 août 1772, par laquelle la partie de la Lithuanie au nord de la Dwina et à l'est du Dnieper fut donnée à la Russie; la Gallicie et la Lodomirie à l'Autriche; et la Prusse polonaise, à l'exception de Danzig et de Thorn, ainsi que la Grande-Pologne jusqu'à la rivière Netze, à la Prusse.

Les trois puissances copartageantes prirent tout de suite possession de ces territoires, et publièrent chacune un manifeste, dans lequel elles rendaient compte des prétendus droits par lesquels elles voulaient justifier cet acte de violence. Dans la réponse à ces manifestes, publiée par le gouvernement de Pologne, on cita la longue suite de traités par lesquels l'intégrité du territoire possédé par la Pologne depuis plusieurs siècles, avait été garantie. On déclara aussi, dans cette réponse, que s'il fallait recourir aux actes de ces temps reculés, où les possessions étaient acquises et perdues avec tant de facilité par l'épée du conquérant, la Pologne elle-même pourrait réclamer avec justice de vastes provinces, possédées maintenant par les puissances copartageantes, dont les droits n'étaient garantis que par ce principe sacré de prescription qui garantit à chaque nation civilisée ses possessions légitimes.

L'assentiment de la diète nationale assemblée à Varsovie,

en 1773, aux traités de partage, fut extorqué par la présence des troupes étrangères. Les nonces de Podolie et de Volhynie protestèrent contre tout ce qui se ferait; mais une commission, nommée par le sénat et l'ordre équestre, consentit enfin à signer les traités de 1775, par lesquels le partage fut confirmé, et la constitution existante de la république garantie par les trois puissances, de manière qu'elle ne pourrait subir aucun changement sans leur accord, ce qui leur fournissait le prétexte d'intervenir perpétuellement dans les affaires intérieures de la Pologne. [1]

Dès cette époque Catherine II traita la Pologne comme une province de l'empire russe. Le renouvellement de la guerre entre la Russie et la Turquie, en 1787, paraissait offrir à la nation polonaise une occasion favorable de secouer le joug qu'elle supportait depuis longtemps avec impatience. L'Autriche était engagée dans la guerre de Turquie comme alliée de la Russie. Les relations intimes de la Russie et de la Prusse étaient rompues par la mort de Frédéric II, dont le successeur adopta une politique toute différente, d'après les conseils de M. de Hertzberg, qui désirait que la triple alliance de l'Angleterre, de la Prusse et de la Hollande servît à rendre la Pologne indépendante de la Russie. Frédéric-Guillaume II offrit à la république son alliance, avec la garantie de l'intégrité du reste de son territoire. La diète de 1788 décréta une augmentation de l'armée nationale jusqu'au nombre de cent mille hommes. Le ministre de Russie protesta contre ce décret, comme portant atteinte à la constitution de 1775, garan-

---

[1] Schoell, *Histoire abrégée des traités de paix*, tom. XIV, pp. 5—79. *Mémoires et actes authentiques relatifs aux négociations qui ont précédé le partage de la Pologne, tirés du portefeuille d'un ancien ministre du XVIII*ᵉ *siècle* (le comte de Goertz), 1810, pp. 85, 159, 175, 179, 181. *Denkwürdigkeiten meiner Zeit, oder Beiträge zur Geschichte vom letzten Viertel des achtzehnten und vom Anfang des neunzehnten Jahrhunderts*, 1778, 1806, von C. W. von Dohm, 1814—1819, 1. Band, App'x, §§. 433—511.

tie par les trois puissances copartageantes, par laquelle l'armée était limitée à trente mille hommes. Le ministre de Prusse présenta à la diète une note de la part de son gouvernement, dans laquelle on disait que cette garantie ne pourrait pas être interprétée de manière à empêcher la république de réformer son gouvernement intérieur. En 1789, le roi de Prusse répéta l'offre de son alliance avec la république, à condition que l'armée polonaise fût augmentée jusqu'à soixante mille hommes, et qu'une nouvelle constitution fût établie. Catherine II protesta contre tout changement dans la constitution qu'elle avait garantie; mais la guerre de Turquie l'occupait trop pour qu'elle pût prévenir le traité d'alliance avec la Prusse, qui fut signé le 29 mars 1790. Ce traité stipulait que si quelque puissance étrangère, en vertu d'actes ou de stipulations antérieures, ou de l'interprétation desdits actes et stipulations, s'arrogeait le droit d'intervenir dans les affaires intérieures de la république de Pologne, ou de ses dépendances, à un temps ou d'une manière quelconque, le roi de Prusse emploierait d'abord ses bons offices pour prévenir les hostilités, suite d'une telle prétention, et, dans le cas où ces bons offices seraient inutiles, et que les hostilités s'ensuivraient contre la Pologne, le roi de Prusse, reconnaissant ceci comme le *casus fœderis*, aiderait la république suivant la teneur de l'article IV du traité actuel [1].

La conclusion de cette alliance fut suivie, le 30 mai 1791, d'une nouvelle constitution qui abolissait le *liberum veto* et qui rendait la couronne héréditaire dans la maison électorale de Saxe. Ces mesures furent vivement approuvées par Frédéric-Guillaume II [2].

C'est en parlant de cette révolution que Burke a dit: «L'état de la Pologne était tellement malheureux, qu'on ne pouvait

---

[1] MARTENS, *Recueil de traités*, vol. IV, p. 472.

[2] Lettre du roi de Prusse au comte de Goltz. SÉGUR, *Histoire de Frédéric-Guillaume II*, vol. III, p. 232. Pièces justificatives.

douter qu'une réforme de sa constitution, quoiqu'elle coutât du sang, ne serait désapprouvée que par peu de personnes. On ne devait redouter aucune confusion dans une pareille entreprise, car l'état qu'il s'agissait de réformer était de la c onfusion même.

»Le roi sans puissance, la noblesse sans unité, le peuple sans arts, sans industrie, sans commerce, sans liberté, sans administration intérieure, sans protection du dehors, sans forces effectives, et sous une oppression étrangère portée au comble dans un pays sans défense; tel était l'état des choses en Pologne. 'Cet état des choses invitait directement cette courageuse entreprise, et aurait pu justifier les tentatives les plus désespérées. Mais par quel moyen ce chaos a-t-il pu être ramené à un ordre régulier? Les moyens employés frappent l'imagination, flattent la raison, et caressent le sentiment moral. L'humanité doit se réjouir et se glorifier quand elle considère le changement de la Pologne; rien n'y est faible, rien n'y est douteux. Ce changement est d'une nature si élevée, qu'il sera le bienfait le plus noble et le plus grand versé sur l'espèce humaine. Nous avons vu détruire l'anarchie et l'esclavage; nous avons vu le trône affermi par l'amour de la nation, sans offenser la liberté; les cabales étrangères étouffées par le changement de l'élection en hérédité. Dix millions d'hommes attachés à la culture de la terre seront affranchis peu à peu, sans danger pour eux ni pour l'état, non-seulement des chaînes politiques et civiles, qui, quoique terribles, ne peuvent retenir en captivité que l'esprit, mais d'un servage réel. Les habitants des villes, jusqu'ici privés du degré de considération qui leur appartient dans toute société civile, prendront le rang qui leur convient. Un corps de noblesse, le plus généreux et le plus nombreux de la terre, s'est mis à la tête de citoyens nobles et libres comme elle: personne n'a éprouvé de perte, personne n'a été dégradé; depuis le roi jusqu'au plus simple particulier, le sort de chacun est amélioré. Tout demeure à sa place, et tout est amélioré. Ajoutez à cette heureuse merveille, à cette réunion extraordinaire de sagesse et de bonheur, que pas une goutte de sang n'a été versée; qu'il n'y a pas eu de trahison; pas de système de calomnie, plus cruelle que celle de l'épée; pas d'insultes à la religion, à la morale, aux mœurs; pas de confiscations, ni de citoyens ruinés, emprisonnés ou exilés. Cette glorieuse conspiration en faveur des droits véritables de l'homme fut effectuée avec une discrétion, une unanimité, une politique et un secret, qu'on n'a jamais remarqué dans aucune autre circonstance[1].»

Le parti, parmi les magnats polonais, qui était opposé à la nouvelle constitution, forma une confédération à Targowice, en 1792; et l'impératrice de Russie, que la paix de Jassy libérait de la guerre de Turquie, déclara sa détermination de soutenir leur résistance. La diète nationale se prépara à maintenir son ouvrage, et demanda l'aide de la Prusse, par suite du traité de 1790. Mais un autre changement avait eu lieu dans la politique capricieuse de cette puissance. Frédéric-Guillaume II s'était réconcilié avec l'Autriche et la Russie. Il s'occupait maintenant à concerter avec ces puissances les moyens de réprimer la révolution française; et il répondit que l'établissement de la constitution du 3 mai 1791 étant postérieur au traité d'alliance, le *casus fœderis* ne s'était pas encore élevé, d'autant plus qu'il n'avait jamais approuvé ce changement, mais en avait, au contraire, prévu les suites malheureuses[2].

La Pologne, privée ainsi du seul allié sur lequel elle croyait devoir compter, ne pouvait continuer longtemps une lutte inégale contre la puissance accablante de la Russie. Cette résistance devint encore plus désespérée quand ses frontières furent envahies par les troupes de cet allié.

---

[1] Burke, *Appeal from the new to the old Whigs. Works*, vol. VI, p. 243, édit. 1815.

[2] Ségur, vol. II, p. 259. Lettre du roi de Prusse au roi de Pologne. Pièces justificatives.

§ 2.
Deuxième
partage de la
Pologne, 1793.

Les suites de cette politique furent le second partage de la Pologne entre la Russie et la Prusse, qui eut lieu en 1793, et fut confirmé par la diète de Grodno, sous l'influence de la terreur qu'inspiraient les canons et les baïonnettes russes.

§ 3.
Troisième
partage de la
Pologne, 1794.

L'insurrection de 1794, sous Koszciusko, fut suivie du troisième et dernier partage, entre l'Autriche, la Prusse et la Russie, qui embrassa ce qui restait du territoire de la Pologne, et rapprocha les frontières des trois grandes monarchies militaires par lesquelles, de concert avec ses factions vénales et anarchiques, sa destruction avait été accomplie[1].

Un auteur célèbre a condamné cette spoliation inique, non-seulement parce qu'elle était en opposition avec les principes de justice qui jusqu'alors avaient gouverné l'Europe, et par lesquels les plus petits états mêmes avaient pu résister aux envahissements des grandes puissances, mais aussi comme une fausse application des principes mêmes de l'équilibre des puissances. Cet auteur compare l'équilibre entre deux états à l'équilibre non moins important des différents ordres dans un même état, équilibre qui fait que la constitution se maintient intacte, dans les circonstances ordinaires, mais qui devient la cause de grands maux, lorsque les différents corps de l'état, au lieu de s'unir dans l'intérêt du peuple, s'unissent pour tramer sa ruine. De même, il peut arriver, dans la grande société des nations, que les forces qui devraient s'unir pour protéger le faible contre le fort, s'unissent au contraire pour opprimer ceux dont la sécurité n'est garantie que par l'intérêt commun qu'ont toutes les grandes puissances de ne pas voir s'augmenter le pouvoir d'une d'entre elles. Le premier partage de la Pologne semblait au premier abord se conformer au système de l'équilibre, puisque le territoire était divisé entre les trois puissances, de manière à ce que la force d'aucune d'elles ne fût augmenté au dépens de l'autre. Mais

[1] SÉGUR, vol. III, pp. 132—175. SCHOELL, vol. XIV, pp. 112-169. RAUMER, *Historisches Taschenbuch*, Th. III, S. 474—539.

ce n'était là qu'un sophisme, par lequel les puissances cherchaient à cacher les funestes conséquences qui résulteraient d'un exemple destiné à ébranler la foi des nations ou ce système de l'équilibre des puissances.

« Ce qui rendait le partage de la Pologne, dit Genz, plus fatal aux intérêts de l'Europe, que tant d'autres actes de violence plus coupables, tant par la manière dont ils étaient conçus, que par la manière dont on les exécutait, c'est que cette violence venait d'un côté d'où les nations avaient eu pour habituel d'attendre la protection. Des ligues s'étaient jusqu'à présent formées pour s'opposer à la puissance et à l'ambition d'un oppresseur commun; mais maintenant le monde voyait avec consternation que de pareilles ligues pouvaient se former pour accomplir ces mêmes actes de spoliation que jusqu'alors on avait repoussés par un semblable moyen. L'effet produit par ceci était d'autant plus pénible, que les inventeurs de ce funeste projet invoquaient sans cesse les principes du système d'équilibre, et les suivaient même autant que les circonstances le comportaient, lorsqu'ils se partagèrent leur butin; et tandis qu'ils faisaient les plus mortelles blessures à l'esprit et à l'existence même de ce principe, ils empruntaient ses formes et jusqu'à sa langue technique. *Corruptio optimi pessima!* Voir ce noble système, que la sagesse de l'Europe avait inventée pour son bonheur et sa propre sécurité, tellement perverti, c'était là un spectacle odieux; mais le fatal caractère de cet acte fut surtout mis au jour par ses conséquences. La cause de la justice fut partout trahie et abandonnée...... Tandis que le partage de la Pologne fut ainsi la cause de tous les désordres qui se mêlèrent aux affaires de l'Europe, il fit voir aussi pour la première fois une indifférence dans l'esprit public pour ce qui concernait le bien-être commun des nations. Le silence de la France et de l'Angleterre, le silence de l'Europe entière pendant qu'un tel projet était conçu et mis à exécution est plus étonnant encore que le projet même. La faiblesse du cabinet français pendant les derniers temps du règne de Louis XIV explique, mais ne justifie pas ce silence. On ne pouvait guère s'attendre à une opposition sérieuse de la part de l'Angleterre; et encore moins de la part d'autres puissances, pendant que la France était silencieuse; mais qu'aucune démonstration publique, qu'aucune remontrance énergique, qu'aucune protestation sérieuse, qu'aucune désapprobation n'ait suivi cet événement; ce sont là des symptômes évidents de décadence qui n'échapperont certainement pas aux historiens à venir [1]. »

§. 4.
Question de la
succession
bavaroise,
1778.

Les états du centre de l'Europe continuèrent à jouir des bienfaits de la paix, par suite des traités conclus à Hubertsbourg en 1763, à l'exception de la courte guerre entre l'Autriche et la Prusse, amenée par la question de la succession de Bavière, en 1778. Cet événement fut terminé, l'année suivante, par la paix de Teschen, sous la médiation et les garanties de la France et de la Russie. Comme ce traité renouvelait et confirmait les traités de Westphalie, il devint le prétexte de l'intervention future de la Russie dans les affaires intérieures de l'Allemagne; quoique les publicistes allemands aient contesté ce droit, en disant que l'empire n'avait pas encore accédé au traité de Teschen au temps où la garantie de l'impératrice Catherine II fut donnée, et n'avait pas demandé sa garantie et sa médiation.

L'empereur Joseph II ayant renouvelé ses desseins sur la Bavière en 1785, par l'échange proposé de la Belgique pour l'électorat, Frédéric II forma une ligue sous le nom de *Fürstenbund*, à laquelle les électeurs de Saxe, de Hesse et de Hanovre, ainsi que plusieurs autres états allemands, accédèrent, pour la garantie de la constitution de l'empire. Cette ligue aurait pu effectuer une révolution complète dans les affaires intérieures de l'Allemagne, si elle n'avait pas été

[1] GENZ, *Fragmente aus der neuesten Geschichte des politischen Gleichgewichts in Europa. Schriften*, Band IV, §§ 51—59.

balancée par les événements plus importants et plus graves de la révolution française [1].

L'empereur Joseph II, repoussé dans ses desseins sur la succession bavaroise, donna une autre direction à sa politique et à son activité inquiète. Le traité de Westphalie, en 1648, par lequel l'indépendance des Provinces-Unies fut reconnue par l'Espagne, contenait une stipulation suivant laquelle l'embouchure de l'Escaut, principal passage pour le commerce des provinces catholiques encore sous le gouvernement espagnol, devait toujours rester fermée du côté des Provinces-Unies, propriétaires des deux rives jusqu'à la mer. Il fut encore stipulé que les Espagnols continueraient de jouir de leur navigation, dans les mers indiennes, telle qu'elle était, avec le pouvoir de l'étendre, et que les habitants des Provinces-Unies s'abstiendraient de fréquenter les endroits occupés par l'Espagne dans les Indes orientales. Quand les provinces catholiques des Pays-Bas furent cédées à la branche allemande de la maison d'Autriche, par le traité d'Utrecht en 1713, elles furent soumises à une servitude militaire dans le but de protéger les Provinces-Unies du danger de l'invasion de la part de la France. Il fut stipulé, par le traité de barrière signé à Anvers le 15 novembre 1715, entre l'Autriche, la Grande-Bretagne et la Hollande, que Namur, Tournay, Menin, Furnes, Ypres, et certaines autres villes de la barrière, seraient fortifiées et qu'on y mettrait des garnisons hollandaises.

Joseph II déclara, en 1781, que la barrière n'était plus nécessaire pour la sécurité de la Hollande, depuis l'alliance entre l'Autriche et la France; et pour se débarrasser de la servitude commerciale à laquelle était soumise la Belgique, en faveur de la Hollande, et qui fut presque fatale à la prospérité des provinces autrichiennes, il avança, en 1784, quel-

§. 5.
Question de
la libre
navigation de
l'Escaut, 1781.

----

[1] SCHOELL, *Histoire abrégée des traités de paix*, ch. 19, §§ 1, 2. CH. DE MARTENS, *Nouvelles causes célèbres du droit des gens*, tom. I, pp. 210—469.

ques réclamations surannées contre la république. Ces réclamations ayant été repoussées par les États-Généraux, il déclara qu'il les abandonnerait toutes, s'ils voulaient consentir à ouvrir la navigation de l'Escaut à ses sujets, et leur permettre de faire le commerce direct entre les Indes orientales et le port d'Ostende. Les Hollandais demandèrent l'intervention de la Grande-Bretagne et de la France. Le gouvernement anglais refusa sa médiation, mais la France offrit la sienne, qui fut acceptée par l'empereur. Dans la déclaration rédigée par le comte de Vergennes, à cette occasion, il fut dit que les Hollandais, en résistant à la demande de l'empereur pour l'ouverture de l'Escaut, ne firent que maintenir un droit dont ils avaient joui sans interruption pendant un siècle et demi, qui leur était assuré par un traité sacré, et qu'ils regardaient comme la base de leur prospérité et même comme essentielle à leur existence.

Une transaction fut enfin accomplie par le traité de Fontainebleau, le 8 novembre 1785, sous la médiation et la garantie de la France, par laquelle les stipulations du traité de Westphalie furent confirmées, les traités de barrière annulés, et il fut arrêté que l'Escaut, de *Saftingen* jusqu'à la mer (dont la souveraineté exclusive continuerait à appartenir aux États-Généraux), serait fermée de leur côté, ainsi que les canaux de Sas, de Swin et les autres bouches de la mer qui s'y terminaient, conformément au traité de Munster. En retour de ces concessions, les Hollandais accédèrent à plusieurs demandes de l'empereur, et convinrent de payer une indemnité de dix millions de florins.

Cet arrangement fut immédiatement suivi d'un traité d'alliance entre la France et la Hollande, conclu à Fontainebleau le 10 novembre 1785[1].

[1] Schoell, *Histoire abrégée des traités de paix*, vol. IV, pp. 59—89. Flassan, *Histoire de la diplomatie française*, vol. VII, p. 399, 400.

Dans la question de la libre navigation de l'Escaut, la cause de

Cette alliance était l'ouvrage du parti patriotique hollandais, ou anti-orangiste.

Le stathoudérat avait été établi en 1749, en faveur de

l'empereur fut maintenue par Linguet (*Annales politiques*, N° 88 et 89), tandis que celle de la Hollande fut défendue par Mirabeau, dans ses *Doutes sur la liberté de l'Escaut*. Dans cet ouvrage il appuie les réclamations de la Hollande sur les bases du droit conventionnel positif. «La souveraineté de ce fleuve lui a été garantie par toutes les conventions qui assurent l'existence politique de l'Europe. C'est à cette condition que les Hollandais renoncèrent aux Pays-Bas autrichiens, qu'ils possédaient depuis cent trente-cinq ans. La France et l'Angleterre leur ont garanti les avantages de cette navigation, exclusivement et sans concurrence. Si, pour renverser des traités positifs, on veut aujourd'hui se prévaloir du droit naturel, pourquoi toutes les puissances de l'Europe ne se reprendraient-elles pas mutuellement les provinces conquises, cédées, ou transmises par héritage? L'ordre sociale, dit Rousseau, est un droit sacré qui sert de base à tous les autres. Cependant ce droit ne vient point de la nature; il est donc fondé sur des conventions. Les conventions sont donc la base de tous les droits. Faudra-t-il désormais les violer toutes, détruire tous les établissements politiques, saper toutes les autorités, et porter le trouble dans chaque état, sous le prétexte d'y ramener les principes du droit naturel, dont on s'est écarté, ou plutôt qu'on à violés partout? Comme la tranquillité des peuples est aussi un objet essentiel; comme le bonheur général dépend moins de quelques améliorations que de la jouissance paisible de ce qu'on possède; comme la république de Henri IV, ou la diète de l'abbé de Saint-Pierre ne sont pas encore établies, je soutiendrai, sans remords, contre un prétendu droit naturel, que la réclamation de l'empereur est injuste, et que les autres puissances doivent l'empêcher de porter plus loin ses entreprises.»

Il ne faut pas conclure de ce passage que Mirabeau fût absolument opposé à la libre navigation de l'Escaut. Au contraire, il essaie de montrer dans sa quatrième lettre comment elle pourrait être ouverte sans danger à la Hollande et à l'Europe, savoir: par l'indépendance de la Belgique, constitué sous forme d'une république fédérative, dans laquelle les Provinces-Unies trouveraient une alliée pacifique, et une barrière neutre plus efficace que la barrière militaire qu'elles avaient maintenue avec la perte de tant de sang et de tant d'or. (*Oeuvres* DE MIRABEAU, vol. V, pp. 316—427, édit. 1821.)

Guillaume IV, de la branche cadette de la maison d'Orange. Le parti victorieux fut protégé par l'Angleterre, pendant que leurs antagonistes s'appuyaient sur la France. Les conseils de la république furent divisés par ces factions, jusqu'à ce que le parti patriotique obtînt le dessus sous Guillaume IV, qui avait épousé une princesse de Prusse, la sœur de Frédéric-Guillaume II. La province de Hollande suspendit, en 1786, le stathouder de ses fonctions comme capitaine-général, en alléguant contre lui un abus d'autorité. Les cours de Versailles et de Berlin tentèrent en vain de négocier une transaction entre les deux parties. La princesse d'Orange, qui était en route par la Haye, dans l'intention de soutenir par sa présence le parti du stathouder, fut arrêtée par les troupes de la Hollande, stationnées sur les frontières de cette province. Frédéric-Guillaume II demanda satisfaction de l'insulte faite à sa sœur, ce qui lui fut refusé par les États-Généraux, qui comptaient sur le soutien de la France. Une armée prussienne, commandée par le duc de Brunswick, entra en Hollande, au mois de septembre 1787; la nation hollandaise, bouleversée par des factions, était incapable d'opposer aucune résistance effective, et le stathouder fut rétabli dans la plénitude de son autorité par la force étrangère. Le cabinet français avait déclaré à la cour de Londres, le 16 septembre, qu'il ne souffrirait pas l'intervention armée de la Prusse dans les affaires de la Hollande. Le gouvernement anglais répliqua, en annonçant son intention de soutenir le stathouder. Cette menace faite au cabinet français lui fit cesser ses armements, et des déclarations pacifiques furent échangées entre les deux gouvernements. La révolution en Hollande, en faveur de la maison d'Orange, fut donc consommée par une intervention militaire, justement regardée comme fatale à la considération politique de la France en Europe, et comme étant en opposition directe avec les vrais principes du droit international; puisqu'on ne pouvait prétendre que la sécurité des états voisins, la paix générale, ou l'équilibre des forces nationales fussent troublés par les dissensions civiles de la république. Ces dissensions n'étaient fatales qu'à la puissance et à la prospérité de la Hollande elle-même. Les chefs du parti patriotique, bannis de leur patrie, trouvèrent un asile en France; et l'ascendant de la faction victorieuse fut maintenue par des traités d'alliance avec la Grande-Bretagne et la Prusse, signés le 15 avril 1788, reconnaissant le stathoudérat héréditaire, avec toute son autorité et toutes ses prérogatives dans la maison d'Orange, comme une partie essentielle de la constitution des Provinces-Unies. Une garantie, donnée à une nation pour protéger sa constitution de toute attaque extérieure, peut-être regardée comme un engagement légal, et même, dans de certaines circonstances, comme politique, tendant à préserver sa liberté et son indépendance. Mais, si l'objet de la garantie est d'empêcher la nation elle-même de faire les changements qu'elle trouve convenables dans sa propre constitution, il devient seulement un prétexte à la puissance garantissante d'intervenir continuellement dans ses affaires intérieures, dont le premier exemple fatal fut donné dans le partage de la Pologne[1].

Ces traités maintinrent la puissance de la maison d'Orange en Hollande jusqu'en 1795, quand les patriotes exilés revinrent avec l'armée envahissante de la république française, et le stathouder fut obligé de chercher un asile en Angleterre. Ces traités constituèrent la triple alliance, qui intervint au congrès de la Haye, en 1790, dans les disputes entre l'empereur et ses sujets belges révoltés, pour restaurer son pouvoir, et l'ancienne constitution des provinces catholiques; qui força le Danemark à retirer la coopération qu'il avait fournie à la Russie contre la Suède en 1788; qui dicta les termes de la paix entre l'Autriche et la Porte sur les bases du *statu quo*

§ 7.
Triple alliance
entre
l'Angleterre,
la Prusse et
la Hollande.

---

[1] CH. DE MARTENS, *Nouvelles causes célèbres du droit des gens,* tome I, pp. 499 – 592.

ante bellum, au congrès de Reichenbach, en 1791, et qui obligea la Russie d'abandonner ses desseins sur l'empire ottoman à la paix de Jassy en 1792 [1].

§ 8.
Intervention de la triple alliance dans les affaires de la Belgique.

Pendant les dissensions civiles des Provinces-Unies des Pays-Bas, ainsi supprimées par l'intervention étrangère, les provinces catholiques appartenantes à l'Autriche étaient agitées par la résistance aux innovations tentées par l'empereur Joseph II. Celui-ci avait déjà introduit diverses réformes dans l'administration intérieure de ses états héréditaires de l'Allemagne et de la Hongrie. Il essaya ensuite de les étendre aux provinces belges, par la suppression des processions religieuses, des couvents, et de l'université de Louvain. Il publia, en 1787, une ordonnance qui changeait complètement la forme du gouvernement, en centralisant l'administration, et en abolissant les anciennes cours de justice. Ces innovations, quoique désirables en elles-mêmes pour le développement des institutions actuelles du pays, furent introduites arbitrairement, en violant la loi fondamentale de la *joyeuse entrée*, jurée et confirmée par les ducs de Brabant, avant leur inauguration. Les états de Brabant refusèrent de voter les subsides annuels, et plusieurs provinces suivirent leur exemple. Le mécontentement du peuple éclata, enfin, en rébellion ouverte, en 1789; et une union régulière des provinces révoltées fut formée, en 1790, sous le nom de la république des Provinces-Belges-Unies, sous le gouvernement d'un congrès, convoqué à Bruxelles. Au milieu de ces événements mourut Joseph II; son successeur fut Léopold II, qui se déclara disposé à rétablir l'ancienne constitution comme la base de sa réconciliation avec les Belges. Le congrès belge sollicita l'intervention de la triple alliance; et le comte Hertzberg, ministre de la Prusse auprès du congrès de Reichenbach, transmit aux plénipotentiaires

---

[1] Schoell, *Histoire des traités de paix*, vol. IV, pp. 90—111. — Ségur, *Histoire de Frédéric-Guillaume II*, vol. I, pp. 100—135. — Flassan, *Histoire de la diplomatie française*, vol. VII, p. 448—456.

autrichiens, une déclaration, qui annonça que les deux puissances maritimes (l'Angleterre et la Hollande), ayant résolu de concerter des mesures pour faire la paix, comme garants de la constitution des Pays-Bas autrichiens, et comme parties contractantes du traité qui assurait à la maison d'Autriche la possession de ces provinces, le roi de Prusse s'était décidé à coopérer avec ses alliés, autant qu'il serait nécessaire, pour maintenir la garantie et assurer le retour des provinces à la soumission, avec une amnistie, et la sécurité de leur ancienne constitution. Un congrès de médiation, composé des ministres de la Grande-Bretagne, de la Prusse et de la Hollande, s'assembla à la Haye, et somma les provinces insurgées de se soumettre à leur souverain légitime. Une convention fut conclue par les trois puissances, confirmant aux provinces belges les priviléges dont elles avaient joui sous les *actes d'inauguration de Charles II et de Marie-Thérèse,* qui fut ratifiée par l'empereur, avec la modification qui leur assurait les priviléges dont elles avaient joui à *la mort de Marie-Thérèse.* Les cours alliées refusèrent d'abord d'accéder à cette modification, mais, après des négociations longues et ennuyeuses, la Prusse et la Hollande y consentirent, tandis que la Grande-Bretagne continua de refuser, ce qui fit échouer la médiation[1].

La première guerre de l'impératrice Catherine II contre la Porte ottomane, fut terminée par le traité de Kaïnardji, en 1774, par lequel la Porte reconnut l'indépendance des Tartares de la Crimée sous leur kan; la Russie acquit le port d'Azof et certaines forteresses dans la Crimée, et avança sa frontière du Nieper jusqu'au Bug, avec la libre navigation de la mer Noire et de toutes les mers ottomanes, le passage des Dardanelles y compris. La reconnaissance de l'indépendance de la Crimée par la Porte, l'exposa à être subjuguée par la Russie; ce qui fut accompli en 1783, par son union, ainsi

§ 9. Médiation de la triple alliance dans la guerre entre la Russie, la Suède et le Danemark.

---

[1] Schoell, *Histoire abrégée des traités de paix,* vol. IV, pp. 127 — 154.

que le Kuban et l'île de Taman, à l'empire russe. La Porte confirma cette union en 1784, et établit le fleuve Kuban comme frontière entre les deux empires.

Les Turcs renouvelèrent encore une fois la lutte avec leur ennemie acharnée, en 1787; et l'année suivante, Gustave III de Suède tenta une diversion en leur faveur, en déclarant subitement la guerre à la Russie. Son attaque sur la capitale de la Russie échoua, pendant que ses propres frontières étaient envahies du côté de la Norvége, par les Danois, agissant comme alliés de la Russie. Leur coopération se termina bientôt par l'intervention de la triple alliance, et le Danemark s'engagea à rester neutre pendant la continuation de la guerre entre la Russie et la Suède. Cette guerre fut terminée en 1790 par la paix de Werela, conclue sur les bases du *statu quo ante bellum*.

§ 10.
Intervention
dans la guerre
de l'Autriche
avec la Porte.

Pendant ce temps, Catherine avait formé une alliance avec Joseph II, dont l'objet n'était rien moins que la conquête et le partage de l'empire ottoman. La Prusse négocia une contre-alliance avec la Porte ottomane; mais le traité, signé par le ministre de Prusse à Constantinople, n'était pas encore ratifié, quand le congrès de Reichenbach fut ouvert, en 1790, par les ministres d'Autriche, d'Angleterre, de Hollande et de Prusse. Le résultat des conférences fut le rétablissement de la paix entre l'Autriche et la Porte, qui fut conclue enfin sur les bases du *statu quo* à Szistowe, en 1791, sous la médiation de la triple alliance.

§ 11.
Intervention
entre la
Russie
et la Porte.

Le rétablissement de la paix entre la Russie et la Porte était plus difficile à accomplir. Après le congrès de Reichenbach, Frédéric-Guillaume II, proposa à l'impératrice Catherine d'accepter la médiation de la Prusse, ce qu'elle refusa absolument. La cour de Londres réclama pour la Porte les bases du *statu quo*, et prépara un armement naval pour soutenir cette prétention. La triple alliance demanda les bons offices de la cour de Danemark, pour engager l'impératrice à rendre aux Turcs les conquêtes qu'elle avait faites sur eux. L'impératrice accepta la médiation du Danemark, mais elle déclara en même temps que son honneur et la sécurité de son empire ne lui permettraient de consentir qu'à une modification du *statu quo* comme base de la paix. Le comte Bernstorf, ministre de Danemark, proposa, comme *mezzo termine*, que la Russie garderait le territoire conquis jusqu'au Niester, à condition que la forteresse d'Otschakoff soit démolie et que le territoire cédé soit réduit à un désert. L'impératrice refusa de faire démolir la forteresse d'Otschakoff, et le ministère anglais, embarrassé de l'opposition du parlement à une guerre avec la Russie, consentit enfin, contre son gré, à s'unir aux autres alliés, en proposant aux puissances belligérantes la cession, de la part de la Turquie, du territoire entre le Niester et le Bug, à la Russie.

La paix fut conclue à Jassy en 1792, à cette condition, avec une restitution de toutes les autres conquêtes par la Russie.

La triple alliance continua ainsi d'exercer une influence décisive sur les affaires internationales de l'Europe, jusqu'à la révolution française, qui détruisit dans sa marche irrésistible tout système fédératif existant [1].

La paix de Paris, en 1763, avait laissé la Grande-Bretagne maîtresse, dans l'Amérique du Nord, d'un empire colonial qui s'étendait depuis le cercle arctique jusqu'au golfe du Mexique. Les colonies anglo-américaines étaient peuplées d'une race d'hommes libres, qui résistèrent à la première tentative d'abus du pouvoir de la part du parlement impérial, exercé sous la forme d'un impôt, eux qui s'étaient soumis jusqu'alors à son pouvoir législatif dans tout ce qui avait rapport aux règlements de commerce, et même dans quelques affaires d'administration intérieure. La distinction entre l'exercice de ces deux espèces de pouvoir souverain, semblerait presque trop subtile pour être saisie par l'esprit populaire. Mais le temps était venu où il fallait que la mère patrie établît son pouvoir

§ 12.
Guerre de
l'indépendance
de l'Amérique
du Nord.

---

[1] SCHOELL, *Histoire abrégée des traités de paix*, vol. XIV, pp. 401—505.

suprême et illimité, où que les colonies soutinssent leur indépendance absolue. Les colonies se déclarèrent donc indépendantes de la Grande-Bretagne le 4 juillet 1776, et formèrent une confédération pour leur défense mutuelle. La cour de France, après de longues hésitations et de mûres délibérations, reconnut ouvertement leur indépendance, en 1778, en formant deux traités avec les États-Unis d'Amérique, le premier d'amitié et de commerce, le second d'alliance défensive éventuelle[1].

La cour de France fit part de ces traités à celle d'Angleterre, et chercha à les justifier, en alléguant que les États-Unis étaient de fait en possession de l'indépendance qu'ils avaient déclarée, et qu'aucun avantage exclusif n'était stipulé pour la France dans le traité de commerce, pendant que les États-Unis se réservaient la liberté de traiter avec toute autre nation sur le même pied d'égalité et de réciprocité. Le gouvernement français se plaignit aussi de l'interruption de son commerce légitime avec la nouvelle république, par des croiseurs anglais, ce qui était, disait-il, contraire au droit des gens et aux traités actuels; il allégua même que l'Angleterre avait commencé les hostilités en attaquant une frégate française avant la déclaration de guerre; tandis que le ministère anglais avait rejeté la médiation proposée de l'Espagne, parce que la France avait insisté pour que les États-Unis fussent compris dans la pacification[2].

Le gouvernement anglais répondit à cette déclaration, en accusant la France d'avoir ouvert ses ports aux vaisseaux de guerre américains, ainsi qu'à leurs prises, leur facilitant par là les moyens d'augmenter leurs armements pendant qu'elle permettait à ses sujets d'équiper des vaisseaux armés sous le pavillon américain, pour croiser contre le commerce anglais

---

[1] MARTENS, *Recueil*, vol. II, pp. 387 – 609.

[2] Exposé des motifs de la conduite de la France. (FLASSAN, *Diplomatie française*, vol. VII, p. 168. Ch. DE MARTENS, *Nouvelles causes célèbres du droit des gens*, tome I, pp. 425 — 436.)

et transporter des marchandises de contrebande aux colonies révoltées; et qu'elle les aidait même par des provisions d'armes, d'argent et autres secours, fournis par le gouvernement français, sous le prétexte d'affaires de commerce particulières. Il allégua encore que, si même un autre état ennemi reconnu parmi les puissances légitimes de l'Europe avait conquis les colonies anglo-américaines, la France ne saurait reconnaître les acquisitions ainsi faites; et que la révolte ne saurait donner des droits plus grands que ceux de la guerre légitime. On ne saurait, non plus, regarder les propositions faites par le gouvernement anglais, pour un accommodement avec ses colonies révoltées, comme la reconnaissance de leur indépendance de fait, qui excuserait l'intervention d'une puissance étrangère; puisque les bases mêmes de la réconciliation proposée contenaient le rétablissement de l'autorité légale de l'Angleterre. On ajouta qu'une déclaration formelle de guerre n'était pas nécessaire, puisque les hostilités avaient été commencées par la France, en formant des traités de commerce et d'alliance avec les colonies révoltées, leur donnant appui et secours, et commettant des agressions directes sur le commerce anglais[1].

La cour de France répondit à ces arguments en alléguant l'exemple de la reine Élisabeth, qui reconnut l'indépendance des Pays-Bas, révoltés contre l'Espagne au seizième siècle. Après avoir fait plusieurs traités secrets avec l'Angleterre, les provinces confédérées déclarèrent leur indépendance en 1585, déclaration qui fut suivie d'un nouveau traité d'alliance conclu dans la même année. Pour justifier ce dernier traité, Élisabeth publia un manifeste, dans lequel elle exposa les cruautés commises par le gouvernement espagnol dans les Pays-Bas, et le

---

[1] Mémoire justificatif pour servir de réponse à l'exposé des motifs de la conduite du roi de France relativement à l'Angleterre. (GIBBON, *Misc. Works*, vol. IV, p. 246.) Ce mémoire fut rédigé par Gibbon lui-même.

dessein de la cour de Madrid de les priver de leurs anciens priviléges. Elle déclara, en même temps, son intention de soutenir les Provinces-Unies dans la défense de leur liberté, comme le seul moyen de conserver un libre commerce pour ses sujets avec ces provinces, et de préserver l'Angleterre de l'invasion de l'Espagne, qui deviendrait très-facile s'ils en faisaient la conquête. On ajoutait que la publication de ce manifeste n'occasionna aucune rupture entre les deux cours, et qu'en 1588, Élisabeth accepta, sur la demande de Philippe II, l'office de médiatrice entre ce prince et les Provinces-Unies.

La cour de France chercha à établir encore, que sa déclaration à la cour de Londres, du 14 mars 1778, était fondée sur le fait incontestable que les Américains étaient en possession de leur indépendance quand les traités d'alliance et de commerce furent conclus le 6 février 1778; et que, d'après les principes également incontestables du droit public, ce fait était suffisant pour justifier le roi d'avoir formé ces engagements sans examiner la question de la légalité de cette indépendance. Il suffisait que le gouvernement anglais eût cessé de traiter comme rebelles les colons révoltés; qu'il observât envers eux les lois ordinaires de la guerre reconnues entre des nations civilisées; que des prisonniers eussent été régulièrement échangés en vertu de cartels signés par des commissaires du congrès; que des troupes anglaises eussent capitulé avec celles des États-Unis, et que leurs capitulations eussent été respectées, et que le gouvernement anglais eût reconnu l'autorité de la république, en envoyant des commissaires pour traiter de la paix avec le congrès. Mais que ce n'était point à la France de discuter si les États-Unis avaient ou n'avaient pas le droit d'abjurer la souveraineté de l'Angleterre; si la possession de leur indépendance était légale ou non: que ni le droit des gens, ni les traités, ni la moralité, ni la politique n'imposaient au roi l'obligation de devenir le gardien de la fidélité des sujets anglais à leur souverain: qu'il suffisait à la justification de Sa Majesté que les colonies, formant, par leur population et l'étendue de leur territoire, une nation considérable, eussent établi leur indépendance, non-seulement par une déclaration solennelle, mais aussi de fait, et qu'elles l'eussent maintenue contre tous les efforts de l'Angleterre. Telle était la position des États-Unis quand le roi commença à négocier avec eux. Sa Majesté pouvait les regarder comme nation indépendante, ou comme des sujets de la Grande-Bretagne; elle avait choisi la première position, parce que sa sécurité, les intérêts de son peuple, et, au-dessus de tout, les projets secrets de la cour de Londres, la lui imposaient comme une obligation impérieuse. La France ne dépendait pas de la couronne d'Angleterre: aucun engagement n'obligeait le roi à maintenir cette couronne dans l'intégrité de ses domaines, et encore moins de forcer ses sujets à l'obéissance; tellement que Sa Majesté n'avait aucun devoir à remplir en faveur de l'Angleterre à l'égard de ses colonies américaines. Il n'était ni obligé d'assister l'Angleterre contre les colonies, ni de repousser les colonies quand elles se présentaient à lui comme un peuple indépendant. Il avait le droit de regarder comme tel le peuple uni d'un continent immense, se présentant sous ce titre, surtout puisque leur ancien souverain avait prouvé, par de longs et pénibles efforts, l'impossibilité de les subjuguer[1].

Par le traité d'amitié et de commerce, du 6 février 1778, entre la France et les États-Unis, on avait stipulé que des vaisseaux libres rendraient les marchandises libres. Le gouvernement français publia, le 26 juillet 1778, une ordonnance étendant cette stipulation en faveur de toutes les puissances neutres. Le premier article de cette ordonnance défendait aux croiseurs français de saisir des vaisseaux neutres, même s'ils naviguaient d'un port ennemi à un autre, à moins que ces

§ 13.
Ordonnance
française
de 1778,
établissant
la règle de
vaisseaux libres,
marchandises
libres.

---

[1] FLASSAN, vol. III, p. 174. Observations sur le mémoire justificatif de la cour de Londres. Ch. DE MARTENS, *Nouvelles causes célèbres du droit des gens*, tome I, pp. 462 — 498.

ports ne fussent bloqués, assiégés ou investis. Des vaisseaux neutres chargés de contrebande de guerre étaient encore soumis à la capture, et les articles de contrebande, à la confiscation: mais le vaisseau et le reste de la cargaison devaient être relâchés, à moins que les articles de contrebande ne montassent aux trois quarts de la valeur de la cargaison; dans ce cas, et le vaisseau et la cargaison seraient confisqués. Mais sa Majesté se réservait la faculté de révoquer la liberté donnée par cet article, si l'ennemi, dans l'espace de six mois, à partir de la date de cette ordonnance, ne faisait une pareille concession.

L'ordonnance contenait plusieurs autres dispositions à l'égard des preuves de propriété à exiger des vaisseaux neutres, et confirmait sous d'autres rapports les dispositions du titre des prises dans l'ordonnance de la marine de Louis XIV, 1681 [1].

§ 14.
Origine de la neutralité armée de 1780.

A la même époque l'Espagne avait été entraînée à la guerre comme alliée de la France en vertu du pacte de famille, et l'Angleterre avait en vain demandé à la Hollande les secours que la république était obligée de lui donner en vertu des traités d'alliance et de garantie qui existaient entre les deux pays. Les apparences mêmes donnaient lieu de croire que l'Angleterre rencontrerait bientôt un ennemi dans son ancien allié. Sa supériorité commerciale et coloniale sur mer était aussi menacée par une confédération formidable des puissances maritimes, unie à l'énergie naissante de ses propres colonies. Dans cette extrémité, le cabinet anglais s'adressa à la Russie, comme à une puissance dont l'amitié et les secours pouvaient être gagnés en appliquant les moyens nécessaires. Sir James Harris (depuis lord Malmesbury) reçut ordre de sonder les dispositions de l'impératrice Catherine; et dans ce but, il s'adressa à Panin, chancelier de l'empire, et à Potemkin, le favori en titre de cette princesse. Le premier était peu favorable

---

[1] *Code des prises,* vol. II, p. 671.

aux desseins du cabinet anglais; mais le dernier fournit à son ambassadeur les moyens de se ménager une conférence secrète avec l'impératrice, qui consentit à offrir sa médiation armée dans la guerre entre l'Angleterre d'un côté, et la France, l'Espagne et les États-Unis de l'autre, comme équivalent à la permission laissée à la Russie de poursuivre ses desseins sur l'empire ottoman. Mais les intentions de l'impératrice se trouvaient traversées par Panin, qui essayait de la convaincre que les véritables intérêts de la Russie ne gagneraient rien par cette alliance; et une réponse officielle fut rendue par laquelle on rejetait les ouvertures du ministre anglais. Harris fut fort déconcerté de ce résultat inattendu; mais il reçut de la part de Potemkin, au nom de l'impératrice, des assurances de bonne volonté, et l'expression de son espoir que les circonstances lui permettraient bientôt d'adopter sa conduite à sa volonté.

Un incident, qui eût lieu à cette époque, sembla favoriser les désirs du ministre anglais. Deux vaisseaux russes, chargés de blé, naviguant sur la Méditerranée, furent saisis par des croiseurs espagnols, sous prétexte qu'ils étaient destinés à approvisionner la forteresse de Gibraltar. L'impératrice demanda immédiatement satisfaction à la cour d'Espagne, et se laissa persuader par Potemkin d'ordonner, sans consulter Panin, l'équipement d'une flotte à Cronstadt, destinée à coopérer avec l'Angleterre contre l'Espagne en cas qu'on refusât le dédommagement demandé. L'équipement de la flotte ne pouvait longtemps être caché à Panin, et il ne douta pas de sa destination. Mais il résolut d'exécuter ses propres desseins en paraissant avancer ceux de ses rivaux. Loin de paraître s'opposer aux volontés de l'impératrice, il déclara qu'il partageait son indignation contre la conduite de l'Espagne, et donna son approbation à sa détermination de demander satisfaction de l'injure faite à la navigation neutre de ses sujets engagés dans un commerce légal; qu'il irait même plus loin, qu'il cou-

seillerait à sa souveraine de saisir l'occasion d'annoncer solennellement à l'Europe entière qu'elle ne permettrait pas que
les guerres entre d'autres puissances entravassent le commerce de la Russie. Il lui fit voir qu'une pareille mesure lui
assurerait l'amitié et la coopération de toutes lés puissances
neutres, et forcerait l'Espagne à donner pleine satisfaction
de l'injure qu'elle avait faite. Les vrais principes de neutralité
sanctionnés par la loi naturelle des nations avaient été jusqu'alors trop peu respectés en pratique. Ils demandaient l'aide
d'un souverain qui unissait un pouvoir suffisant à la sagesse
et à la bienveillance nécessaires pour les faire respecter. Ces
qualités se trouvaient réunies dans l'impératrice Catherine, et
lui donnaient une nouvelle occasion d'acquérir de nouveaux
titres à la gloire, de devenir le législateur des mers, d'empêcher les excès de la guerre maritime, et de donner au commerce paisible des nations neutres la sécurité dont elles
n'avaient jamais joui.

L'impératrice fut complètement séduite par ces représentations si flatteuses à son orgueil et à son ambition. Elle ordonna à Panin de préparer un rapport des principes qu'il
avait développés, pour être communiqué aux puissances belligérantes, comme règles à observer pour la sécurité de la
navigation et du commerce russe, et aux états neutres, comme
bases d'une ligue à former entre eux pour la protection des
droits neutres[1].

---

[1] von Dohm, *Denkwürdigkeiten meiner Zeit*, Theil II, S. 100—150.
Mémoire sur la neutralité armée par M. le comte de Goertz,
Bâle 1801, Paris, 1804.
Ce rapport de l'histoire de la neutralité armée, donné par le
comte de Goertz, se trouve confirmé par ce que l'impératrice
Marie-Thérèse disait au baron de Breteuil, ministre de France: «Il
n'y a pas (lui dit-elle à l'occasion de la neutralité armée), il n'y
a pas jusqu'à ses vues les plus mal combinées qui ne tournent à
son profit et à sa gloire; car vous savez sans doute que la déclaration qu'elle vient de faire pour sa neutralité maritime, avait

Dans la déclaration de l'impératrice de Russie, rédigée le 26 février 1780, et communiquée aux cours de Londres, de Versailles et de Madrid, ces règles sont posées de la manière suivante:

1° Que tous les vaisseaux neutres pourront naviguer librement de port en port et sur les côtes des nations en guerre;

2° Que les marchandises appartenant aux sujets des puissances belligérantes seront libres dans des vaisseaux neutres, excepté les articles de contrebande;

3° Que l'impératrice, quant à la spécification des marchandises ci-dessus mentionnées, s'en tient à ce qui est dit dans les 10ᵉ et 11ᵉ articles de son traité de commerce avec la Grande-Bretagne, étendant ces obligations à toutes les puissances en guerre[1];

4° Que pour déterminer ce qui caractérise un port bloqué, on n'accordera cette dénomination qu'à celui où, par la disposition de la puissance qui l'attaque avec les vaisseaux arrêtés et suffisamment proches, il y a un danger évident d'entrer[2].

Telle était l'origine de la première neutralité armée de 1780.

§ 15.
Principes de la neutralité armée.

---

d'abord été arrêtée dans des termes et dans des vues absolument favorables à l'Angleterre. Cet ouvrage avait été fait par la seule influence de M. le prince de Potemkin, et à l'insu de M. le comte de Panin; et cette déclaration inspirée par l'Angleterre était au moment de paraître, lorsque M. de Panin, qui en avait été instruit, trouva moyen de la faire entièrement changer, et de la tourner absolument en votre faveur.» (FLASSAN, *Histoire de la diplomatie française*, vol. VII, p. 272, note.)

[1] Le traité d'amitié et de commerce de 1766, entre la Grande-Bretagne et la Russie, art. 10, restreint la contrebande aux munitions de guerre; et l'art. 11 définit celles-ci comme consistant en canons, mortiers, armes à feu, mèches, poudre, salpêtre, souffre, cuirasses, piques, épées, ceinturons, poches à cartouches, selles et brides, au-delà de la quantité qui peut être nécessaire pour l'usage des vaisseaux, etc. (MARTENS, *Recueil*, vol. I, p. 395.)

[2] *Annual Register*, année 1780, p. 347. SCHOELL, vol. IV, p. 37.

Elle ne prit pas sa source dans des vues bienfaisantes et libérales de progrès dans le droit maritime des nations, sanctionnée jusqu'alors par la pratique générale. C'était le résultat fortuit d'une intrigue de cour, et de la rivalité entre deux candidats pour la faveur d'une femme ambitieuse, orgueilleuse et dissolue. Catherine elle-même se faisait une idée très-imparfaite de la grande importance des mesures qu'elle venait d'adopter et des effets qu'elles pouvaient produire. Elle connaissait si peu le commerce, qu'elle se flattait d'avoir vengé son honneur, et en même temps d'avoir montré son amitié pour l'Angleterre. Panin n'eut garde de la détromper, et craignant que son intrigue ne vînt à échouer, il la supplia de ne communiquer avec personne avant que la déclaration ne fût partie. Elle ne put cependant s'empêcher de dire à l'ambassadeur anglais, en confidence, que les belligérants recevraient bientôt, en son nom, un manifeste qui serait complètement satisfaisant pour le gouvernement anglais, et elle lui permit même de communiquer ceci à sa cour. La communication qu'il fit en conséquence augmenta ses espérances, et les nourrit au plus haut degré, et son attente fut trompée en proportion quand elle apprit la vraie nature des mesures prises par le cabinet russe.

Réponse de la Grande-Bretagne. Le gouvernement anglais cacha son ressentiment, et répliqua avec une froide dignité à la déclaration russe, que Sa Majesté avait jusqu'alors agi envers des pouvoirs neutres, conformément aux principes les plus clairs, généralement reconnus comme le droit des nations où il ne subsistait aucun traité, et conformément avec ses différents engagements avec d'autres puissances, où cette loi primitive avait été altérée par des stipulations mutuelles proportionnées à la volonté et au bien-être des parties contractantes; et que, étant fortement uni à Sa Majesté l'impératrice de toutes les Russies, par les liens d'amitié réciproque et d'intérêt commun, le roi avait donné, dès le commencement de ces troubles, les ordres les plus précis à l'égard du pavillon de Sa Majesté Impériale et du commerce de ses sujets, conformément aux droits des gens et le contenu des engagements stipulés par son traité de commerce avec elle, et auquel il adhérerait avec la plus scrupuleuse exactitude[1].

La cour d'Espagne répondit à la déclaration russe, en exprimant son intention de respecter le pavillon de toutes les puissances qui avaient consenti ou qui consentiraient à la défendre, jusqu'à ce que Sa Majesté catholique sût quel parti prendrait l'Angleterre, et si sa marine et ses croiseurs se tiendraient dans les bornes de la modération; et pour montrer à toutes les puissances neutres combien Sa Majesté désirait observer en temps de guerre les mêmes règles dont elle avait réclamé l'observance quand elle était neutre, elle se conformerait à celles proposées par la Russie, «bien entendu cependant qu'à l'égard du blocus de Gibraltar, le danger de l'entrée subsiste comme il est déterminé par l'article 4 de ladite déclaration[2].»

La cour de France répondit que les règlements proposés par la Russie, n'étaient autres que ceux déjà prescrits à la marine française, et dont l'exécution était maintenue avec une exactitude reconnue à la satisfaction de toute l'Europe.

La réponse du cabinet français conclut ainsi:

«La liberté des bâtiments neutres, restreinte dans un petit nombre de cas seulement, est une conséquence directe du droit naturel, la sauvegarde des nations, le soulagement même de celles que le fléau de la guerre afflige. Aussi le roi a-t-il désiré procurer, non seulement aux sujets de l'impératrice de Russie, mais à tous les états qui ont embrassé la neutralité, la liberté de naviguer aux mêmes conditions qui sont

____

[1] Réponse de la Grande-Bretagne, le 23 avril 1780, à la déclaration de l'impératrice de Russie. (*Annual Register*, 1780, p. 349.)

[2] Réponse du roi d'Espagne, signée par le comte Florida Blanca, le 18 avril 1780. (Martens, *Recueil*, vol. III, p. 161, édit. 1818.)

énoncées dans la déclaration à laquelle Sa Majesté répond aujourd'hui. Elle croyait avoir fait un grand pas vers le bien général et avoir préparé une époque glorieuse pour son règne, en fixant, par son exemple, les droits que toutes les puissances belligérantes peuvent et doivent reconnaître comme acquis aux vaisseaux neutres. Son espérance n'a pas été déçue, puisque l'impératrice, en se vouant à la neutralité la plus exacte, se déclare pour le système que le roi soutient au prix du sang de ses peuples, et qu'elle réclame les mêmes lois dont Sa Majesté voudrait faire la base du code maritime universel [1].»

Le Danemark et la Suède concoururent en approuvant les principes de la déclaration russe, et notifièrent leurs concours aux puissances belligérantes.

La Grande-Bretagne répondit à la notification danoise, que pendant tout le cours de la guerre actuelle avec la France et avec l'Espagne, elle avait constamment respecté les droits de chaque puissance amie et neutre, conformément aux traités subsistants, et suivant les principes les plus clairs et les plus généralement reconnus du droit des gens, commun à toutes les nations qui ne sont liées par aucune convention spéciale. De pareilles conventions existaient entre la Grande-Bretagne et le Danemark, et le pavillon danois et son commerce seraient respectés suivant leurs stipulations, qui définissaient les droits et devoirs respectifs des deux nations, et qui ne pouvaient être changés sans leur consentement mutuel. Jusque là elles formaient une loi inviolable pour les deux parties, qui avaient été observées, et qui seraient observées de la part du gouvernement anglais avec cet esprit d'équité qui réglait toute sa conduite, et dans l'attente d'une fidélité réciproque à ses engagements, de la part du Danemark [2].

----

[1] Réponse de la France le 25 avril 1780. (MARTENS, *Recueil*, vol. III, p. 162.)

[2] Réponse de la cour de Londres à la déclaration danoise du

Le cabinet anglais répondit à la notification de la Suède à
peu près dans les mêmes termes, en s'en référant particulièrement aux stipulations faites dans les traités subsistants
entre les deux pays, stipulations qui étaient précises et for-
melles, et ne pouvaient être changées sans le consentement
mutuel des parties contractantes. Comme telles, elles seraient
observées par la Grande-Bretagne comme une loi sacrée et
inviolable[1].

La convention de la neutralité armée fut signée par la Russie
et le Danemark, le 9 juillet 1780, pour maintenir ses principes
par l'équipement d'une flotte combinée, et pour leur défense
mutuelle contre quiconque attaquerait une des parties contractantes à cause de leurs engagements réciproques. Par cette
convention, à laquelle accéda la Suède le 27 septembre 1780,
la mer Baltique fut déclarée *mare clausum* pour les vaisseaux
de guerre des puissances belligérantes; et les parties contractantes s'en référèrent à leurs traités respectifs avec les puissances belligérantes pour la définition de la contrebande[2].

8 juillet 1780, datée du 25 juillet 1780. (MARTENS, *Recueil*, vol. III,
p. 182.)

[1] Le 12ᵉ article du traité de 1661, entre l'Angleterre et la Suède,
réglant la forme du certificat dont les vaisseaux doivent être munis, en donne cette raison:

«Ne vero libera ejusmodi navigatio, aut transitus fœderati unius,
ejusque subditorum ac incolarum, durante bello, alterius fœderati,
terra marive aut aliis gentibus, fraudi sit altero confœderato, mer-
cesque et bona hostilia occultari possint.»

Le même article contient une stipulation précise et formelle. La
voici:

«Si hostis bona in confœderati navigio reperiantur, quod ad
hostem pertinet, prædæ solum modo cedat, quod vero ad con-
fœderatum illico restituatur.»

Le traité de 1666 prescrit le même certificat, et en donne les
mêmes raisons.

(Réponse de la cour de Londres à la déclaration de Sa Majesté
Suédoise. MARTENS, *Recueil*, vol. III, p. 188.)

[2] MARTENS, *Recueil des traités*, vol. III, pp. 189—205.

Pendant ce temps une lutte diplomatique s'engagea, dans les Provinces-Unies, entre les agents de la France et ceux de la Grande-Bretagne, les premiers cherchant à confirmer la république dans sa résolution de rester neutre, et les derniers insistant pour qu'elle fournît les secours stipulés dans les traités existants d'alliance et de garantie. Pour déterminer la conduite des Hollandais, le gouvernement français publia, le 14 janvier 1779, une ordonnance qui suspendait l'exécution du Iᵉʳ article de l'ordonnance du 26 juillet 1778 à l'égard de leur navigation, celle d'Amsterdam exceptée. L'opération de cette ordonnance du 14 janvier était encore suspendue le 2 juillet 1773, à l'égard de toute la province de la *Hollande*, qui continua d'être privilégiée par l'ordonnance ancienne de 1778. La France chercha, de cette manière, à diviser les conseils de la république, pendant que la cour d'Angleterre notifia aux États-Généraux, que, si dans le délai de trois semaines, ils ne fournissaient pas les secours demandés, l'Angleterre ne regarderait plus leur pavillon comme privilégié par le traité, mais agirait à son égard suivant les stricts principes du droit des gens. Cette menace fut mise à exécution par la proclamation du 17 avril 1780, qui autorisait la saisie des vaisseaux hollandais allant d'un port ennemi à un autre, ou chargés de propriétés ennemies. Ainsi agités par des espérances et des craintes, les États-Généraux furent invités par la Russie à accéder aux conventions de la neutralité armée qui avaient été formées par les puissances de la Baltique. Après de longs délais et beaucoup d'hésitation, la résolution en fut adoptée le 30 novembre 1780; mais alors même elle n'était pas unanime, les provinces de la Zélande, de Gueldre et d'Utrecht ayant refusé leur consentement. Ceci fut suivi, le 10 décembre 1780, d'une déclaration de guerre contre les Provinces-Unies de la part de la Grande-Bretagne, motivée sur le fait allégué qu'elles avaient formé un traité secret reconnaissant l'indépendance des États-Unis d'Amérique. Les Provinces-Unies demandèrent aux puissances du Nord, les secours stipulés par la convention de la neutralité armée ; mais cette demande fut rejetée, sous le prétexte que la rupture entre la Grande-Bretagne et la Hollande avait eu lieu avant l'accession de la dernière à la neutralité armée, et que les motifs de la guerre allégués dans la déclaration anglaise étaient entièrement étrangers aux objets de l'alliance neutre [1].

Les États-Unis d'Amérique accédèrent aux principes de la neutralité armée par l'ordonnance du congrès de l'année 1781.

La Prusse accéda à la neutralité armée le 8 mai 1781.

L'Autriche accéda aux principes de la neutralité armée, mais non aux conventions qui l'établissaient, le 9 octobre 1781.

Le Portugal accéda aux conventions le 15 juillet 1782.

Le roi des Deux-Siciles accéda aux conventions le 10 février 1783 [2].

La neutralité armée des puissances du Nord continua de menacer la sécurité de l'empire britannique, jusqu'à la paix de 1782.

Étant déjà engagé en guerre avec la France, l'Espagne, la Hollande et les États-Unis d'Amérique, l'augmentation de ces forces hostiles des puissances neutres aurait pu faire pencher la balance déjà si douteuse contre sa supériorité navale. C'était dans le but d'éviter ce danger, et aussi pour détacher la Hollande de la ligue, que l'Angleterre offrit, en 1782, de faire une paix particulière avec la république, sous la médiation de la Russie, et d'après les bases du traité de 1674, par lequel, comme le disait M. Fox, alors secrétaire d'état pour les affaires étrangères, au ministre de Russie à Londres, «les principes de la neutralité armée sont établis dans leur plus grande étendue, quant à toutes les parties contractantes. Le roi n'hé-

---

[1] Schoell, *Histoire abrégée des traités de paix*, vol. IV, p. 53. Flassan, *Histoire de la diplomatie française*, vol. VII, pp. 282—296. Martens, *Recueil*, vol. III, p. 223.

[2] Ibid., *Ibid.*, vol. IV, pp. 55—57.

site donc pas à dire qu'il acceptera, comme la base d'une paix particulière entre lui et les États-Généraux, une navigation libre, conformément aux principes demandés par Sa Majesté Impériale dans sa déclaration du 26 février 1780[1].»

Cette négociation échoua, et l'Angleterre continua à agir envers les puissances qui restèrent neutres pendant la guerre de l'Amérique suivant la loi préexistante des nations, comme elle l'entendait et la pratiquait. Elle avança cependant avec modération et précaution ses prétentions maritimes, et laissa tomber en désuétude la règle qu'elle avait établie dans la guerre de 1756, qui regardait le commerce colonial de l'ennemi.

Traité de paix de 1783 entre l'Angleterre, les États-Unis d'Amérique, la France, l'Espagne, et la Hollande.

Cette guerre fut enfin terminée par le traité de paix définitif conclu à Versailles en 1783. Par ce traité, l'indépendance des États-Unis d'Amérique est reconnue par l'Angleterre, et les Florides et l'île de Minorque sont restituées à l'Espagne. Le Sénégal, ainsi que l'île de Tabago, sont cédés à la France, qui est admise, en commun avec l'Angleterre et les États-Unis d'Amérique, aux pêcheries de Terre-Neuve, et qui acquiert les petites îles de Saint-Pierre et de Miguelon. Aux Indes orientales toutes les places prises sont mutuellement restituées; et Hyder Ali et les autres alliés de la France sont invités à accéder au traité. L'équilibre maritime et colonial fut de cette manière en quelque sorte rétabli, pendant que la France se libéra de la servitude militaire imposée par le traité d'Utrecht, et confirmée par ceux d'Aix-la-Chapelle en 1748, et de Paris en 1763, d'après lesquels le gouvernement français s'engageait à démolir les fortifications de Dunkerque.

Le traité de paix de 1783 entre la France, l'Angleterre et l'Espagne, renouvelait les traités de paix et de commerce d'Utrecht, et confirmait par conséquent les stipulations maritimes contenues dans le traité de commerce d'Utrecht en

---

[1] *Annual Register*, année 1782, p. 299.

faveur de la liberté de la navigation neutre. Mais le traité de paix de 1784, entre la Grande-Bretagne et la Hollande, ne contient aucune stipulation équivalente [1].

Les mêmes dispositions furent encore insérées dans le traité de navigation et de commerce entre l'Angleterre et la France, de 1786. Dans la discussion qui eut lieu au parlement anglais sur les préliminaires de cette convention, le marquis de Lansdowne s'éleva contre ces dispositions, qui, disait-il, contenaient une reconnaissance complète des principes de la neutralité armée de la part de la Grande-Bretagne. La seule réponse faite à cette objection fut que les stipulations en question étaient seulement destinées à pourvoir au cas, fort peu probable, qu'une des parties contractantes serait engagée dans une guerre maritime pendant que l'autre resterait neutre, et non pas à fournir une règle générale à observer envers d'autres nations [2].

Les États-Unis d'Amérique avaient adopté le principe de vaisseaux libres, marchandises libres, associé avec la maxime de vaisseaux ennemis, marchandises ennemies, dans leurs traités de 1782 avec les Provinces-Unies, de 1783 avec la Suède, et de 1785 avec la Prusse [3].

Le traité entre les États-Unis et la Prusse contient deux stipulations fort remarquables pour limiter les opérations de guerre. Le 23e article de ce traité déclare ce qui suit:

§ 16. Traité de 1785 entre les États-Unis et la Prusse.

«S'il survient une guerre entre les parties contractantes, les marchands de l'un des deux états qui résident dans l'autre, auront la permission d'y rester encore neuf mois, pour recueillir leurs dettes actives, et arranger leurs affaires, après quoi ils pourront partir en toute liberté et emporter tous leurs biens, sans être molestés ni empêchés. Les femmes et les en-

---

[1] MARTENS, *Recueil,* vol. III, pp. 521, 543, 560, vol. IV, pp. 168—173.

[2] *Parliamentary history of England,* vol. XXVI, p. 563.

[3] ELLIOT, *American diplomatic code,* vol. I, pp. 134, 168, 334.

fants, les gens de lettres de toutes les facultés, les cultiva-
teurs, artisans manufacturiers et pêcheurs, qui ne sont point
armés et qui habitent des villes, villages ou places non fortifiées, et en général tous ceux dont la vocation tend à la subsistance et à l'avantage commun du genre humain, auront la
liberté de continuer leurs professions respectives et ne seront
point molestés en leurs personnes ni en leurs maisons; leurs
biens ne seront point incendiés ou autrement détruits, ni leurs
champs ravagés par les armées de l'ennemi au pouvoir duquel ils pourraient tomber par les événements de la guerre;
mais si l'on se trouve dans ;la nécessité de prendre quelque
chose de leur propriété pour l'usage de l'armée ennemie, la
valeur en sera payée à un prix raisonnable. »

Le 24ᵉ article contient:

« Afin d'adoucir le sort des prisonniers de guerre, et de ne
les point exposer à être envoyés dans des climats éloignés et
rigoureux, ou resserrés dans des habitations étroites et mal-
saines, les deux parties contractantes s'engagent solennellement l'une envers l'autre, et à la face de l'univers, qu'elles
n'adopteront aucun de ces usages; que les prisonniers qu'elles
pourraient faire l'une sur l'autre ne seront transportés ni
aux Indes orientales, ni dans aucune contrée de l'Asie ou de
l'Afrique; mais qu'on leur assignera en Europe ou en Amérique, dans les territoires respectifs des parties contractantes,
un séjour situé dans un air sain; qu'ils ne seront point con-
signés dans des cachots ni dans des prisons, ni dans des pon-
tons; qu'ils ne seront pas mis aux fers, ni garottés, ni autrement privés de l'usage de leurs membres; que les officiers
seront relâchés sur leur parole d'honneur, dans l'enceinte de
certains districts qui leur seront fixés, et qu'on leur accordera
des logements commodes; que les simples soldats seront distribués dans des cantonnements ouverts, assez vastes pour
prendre l'air et l'exercice, et seront logés dans des bar-
raques aussi spacieuses et aussi commodes que le sont celles

des troupes de la puissance au pouvoir de laquelle se trouvent les prisonniers; que cette puissance fera pourvoir journellement les officiers d'autant de rations composées des mêmes articles et de la même quantité dont jouissent en nature et en équivalent, les officiers du même rang qui sont à son propre service; qu'elle fournira également à tous les autres prisonniers une ration pareille à celle qui est accordée au soldat de sa propre armée. Le montant de ces dépenses sera payé par l'autre puissance, d'après liquidation de compte à arrêter réciproquement pour l'entretien des prisonniers à la fin de la guerre; et ces comptes ne seront point confondus ou balancés avec d'autres comptes, ni la solde qui en est due, retenue comme compensation ou représailles, pour tel autre article ou telle autre prétention réelle ou supposée. Il sera permis à chacune des deux puissances d'entretenir un commissaire de leur choix, dans chaque cantonnement des prisonniers qui sont au pouvoir de l'autre. Ces commissaires auront la liberté de visiter les prisonniers, aussi souvent qu'ils le désireront; ils pourront également recevoir et distribuer les douceurs que les parents ou amis des prisonniers leur feront parvenir: enfin il leur sera libre encore de faire leurs rapports, par lettres ouvertes, à ceux qui les emploient; mais si un officier manquait à sa parole d'honneur, ou qu'un autre prisonnier sortît des limites qui auraient été fixées à son cantonnement, un tel officier ou autre prisonnier sera frustré individuellement des avantages stipulés dans cet article, pour sa rélaxation sur parole d'honneur ou pour son cantonnement. Les deux puissances contractantes ont déclaré, en outre, que, ni le prétexte que la guerre rompt les traités, ni tel autre motif quelconque, ne seront censé annuler ou suspendre cet article et le précédent, mais qu'au contraire, le temps de la guerre est précisément celui pour lequel ils ont été stipulés et durant lequel ils seront observés aussi saintement que les

24*

articles les plus universellement reconnus par le droit de la nature et des gens [1].»

Ces deux articles furent rédigés par un des négociateurs du traité, Franklin, dont l'esprit philosophique s'était long-temps occupé de la question de mitiger les maux de la guerre. Lorsqu'il négociait le traité de paix de 1783, entre son pays et l'Angleterre, il communiqua à M. Oswald, commissaire anglais, ses vues sur l'emploi des corsaires.

« C'est dans l'intérêt de l'humanité que les occasions de la guerre et les motifs pour la faire doivent être diminués.

» Le brigandage une fois aboli, un de ces motifs disparaîtra, et la paix sera plus probable et plus durable. L'usage de pil-ler les marchands sur mer, reste de l'ancienne piraterie, quoiqu'il puisse être avantageux à quelques personnes, est loin d'être profitable à tous ceux qui s'y engagent, ou à la nation qui l'autorise. Dans le commencement d'une guerre, quelques riches bâtiments, ne se tenant pas sur leur garde, sont surpris et capturés; ce qui encourage les premiers aven-turiers venus à équiper d'autres navires armés. Mais l'ennemi, devenant plus attentif, équipe avec plus de soin ses vaisseaux marchands; ils vont naviguer sous la protection des convois: ainsi pendant que les corsaires se multiplient pour les pren-dre, le nombre des vaisseaux sujets à être pris, et leur valeur diminuent tellement qu'il y a beaucoup de courses où les dé-penses excèdent le gain; et comme cela arrive dans les cote-ries, quoique des particuliers trouvent un butin profitable, la masse des aventuriers y perd, puisque la dépense faite en équi-pant des corsaires pendant la guerre, excède de beaucoup la valeur des objets capturés. Ajoutez à cela la perte nationale du travail de tant d'hommes, pendant le temps qu'ils sont employés; qui non seulement dépensent en ivrognerie et en excès ce qu'ils gagnent, mais qui, outre cela, perdant leurs

[1] ELLIOT, *American diplomatic code*, vol. I, pp. 348—352.

habitudes d'industrie, sont rarement capables d'une occupation raisonnable après la guerre, et ne servent qu'à augmenter le nombre des voleurs et des vauriens. Les entrepreneurs mêmes qui ont été assez heureux pour acquérir promptement des richesses, sont portés à mener une vie dispendieuse; et cette habitude, ils la conservent encore, quand leurs moyens ont diminué, et elle finit par les ruiner; juste punition que le ciel leur envoie pour avoir, de sang-froid, ruiné tant d'honnêtes et innocents marchands avec leurs familles, dont la subsistance était gagnée en servant les intérêts communs de l'humanité. »

En 1785, écrivant à un de ses amis, il dit: «Les États-Unis, quoique mieux situés que tant d'autres pays pour tirer profit de la piraterie, tâchent d'en abolir l'usage, en insérant dans tous leurs traités un article par lequel ils s'engagent solennellement, en cas de guerre, à ce qu'aucun corsaire ni d'une ni d'autre part, ne soit commissionné, et que tout vaisseau marchand puisse poursuivre ses voyages sans être troublé [1]. »

Les principes énoncés par les puissances confédérées dans la neutralité armée, et reconnus par les nations belligérantes engagées dans la guerre qui fut terminée par la paix de Versailles, 1783, excepté l'Angleterre, devinrent bientôt un sujet de discussions entre deux publicistes italiens fort distingués. Dans l'acte d'accession aux traités de la neutralité armée de 1783, par le roi des Deux-Siciles, on dit que les principes de cette alliance étaient les mêmes qu'avait suivis son père depuis le rétablissement de la monarchie indépendante dans les deux royaumes, et les mêmes qui avaient été reconnus dans les seuls traités faits par eux depuis qu'ils avaient cessé d'appartenir à la souveraineté espagnole. L'abbé Galliani publia à Naples, en 1782, un traité sur les devoirs des souverains

§ 13.
Galliani et
Lampredi, sur
les principes
de la neutralité
armée.

---

[1] Letters to B. Vanghan, Esq., FRANKLIN's *works*, vol. II, p. 448.

belligérants et neutres, les uns envers les autres [1], traité qui peut être regardé comme une défense des principes maintenus par le gouvernement napolitain, puisqu'il dit l'avoir écrit « en conséquence d'un ordre irrésistible; » il ajoute encore: « en peu de temps, et sans l'aide d'aucun livre.» Cependant il cite une quantité d'autorités, et entre autres, il critique avec assez de sévérité un auteur plus habile que lui, Lampredi, professeur de droit public à l'université de Pise, qui avait publié pendant la guerre de la révolution de l'Amérique du Nord, un ouvrage sur le droit de la nature et des gens, dans lequel il touche en passant les questions des droits belligérants et neutres [2].

Après la publication de l'ouvrage de Galliani, Lampredi publia à Florence, en 1788, un traité séparé sur le même sujet, sous le titre de: *Commercio dei popoli neutrali in tempo di guerra* [3].

Dans ce traité, Lampredi pose le principe fondamental, que le commerce accoutumé des nations en paix, avec des puissances qui deviennent belligérantes, n'est pas légalement troublé par la guerre, et peut être continué avec les qualifications qui surgissent du devoir d'accorder et de refuser avec impartialité les avantages du commerce neutre à l'égard de toutes les puissances belligérantes. D'un autre côté, ce droit du neutre de continuer son commerce accoutumé est opposé par le droit légal de la puissance belligérante de soumettre son ennemi, et dans ce but d'intercepter avec celui-ci toute communication qui a une tendance directe à augmenter ses moyens de résistance ou d'attaque, ou bien à faire échouer une opé-

---

[1] *Dei doveri dei principi neutrali verso i principi guerreggianti, e di questi verso i neutrali.* Napoli, in 4°. 1782.

[2] LAMPREDI, *Juris publici universalis, sive juris naturæ et gentium theoremata.* Liburni, 1776—1778, vol. III.

[3] Une traduction française de cet ouvrage fut publiée à Paris, en 1802, par M. Peuchet, avec des notes et des documents.

ration particulière de la guerre. De là vient une collision directe entre ces deux droits opposés.

Le droit de la puissance belligérante d'affaiblir et de subjuguer son ennemi pourrait être poussé, en stricte logique, jusqu'à interdire tout commerce avec l'ennemi, qui pourrait contribuer à augmenter ses ressources et à fortifier ses moyens de résistance. L'histoire nous fournit des exemples d'une pareille prétention de la part des nations belligérantes; mais cette prétention a été le plus souvent limitée au droit d'intercepter certains objets servant directement à l'usage de la guerre, ou sans l'aide desquels l'ennemi ne pouvait pas continuer sa résistance, et d'interdire avec les places assiégées ou bloquées tout commerce qui serait de nature à en retarder indéfiniment la reddition. Lampredi regarde le droit de l'état belligérant de saisir les marchandises de contrebande, et d'intercepter le commerce avec les places bloquées, et le devoir correspondant du neutre de se soumettre à ces mesures, comme ne tirant pas leur origine du droit des gens naturel ou primitif, qui est obligatoire pour tous les hommes dans tous les temps et tous les lieux, mais comme dépendant du droit continuellement varié selon les variations dans le commerce maritime et les hostilités navales.

De ces principes ce publiciste tire la conclusion que le commerce des marchandises de contrebande est prohibé, non parce que les devoirs de la neutralité exigent que les nations qui restent en paix s'abstiennent de ce commerce; mais parce qu'ils ont, ou expressément promis de ne pas couvrir de leur protection leurs sujets engagés dans ce commerce, et d'abandonner leurs propriétés à la confiscation par l'ennemi; ou bien qu'ils ont adhéré tacitement à l'usage établi entre la plupart des nations à cet égard. Si le droit de saisir et de confisquer les marchandises de contrebande fut considéré comme un droit absolu de la part de l'état belligérant, et si le devoir de s'abstenir du commerce dans ces marchandises fut regardé comme un devoir absolu de la part du neutre, fondé sur le droit des gens primitif, ce droit et ce devoir seraient beaucoup plus étendus qu'ils ne le sont effectivement. L'état belligérant serait dans ce cas autorisé à exiger du neutre, nonseulement son assentiment à la capture et à la confiscation des propriétés de ses sujets, mais aussi à la prohibition absolue d'exporter du pays neutre les marchandises de contrebande quand elles seraient destinées à l'ennemi. Le refus de la puissance neutre d'obtempérer à cette demande, serait une telle infraction aux devoirs de la neutralité, que la puissance belligérante serait autorisée à regarder le prétendu neutre comme un ennemi.

Il n'y a donc aucune loi qui empêche l'état neutre de fournir à l'ennemi d'une des parties belligérantes des objets de contrebande, pourvu qu'il étende les avantages de son commerce avec impartialité à chacune des parties; et d'un autre côté, il n'y a pas de loi qui empêche l'état belligérant d'intercepter les objets destinés à l'usage de son ennemi et de les confisquer à son profit.

Lampredi passe maintenant à l'examen d'une question oiseuse suscitée par Galliani, savoir: «si le droit des gens conventionnel, qui interdit le commerce avec l'ennemi des marchandises de contrebande, prohibe la vente de ces marchandises dans le territoire neutre?»

Galliani répond à cette question par l'affirmative, et il prétend qu'un vaisseau, par exemple, construit et armé pour la guerre dans un port neutre, ne peut y être légalement vendu à une des parties belligérantes [1].

Lampredi se donne beaucoup de peines superflues pour appuyer, par la raison et l'autorité des publicistes précédents, son opinion que le transport seul des marchandises de contrebande à l'ennemi est prohibée, mais que la vente de ces

---

[1] GALLIANI, *Dei doveri dei principi neutrali verso i principi guerreggianti, e di questi verso i neutrali*, cap. IX, § 14.

marchandises dans le territoire de l'état neutre est parfaitement légale. Il admet qu'il peut y avoir des exemples de nations neutres qui, désirant par prudence éviter des collisions
avec les puissances belligérantes, auraient prohibé le commerce des objets de contrebande dans les limites de leur propre territoire; mais il affirme que, pendant la guerre de l'indépendance de l'Amérique du Nord, Venise donnait seule
l'exemple d'une telle prohibition de la part d'un état neutre.
Naples prohiba seulement la construction des vaisseaux de
guerre destinés à être vendus, et l'exportation des autres
objets de contrebande; tandis que la Toscane permit à ses
sujets de continuer leur commerce accoutumé de ses objets,
dans les limites de son territoire, et par l'exportation, sauf le
droit des puissances belligérantes de saisir en mer et de confisquer les objets destinés à l'usage des ennemis[1].

En examinant la question de savoir quelles sont les marchandises qu'on peut regarder comme confisquables quand
elles sont destinées à l'usage de l'ennemi et capturées en mer,
Lampredi s'appuie encore sur le droit des gens volontaire ou
conventionnel, résultant des traités et de l'usage par lequel la
collision entre les droits opposés de nations belligérantes et
neutres, en vertu du droit primitif, a été accordée aux nécessités de la défense en temps de guerre et aux avantages du
commerce en tout temps. Le droit des gens secondaire a souvent varié sous ce rapport, mais il a toujours regardé, comme
étant de contrebande, les objets qui servent exclusivement à
l'usage de la guerre. Quant aux objets qui sont également uti-
·les à la guerre et à la paix, ou les substances naturelles ou
artificielles qui dans leur état ordinaire ne sont pas utiles à la
guerre, et qui peuvent être transformées en instruments de
guerre, tels que le salpêtre, le soufre, le fer, le plomb, le
cuivre, le goudron et le bois de construction; ou bien ceux

---

[1] LAMPREDI, *Del commercio dei popoli neutrali in tempo di guerra,*
part. I, §§ 1—3.

dont on peut se dispenser dans la guerre, tels que l'argent et les munitions de bouche; il n'y pas de règle constante qu'on puisse tirer de l'usage variable et contradictoire des nations. Cependant, on pourrait remarquer une tendance générale dans les traités vers l'établissement du principe limitant le catalogue des objets de contrebande à ceux qui, dans leur état ordinaire, servent à l'usage de la guerre, en excluant ceux qui n'ont pas encore été transformés en instruments de guerre quelconques. Telle fut la définition de contrebande dans le traité de commerce de 1778 entre la France et les États-Unis d'Amérique, et dans les traités de neutralité armée de 1780 entre les puissances de la Baltique. Cependant, la confiscation du soufre et du salpêtre par ces traités peut être justement taxée d'inconséquence, en prohibant les deux substances, desquelles, avec l'addition d'une troisième, on peut fabriquer la poudre de guerre, mais qui n'ont pas encore été consacrées à cette destination [1].

En considérant la question, si le pavillon neutre doit protéger contre la saisie les marchandises appartenant à un ennemi, nous rencontrons, suivant Lampredi, la même collision entre deux droits respectifs des puissances belligérantes et neutres dans la question de contrebande. Suivant la loi internationale, dit-il, le neutre a le droit incontestable de continuer à transporter en temps de guerre les marchandises appartenant à son ami qui est devenu mon ennemi; et moi (la puissance belligérante) j'ai le droit également incontestable d'affaiblir mon ennemi en me saisissant de ses propriétés sur mer. Le droit des gens positif et conventionnel sur cette matière a varié, suivant que les nécessités de la guerre, ou l'utilité du commerce ont eu la prépondérance. Le *Consulat de la mer*, ainsi que plusieurs traités avant le dix-septième siècle, ont autorisé la capture et la confiscation des marchandises

---

[1] LAMPREDI, p. 1, § 9.

d'un ennemi chargées sur le vaisseau d'un ami. Quelques-uns
de ces traités ont frappé de la même condamnation les marchandises d'un ami chargées sur le vaisseau d'un ennemi, en
adoptant la maxime du vieux droit maritime français, que *la
robe d'ennemi confisque celle d'ami*. Le plus ancien traité reconnaissant la maxime de *vaisseaux libres, marchandises libres*, fut celui de Henri IV avec la Sublime Porte, conclu en
1604, par lequel le pavillon et passe-port français devaient
protéger les propriétés des ennemis de la Porte. Lampredi
cite plusieurs autres traités, entre les puissances chrétiennes
de l'Europe, pendant le dix-septième siècle et au commencement du dix-huitième, par lesquels ce principe fut consacré
et associé à la maxime de *vaisseaux ennemis, marchandises
ennemies*. Malgré ces stipulations, les parties contractantes
de ces traités, du moment qu'elles furent engagées dans la
guerre, ont refusé d'étendre aux autres l'avantage du même
principe, et, dirigées par l'intérêt du moment, elles ont suivi
des maximes directement opposées à celles qu'elles avaient
solennellement proclamées. De cette manière fut renouvelé,
dans la guerre de 1740, l'ancien usage de se saisir de propriétés ennemies sur les vaisseaux d'un ami. Les puissances
neutres ont remontré; quelques-unes même ont eu recours aux
représailles, particulièrement la Prusse; et toutes ont cherché
à obtenir une exemption spéciale par des conventions particulières. Les États-Unis d'Amérique ont obtenu le privilége
de la France par le traité de 1778. Enfin l'impératrice de
Russie a fait des efforts pour ériger ces exemptions particulières en une loi générale, par la célèbre alliance de la neutralité armée de 1789, et presque toutes les puissances de l'Europe ont accédé à ce système; mais l'Angleterre a refusé son
assentiment, en se référant à ses traités particuliers avec les
puissances du Nord, et au droit des gens commun, pour sa
règle de conduite comme puissance belligérante.

Il n'y a donc, suivant Lampredi, aucun droit des gens positif établissant une règle uniforme, invariable et constante, par laquelle ces deux droits opposés puissent être conciliés. L'établissement de la règle *libre vaisseau, libres marchandises*, d'une manière ferme et stable, est bien à désirer, comme la plus favorable à la liberté du commerce et de la navigation en temps de guerre. Cependant il est encore permis au publiciste impartial d'exprimer des doutes si les nations qui ont refusé d'adopter cette maxime, se rendent coupables d'une violation du droit des gens primitif, en se saisissant des propriétés de leurs ennemis chargées sur des vaisseaux neutres.

Hubner est l'écrivain principal qui a soutenu avec le plus de zèle la doctrine qui veut, par le droit des gens naturel et universel, que le pavillon d'un ami couvre les marchandises d'un ennemi[1]. En traitant ce sujet, il a (suivant Lampredi) confondu ensemble deux questions parfaitement distinctes. La première question est de savoir si les puissances belligérantes ont le droit de prohiber, en temps de guerre, le commerce de fret, et la seconde question est de déterminer si les puissances belligérantes ont le droit de se saisir des propriétés de leurs ennemis chargées sur les vaisseaux neutres ?

Quant à la première question, il ne peut y avoir le moindre doute que le neutre a le droit de continuer en temps de guerre le commerce qu'il a exercé habituellement en temps de paix, à l'exception des marchandises de contrebande. Quant à la seconde question, Lampredi soutient qu'un état belligérant a le droit de se saisir sur mer des propriétés de son ennemi, même à bord d'un vaisseau neutre, pourvu que le propriétaire du vaisseau reçoive une indemnité pour la perte de son fret. La capture des biens de l'ennemi, comme moyen d'affaiblir ses ressources et de le réduire à la nécessité de se soumettre et de faire la paix à des conditions justes, est un droit belligérant qui peut être exercé dans tous les lieux où, d'après

---

[1] *De la saisie des bâtiments neutres*, 2 tomes, à la Haye, 1789.

le droit des gens, les actes d'hostilité sont permis, c'est-à-dire dans les territoires des états belligérants, ou dans un lieu qui, comme la mer, n'est soumis à la juridiction d'aucun souverain particulier. Une puissance belligérante a donc le droit de se saisir sur mer des propriétés de son ennemi n'importe à bord de quel vaisseau elle les trouve [1].

Voilà donc deux droits également incontestables qui sont directement en collision. Si le pavillon neutre protége les propriétés ennemies, le droit qu'a la puissance belligérante de capturer celles de son ennemi est frustré dans son exécution. Si le pavillon neutre ne protége pas les propriétés ennemies, le droit qu'a l'état neutre de continuer son commerce accoutumé est violé. L'exercice simultané de ces droits est évidemment impossible. Il est donc nécessaire de déterminer lequel de ces deux droits doit céder à l'autre, suivant les règles de la justice et de l'intérêt des nations.

Pour déterminer cette question, Lampredi suppose plusieurs cas, dans lesquels le droit civil permet d'interrompre les affaires privées, et d'exproprier les particuliers de leurs biens pour l'intérêt public, en cas de nécessité urgente, en accordant à la partie lésée une indemnité convenable. Il demande quel est, après tout, le dommage essuyé par le propriétaire neutre par suite de la saisie de son vaisseau chargé de marchandises ennemies, si son vaisseau est relâché, et s'il reçoit le prix de son fret, comme le veulent les traités et l'usage des nations? Le dommage existe seulement dans les suites du délai et la perte possible des profits du voyage de

---

[1] Lampredi cite Heineccius, qui, en parlant de cette question, dit: «Idem statuendum arbitramur, si res hostiles in navibus amicorum reperiantur. *Illas capi posse nemo dubitat*, quia hosti in res hostis omnia licent eatenus, ut eas ubicumque repertas sibi possit indicare.» (*De nav. ob vect. merc. vet. comm.*, cap. II, § 9.)

Cependant l'expression de Heineccius *ubicumque* doit être limitée à ces lieux où il est permis de commettre des actes d'hostilité. (Lampredi, p. I, § 10.)

retour. D'un autre côté, le non exercice du droit belligérant
peut entraîner les suites fatales que le commerce entier de
l'ennemi pourrait être mis sous la protection du pavillon neutre, et de cette manière échapper à la saisie, au grand détriment de la puissance belligérante, dont l'objet principal est de
détruire dans son ennemi les ressources commerciales, qui
sont les nerfs de sa puissance navale. Il ne peut y avoir de
comparaison entre l'importance relative de ces deux droits
opposés. Il est donc juste et raisonnable que l'exercice du premier de ces droits soit suspendu en faveur du dernier, sauf
une indemnité équitable [1].

D'après le droit des gens primitif, il est évident que la
puissance belligérante n'a pas le droit de se saisir des biens
d'un ami et de les confisquer, même si on les trouve dans le
territoire d'un ennemi. Encore moins a-t-elle le droit de se
saisir des marchandises trouvées à bord des vaisseaux ennemis, qu'on ne peut regarder (suivant Lampredi) comme formant partie du territoire de la puissance belligérante dont ils
portent le pavillon. Ce principe, fondé sur la raison, est consacré par l'autorité du *Consulat de la mer* et des anciens traités. La maxime, que *la robe d'ennemi confisque celle d'ami,*
s'est glissé par des degrés imperceptibles dans la jurisprudence de plusieurs nations, et elle a été adoptée presque généralement par les traités qui ont reconnu la maxime opposée
que le pavillon d'un ami doit couvrir les marchandises ennemies. Il ne paraît pas y avoir de relation naturelle ou nécessaire entre les deux principes de *libres vaisseaux, libres mar-*

---

[1] LAMPREDI cite, à l'appui de son opinion, le *Consulat de la
mer,* dont il attribue la compilation aux Pisans dans le onzième
siècle. Il affirme que cette collection est devenue la loi maritime
de toutes les nations commerçantes de l'Europe depuis sa promulgation. Cette grande célébrité doit être attribuée à la sagesse
de ces décisions, à l'esprit d'équité qui a dicté les règlements
qu'elle renferme, et à son analogie avec les usages généraux des
états maritimes. (Voyez notre *Introduction.*)

chandises, et *vaisseaux ennemis, marchandises ennemies;*
quoiqu'ils aient été souvent associés dans les traités comme
des concessions équivalentes et réciproques, l'une, des droits
des belligérants, l'autre des droits des neutres, faites dans le
but de simplifier l'examen des preuves de propriété en faisant
tout dépendre de la nationalité du vaisseau.

Le droit de se saisir sur mer des marchandises de contrebande et de celles appartenant aux ennemis à bord des neutres, entraîne le droit de visite, comme un moyen nécessaire
de déterminer si le vaisseau neutre est engagé dans le transport de marchandises de cette nature. La résistance par le
neutre à l'exercice de ce droit de la part de la puissance belligérante est illégale, et elle est justement punie de la confiscation du vaisseau et de la cargaison par les ordonnances maritimes de toutes les nations, en vertu du droit conventionnel
des nations, qui n'est qu'une application du droit naturel primitif autorisant l'emploi de la force contre qui que ce soit
qui oppose de la résistance à l'exercice d'un droit légal [1].

L'usage et le consentement général des nations ont autorisé
·l'état belligérant à établir dans son territoire des tribunaux
de prises, compétents à décider sur la légalité des captures
faites par ses vaisseaux armés en guerre et munis de commissions de l'état. Lampredi demande si cet usage est justifié
par la raison et le droit des gens primitif? Il affirme que la
saisie d'un vaisseau neutre sur mer, fondée sur le soupçon
que le vaisseau est chargé de marchandises de contrebande
ou de propriétés ennemies, ainsi que l'acte d'amener le vaisseau avec sa cargaison dans un port de l'état belligérant, ne
sont pas des actes d'agression contre le souverain dont les
sujets sont les propriétaires du vaisseau. La juridiction, exercée par les tribunanx maritimes du pays du capteur sur les
propriétés capturées, n'est pas une juridiction exercée sur la

---

[1] LAMPREDI, p. I, § 12.

nation neutre; c'est une juridiction déléguée par le souverain belligérant à ses tribunaux, pour lui fournir les moyens de décider s'il doit confirmer la saisie, faite dans l'exercice des droits de la guerre sous son autorité, et dont il est responsable pour les suites, au souverain neutre. Hubner avait objecté que, quoique le souverain de l'état belligérant possède un droit de juridiction sur les capteurs qui sont ses sujets, il n'est pas le juge compétent de ceux qui ne sont pas ses sujets, et qui sont amenés dans son territoire contre leur volonté. Lampredi répond à cet argument, que la juridiction dont il est question n'est pas la juridiction civile du pays, mais seulement une manière d'exercer les droits de la guerre, et d'en légaliser les opérations pour empêcher qu'elle ne dégénère en piraterie et en brigandage.

Si le résultat de l'examen judiciaire ordonné par le souverain est suivi de la restitution des propriétés saisies, le neutre n'a aucun motif de se plaindre, pourvu qu'il reçoive une indemnité convenable, dans le cas d'une saisie sans soupçon probable. Si, au contraire, le résultat de cet examen est suivi d'une sentence de confiscation comme bonne prise de guerre, le sujet neutre qui se croit en droit de réclamer contre la sentence du tribunal, doit avoir recours à l'intervention de son propre gouvernement auprès de celui du capteur. Si le souverain belligérant adopte les actes de ses croiseurs et de ses tribunaux, et s'il confirme la saisie et la confiscation des propriétés réclamées comme neutres, il se rend responsable de leurs actes envers le souverain neutre. Le litige devient, de cette manière, une affaire à traiter de gouvernement à gouvernement, et il faut qu'il soit terminé par une négociation à l'amiable, ou par des représailles dans le cas d'un déni de justice final. Renverser cet ordre de procédure, et constituer (comme il est proposé par Galliani) le souverain neutre comme seul juge de la validité des captures faites des vaisseaux naviguant sous son pavillon, ce serait donner lieu à la même objection que celle alléguée par Hubner contre la procédure actuellement suivie, c'est-à-dire que la juridiction du souverain neutre serait exercée sur les capteurs qui ne sont pas ses sujets, à l'exclusion de leur propre souverain qui est le seul responsable de leur conduite. Suivant le projet, proposé par Galliani, de déléguer aux consuls des puissances neutres, résidant dans les ports de l'état belligérant, l'autorité de juger sur la validité des captures amenées dans ces ports, ni les choses en litige, ni les parties plaidantes ne seraient dans les limites de la juridiction territoriale de la puissance neutre, qui doit, d'après ce projet, déterminer le litige par des juges délégués siégeant dans un territoire étranger. Il allègue, comme un précédent en faveur de son projet, la juridiction habituellement exercée par les commissaires anglais à Livourne sur les captures faites par leurs vaisseaux de guerre dans la Méditerranée, et amenées dans les ports de la Toscane sans aucune opposition de la part du souverain neutre de ce pays. A cet exemple Lampredi répond, que si même les circonstances de fait étaient telles que le prétend Galliani, elles ne suffiraient pas pour justifier son projet, parce que la juridiction exercée par le consul anglais à Livourne n'est que la juridiction ordinaire de l'état belligérant, exercée sur des personnes et des choses momentanément situées dans le territoire neutre, mais encore sous l'autorité du souverain belligérant.

Ceci porte Lampredi à considérer la question du tribunal compétent pour déterminer la validité des captures amenées, non pas dans la juridiction territoriale du souverain sous l'autorité duquel elles ont été faites, mais dans le port d'un souverain neutre dont les sujets ne sont pas intéressés dans le litige. Et il n'hésite pas à décider que la possession du capteur, *jure belli*, des propriétés capturées et amenées dans un port neutre, donne au souverain belligérant le droit exclusif de déterminer la validité de la saisie faite et continuée sous son autorité; que le souverain neutre doit respecter le droit de possession du capteur comme celui de son souverain, et ne peut pas lui-même prétendre juger de la validité de la capture, ni s'immiscer dans l'exécution de la sentence, soit de confiscation soit de restitution, prononcée par le tribunal belligérant, pourvu que cette sentence soit prononcée en dehors des limites du territoire neutre, dans lequel aucune puissance étrangère ne peut usurper des droits de souveraineté. De cette manière les captures faites par les vaisseaux de guerre anglais dans la Méditerranée, et amenées dans le port neutre de Livourne, avaient toujours été jugées par le tribunal de vice-amirauté à Minorque, pendant que cette île était encore à la possession des Anglais, ou par la haute cour d'amirauté en Angleterre. Il est vrai qu'on a permis aux commissaires délégués par ces tribunaux d'examiner les prisonniers et les papiers des prises amenées dans ce port, pour déterminer la question préliminaire de savoir s'il y avait lieu d'autoriser une procédure ultérieure, et dans ce cas l'affaire était toujours évoquée au tribunal compétent siégeant dans le territoire de l'état belligérant. Suivant Lampredi, il n'y a que deux cas dans lesquels le souverain neutre puisse interposer son autorité, par l'intermédiaire de ses tribunaux, pour décider sur la validité des captures amenées dans les limites de sa juridiction territoriale. Ces deux cas sont:

1° Celui où la capture a été faite dans les limites du territoire neutre, ou par un vaisseau de guerre armé dans les ports de l'état neutre, contrairement à ses lois et à ses traités.

2° Le cas où la partie capturée se plaint au souverain neutre, que sa propriété a été saisie par des pirates, agissant sous le prétexte d'une commission d'un état belligérant, dont ils n'ont pas été dûment munis. Dans ce cas le tribunal neutre peut exercer la juridiction de décider de la validité de la commission[1].

[1] Lampredi, p. I, § 14.

Le siècle des publicistes classiques est terminé par Vattel. Depuis la publication de son ouvrage, la théorie du droit des gens n'a pas fait de véritables progrès. Les publicistes qui ont écrit depuis jusqu'à la révolution française, sont en général, ou des compilateurs plus ou moins systématiques, ou des écrivains de polémique qui ne se sont occupés que de questions d'un intérêt passager. Les seuls noms de Moser et de Martens méritent d'arrêter notre attention.

Jean-Jacques Moser naquit en 1701 à Stuttgard, où il mourut en 1785. Il voua sa vie longue et laborieuse à l'étude des sciences du droit public de l'Allemagne et de l'Europe. Après avoir enseigné comme professeur dans plusieurs universités allemandes, il fonda en 1749, à Hanau, une académie pour l'instruction des jeunes gens nobles destinés à la carrière de la diplomatie et de l'administration. Il fut depuis invité à retourner dans son pays natal, où il a rempli le poste de jurisconsulte consultant des états de Wurtemberg. Les états étaient alors engagés dans une discussion avec le souverain, concernant leurs priviléges, et ils présentèrent au duc une remontrance très-énergique, que ses ministres trouvèrent séditieuse et dont ils accusèrent Moser d'être l'auteur. Il fut en conséquence arbitrairement arrêté en 1759, et renfermé dans la forteresse d'Hohentwiel, où il fut gardé pendant cinq ans. Pendant la plus grande partie de ce temps il fut privé de l'usage des plumes, de l'encre et du papier, et même des livres, excepté les évangelistes et les psaumes. Les états en appelèrent au conseil aulique de l'empire, pour obtenir sa libération, et il fut enfin mis en liberté. Son persécuteur reconnut son innocence, et lui accorda une pension. Depuis ce temps Moser se dévoua exclusivement à ses occupations littéraires, et produisit des ouvrages innombrables sur ses sciences favorites et d'autres sujets divers. Son ouvrage principal intitulé: *Essai sur le droit des gens le plus moderne des nations*

25*

européennes en paix et en guerre, contient une riche mine de matériaux, propres à éclairer les questions qui se rencontrent le plus souvent dans le droit des gens positif. Il avait déjà publié un grand nombre d'ouvrages élémentaires sur la science de ce droit, le tout formant une collection immense dont se sont servis librement d'autres publicistes moins diligents. L'objet de son principal ouvrage fut d'enseigner le droit des gens par des exemples modernes de ce qui était arrivé le plus souvent dans les rapports entre les nations, et de ce qui avait été généralement approuvé dans leurs usages variables. Dans le choix de ces exemples il commence à l'époque de la mort de l'empereur Charles VI, en 1740. Il désavoue toute prétention d'écrire un traité sur le droit des gens naturel, basé sur les spéculations des philosophes, sur ce qui doit constituer la règle de justice entre les nations indépendamment de l'usage ou des conventions. «Je n'écris pas, dit-il, un droit des gens scolastique, basé sur l'application de la jurisprudence naturelle, comme elle est enseignée par ses maîtres, pour régler la conduite des nations considérées comme des êtres moraux; je n'écris pas un droit des gens philosophique, construit d'après certaines notions fantasques de l'histoire et de la nature de l'homme; et enfin je n'écris pas un droit des gens politique, dans lequel des visionnaires, tels que l'abbé de Saint-Pierre, façonnent le système de l'Europe à leur gré; mais j'écris un essai sur le droit des gens positif et pratique, qui puisse diriger les états souverains ou demi-souverains de l'Europe dans leurs rapports mutuels en guerre et en paix [1].»

C'est certainement envisager l'objet du droit des gens sous un point de vue très-étroit, que de le regarder seulement comme une collection de règles établies par l'usage des nations, en écartant tout à fait les principes de justice tirés de

[1] MOSER, *Versuch des neuesten europäischen Völkerrechts in Friedens- und Kriegszeiten, etc.,* 10 Bände, 1777—1780.

la raison qui forment la base du droit international sous le nom de droit naturel. Pour justifier ses vues sur cette science, Moser demande quel est ce droit naturel dont on parle tant, devons - nous en chercher les principes dans Grotius ou Hobbes? et quand nous avons découvert ces vrais principes, jusqu'à quel point pourrons-nous nous en servir pour déterminer les questions pratiques soulevées par les rapports des différentes nations entre elles? Il soutient que les principes abstraits de la justice sont peu respectés par les souverains et les politiques, et il considère les traités et l'usage comme les deux bases principales du droit effectivement observé entre les nations. Les traités forment la loi, non-seulement entre les parties contractantes, mais une succession de traités contribue à former graduellement une règle générale. L'usage est déduit des précédents ou des exemples de ce qui a été suivi dans la pratique des nations. La règle doit être établie d'après les exemples, et elle ne doit pas être appliquée *à priori* pour déterminer la valeur d'un précédent quelconque [1].

---

[1] Nous donnons ici une liste des ouvrages de Moser sur le droit international.

Anfangsgründe der Wissenschaft von der gegenwartigen Staatsverfassung von Europa, und dem unter denen europäischen Potenzien üblichen Völker- oder allgemeinen Staatsrechte. Tübing. 1732. 8°.

La seconde partie de cet ouvrage ne parut jamais. En 1786 Moser publia, dans la seconde partie de ses *Vermischten Schriften*, son

Entwurf einer Einleitung zu dem allerneuesten europäischen Völkerrechte in Friedens- und Kriegszeiten, etc.

Il publia plus tard, à l'usage des élèves du *Staats- und Canzley-Academie*, fondée par lui à Hanau, les ouvrages suivants:

Grundsatze des jetzt üblichen europäischen Volkerrechts in Friedenszeiten. Hanau, 1780. 8°., et

Grundsätze des jetzt üblichen europäischen Völkerrechts in Kriegeszeiten. Tubingen, 1752. 8°.

En 1778 il publia, sur la demande du duc de Wurtemberg, un manuel de la science du *Droit des gens*, sous ce titre:

George Frédéric de Martens publia, en 1785, un résumé de ses leçons, comme professeur à l'université de Gœttingue, sur le droit des gens positif de l'Europe [1].

L'auteur a depuis augmenté cet ouvrage, et en a fait un traité sur le droit des gens moderne de l'Europe. Ce traité, qui parut pour la première fois en 1788, a eu dans la suite plusieurs éditions avec des corrections et des augmentations de l'auteur, et est enfin devenu un manuel de la science justement estimé [2].

Dans cet ouvrage élémentaire, le savant auteur a adopté l'idée fondamentale de Vattel, que le droit des gens primitif est une modification du droit naturel appliquée à régler les rapports entre les nations. Le seul droit naturel ne peut pas suffire à régler les relations même entre deux nations. Diverses circonstances pourront exiger qu'il soit modifié de manière à adoucir le droit primitif, en suppléant à son silence, et décidant des points douteux. Le résultat des modifications faites de cette manière par le consentement mutuel de ces deux nations forme le droit des gens positif, arbitraire, et spécial entre eux. Il peut être ou conventionnel ou coutumier, suivant qu'il est fondé sur des conventions expresses ou tacites, ou seulement sur l'usage. Dans ce sens il y a autant de

---

Erste Grundlehren des jetzigen europäischen Volkerrechts in Friedens- und Kriegszeiten. Nürnberg, 1778. 8°.

En 1778, il entreprit la publication d'un ouvrage plus étendu qu'il acheva en 1780, sous ce titre:

Versuch des neuesten europäischen Völkerrechts in Friedens- und Kriegszeiten, etc. 1777—1780. 10 Theile. 8°, *ou bien — Beyträge in Friedenszeiten,* 5 Theile, 1778, *in Kriegszeiten,* 3 Theile, 1779.

[1] «*Primæ lineæ juris gentium europæarum practici.*» Gottingæ, 1785, 8°.

[2] *Précis du droit des gens moderne de l'Europe fondé sur les traités et l'usage,* à Gœttingue, 1778, en allemand 1796; seconde édition en français, 1801, troisième édition, 1821, 8°.

lois internationales spéciales en Europe, qu'il y a de relations spéciales entre les nations.

Nous pouvons imaginer qu'un plus grand nombre d'états, ou même tous ceux de l'Europe, pourraient définir leurs droits réciproques par une convention expresse, et les garantir par une union fédérale. Il y aurait alors un code fixe du droit des gens positif, reconnu par toutes les nations et obligatoire pour toutes. Mais aucune convention générale de cette nature n'est encore résultée des différents congrès européens assemblés à diverses époques, ni des projets de paix perpétuelle proposés par des écrivains spéculatifs. Aucun code du droit international positif n'existe, et n'existera vraisemblablement jamais.

D'un autre côté, les traités et les usages subsistant entre des nations particulières ne peuvent pas être regardés comme étant obligatoires pour les autres, excepté dans le cas où ils sont adoptés comme règle générale, pour diriger la conduite de celles qui y accèdent. Néanmoins une théorie générale du droit des gens positif de l'Europe peut être construite en considérant:

1º Que les traités spéciaux conclus entre des états particuliers se ressemblent tant entre eux dans leur essence, que nous pouvons en déduire les principes généralement reconnus par les nations qui ont été accoutumées à faire des traités sur de pareilles matières.

2º De la même manière, nous pouvons déduire des usages spéciaux qui ont été établis entre deux nations particulières, les principes généraux reconnus par toutes, ou au moins par la plupart des nations.

3º Les usages établis de cette manière entre la plupart des nations, surtout les plus grandes, sont facilement adoptés et imités par les autres.

4º Les appels fréquents des puissances européennes au droit contumier observé entre les nations civilisées, lui donnent une force obligatoire qui dispense de la nécessité de chercher les preuves de l'introduction de l'usage particulier dont il est question.

Les traités qui ne lient que les parties contractantes, servent souvent de modèles pour d'autres traités à conclure avec d'autres puissances, et l'habitude de conclure des traités, contenant les mêmes stipulations, s'établit insensiblement. Il arrive aussi que ce qui est stipulé entre certaines puissances est adopté comme usage entre d'autres; ce qui établit de cette manière un droit conventionnel pour les premiers et un droit coutumier pour les derniers.

En rassemblant ainsi les principes les plus généralement suivis, d'après des conventions spéciales, expresses ou tacites, identiques ou analogues, ou d'après des usages d'une pareille nature, nous pouvons établir une théorie complète du droit des gens européen général, positif moderne et pratique. Il n'y a point de droit des gens universel, obligatoire pour tous les peuples de diverses races, de diverses religions et de divers degrés de culture. Les États-Unis d'Amérique, par exemple, ont adopté le droit des gens européen, pendant que les Ottomans restent encore sous plusieurs rapports étrangers au droit international qui gouverne les états chrétiens des deux hémisphères. Ce droit s'est graduellement développé avec les progrès du christianisme et de la civilisation, du commerce et du système colonial, par la multiplication des alliances et l'extension des relations diplomatiques, par l'établissement du système de l'équilibre des puissances, enfin par toutes ces causes qui ont contribué à former cette grande société des nations aujourd'hui existante en Europe. Le droit des gens européen a éprouvé des variations à diverses époques. On peut faire remonter quelques-uns de ses principes aux institutions et aux mœurs du moyen âge. Il faut rechercher l'origine des autres dans l'ère de la réforme et du règne de Henri IV. Mais en général l'événement qui marque comme époque dans l'histoire du droit des gens moderne est la paix de Westphalie. Cette grande transaction, ainsi que la paix d'Utrecht, confirmant le système politique de l'Europe, a donné de nouvelles forces au droit des gens positif [1].

Les fragments d'un essai sur le droit international par Jérémie Bentham, récemment publiés d'après des manuscrits datés de 1786 jusqu'à 1789, méritent d'être cités comme portant l'empreinte du génie fort et original de ce grand réformateur de la science des lois. Ces fragments sont divisés en quatre parties. La première a pour objet le droit international ; la seconde, les sujets, ou l'étendue personnelle de la juridiction des lois d'un état ; la trosième, la guerre, considérée dans ses causes et ses effets ; et enfin la quatrième, un projet· de paix perpétuelle.

§ 20.
Projet de paix perpétuelle de Bentham.

L'analyse de ces fragments est rendue difficile par l'extrême condensation, l'abondance des pensées et la concision du style de l'auteur. En exposant les principes qui doivent servir de base pour la rédaction d'un code du droit des gens universel, il se demande quel but se proposerait un citoyen du monde, s'il était chargé de rédiger un code de cette nature.

Il répond que ce but devrait être l'utilité commune de toutes les nations, et que le devoir d'un législateur particulier, agissant pour une nation particulière, serait le même que celui d'un législateur universel. Il doit nécessairement consulter l'utilité générale des deux nations. D'abord pour qu'il puisse poursuivre ce but autant que son objet particulier y est

---

[1] MARTENS, *Primæ lineæ juris gentium, etc.,* Proleg. §§ 1—5.
Précis du droit des gens, etc., Introd. §§ 1—10.

Martens a été suivi par un autre écrivain allemand d'un assez grand mérite, Gunther. Le premier tome de son ouvrage a paru en 1787, sous le titre de *Europäisches Volkerrecht in Friedenszeiten nach Vernunft, Vertragen und Herkommen.*

Il a été suivi d'un second volume en 1792; mais l'intention de l'auteur, de compléter son plan par un traité du droit des gens en temps de guerre, n'a jamais été remplie.

compris, et ensuite pour qu'il puisse y adapter les demandes qu'il se croit autorisé à faire aux autres nations, parce que la ligne d'utilité commune une fois tracée, les efforts de toutes les nations prendraient cette direction; leurs efforts communs n'y trouveraient que le moins de résistance possible, et l'équilibre une fois établi, y serait maintenu sans la moindre difficulté.

L'auteur cite comme un exemple pratique de l'application de sa théorie, l'adoption par tant de nations des principes de la neutralité armée proposée par l'impératrice Catherine II en 1780. Quelque formidable que fût la puissance qui prit l'initiative de cette proposition, il n'y a aucune raison de croire que ce fût la crainte qui influa sur tant de peuples, dont les forces réunies étaient si considérables, et dont quelques-uns étaient si éloignés: l'équité seule du système proposé, c'est-à-dire son utilité générale, a pu déterminer à l'adopter.

Il observe que c'est le but qui détermine les moyens. La fin de la conduite qu'un souverain doit observer envers ses propres sujets, le but de la loi intérieure d'une société quelconque, doit être le plus grand bonheur de cette société. D'après les mêmes principes, quel doit être le but de la conduite d'un souverain envers les autres nations? doit-elle être le plus grand bonheur de ses propres sujets seulement? Dans ce cas le bonheur des autres hommes ne serait rien à ses yeux: il n'aurait pas d'autre objet que de les soumettre à ses volontés, de les traiter comme les anciens Grecs et les Romains ont traité les peuples qu'ils appelaient des barbares.

Cependant, en avançant dans cette direction, il doit éprouver une certaine résistance, semblable à celle qu'éprouvent les individus dans une société particulière. Cette résistance trouvera sa limite dans l'utilité générale de toutes les nations prises ensemble. De cette manière un souverain, pour régler sa conduite envers les autres nations, n'a pas de meilleur moyen pour atteindre son but particulier, que de chercher le but plus général du plus grand bonheur de toutes les nations de la terre.

En supposant que ceci fût le but de la loi qui doit régler la conduite des nations dans leurs rapports mutuels, les objets d'un code international pour une nation quelconque seraient:

1° L'utilité générale, en tant qu'elle consiste à ne faire aucun mal aux autres nations, sauf ce qu'on doit à son propre bien-être.

2° L'utilité générale, en tant qu'elle consiste à faire le plus grand bien aux autres nations, sauf ce qu'on doit à son propre bien-être.

3° L'utilité générale, en tant qu'elle consiste à ne souffrir des autres nations aucun dommage, sauf ce qu'on doit au bien-être de ces mêmes nations.

4° L'utilité générale, en tant qu'elle consiste à recevoir le plus grand bien possible de toutes les autres nations, sauf ce qu'on doit au bien-être de ces mêmes nations.

C'est à ces deux premiers objets qu'on peut référer les *devoirs* que la nation doit reconnaître; c'est à ces deux derniers qu'on peut référer les *droits* qu'elle peut réclamer. Mais si ces mêmes droits sont violés, par quels moyens doit-elle chercher satisfaction? Il n'y a pas d'autre moyen connu jusqu'à présent que la guerre. Mais la guerre, c'est un mal, c'est même la complication de tous les maux.

5° Le cinquième objet d'un code international, serait de faire des arrangements tels que la guerre pût produire le moins de mal possible, et compatibles avec le bien qu'on cherche.

Un législateur désintéressé doit chercher à contribuer au plus grand bonheur de toutes les nations, en suivant la même route qu'il doit suivre quant à la loi intérieure. Il doit chercher à empêcher les délits internationaux, et à encourager les actions utiles entre les peuples. Il doit regarder comme un crime positif chaque action par laquelle une nation ferait plus de mal aux nations étrangères réunies, dont les intérêts seraient en question, qu'elle ne se ferait du bien à elle-même: par exemple, la fermeture aux autres nations des mers et des rivières qui sont les grands chemins du monde. De la même manière il doit regarder comme un délit négatif, chaque résolution par laquelle une nation refuserait de rendre des services positifs à une nation étrangère, lorsqu'en accordant les services demandés, elle ferait plus de bien à cette nation étrangère qu'elle ne se ferait de mal à elle-même. Par exemple, si ayant dans son pouvoir ceux qui avaient commis des délits contre les lois de la nation étrangère, elle refusait de faire tout ce qui dépend d'elle pour les punir.

La guerre est une espèce de procédure, par laquelle une nation cherche à revendiquer ses droits aux dépens d'une autre. Comme il n'y a point d'arbitre entre ces différentes nations, armé de pouvoirs assez étendus pour ôter tout espoir de résistance de la part de l'agresseur, il faut n'avoir recours à ce moyen que lorsque la satisfaction est refusée aux justes plaintes de l'autre partie. Mais si la procédure intérieure est suivie de grands maux, la procédure internationale est suivie de maux infiniment plus grands, de peines plus sévères, plus longues, et bien plus graves dans leur conséquence.

Les lois de la paix seraient donc les lois substantives du code international, les lois de la guerre seraient les lois adjectives du même code.

Bentham cite comme causes les plus ordinaires de la guerre, les suivantes:

1° L'incertitude des droits de succession, quant aux trônes vacants réclamés par deux parties.

2° Des troubles intestins dans des états voisins occasionnés par la même cause, ou par des disputes concernant le droit constitutionnel entre les souverains et ses sujets, ou entre les divers membres du corps souverain.

3° L'incertitude des limites entre les états.

4° L'incertitude des droits aux pays nouvellement découverts par diverses nations.

5° Des jalousies causées par des cessions forcées plus ou moins récentes.

6° La haine et les préjugés religieux.

7° Toutes les causes qui peuvent amener des disputes entre les états limitrophes ou voisins.

Entre autres moyens d'empêcher la guerre il propose les suivants:

1° La codification des lois non écrites qui sont déjà établies par l'usage.

2° De nouvelles conventions et de nouvelles lois internationales à faire sur tous les points qui restent encore indéterminés, c'est-à-dire sur la plupart des matières qui peuvent devenir l'objet de disputes entre deux états.

3° Le perfectionnement du style des lois et autres actes. « Combien de guerres, dit-il, ont eu pour leur seule et principale cause, l'ignorance ou l'incompétence d'un légiste ou d'un géomètre. »

Ces moyens de supprimer les causes multipliées de la guerre entre les nations, prenant leur origine dans les intérêts et les passions des hommes, paraissent à l'auteur lui-même si insuffisants, qu'il propose, comme supplément, un projet de paix perpétuelle universelle. Ce projet est basé sur deux propositions fondamentales qu'il regarde comme essentielles à son succès. 1° La réduction et la fixation des forces militaires et navales des diverses puissances qui composent le système européen. 2° L'émancipation des colonies de chaque état.

1° Quant au désarmement général, il observe que si les simples relations d'une seule nation étaient à considérer, les difficultés ne seraient pas bien grandes. Le malheur est que les relations sont partout très-compliquées. Cependant on ne doit pas regarder les obstacles comme insurmontables. D'abord·

une convention de désarmement réciproque ne serait pas déshonorante. La réciprocité en ôte tout l'acerbe. Par le traité qui a mis fin à la première guerre punique, le nombre des vaisseaux que les Carthaginois pouvaient entretenir était limité. Cet arrangement était humiliant pour eux, parce qu'il n'y avait pas de stipulation réciproque de la part des Romains, qui abusaient de la victoire pour dicter des lois aux vaincus. Au contraire, la nation qui serait la première à donner l'exemple d'un désarmement se couvrirait d'une gloire immortelle. Elle ne pourrait qu'y gagner en démontrant ses dispositions pacifiques, et les dispositions opposées de la puissance qui refuserait de suivre cet exemple.

C'est au système colonial et à la rivalité de commerce, que l'auteur attribue la plupart des guerres modernes, surtout celles entre la France et l'Angleterre. Le remède qu'il propose c'est l'émancipation des colonies des deux pays. Il regarde ces établissements comme une pure perte pour la mère patrie. En effet, on doit compter non-seulement les dépenses de leur protection en fortifications et en troupes, mais on peut mettre à leur compte aussi toutes les dépenses de la marine. La marine française, par exemple, quelle autre destination peut-elle avoir? Otez les colonies, et la France n'aurait besoin que de quelques frégates dans la Méditerranée pour subjuguer les Barbaresques. En cas de guerre à présent (en 1769), où est-ce que l'Angleterre ferait son attaque principale? Dans les colonies, et cela dans le but de priver son ennemi de ces possessions. Émancipez les colonies, et il ne restera que les territoires continentaux de la France comme objet d'attaque. Mais peut-on supposer la possibilité de vues de conquête permanente de ces territoires de la part de l'Angleterre? Quel autre objet peut-on imaginer dans un pareil envahissement? Des descentes sur les côtes pour piller et dévaster le pays seraient indignes de la nation et du siècle. L'intérêt même de la rapacité ne conseillerait jamais une telle manière de faire la guerre. Nulle expédition déprédatoire n'a jamais défrayé ses dépenses. L'auteur cite à l'appui de ses opinions l'exemple de la guerre terminée par la paix de Paris, en 1763. La lutte entre les préjugés invétérés et l'humanité produisit un effet ridicule, les préjugés exigeant une attaque sur l'ennemi dans ses territoires, la voix de l'humanité réclamant contre des descentes déprédatoires sur les côtes de la France. En effet, le gain de ces expéditions était nul, et le mal fait à l'ennemi était bien inférieur aux dépenses occasionnées. Pourquoi cette absurdité? Parce qu'on était en guerre: il fallait faire quelque chose. La France avait déjà perdu ses colonies, et il ne restait d'autres points vulnérables que les côtes qu'on dévastait, sans résultat pour le sort de la guerre.

L'auteur répond d'avance à l'objection qu'on pourrait faire à son projet d'émanciper les colonies françaises et anglaises, comme un moyen d'éteindre les causes de guerre entre les deux pays, que ce projet est chimérique. Il cite sur cette question les mémoires officiels de Turgot et de Vergennes. Ces deux hommes d'état étaient d'avis que l'émancipation des colonies était inévitable, et l'un des deux la regardait comme désirable pour la France. Cet événement ne ferait que remettre les choses sur le même pied où elles étaient avant la découverte de l'Amérique. L'Europe n'avait alors ni colonies, ni établissements lointains, ni armées permanentes. Elle n'aurait plus eu d'autres motifs de guerre que les inconvénients du système féodal, les inimitiés religieuses, la rage de la conquête, et l'incertitude des successions. De ces quatre causes, la première heureusement n'existe plus; la seconde et la troisième sont presque éteintes; et la quatrième pourrait l'être facilement.

Les sentiments des hommes, quant à ce qui regarde la moralité nationale, sont à présent si loin de la perfection, que la justice n'a pas encore gagné un ascendant sur la force dans l'opinion générale. L'auteur se croit obligé d'avouer que ses compatriotes méritent le reproche d'avoir abusé de la supériorité de la force au détriment de la justice, plus que toute autre nation. Mais pour cette raison même, il s'adresse à eux pour commencer la réformation tant désirée. La plus puissante des nations sur mer et l'une des plus fortes sur terre, l'Angleterre, ne pourrait pas être humiliée en prenant l'initiative d'une telle proposition. Les hommes sont plus orgueilleux du sentiment de leur propre force que sensibles au reproche de l'injustice envers les autres.

Il propose ensuite, pour la décision des disputes internationales, l'établissement d'un tribunal arbitre, qui ne pourrait que faciliter la pacification générale, si même il n'était armé d'aucun pouvoir coercitif. On a érigé en maxime l'observation qu'une nation ne doit pas concéder à une autre un point évidemment juste. Cela veut dire, sans doute, évidemment juste aux yeux de la nation qui est juge dans sa propre cause, aux yeux de la nation dont on demande la concession. Cela veut dire qu'une nation ne doit rien concéder de ce qu'elle regarde comme étant de son droit, c'est-à-dire qu'elle ne doit rien concéder. Dans tous les cas où il y a dissidence d'opinions entre les négociateurs de deux nations, la guerre doit suivre.

Tant qu'il n'y aura point de tribunal commun, on peut invoquer la maxime que la concession à une injustice évidente, invite à d'autres agressions. Établissez un tel tribunal, et la guerre ne s'ensuivrait pas nécessairement d'une dissidence d'opinions. La décision des arbitres, juste ou injuste, sauverait l'honneur de la nation condamnée.

Notre auteur cite comme exemples de conventions tout aussi difficiles et aussi compliquées qui ont été effectuées:

1º La neutralité armée;

2º La confédération américaine;

3º La diète germanique;

4º La ligue suisse.

Dans le cas de la neutralité armée, l'adhésion de toutes les puissances maritimes, excepté l'Angleterre, prouvait que la mesure était raisonnable en elle-même, et démontrait en même temps la faiblesse de la France en comparaison avec l'Angleterre. Ce n'était pas une mesure d'ambition, mais de justice; une loi en faveur de l'égalité, une loi pour la protection des faibles.

La France en était contente. Pourquoi? Parce qu'elle était plus faible que l'Angleterre. Elle ne pouvait pas avoir d'autre motif. L'Angleterre en était mécontente par la raison opposée.

La jalousie est le vice des esprits bornés. La confiance est la vertu des hautes intelligences. Pour être convaincu que la confiance entre les nations n'est pas hors de la nature, on n'a qu'à lire l'histoire de la négociation entre de Witt et Temple, comme elle est racontée par Hume. Je dis par Hume, parce que comme il fallait des négociateurs tels que de Witt et Temple pour conduire une telle négociation d'une telle manière, il fallait un historien tel que Hume pour leur rendre justice. Les historiens vulgaires ne trouvent pas d'autres manières d'expliquer de tels actes, que de chercher les motifs les plus bas et les plus indignes, et de les attribuer aux acteurs sans preuves et sans vraisemblance. Temple et de Witt, qui avaient une confiance mutuelle si juste et si noble, furent les plus sages et les plus vertueux hommes d'état de l'Europe. Mais le siècle qui produisit une vertu telle que la leur, fut le siècle du complot papiste, et de mille autres atrocités justement regardées avec horreur. Depuis ce temps les améliorations morales ont fait un si grand progrès, qu'on ne peut pas douter que la France et l'Angleterre puissent trouver des hommes d'état capables d'achever une pareille œuvre, fussent-ils même inférieurs à ces illustres modèles.

On pourrait former un congrès, ou une diète générale, composée de manière que chaque puissance envoyât deux députés.

Ce congrès devrait être investi des pouvoirs suivants :

1º De prononcer sa décision.

2º De la faire publier dans les territoires des deux états.

3º Après un certain délai, de mettre l'état réfractaire au ban de l'Europe.

On pourrait sans inconvénient, comme un dernier moyen, arrêter le contingent que chaque état doit fournir pour exécuter· les sentences du tribunal arbitre. Mais la nécessité d'avoir recours à ce moyen· pourrait être écartée pour toujours, en accordant à la diète la faculté de donner la plus grande publicité à ses jugements motivés. Un tel appel à l'opinion publique des deux nations par la voie de la presse, serait en général suffisant pour empêcher le gouvernement de l'état contre qui la sentence est rendue, de persister dans un déni de justice. Pour prouver que cette idée n'est pas chimérique, l'auteur cite l'exemple de la guerre commencée par le roi de Suède contre la Russie en 1788, qui fut regardée par une grande partie de ses sujets comme une atteinte à la constitution établie par lui avec l'assentiment des états. Les officiers de son armée refusèrent d'obéir à ses ordres, et le roi se trouva obligé de retirer ses troupes de la frontière, et de convoquer une diète. Ceci est arrivé sous un gouvernement que l'on suppose ordinairement, mais par erreur, avoir été converti d'une monarchie limitée, ou plutôt d'une aristocratie, en monarchie despotique. Il n'y aurait pas d'acte d'un tribunal reconnu pour guider l'opinion de la nation. Le seul document d'après lequel elle pourrait former son jugement, serait un manifeste de l'ennemi, conçu dans des termes tels que le ressentiment pourrait naturellement les dicter, document qui ne pourrait pas circuler légalement, et dont, on en peut être sûr, le gouvernement empêcherait la circulation par tous les moyens en son pouvoir[1].

<hr>

[1] *Works of* JEREMY BENTHAM, *now first collected under the Su-*

Il y a une ressemblance frappante entre ces «rêves d'un homme de bien» et les projets de paix perpétuelle de Saint-Pierre et de Rousseau [1]. La proposition de Bentham d'abolir pour toujours la guerre entre les nations de l'Europe, est d'autant plus remarquable, qu'elle n'a précédé que de quelques années les grandes guerres de la révolution française, guerres qui ont été marquées par les plus flagrantes violations de la loi positive adoptée par ces nations entre elles. La seule garantie efficace qu'il propose pour la conservation de cette paix perpétuelle, est la formation d'une ligue générale des états européens, sans indiquer aucun moyen d'empêcher cette ligue de tomber sous l'influence exclusive des plus puissants de ses membres. L'expérience a suffisamment démontré la difficulté de concilier de pareilles alliances avec les droits et l'indépendance de chaque nation, et surtout des états de second ordre. Le droit de surveillance et d'intervention perpétuelle que ces alliances entraînent est trop susceptible d'abus pour être incorporé sans danger dans le code international.

perintendance of his Executor John Bowring. (Part. VIII, pp. 537—554. London, 1839).

[1] Voir Période II, §

FIN DU TOME PREMIER.

IMPRIMERIE DE F. A. BROCKHAUS A LEIPZIG

9 782016 204719